일제하
조선은행 연구

A Study of the Bank of Joseon under Japanese Imperialism

Colonial Transfiguration of the Central Banking System

‖ **일러두기** ‖

1. 자료 인용의 경우 가독성을 위해 일부 단어는 현대어로 수정하였음을 밝혀둔다.
2. 본문의 한국은행은 1909년에 설립되어 1911년 조선은행으로 개칭된 기관이다. 현재 한국은행은 1950년에 설립되었다.
3. 일본은행권 · 조선은행권 · 대만은행권은 모두 등가로 교환되었지만, 별도로 발행되고 있던 현실을 감안하여 화폐 단위를 일본은행권은 '엔', 조선은행권 및 대만은행권은 '원'으로 구분하여 사용하였다.
4. 자료에서 내지는 일본, 외지는 일본을 제외한 식민지 등을 일컫는다.
5. 약어가 사용된 경우, 정식 명칭은 아래와 같다.

   선은 · 조은 → 조선은행

   일은 → 일본은행

   보은 → 보통은행

   정금은행 → 요코하마정금은행

   동척 → 동양척식주식회사

   식은 → 조선식산은행

아연동북아
총서 _ 35

일제하 조선은행 연구

중앙은행 제도의 식민지적 변용

| 조명근 지음 |

아연출판부
고려대학교 아세아문제연구소

| 차 례 |

| 3부 | 조선은행의 국책 수행과 그 귀결

| 4부 | 조선은행을 둘러싼 담론의 형성과 전개

| Contents |

| Part 3 |

The Bank of Joseon's Execution of the National Policy and Its Conclusion

| Part 4 |

The Formation and Development of the Discourse Surrounding the Bank of Joseon

아연동북아총서 발간에 부쳐

탈냉전 이후 동아시아의 역동적 발전은 역내의 정치-외교, 경제 질서뿐만 아니라 문화, 사상, 종교 등의 제 영역에서 새로운 변화를 추동하고 있다. 이런 변화는 일국적 차원의 고찰로는 해명될 수 없는 복잡하고도 민감한 초국가적(transnational) 현상을 낳고 있다. 특히 동북아시아는 지리적 인접성, 공통의 역사-문화적 경험, 협력과 공존의 필요성 등으로부터 연유하는 초국가적 사고와 움직임이 활성화되고 있다. 이런 동북아에 대한 이해를 심화, 확대하고 새로운 해석과 전망을 제공하기 위해서는 국가별 연구나 학문 분과의 분절적 연구를 넘어 동북아시아를 분석의 단위로 삼는 다학문적 · 학제적 연구가 요청된다.

동북아시아 연구가 갖는 실천적 의미는 매우 중요하다. 주지하듯이 동북아시아는 세계의 어느 지역보다도 급속한 변화와 발전상을 보여주고 있음에도 불구하고, 여전히 근대성의 문제와 냉전의 구도에 얽매여 있는 곳이다. 20세기 전반기의 제국주의 침략과 식민 경험은 오늘에도 국가적 · 민중적 기억을 지배하고 있다. 냉전의 산물인 남북 분단과 북한의 핵 위협은 동북아시아의 커다란 불안 요소가 되고 있다. 국가 간 역사 및 영토 분쟁 또한 동북아의 평화로운 발전에 장애로 남아 있다. 그러나 우리는 불편한 역사적 경험과 현재의 불안정이 다른 한편으로 동북아시아의 여러 구성 요소들을 상호 긴밀히 연결시키고, 그로부터 문제 해결을 위한 공통의 기반이 마련될 수 있음에 주목한다. 동북아시아는 대립과 갈등의 무대이기도 하지만 평화와 공존의 모색을 위한 토대이기도 하다. 이제 동북아 연구는 동북아가 처한 현실을 객관적으로 진단하고, 평화로운 미래를 건설하는 시대의 요청에 부응하지 않으면 안 된다.

고려대학교 아세아문제연구소(이하 아연)는 대표적인 동북아시아 지역 종합 연구소로서 학제 간 연구를 통한 동북아 지역 연구를 이끌어왔다. 1957년 설립된 이래 아연은 구한국 외교문서와 공산권 연구 총서 및 동아시아 연구 총서, 중국 연구 총서, 한일 공동 연구 총서, 민주주의 총서 등 연구 성과의 체계적 집성을 통해 학문적 차원에서 현실을 진단하고 바람직한 미래의 방향을 전망하는 대학 연구소의 역할을 충실히 수행해왔다. 2008년부터는 한국연구재단의 '인문 한국'(HK) 사업 해외지역학 분야의 지원 기관으로 선정되어, '동북아시아의 초국가적 공간: 사상 · 사회 · 문화 · 제도의 교류와 재구성'이라는 연구 어젠다를 중심으로 10년 기간의 대규모 프로젝트를 진행하고 있다. 이제 아연은 지난 50여 년 동안 축적된 연구 경험과 현재 진행 중인 '인문 한국' 사업의 성과, 각종 동북아 지역 연구 지원, 국내외 소장 학자 교류 지원 프로그램 등을 기반으로 해 〈아연동북아총서〉를 발간한다. 이 총서의 성과가 동북아 공동의 문제를 해결하고 조율하며 바람직한 미래를 모색하는 장이 될 수 있기를 기대하면서, 관심 있는 분들의 격려와 질정을 바란다.

아세아문제연구소장 이종화

책머리에

"제대로 된 한국 자본주의사가 없어"

학부 1학년 2학기 전공 수업 중 강만길 선생님이 하신 말씀이셨다. 막연히 민족해방운동사에 관심이 갖고 입학했던 필자의 이후 진로를 바꿔놓은 한 마디였다. 신입생 시절 수업을 밥 먹듯이 빼먹어도 강 선생님 수업은 한 번도 빠진 적이 없었다. 대학에 와서 대학다운 수업을 처음으로 들었던 때였다. 신입생 전공 필수 과목을 강 선생님께 배운 것 자체가 큰 행운이었다.

학부 3학년 때인 1997년부터 전개된 식민지근대화 논쟁은 한국근대경제사에 본격적인 관심을 갖게 되는 계기가 되었다. 논쟁에 흥미를 가지게 되자 관련 논문을 읽어보는 등 한국근대사에 대한 이해를 심화시킬 수 있었다는 점에서 매우 귀중한 경험이었다.

한국 자본주의의 기원을 연구해보겠다는 거창한 꿈을 품고 들어간 대학원에서 선택한 주제가 화폐금융이었다. 그중에서도 조선은행을 선택했던 이유는 자본주의 발전과 국가의 상관관계를 규명해 보고 싶었기 때문이다. 국가가 없는 식민지에서 자본주의는 어떻게 작동하고 있는지를 중앙은행 제도를 통해 확인해보고 싶었다. 중앙은행은 근대국민국가 수립과 그 궤를 같이하는데, 식민지에서는 이 제도가 어떻게 변용되어 작동되는

지가 주 관심대상이었다.

학위 논문을 작성하면서 맞닥뜨렸던 가장 큰 장애물은 중앙은행에 대한 고정된 인식이었다. 학계에서는 조선은행=중앙은행이라는 인식이 무리 없이 수용되고 있었다. 그러나 조선은행은 '식민지 중앙은행'으로 규정될 수 없는 매우 독특한 존재였고, 오히려 그 점이 필자의 호기심을 자극하였다. 특히 조선은행이 은행권 발행을 통해 영리를 추구하는 기관이라는 주장은 수용될 여지가 매우 좁았다. 중앙은행의 역사적 진화과정을 밝힌 찰즈 굳하트Charles Goodhart를 비롯한 연구들은 필자의 시각 정립과 구상에 큰 도움을 주었다.

역사학을 선택하고 이것을 직업으로 삼기까지 여러 번의 중요한 계기가 있었다는 것이 지금 생각해보면 퍽이나 신기하다. 마치 다른 길로 새지 말라고 중간 중간에 채근하였던 것처럼 느껴질 정도이다.

이 책은 2011년에 제출한 필자의 박사학위논문 「日帝의 國策금융기관 朝鮮銀行 연구」를 대폭 수정, 보완한 것이다. 학위논문 제출 이후에 새로운 자료를 이용하여 내용을 보강한 개별 논문들을 발표하였고, 학위논문에는 실리지 않은 새로운 논문도 작성하였다(발표 논문은 참고문헌 참조). 이 책은 학위논문의 전체적인 논조는 유지하고 있으나 그 내용은 더 보완된 것임을 밝혀둔다. 그리고 필자가 발표했던 기존 논문의 내용 또한 이번에 책으로 묶으면서 일부 수정을 가했음을 밝혀둔다. 진작에 출간이 되어야 했으나 필자의 욕심과 게으름 탓에 많이 늦어지게 되었다.

이 책을 내기까지 많은 분의 도움을 받았음은 물론이다. 존경하는 강만길 선생님께 깊은 감사를 드린다. 필자가 고려대에서 한국사를 전공하게 된 것은 순전히 강만길 선생님 때문이라고 해도 과언이 아니다. 연구와 교육, 사회 실천을 통해 항상 스승으로서 모범을 보여주셨다. 지도교수인 정태헌 선생님께 깊이 감사드린다. 대학원 입학 이전에 식민지근대화 논쟁에서 고투孤鬪하고 있던 정태헌 선생님의 논문을 통해 이미 많은 가르침을 받을 수 있었다. 자신의 전공과 맞는 지도교수에게서 배울 수 있는 흔치 않은 행운을 누릴 수 있었고, 주변의 부러움도 많이 받았다. 선생님께서는 무능할 뿐만 아니라 불성실하기까지 한 제자를 기다려주시고 또 격려해주셨다. 앞으로 모자란 부분을 채워나감으로써 학은에 보답하고자 한다. 학위논문을 심사해 주신 오두환, 최덕수, 정병욱, 허은 선생님께도 감사를 드린다. 설익고 문제투성이인 논문에 대해 많은 조언을 해주신 덕분에 그나마 논문으로서 꼴을 갖출 수 있게 되었다. 아울러 학부 때부터 대학원에 이르기까지 가르침을 베풀어주신 고려대학교 은사님들께도 감사드린다.

고려대학교 대학원, 한국역사연구회, 역사문제연구소 등에서 가진 세미나와 발표, 토론 등은 연구의 자양분이 되었다. 같은 길을 가는 동학들이 있어서 외롭지 않았다. 일일이 거명하지는 못하지만 그 고마운 마음은 항상 간직하고 있음을 기억해주길 바란다.

2016년 가을, 영남대학교 역사학과에 부임하였다. 많이 부족한 필자를 따뜻하게 받아주시고 도와주신 역사학과 선생님들께 깊이 감사드린다.

불혹의 나이를 훌쩍 넘기고서도 여전히 부유浮遊하고 있던 아들을 안타깝게 지켜보셔야만 했던 아버님과 어머님, 장인어른과 장모님께는 항상 죄스런 마음뿐이다. 그리고 두 분의 누님은 막내에게 극진한 애정을 베풀어주었다. 그분들이 보여준 사랑과 격려, 믿음이 없었더라면 이 하찮은 일조차 가능하지 못했을 것이다.

마지막으로 아내 박미숙은 놀라울 정도의 인내심으로 이 지난한 과정을 감내하였다. 필자가 연구라는 명목으로 바깥으로만 떠돌고 있을 때 그녀는 안에서 그 어려움을 고스란히 감당해야만 했다. 그리고 항상 마음 깊은 곳에 미안함으로 가득 차 있는 삼남매 유리, 미송, 해진! 아빠가 사랑한다.

이 책은 고려대 아세아문제연구소의 지원을 받아 출간되었다. 연구비를 지원해 준 연구소 측과 책의 출간을 맡아준 아연출판부 관계자분들께도 감사의 마음을 전한다.

경산에서 세 번째 겨울을 보내며

조명근

서론

Ⅰ. 문제제기

1. 제도 수용에 있어 주체의 문제

> 지금 한국 사회가 외국 사회를 모방함이 가한가, 왈曰 불가하니라.
> 모방함이 불가한가, 왈曰 가하니라.
> 가함은 하고何故오, 왈曰 동등적同等的 사상으로 모방함은 가함이라.
> 불가함은 우又 하고何故오, 왈曰 동화적同化的 사상으로 모방함은 불가하니라.
> (…)
> 동등적 모방은 후각적後覺的의 모방이오 동화적 모방은 노예적의 모방이니라.[1]

단재는 조선이 자주적 근대화에 실패하여 식민지로 전락되어 가던 때에 이 글을 썼다. 서유럽에서 시작된 자본주의는 역사상 유례없는 생산력 발전을 동력으로 삼아 세계 각지로 확대되고 있었다. 자본주의 근대화에 앞선 국가들이 구축한 각종 제도들은 뒤따르는 국가들에게는 모방과 학습의 대상이 되었다. 그러나 후발 국가들은 근대적 제도를 무조건적으로 수

1_申采浩, 「同化의 悲觀」, 『大韓每日申報』 1909. 3. 23.

용한 것이 아니라 이를 자신들의 처지에 맞추어 변용시켰다. 외부에서 도입되는 제도라 하더라도 그 수용 주체에 따라 다양하게 변용될 수 있는 것이다. 윗글에서 단재가 강조한 것은 수용 주체였다. 조선이 주체가 되면 자주적인 근대화를 이룩할 수 있지만, 그렇지 않다면 제국주의의 노예가 될 수 있음을 경고한 것이다. 즉 '동등적 모방'에 따른 근대화가 아니라면 그 길은 식민화의 길이라는 것이다.

한편 서구 근대의 확산은 폭력적 지배와 점령의 과정이기도 하였다. 그 결과 전 세계는 대체로 제국주의와 식민지로 양분되었다. 제국주의는 시간의 선후(발전과 저개발)와 공간의 차이(서구와 비서구)라는 구분을 통해 전자의 우월함(문명)과 후자의 열등함(야만)이라는 이분법적 구도를 설정하여 식민 지배를 정당화하였다. 이 과정에서 제국주의 국가는 식민지에 각종 근대적 제도들을 이식하였는데, 그 핵심은 생산력 증가를 위한 자본주의적 생산관계의 도입이었다. 그러나 식민 본국에서는 국가의 부를 증대시키는 위 제도들이 식민지에서는 수탈의 메커니즘으로 작동하였다. 이와 같이 서구의 근대는 식민지에서는 식민지적 근대로 변용되었다.[2] 단재의 표현에 따르자면 제국주의는 식민지에 '동화적 모방'을 강요한 것이다.

이 책의 주제인 중앙은행 제도 역시 여타의 근대적 제도와 마찬가지로 각 지역별로 상이하게 수용되어 변용되었다. 중앙은행이란 한 나라의 발권력을 독점적으로 장악하여 통화량을 조절함과 동시에 금융제도의 안정성 보장을 위해 일반은행에 대한 각종 규제 및 감독업무를 수행하는 기구라고 정의되고 있다.[3] 그러나 중앙은행이 처음부터 현재와 같은 공공적 금

2_정태헌, 『한국의 식민지적 근대 성찰』, 선인, 2007의 「서장」 참조. 식민지적 근대란 식민지 자본주의 체제를 토대로 제국주의가 식민지 지역에서 수행한 근대화 정책 결과 드러난 제반 사회적 특징을 총칭하는 개념이다.

융기관으로 출발한 것은 아니었다. 중앙은행 제도의 효시로 일컬어지는 영국의 영란은행의 경우, 애초에는 민간은행으로 설립되어 국가에 재정자금을 지원해주는 대신 은행권 발행의 특권을 부여받은 기관이었다.[4] 이 은행권 발행 특권은 처음에는 다른 민간 발권은행들과 경쟁하는 가운데 영리를 추구하는 수단이었으나, 점차 국가의 지원과 보호 하에 발권기능을 독점하게 되었다. 국가는 이들 은행에게 배타적이고 독점적인 발권력을 보장해 준 반면, 비경쟁적이고 비영리적인 공공기관으로서의 전환을 요구하였다.[5] 즉 중앙은행 진화의 핵심은 사적 이윤을 추구하는 상업은행의 성격을 탈각하여 공공적 금융기관으로 이행한 것에 있다.

반면 일본의 중앙은행인 일본은행은 처음부터 정부 조직의 일부였고, 정부의 강력한 통제 하에 있었다. 일본은행은 벨기에의 중앙은행을 모델로 삼았다. 벨기에국립은행은 민간이 전액 투자한 주식회사임에도 불구하고 감독 · 업무명령 · 정관 승인 · 점포 설치 · 대정부 대출금과 금리 결정을 정부가 행사하는 등 업무 전반에 걸쳐 정부의 통제가 대단히 강한 은행이었다.[6] 서구 중앙은행의 진화과정이 민간은행의 영리추구와 중앙은행의

3_鄭雲燦, 『中央銀行論』, 學現社, 1995, 6-8쪽.

4_최초로 설립된 중앙은행은 1668년에 설립된 스웨덴릭스은행(The Swedish Riksbank)이다(영란은행은 1694년 설립). 그러나 현재와 같은 중앙은행으로의 진화과정을 가장 잘 보여준 것이 영란은행이기에 일반적인 기준으로 삼는다(찰즈 굳하트 저 · 김홍범 역, 『중앙은행의 진화』, 比峰出版社, 1997, 218쪽).

5_이와 같이 이들 은행이 처음에는 다른 은행들과 경쟁하면서 이윤 극대화를 추구하는 상업은행업에서 탈피한 것이야말로 본격적인 중앙은행 제도의 진정한 출현과 발전을 보여주는 것이었다(찰즈 굳하트 저 · 김홍범 역, 앞의 책, 31쪽).

6_일본은행 창립의 주역인 마쓰카타 마사요시松方正義는 1878년 프랑스박람회 사무국 부총재로서 프랑스에 부임하였는데, 당시 프랑스 재무장관인 레온 세이(Léon Say)에게서 제도적으로 질서 정연하게 완비된 중앙은행으로 벨기에국립은행을 추천받았다고 한다. 마쓰카타는 프랑스에서 그를 수행하고 있던 대장성 서기관 가토 와타루加藤濟를 벨기에 브뤼셀에 보내 벨기에국립은행

공공성이 길항하면서 결국 공공기관으로 수렴되는 과정이었다면, 서구의 역사적 진화과정에서 증명된 중앙은행의 본질을 일본은 학습을 통해 자신의 환경에 맞게 변용시켰다. 일본은행은 설립 당시부터 상업금융 업무는 철저히 배제시킴으로써 그 출발부터 공적 임무와 사적 이윤 간의 충돌 가능성을 아예 제거해 버렸던 것이다.[7]

그러나 근대 국민국가 수립에 실패한 식민지에서 위와는 다른 진화과정을 거쳤다. 한국의 경우, 중앙은행 제도는 주체적으로 수용된 것이 아니라 식민 권력에 의해 도입되었다.[8] 식민 권력은 공적 영역으로 진화해 간 본국의 중앙은행과 달리 식민지에는 이를 적용하지 않았다. 일본의 경우, 일본은행 설립으로 가기까지 태정관찰太政官札의 발행, 국립은행 제도 창설 등 여러 번의 실패와 시행착오를 되풀이했으나 이 경험은 일본의 근대 화폐금융제도 운영에 있어 중요한 자산이 되었다. 반면 한국 근대화 과정에서의 몇 번의 시행착오와 실패는 능력의 부족이나 식민지화의 필연성으로

제도를 연구하게 하였고, 이후 가토를 대장성 은행국장에 임명하여 「일본은행조례」 작성에 담당케 하였다(日本銀行百年史編纂委員會, 『日本銀行百年史 1』, 1982, 119쪽).

7_1883년 일본은행 개업 시 대장경 마쓰카타 마사요시松方正義는 "일본은행이란 것은 1인 1개의 사리私利를 도모하는 것이 아니라 공리공익公利公益을 주안으로 하여 헛되이 상업회사의 광란에 흔들리지 않"는 것이 창립의 주지라고 밝히고 있었다(田中金司, 『中央銀行・日本銀行論』, 改造社, 1936, 10-11쪽).

8_개항 이후 자주적 근대화를 추진하던 조선 정부는 1890년대 들어 근대적 화폐제도 수립을 본격적으로 시도하였다. 조선은 은본위제에 입각하여 1891년에 「대조선국화폐조례大朝鮮國貨幣條例」(일명 신식화폐조례新式貨幣條例)와 갑오개혁 때 「신식화폐발행장정新式貨幣發行章程」(1894. 7. 11)를 공포하였다. 대한제국은 1901년 2월에 「화폐조례貨幣條例」(勅令 제4호)를 공포하여 금본위제를 공식 선언하였고, 1903년 3월 24일 「중앙은행조례中央銀行條例」(勅令 제8호)와 「태환금권조례兌換金券條例」(勅令 제9호)를 공포하였다. 그러나 1904년 2월 러일전쟁이 발발하여, 메가타 다네타로目賀田種太郎가 재정고문으로 파견되어 화폐정리사업이 실시됨으로써 대한제국의 근대적 화폐제도 수립은 좌절되고 말았다.

곡해되었다.

이러한 중앙은행의 진화 과정은 근대 국민국가의 발전과 그 궤를 같이 한다. 근대 국민국가는 대내적으로 특정하게 구획된 영토에 대한 배타적 지배와 대외적 자주성을 본질로 하는데, 특히 화폐주권은 필수적인 요소로 인식되었다. 역사적으로 19세기 유럽의 국민국가들은 한결같이 자기 영토 안에 동질적이고 배타적인 국민통화를 창출하려고 노력하였다. 국민통화는 대내적으로는 국민경제를 효과적으로 통제 · 관리하기 위해서, 대외적으로 독립적인 주권을 행사하는 표시로, 또한 국민적 정체성을 부여하기 위해서 만들어졌다. 이 과정에서 중앙은행은 국민통화를 발행하는 주체로서 통화의 재량적 관리 및 화폐거래 네트워크의 감독 강화 등 대내적 측면에서 화폐주권 형성에 핵심 역할을 수행했다. 즉 중앙은행은 근대 국민국가의 '통합된 화폐질서의 효율적 관리'에 있어 결정적으로 중요한 장치였다.[9] 이와 같이 근대 국민국가의 영토적 배타성은 영토적 통화(territorial currencies)[10]와 맞물려 있다. 국가라는 상상된 공동체 내의 구성원으로서의 결합은 국가신용통화의 새롭게 "상상된" 가치를 수용하도록 고무하는데 있어 매우 중요한 역할을 하였다고 한다. 즉 독점적인 통화발행권을 가지는 중앙은행의 존재는 근대 국민국가와 분리해서 생각할 수 없다.[11]

9_고병권, 『화폐, 마법의 사중주』, 그린비, 2005, 158-159 · 168-169쪽.

10_영토적 통화란 국가의 영토적 경계선 내에서 사용되는 동질적이고 배타적인 통화를 말한다(벤저민 J. 코헨 지음 · 박영철 옮김, 『화폐와 권력』, 시유시, 1999, 43쪽).

11_중앙은행과 근대 국민국가와의 상관관계는 다음의 예를 통해서도 확인할 수 있다. 제2차 세계대전이 종결된 이후 수많은 신생국들이 수립되었을 때, 자국만의 중앙은행을 설립하고 영토화폐를 발행하고자 갈망한 것은 의심의 여지가 없는 사실이었다. 또한 1991년 구소련이 해체된 후 연방을 탈퇴한 국가들이 매우 취약한 조건에서도 얼마나 서둘러 새로운 화폐를 발행했는지

역사적으로 자본주의를 발전시킨 주요한 동력은 국가였다. “자기조정 시장이라는 아이디어는 한마디로 완전한 유토피아”[12]였다는 폴라니의 지적처럼 역사적으로 보면 잘 작동하는 국가 없이는 잘 작동하는 시장경제의 건설은 불가능하였다.[13] 자본주의의 전 지구적 확대를 단순히 상품화폐를 중심으로 한 시장경제만으로는 설명할 수 없다. 여기에는 제국주의 국가의 힘이 바탕이 되었음은 말할 필요도 없다. 국경 없는 자본으로 알려진 금융시장의 세계화 역시, 국가가 마련한 정치적 토대 위에서 가능할 수 있었다.[14]

요컨대 중앙은행 제도의 수용과 변용을 통해 각 국가 발전 단계의 특수성이 제도의 보편성과 어떻게 결합되는지를 확인할 수 있다.[15] 조선은행의 식민지성은 도입 주체인 일제가 어떤 목적으로 이를 수립하였으며, 제도적으로 어떤 변용을 적용했는지를 파악함으로써 이해할 수 있을 것이다.

만 보아도 알 수 있다. 루블 지대가 붕괴된 가장 큰 원인은 공화국들마다 새로운 민족정체성을 내세우려 한 데 있다. 하나의 자국 화폐는 여러 민족들의 공동체 속에서 그 민족이 정당한 자리를 차지하고 있음을 증명해주는 구체적인 증거이다(벤저민 J. 코헨 지음 · 박영철 옮김, 앞의 책, 77 · 80쪽).

12_칼 폴라니 지음 · 홍기빈 옮김, 『거대한 전환』, 길, 2009, 94쪽.

13_장하준 저 · 이종태 · 황해선 역, 『국가의 역할』, 부키, 2006, 134쪽.

14_일반적으로 금융시장의 세계화에서 국가의 역할은 간과되고 있다. 이런 관점에서는 국가의 행동이나 정치적 선택보다는 막을 수 없는 기술과 시장의 힘이 세계화 현상의 주된 동력이라고 주장한다. 그러나 2008년 이후 금융위기 과정에서 증명되었듯이 금융의 세계화 역시 국가적 토대 위에서 작동하고 있는 것이다(에릭 헬라이너 지음 · 정재환 옮김, 『누가 금융세계화를 만들었나』, 후마니타스, 2010, 16-18쪽).

15_영국의 영란은행은 중앙은행 제도의 표준과 모범으로 인식되고 있었지만, 그렇다고 해서 세계 각국의 중앙은행이 영란은행과 동일한 조직과 기능을 갖춘 것은 당연히 아니었다. 외부에서 도입되는 선진적인 제도라 하더라도 그 수용 주체에 따라 다양하게 변용될 수 있는 것이다.

2. 정명의 어려움, 혼종적 정체성

> 조선은행의 특질은 한마디로 말하자면 … 만물상万屋, 뭐든지 다 한다는 것이 특징이다. 은행권을 발행하고 국고 사무를 취급한다는 점에서는 일본의 일본은행과 같고, 또 일반은행의 업무도 행하고 있어 이 점에서는 일본의 일반은행과 비슷하고, 또 해외에 비상히 많은 점포를 가지고 있고 외국환 업무를 하고 있었다는 점에서는 요코하마정금은행橫濱正金銀行과 비슷하다. 그 외에 조선은행은 장기의 광공업금융을 경영하고 있었기에 이 점에서의 일본흥업은행과 유사 … [16]

위 글은 조선은행 부총재 출신인 호시노 키요지星野喜代治가 조선은행을 묘사한 내용이다. 조선은행을 두고서 일본의 '일본은행+일반은행+요코하마정금은행橫濱正金銀行+일본흥업은행'의 역할을 모두 다하는 기관이라고 표현하고 있다.[17] 즉 발권 및 국고금을 취급하는 중앙은행, 민간인을 대상으로 영리를 추구하는 상업은행, 외국환거래를 담당하는 외환은행, 해외 차관업무 등의 기능을 모두 구비한 기관이라는 것이다. 이런 점에서 보면 조선은행을 만물상이라고 칭한 호시노의 지적은 본질을 정확히 꿰뚫은 것이었다. 조선은행 사사社史인 『朝鮮銀行史』에서는 "매우 특이한 역할까지 부담한 발권은행"[18]이었다고 평가하였다.

조선은행 연구에 있어 난점 중 하나는 정명正名을 찾을 수 없다는 것이다. 일반적으로 식민지 조선의 '중앙은행'으로 통칭되고 있지만, 동시에

16_星野喜代治, 『回想錄』, 日本不動産銀行十年史編纂室, 1967, 75쪽. 호시노 키요지星野喜代治는 대장성(은행국 검사부장)을 거쳐 조선은행 이사(1938~45)와 부총재(1945)를 역임했던 인물이다.

17_요코하마정금은행은 외국환을 취급하는 특수은행이고, 일본흥업은행은 주로 유가증권을 담보로 공업 분야에 장기의 저리자금을 대부하는 특수은행이다.

18_朝鮮銀行史研究會 編, 『朝鮮銀行史』(「序文」), 東洋經濟新報社, 1987, iv쪽.

'그렇지만' 이나 '그 외에' 또는 '동시에'라는 부가 설명이 항상 뒤따른다. 조선은행은 '특수은행', '조선의 중앙은행', '식민지은행', '해외은행', '외지은행', '국책은행' 등등으로 다양하게 호명될 수 있지만, 이 중 하나만으로 칭하는 것 또한 불완전하다. 기존 연구에서 조선은행을 식민지 '중앙은행'으로 보는 것은 그 업무를 일부 수행하는 기관으로 접근했기 때문이다. 이제는 단순한 기관이 아닌 제도로서의 중앙은행에 접근해야 할 것이다. 여기서 중앙은행의 존재 자체에 대한 질문과 조선은행의 활동을 통해 그 본질에 다가서야 할 필요가 있다.

이와 같이 조선은행에게 부여된 다양하고 복잡한 기능은 식민지라는 현실 속에서 설명될 수 있다. 서구의 중앙은행이 다양한 업무 수행에서 단순한 공적 업무로 집중되는 방향으로 진화되었다면, 식민지에서는 여러 기능을 동시에 수행할 수 있는 기구로 변용된 것이다. 서구의 중앙은행이 공공기관으로서의 성격을 강화한 것과 달리, 식민지에서는 이윤을 추구하는 상업은행의 성격이 온존되고 있었다. 이는 국민국가라는 형식을 갖추지 못한 식민지에 출현한 중앙은행 제도의 변용이라고 할 수 있다. 서구에서는 국민국가 발전과 더불어 중앙은행이 공적 영역으로 진화되었다면, 식민지에서는 여전히 사적 영역과 분리되지 못했다.

따라서 조선은행의 활동을 중앙은행 일반론만으로 설명하는 것은 충분하지 않다. 일제의 입장에서 필요한 것은 식민지 조선을 위한 '중앙은행'이라기보다는 본국의 대외 금융정책에 요구되는 다양한 기능을 수행할 수 있는 국책금융기관이었다. 동시에 조선은행은 상업금융을 통해 영리를 추구하는 존재였다. 주식회사 조직으로 70%에 달하는 민간주주에게 영업실적을 토대로 1년에 두 차례씩 배당을 해야 했고, 수익을 내기 위해 다른 은행들과 경쟁해야 했던 기업이었다. 무엇보다 조선은행은 조선뿐만 아니라 만주나 중국지역에까지 진출하여 은행권을 유통시키고, 지점을 개설하여 일반은행 업무를 수행하였다. 영업소 기준으로 조선 내 비중은 22%에 불과했다.[19] 필자는 조선은행을 식민지 중앙은행이 아닌 일제의 국책을 수행하는 식민지 발권은행의 시각에서 접근하고자 한다. 조선은행은 발권력이란 특권을 기반으로 일제의 국책을 수행할 수 있었고, 그 과정에서 영리를 추구하는 존재였다. 식민 본국에서 중앙은행의 발권은 더 이상 특권이 아니었다면, 식민지에서는 여전히 사적 이윤 추구의 수단으로 작용하고 있었다.

그렇다면 조선은행의 식민지 발권은행으로서의 본질은 식민지 조선과 어떤 관련이 있는가? 이 문제에 답하기 위해 다시 앞에서 제기했던 자본주의와 국가의 상관관계로 돌아가 보자. 19세기 후반 제국주의 팽창은 세계경제를 고도로 통합시켰다. 자본 · 정보 · 재화 · 노동의 이동성이 높아지는 가운데, 외부에서 주어진 변화나 영향으로부터 자국 경제를 보호해야 한다는 필요성이 인식되었다. 제국주의 국가는 외부 팽창과 국내 보호라는 과제를 동시에 해결해야 했다. 가령 자본의 국제적 유입을 증가시키려는 금본위제의 도입과 동시에 단기유입을 규제하고 혼란을 막기 위한 금융정책 수단이 강구되어야 했다. 이 국제화된 금융 현상의 국내 관리를 담당하는 기구가 중앙은행이었다. 또한 중앙은행은 금융공황과 금융위기 대

19_ 〈표〉 조선은행 지점 분포

지역	중국(관내)	만주	조선	일본	시베리아	기타	합계
지점 수	40	26	24	9	8	2	109
비율(%)	37	24	22	8	7	2	100

출전: 朝鮮銀行史研究會 編, 『朝鮮銀行史』(「序文」), 東洋經濟新報社, 1987, i 쪽.
비고: *지점 수는 파출소, 출장소까지 모두 포함한 것이다.
*기타는 뉴욕 및 런던이다.

처에도 중요한 역할을 하였다.[20]

일본의 경우, 자본이동성의 증대에 따라 발생될 수 있는 위험으로부터 자국 경제를 보호하는 임무는 일본은행이 담당하고, 제국주의적 팽창은 여러 국책금융기관을 통해 해결하였다. 조선에 일본은행을 진출시키지 않고, 조선은행을 설립한 이유는 일본 본토를 보호하기 위해서였다.[21] 대외 침략과정에서 발생할 수 있는 위험과 불확실성을 일본은행이 감당할 수 없었던 것이었고 이를 대리해서 실행해 줄 존재가 필요했던 것이다. 그것이 일제가 국책금융기관으로서 조선은행에게 부여한 사명이었다.

일본 제국주의의 확장 과정을 일종의 원운동에 비유해 보면, 엔円의 확대과정은 일본은행권의 구심력과 조선은행권의 원심력이 작동한 원운동

20_해롤드 제임스 지음 · 이헌대 · 이명휘 · 최상오 옮김, 『세계화의 종말』, 한울, 2002, 32-47쪽. 해롤드 제임스는 19세기 후반부터 제1차 세계대전까지를 제1차 세계화시대라고 부르고 있다. 물론 이 세계화는 제국주의 국가에만 해당하는 것이다. 그는 국민국가의 탄생은 세계화의 첫 번째 물결에 대한 응전으로 보았다. 즉 세계화의 진행과 국민국가 건설은 동전의 양면과 같다는 것이다.

21_조선은행법 제정 당시 일본 정부는 조선에도 일본은행권을 유통시켜야 한다는 일부 의원들의 의견에 대해서는 반대 입장을 분명히 하였다. 제27회 제국의회 중의원에 정부위원으로 출석한 조선총독부 탁지부장관 아라이 겐타로荒井賢太郎는 일본은행은 "일본 금융기관의 중추로써 태환권의 기초를 정말이지 견고하게 하지 않으면 안"되기 때문에 "태환권의 기초에 동요를 가져올 수 있"는 것은 그 어떤 것이라도 항상 피해야 한다는 것을 "유념해"야 한다고 주장하였다. 그런데 조선의 경우 일본과 달리 경제적 기반이 매우 취약한데다가 국경을 접하고 있기 때문에 경제상 변동이 발생할 경우 이는 일본에 직접적으로 영향을 끼칠 수밖에 없다. 따라서 조선에도 일본은행권을 유통시킨다면 조선 경제가 동요될 경우 이로 인해 태환권이 크게 위협받게 될 우려가 크다는 것이다. 따라서 "조선에는 특수한 은행을 설치하고 일본은행권 이외의 태환권을 발행케 하는 것이 전체적으로 안전"하기에 특별히 조선은행을 설립한 것이라고 답변하고 있다. 즉 조선의 불안한 경제 여건이 일본에 영향을 미치지 않도록 조치를 취해야 한다는 것이다. 여기서 아라이가 가장 힘주어 강조한 것은 바로 일본 본토 경제를 보호하기 위해서는 본국의 화폐를 조선에 유통시킬 수 없다는 것이었다(1911년 3월 10일 제27회 帝國議會衆議院 朝鮮銀行法案委員會議錄).

에 의해서 가능하였다. 일본을 보호해야 하는 일본은행권은 국가경계선 밖으로 이탈시키지 않은 반면, 조선은행권은 끊임없는 확장을 추구하도록 규정되었다. 일본은행권처럼 중앙에서 벗어나지 않으려고 하는 구심력만으로는 제국은 확장할 수 없었다. 조선은행권이라는 조선에서 벗어나려고 하는 원심력의 작동이 있어야 가능했다. 일본은행이 일본 경제를 보호하는 역할을 수행하였다면, 조선은행은 제국주의 팽창에서 초래되는 위험을 식민지에 전가하는 역할을 담당하였다. 식민지 조선은 조선 경제를 보호할 장치를 전혀 갖추지 못한 채 식민 본국의 팽창 과정에서 야기된 위험을 감수할 수밖에 없었던 것이다.

II. 기존 연구 성과 검토 및 연구방법론

1. 기존 연구 성과

조선은행을 대상으로 한 기존 연구는 화폐제도사, 일본 대외금융정책사, 금융기관사라는 세 개의 경향으로 나눌 수 있다. 첫 번째 화폐제도사는 조선은행권 발행제도 메커니즘 분석을 통한 식민지성 규명에 집중되어 있다. 일제시기 조선은행권 발행제도는 비례준비제를 가미한 신축제한제도에서 최고발행액제한제도로 변화되었는데, 발행준비 제도의 핵심은 정화준비를 금이 아닌 일본은행권으로 한 점에 있다. 식민지 시대 조선은 일본과의 무역에서 대체로 적자였기 때문에 정화의 유출 구조를 지니고 있었다. 식민지 조선의 통화제도는 조선 경제의 구조적 특질과 결합되어 은행권 발행을 제약하였고, 이는 식민지 조선 개발을 위한 자금공급에 큰 장애가 되고 있었다.[22] 그러나 중일전쟁 이후 조선은행권은 남발되었는데, 전시기 인플레이션의 원인을 규명한 일련의 연구들을 통해 조선은행권 남발을 가능케 한 여러 조건들이 밝혀졌다.[23] 중일전쟁을 기점으로 이전에는 조선은행권 발행이 어떻게 제약되었는지에 집중되었다면, 이후에는 반대로 어떻게 제약에서 벗어나 남발될 수 있었는가를 규명하였다.

두 번째 조선은행은 일제 대외금융정책사의 일환으로서 연구되었는데, 일제 엔円블록이 식민지 및 점령지에서 어떻게 형성되고 확장되었는지를 규명하는 가운데 이루어졌다. 나미가타 쇼이치波形昭一는 조선, 대만, 만주를 대상으로 1878년 제일은행 부산지점의 설치부터 제1차 대전 하의 '일본-만주-중국 금융블록화' 시기까지를 입법 정책사의 시각에서 분석하였다. 그는 각 식민지의 화폐제도 통일 문제, 식민지 금융기구 수립 등 일본의 식민지 및 점령지 금융정책의 구상 및 실태를 종합적으로 검토하였다. 그는 서구 열강에 비해 자본력이 현저히 떨어지는 일본이 국가 자본을 동원하여, 각종 식민지 특수금융기관을 설립한 사례를 연구하였다.[24] 시마자

22_裵永穆, 「日帝下 植民地貨幣制度의 形成과 展開」, 『經濟史學』 11, 1987 ; 吳斗煥, 「植民地時代 韓國의 貨幣制度」, 『韓國近代貨幣史』, 韓國硏究院, 1991 ; 吳斗煥, 「조선은행의 발권과 산업금융」, 『국사관논총』 36, 1992 ; 吳斗煥, 「植民地時代 초기의 朝鮮의 通貨와 金融」, 『經商論集』 12-2, 仁荷大學校 産業經濟硏究, 1998.

23_羽鳥敬彦, 「戰時下(一九三七-四五年)朝鮮における通貨とインフレ-ション」, 姜在彦・飯沼二浪 編, 『植民地期朝鮮の社會と抵抗』, 未來社, 1982 ; 김보영, 「일제하 전시국채와 조선경제」, 한국근현대사연구회 1930년대 연구반, 『일제말 조선사회와 민족해방운동』, 일송정, 1991 ; 吳斗煥, 「戰時下 朝鮮의 通貨增發에 대하여」, 『硏究論文集』 5, 仁荷大學校 産業經濟硏究所, 1991 ; 吳斗煥, 「戰時工業化와 金融」, 安秉直・中村 哲 共編著, 『近代朝鮮工業化의 硏究』, 一潮閣, 1993 ; 金東昱, 「日帝末期 戰時統制體制의 貨幣經濟的 性格」, 『연세경제연구』 II-1, 1995 ; 平井廣一, 「舊植民地のインフレ-ション」, 長岡新吉・西川博史 編著, 『日本經濟と東アジア -戰時と戰後の經濟史-』, ミネルヴァ書房, 1995 ; 安富 步, 「滿洲中央銀行と朝鮮銀行ー日中戰爭・アジア太平洋戰爭期を中心に-」, 『人文學報』 79, 京都大學人文科學硏究所, 1997.

키 규우야島崎久彌는 중국 대륙에서 엔계통화권의 외연적 확대 과정을 연구 대상으로 하였는데, 여기에는 만주 및 중국에서의 조선은행 활동이 분석되어 있다. 그는 일제의 식민지 통화정책의 본질을 엔환본위제円換本位制로 파악하고, 이와 같은 엔계통화권의 외연적 확장 과정에서 드러나는 식민지 · 점령지 통화체계의 모순을 구체적으로 밝혔다.[25] 한편 1910년대 이후 조선은행의 만주 진출 및 활동을 대상으로 한 연구[26]와 만주중앙은행을 중심으로 한 만주 금융사 연구의 일부로서 검토된 것도 있다.[27] 그리고 만주에서 조선은행 역할을 대외금융정책사의 관점이 아니라 자금조달 및 운용을 검토하여 그 영업 활동에 초점에 두고 분석한 논문도 있다.[28]

세 번째 금융기관사의 관점에서 서술된 『朝鮮銀行史』가 있다.[29] 이 연

24_波形昭一, 『日本植民地金融政策史の研究』, 早稻田大出版部, 1985.

25_島崎久彌, 『円の侵略史』, 日本經濟評論社, 1989.

26_조선은행의 만주 진출에 관련된 대표적인 연구는 기타오카 신이치의 저서이다. 그는 일본 군부의 대륙 침략정책을 철도, 금융, 만주경영기관이라는 세 층위에서 분석하고 있는데, 일본 정부의 만주금융정책에 있어서 조선은행이 어떤 역할을 하였는지를 정리하고 있다(北岡伸一, 『日本陸軍と大陸政策, 1906-1918年』, 東京大學出版會, 1978). 시바타 요시마사는 조선은행을 축으로 한 일제의 만주 통화금융정책의 실태와 그 한계를 분석하였다(柴田善雅, 「日本の對『滿州』通貨金融政策の形成とその機能の實態」, 『社會經濟史學』 43-2, 1977). 오오타니 다다시는 조선은행 만주 진출의 적극적 주체인 조선총독부를 대상으로 그 진출과정을 분석하였다(大谷正, 「滿洲金融機關問題と朝鮮総督府」, 『日本史研究』 186, 1978). 반면 가네코 후미오는 '선만일체화'라는 정책 하에 진행된 조선은행의 만주 진출을 엔블록 형성의 과정에 위치 지으면서, 그 과정에서 전개된 조선 측 세력과 만주 측 세력의 대립, 즉 조선은행과 요코하마정금은행의 갈등과 그 조정 과정을 분석하였다. 오오타니가 추진주체에 집중하였다면 가네코는 일본엔의 만주 및 중국 대륙 진출에 초점을 두고 있는 점에서 차이가 있다(金子文夫, 「第1次大戰期における植民地銀行體系の再編成ー朝鮮銀行の「滿洲」進出を中心に」, 『土地制度史學』 82, 1979).

27_安富 步, 『「滿洲國」の金融』, 創文社, 1997.

28_吳斗煥, 「滿洲에서의 朝鮮銀行의 역할」, 『經濟史學』 25, 1998. 한편 간도 지역을 대상으로 조선은행권 유통을 연구한 것으로 김주용, 『일제의 간도 경제침략과 한인사회』, 선인, 2008이 있다.

구는 조선은행 연구가 자료적 제약으로 인해 진전되지 못하고 있던 상황 속에서 관련 자료를 발굴하여 기술하였다는 점에서 획기적인 의의를 가진다. 『朝鮮銀行史』의 가장 큰 장점은 조선은행 내부 자료를 활용하여 그 영업 실태를 밝혔다는데 있다. 기존 조선은행 연구가 일제 대외금융정책의 구성요소 중 하나로만 취급되었다면 『朝鮮銀行史』로 인해 독자적인 연구 영역이 창출될 수 있는 계기가 만들어지게 되었다. 특히 『朝鮮銀行史』에는 귀중한 자료들이 수록되어 있어 관련 연구에 큰 도움을 주었다.

이상과 같이 선행 연구는 발권, 국책 수행, 영업 실태라는 조선은행에 내재된 다양한 속성을 드러내 주었다. 다만 첫 번째 연구경향은 조선은행권 발행제도의 식민지성을 밝혔다는 점에서 큰 기여를 하였지만, 오직 은행권 발행에만 한정되어 조선은행이 수행했던 여러 기능을 통한 실체 파악에는 한계가 있다. 두 번째 연구 경향을 통해 일제 대외 국책수행기관으로서 역할 및 면모를 이해할 수 있으나, 여기서 조선은행은 대외금융정책의 종속변수로 취급되고 있다. 그 결과 조선은행 내부에 내재된 영리 추구의 속성이 어떻게 일제의 국책과 조응하여 실현되었는가는 서술되어 있지 않다. 셋째 『朝鮮銀行史』의 경우 조선은행 영업 실태의 복원이란 목적 하에 서술되었기 때문에 주 대상지역은 조선보다는 만주 · 중국 · 일본에 집중되었다. 따라서 식민지 조선에서 조선은행이 어떤 존재인가에 대한 인식은 이 책의 관심영역이 아니다. 두 번째 연구경향과 마찬가지로 조선은행의 식민지성은 전혀 드러나지 않는다. 오히려 영업활동만을 강조함으로

29_朝鮮銀行史研究會 編, 『朝鮮銀行史』, 東洋經濟新報社, 1987. 종전 후 조선은행 일본지점은 청산 과정을 거쳐 1957년 일본부동산은행日本不動産銀行(1977년 일본채권신용은행日本債券信用銀行으로 명칭 변경, 현재는 아오조라은행)으로 설립되었는데, 『朝鮮銀行史』는 일본채권신용은행이 보관하고 있던 『諸計算書』를 바탕으로 조선은행 각기별 영업내용 등을 분석하였다.

써 일제 대외침략에 앞장섰던 조선은행의 행위를 합리화할 우려도 다분히 있어 보인다.

이와 같이 기존 연구들은 어느 하나의 관점에서 접근하여 대상을 분절적으로 인식함으로써 조선은행 본질을 파악하는데 한계를 드러내고 있다. 그 결과 조선은행은 모호한 존재로 남게 된다. 조선 혹은 만주의 '중앙은행'으로서 기능을 일부 수행했다든지, 혹은 일제의 국책은행이라는 시각에 따라 서로 다른 정체성이 혼동스럽게 드러난다. 이런 혼란은 조선은행에 내재된 다양한 특성을 분절적으로 인식함으로써 파생된 결과이다. 따라서 복합체로서의 조선은행을 시야에 넣고 그것이 가지는 특징을 입체적으로 분석할 필요가 있다.

2. 연구방법론: 국책-발권-영리 삼위일체로서의 조선은행 연구

조선은행은 일제의 국책 수행, 국책 수행을 위해 부여된 특권인 발권력, 발권력을 통한 이윤 추구라는 세 가지 지점을 모두 고려해야 한다. 특히 기존 연구에서는 조선은행이 발권력을 통해 영리를 추구하는 존재였다는 점이 전혀 언급되지 않음으로써 국책에 순응하는 수동적인 존재로만 묘사되고 있다. 그러나 조선은행은 국책에 능동적으로 참여하는 주체였고, 이를 스스로 개척해 나가는 존재였다. 왜냐하면 조선은행은 국책을 통해서만 발권력의 확장이 가능했고, 발권력의 확장은 수익의 증대로 이어졌기 때문이다. 따라서 국책 수행은 조선은행에게 이윤을 보장해주는 가장 강력하고 든든한 기반이었다.

조선은행의 발권제도 중 본서에서는 특히 기존 연구에서 분석되지 않았던 보증준비 발행에 주목하고자 한다. 그 이유는 첫째 조선은행에게 가장 유리한 발행방식이라는 점이다. 조선은행은 만성적인 정화부족을 타개하기 위해 일본 단자시장에서 콜을 빌리거나 제한외발행을 해야 했는데 이는 모두 상당한 비용이 지불되어야만 했다. 반면에 보증준비는 무이자 자원으로서 이 자금 운용은 고스란히 조선은행의 수익으로 귀결되었기 때문에 가장 선호되는 발행방식이었다. 둘째 보증준비는 발행한도가 정해져 있는데, 이 확장 여부는 일본 제국의회에서 결정하였다. 즉 조선은행이나 일본 정부 측의 의지만으로 확장될 수 있는 것이 아니라는 점이다. 일본 의회에서 이를 승인해야 하는 결정적인 이유가 있어야 하는 것이다. 그렇다면 언제 한도 확장이 가능한가? 바로 조선은행이 중요 국책을 수행할 때이다. 한도의 확장은 외부로부터 특별하고 획기적인 계기가 주어지지 않는 한 쉽게 이루어질 수 없는 것이었다.[30] 위 두 가지 점을 조합하면 조선은행에게 있어 국책과 영리와의 관계가 명료해지고 중간에서 이를 매개하는 것이 바로 보증준비 발행이라는 점을 이해할 수 있다.

조선은행 영리 추구에 있어 가장 좋은 발행 방식은 보증준비 확장이기 때문에 정부 국책에 철저하게 순응해야지만 이를 획득할 수 있는 것이었다. 그런 의미에서 조선은행에게 있어 국책은 단순히 부여된 임무가 아니라 적극적으로 수행해야 하는 사업이었던 것이다. 기존 연구에서 조선은행은 단순히 일제의 명령을 따르는 입장으로 묘사되고 있지만, 국책 수행을 통해 자신들의 이해관계를 관철시키고자 한 존재였다. 조선은행에게 있어 국책이란 영리를 보증해주는 가장 강력한 그리고 사실상 유일한 통로였던 것이다. 여러 여건과 배경 속에서 보증준비 한도가 확장되었지만,

30_1911년의 확장은 강제병합에 따른 식민지 재정자금 조달을 위해, 1918년은 조선은행권이 만주에서 법화로 공인받았던 시기이고, 1937 · 39년은 중일전쟁 때 군용통화로 사용되었거나 전비 조달 역할을 수행하였기 때문에 확장된 것이다.

시종일관 변하지 않은 것은 이 확장이 결국 조선은행에게 커다란 이익을 안겨주었다는 점이다.

일제 대외금융정책에는 항상 세 가지 선택지가 있었다. 첫째는 일본은행 진출 방안, 둘째 기존 금융기관의 활용 방안, 셋째 특수금융기관의 신설 방안이었다. 첫 번째 방안은 일본은행태환권 보호라는 불가침의 원칙 아래 사실상 한 번도 실현된 적이 없었다. 두 번째와 세 번째 방안은 서로 결합되어 실현되었는데, 해당 지역에 일본의 지배권이 확립되기 이전에는 주로 기존 금융기관을 활용하였다. 일본 제일은행의 조선 진출이나 만주국 수립 이전 요코하마정금은행橫濱正金銀行과 조선은행의 만주 진출이 대표적이다. 그러나 조선이 식민지가 되자 일본 제일은행을 철수시키고 새로이 한국은행을 설립하였으며, 만주국이 수립되자 역시 만주중앙은행을 설립함으로써 기존 은행은 철수하게 되었다. 여기서 국책은 독점이 보장된 것이 아니라 경쟁하는 국책이었다. 즉 조선은행은 일제의 입장에서 선택할 수 있는 여러 방안 중 하나일 수밖에 없었기 때문에 항상 자신이 선택될 수 있도록 노력을 기울여야만 했다. 조선은행이 중국 대륙을 둘러싼 국책 경쟁에서 우위를 점하기 위해서는 조선이 아닌 중국에서의 활동에 대해 일본 정부로부터 좋은 평가를 받아야 한다. 즉 그 지역에서 국책 수행에 효율적인 존재임을 증명해야 한다. 그렇지 못할 경우 배척된다.

그렇다면 왜 조선은행은 국책 수행에 필사적이었는가? 다음 두 가지 이유를 들 수 있다. 우선 조선은행은 본래 영리를 추구하는 기업이라는 점을 고려해야 한다. 기존 연구에서는 조선은행이 영리를 추구하는 기업이란 인식은 아예 고려가 되지 않고 있었는데, 그 이유는 다음의 세 가지라고 생각된다. 첫째 발권업무를 수행하는 중앙은행이라는 시각이 전제됨으로써, 중앙은행 일반론에 배치되는 영리 추구라는 측면을 시야에 넣지 못했다.

둘째 조선은행권 발행제도의 구조적 한계로 인해 발권력이 제약되었기 때문에 이윤 추구가 제한될 수밖에 없었을 것으로 여겨졌다. 셋째 1920년대 이후 조선은행은 일본 정부의 원조 하에 겨우 지탱되는 불량 은행으로 낙인 찍혀 있었기 때문에 수익을 추구하는 실태가 제대로 드러나지 않았다. 그러나 위 요인은 첫째 조선은행이 상업금융을 겸영하고 있었던 사실, 둘째 발권력 확장과 수익 확대를 위해 만주에 적극적으로 진출한 것, 셋째 만주 등지에서의 방만한 경영으로 인해 결국 1920년대 정리은행이 된 것과 표리일체의 관계에 있다.

다른 하나는 조선은행 이윤 창출의 가장 큰 기반인 은행권 발행 특권을 보호하기 위해서였다. 조선은행의 영리추구는 생존을 위한 방어기제로서 볼 필요가 있다. 본서 제4부 2장의 개조론에서 보이듯이 조선은행은 항상 그 발권 특권을 박탈당할 수 있다는 불안한 위치에 있었다. 가장 큰 위협이 되었던 것은 1920년대의 정리였다. 발권 특권이 있음에도 불구하고 구제 금융에 의해 간신히 지탱하는 모습을 계속해서 보여줄 수만은 없는 일이었다. 우선 이 정리 과정에서 수익을 내어 구제자금을 갚아야 했었고, 또 재계의 암이라고 불릴 정도로 만신창이가 되었기 때문에 자신의 존재가치를 증명하지 못한다면 언제라도 특권은 상실될 수 있었다. 이런 점에서 조선은행의 영리 추구는 일반 기업의 이윤 논리와는 구분할 필요가 있다.

이 국책과 영리 추구라는 요소를 결합시켜 보면 왜 조선은행이 그토록 조선을 벗어나려고 했는지 이해할 수 있다. 조선은행에게 조선은 여러 사업지 중 하나에 불과했다. 사실 만주나 중국이 조선보다 훨씬 더 매력적인 대상이었다. 이 수익성이 높은 사업으로의 진출은 일제의 국책을 통해서만 실현될 수 있었다. 그런데 조선은행이 이 국책 경쟁에서 승리할 수 있도록 도와준 일등공신은 다름 아닌 일본 군부였다. 자본력에서 크게 열세였던 조선은행이 중국 대륙에 진출할 수 있었던 것은 일본 군부의 충성스러운 기관이 됨으로써 가능하였다. 조선은행은 일본 육군의 첨병을 자처하면서 침략의 선두에 서서 모험적인 활동을 전개하였다. 조선은행을 국책 경쟁에서 살아남게 해준 동력은 바로 이것이었다. 조선은행이 수행한 국책은 군사적 · 침략적 속성을 본질로 한 것이었고, 이를 통해 조선은행은 기업으로서의 이윤을 창출할 수 있었다. 그러나 일본은행을 대리하여 수행하는 국책에서 발생되는 위험은 모두 식민지에 전가되는 결과로 되었다. 1920년대 조선은행 정리에서도, 또 중일전쟁 이후 중국 점령지 인플레이션의 파급에서도 그 피해는 고스란히 조선이 부담해야만 했다.

Ⅲ. 본서의 구성 및 내용

제1부에서는 조선은행의 운영 주체가 일본 정부였음을 감독권, 인사, 금리 결정을 통해서 살펴보기로 한다. 1장에서는 감독권을 둘러싼 논쟁과 처리과정, 2장에서는 중역 인사 실태 검토를 통해 조선은행은 일본 정부의 일원적인 지휘 · 통제 하에 운영되고 있었음을 확인할 것이다. 조선은행에게 독점적 발권력을 부여한 이상, 조선은행은 조선총독부가 아닌 일본 정부가 관리하고 통제해야 했던 것이다. 그 결과 조선은행은 중앙은행의 가장 기본적인 기능인 기준금리 결정에 있어서도 일본은행의 결정을 그대로 따르기만 하였다. 그 실태를 3장에서 검토할 것이다.

제2부 1장에서는 조선은행권 발행제도의 특징을 보증준비를 중심으로 살펴볼 것이다. 조선은행권 발행의 다양한 발행 방식과 보증준비가 가지

는 함의를 검토할 것이다. 조선은행의 국책과 영리를 매개해주는 발권은 다름 아닌 보증준비 발행임을 확인할 수 있을 것이다. 2장에서는 1941년 조선은행권 발행제도 전환의 내용을 살펴볼 것이다. 이 개정은 중일전쟁 이후 일제의 중국 점령지 전비조달과 밀접한 관련 속에서 진행되었음을 밝히고 이는 결국 식민지를 방패로 한 일본 본토의 보호로 귀결되었음을 확인할 수 있을 것이다. 또 최고발행액 한도 산정 과정을 복원함으로써 조선은행이 영리를 추구하는 실상을 검토할 것이다.

제3부에서는 시기별 조선은행의 활동과 그 귀결을 국책 수행과 관련지어 살펴볼 것이다. 1장에서는 1910년대 일본 군부의 선만일체화鮮滿一體化에 따른 만주 진출과 그 과정에서 형성된 조선은행의 정체성을 살펴볼 것이다. 조선은행은 창립 직후부터 조선의 '중앙은행'이 아닌 '해외은행'으로서의 정체성을 형성하였고, 이는 만주 진출 기도로 이어지고 있었다. 2장에서는 1920년대 조선은행의 정리 내용을 다룬다. 정리의 진행과정을 시계열적으로 구성하여 관련 주체들의 다양한 이해관계가 어떻게 반영되어 현실화되고 있었는지를 살펴볼 것이다. 3장에서는 1930년대 이후 대외 국책금융의 결과를 만주국폐의 조선 유입 문제를 통해 검토할 것이다. 만주국폐의 조선 유입은 조선은행이 일본은행을 대리하여 수행한 국책이 어떤 결과를 가져왔는지를 명확하게 드러내고 있었다. 즉 위험성이 높고 불확실한 대륙에서의 국책 수행을 왜 일본은행이 아닌 조선은행에서 담당했는지를 증명해준 것이다.

제4부에서는 조선은행을 둘러싼 담론의 전개와 그 함의를 검토할 것이다. 조선은행 활동에서 파생되는 여러 문제들을 둘러싼 관련 주체들의 상이한 대응 양태를 통해 조선은행의 본질을 당대의 목소리를 통해서 복원하고자 한다. 1장에서는 조선은행에 대한 조선 내 인식을 살펴볼 것이다.

1920~30년대 조선은행 금융 활동에 대한 비판과 해법을 검토함으로써 당시 조선에서 필요로 하는 '중앙은행'이 어떤 내용인지를 확인할 수 있을 것이다. 2장에서는 일본에서 제기된 조선은행 개조 문제를 둘러싼 논쟁을 살펴볼 것이다. 개조론의 핵심은 발행특권의 폐지, 즉 중앙은행의 기능 박탈에 있었다. 그런데 이 개조론에는 제국-식민지 간의 관계에 관한 본질이 함축되어 있었다. '문명'이라는 이름으로 정당화했던 식민 지배의 본질을 이 개조론을 통해서 확인할 수 있을 것이다.

마지막으로 본서에서 이용한 주요 자료는 우선 조선은행에서 생산한 문서들이다. 조사부에서 별도로 출간한 간행물과 『朝鮮銀行史』에 수록된 자료들이 있다. 또한 일본 대장성에서 생산한 『昭和財政史資料』 및 『中央儲備朝鮮台湾銀行関係資料』 들에 힘입은 바가 크다. 일본은행의 『日本金融史資料』는 전시기 일제의 대외금융정책의 실상을 확인하는데 필수적인 자료이다. 그리고 제국의회 속기록(日本國立國立國會圖書館, 『帝國議會會議錄檢索システム』(http://teikokugikai-i.ndl.go.jp))도 큰 도움이 되었다. 조선은행법은 일본의회에서 제정·개정되었기 때문에 이 과정에서 논의된 내용들은 정책의 목적과 이와 관련된 주체들의 인식을 살펴보는데 중요한 자료로 활용되었다. 본서에는 종래 연구에서는 전혀 이용되지 않았던 신문 기사를 적극적으로 활용함으로써 당대 조선은행에 대한 다양한 시각과 정보를 수집할 수 있게 되어 보다 입체적으로 구성할 수 있게 되었다.

| 1부 |

조선은행의 운영 주체

1장

조선은행 감독권 소재 논란과 대장성으로의 수렴

일반적으로 조선은행의 감독권은 1924년을 기점으로 조선총독에서 일본 정부로 이관된 것으로 이해되고 있다. 이는 「조선은행법」의 조항을 보면 별 문제가 없는 것으로 보인다. 그러나 위 해석은 표면상에 드러난 법령의 변화만을 반영한 것으로 실제 운영 과정에서는 그렇지 않았다. 필자는 처음부터 조선총독의 감독권은 매우 제한적인 것으로 사실상 일본 정부가 행사한 것으로 보고 있다.[1]

1_필자는 기존 논문에서 조선은행은 1924년 이전 이원적 감독 체제로 제도화 되었다고 정리한 적이 있다(조명근, 「조선은행법에 내재된 식민지 중앙은행제도의 모순-감독권의 소재를 둘러싼 논의를 중심으로-」, 『韓國史學報』 34, 2009). 위 논문에서는 1924년 이전의 조선은행 감독권은 일본 정부와 조선총독의 이원적인 감독 체계를 형성했다고 하지만 실질적인 권한은 사실상 조선총독에게 있다고 결론짓고 있다(218-219쪽). 그러나 필자는 학위논문(「日帝의 國策금융기관 朝鮮銀行 연구」, 2011)에서 2009년 논문에서 다루지 않았던 조선은행과 일본 대장성 간의 합의 사항을 분석함으로써 이를 수정하게 되었음을 밝혀둔다.

Ⅰ. 조선총독부 위임입법체제와 조선총독의 형식적 감독권

메이지 유신 이래 중국 대륙 진출을 기도하고 있던 일본 군부는 러일전쟁 직후에 만주를 대러시아 경계기지로서 고려하였다. 일본 육군의 태두인 야마가타 아리토모山縣有朋에 따르면 만주 경영의 핵심은 일본인 이민에 따른 경제권의 형성에 있었다. 이때 이민은 일종의 군비軍備로 기능하는 것이었다.[2] 한편 일본 육군은 조선을 대륙 침략의 거점으로 인식하여 자신들의 세력권으로 편입시켰다. 초대 조선총독인 데라우치 마사타케寺內正毅는 조선총독과 일본 육군대신을 겸임하고 있었다. 즉 데라우치는 조선총독만이 아닌 육군지도자라는 점도 동시에 고려해야 한다. 그는 야마가타 아리토모-가쓰라 다로桂太郎-데라우치-다나카 기이치田中義一로 이어지는 조슈벌의 육군 지도자였다. 데라우치는 1902년 3월부터 1911년 8월까지 육군대신에 있으면서 육군성의 주요 직위를 조슈벌 출신들로 채웠다. 야마가타 계파의 최대 기반인 육군을 지배함으로써 데라우치는 정계에서 중요한 위치를 차지할 수 있었고, 러일전쟁 이후 내각이 교체될 때마다 수상 후보에 이름을 올렸다. 이러한 육군 지도자로서의 권위 때문에 데라우치 밑의 조선총독부에 대해서는 "이름은 조선총독부라 해도 실제로는 육군성의 분신"이라고 평가할 정도였다.[3] 1910년대 일본 육군은 조선을 단지 식민

2_당시 만주 경영에 강한 관심을 가지고 있던 고다마 겐타로兒玉源太郎와 고토 신페이後藤新平는 "우리가 만약 만주에서 50만 명에 달하는 이민과 수백만의 축산을 가"질 수 있게 된다면 유사시에는 적국을 침략하는 준비가 될 수 있다고 하면서 이민의 중요성을 강조하고 있었다(北岡伸一, 『日本陸軍と大陸政策, 1906-1918年』, 東京大學出版會, 1978, 1 · 44-45쪽).

3_일례로 『寺內正毅關係文書』에 수록된 서한을 보면 데라우치는 조선총독 재임 중에도 총독의 사무에 관한 것보다 육군 지도자로서의 임무에 관련된 것이 훨씬 많았다고 한다(松田利彦, 「일본 육군의 중국 대륙침략정책과 조선(1910~1915)」, 『한국 근대사회와 문화 II』, 서울대학교출판

지 경영의 대상으로만 간주하지 않고 대륙 진출과 연결지어 '선만일체화鮮滿一體化'를 강하게 주장하였다.[4] 대륙침략정책의 가장 강력한 추진자인 데라우치가 조선총독에 있다는 것 자체가 바로 1910년대 조선이 일본 제국 내에서 어떤 위상을 가지고 있는지를 잘 보여주고 있다.[5]

1910년대 일본의 만주경영기관은 육군을 중심으로 한 관동도독부, 외무성의 지휘를 받는 영사관, 그리고 남만주철도주식회사(이하 '만철')가 각각 분립하여 만주 삼두三頭정치로 불리고 있었다.[6] 형식적으로는 외무성이 전체를 지휘하는 형태를 띠고 있었으나, 실질적인 감독권은 행사하지 못하고 있었다.[7] 즉 만주에서는 철도는 만철, 금융은 요코하마정금은행橫濱正金銀行, 경영기관에 대해서는 외무성을 중심으로 운영되고 있었다. 군부는 조선총독의 관동도독 겸임 구상[8]등을 통해 기존 체제를 변경하고자 하였

부, 2005, 98-99쪽).

4_가령 조선주차헌병대 사령관 겸 조선총독부 경무총장을 역임한 아카시 모토지로明石元二郎(재임기간 1910. 7.~1914. 4.) 육군 소장은 "조선에 있던 8년 동안은 조선국 내의 치정治政에만 골몰했던 것이 아니라 항상 대륙을 향해 눈을 돌리고 있었다. 조선은 일본에 이르는 관문으로서 보다 많은 세계 정책이 실시되어야 한다고 생각하고 또 그것에 대한 충분한 포부를 가지고 있었"다고 한다. 또 조선주차군 사령관을 지냈던 아키야마 요시후루秋山好古(재임기간 1916. 8.~1917. 8.)도 "입버릇처럼 만몽滿蒙으로 진출이 긴요하다고 강력히 주장했"다고 전해지고 있다(松田利彦, 앞의 논문, 96쪽).

5_아카시는 데라우치에게 보낸 편지(1913년 11월 19일자)에서 다음과 같이 적고 있다. "정부가 등한시하기 쉬운 만몽 경영에 있어서 각하[데라우치]의 존재는 큰 후원이 되고 있습니다. 혹시 각하께서 조선을 떠나시게 되면 관동주 정부는 고립되어 만몽경영론자들은 대륙의 근거지를 영원히 잃어버리게 될 것입니다." 즉 데라우치가 조선총독의 자리를 지키고 있다는 것은, 당시 육군에게 있어서 육군 야마가타 벌의 정치력을 온존시키고 대륙 정책의 거점을 확실히 장악해 두는 것을 의미했다(松田利彦, 앞의 논문, 106쪽).

6_北岡伸一, 앞의 책, 54쪽.

7_외무성은 도독부를 감독하고, 또 영사에 대한 직접 지휘권을 확보하였다. 또 만철에 대해서도 직접 또는 도독을 경유하여 간접으로 감독하였다.

8_1913년 척식국 총재인 고토 신페이는 "남만주는 조선 소관으로 옮"겨서 조선총독에게 관동도독

다. 만주의 독자적인 경제 발전보다 조선과 만주의 연속성 강화를 중시하는 선만경제일체화의 논리는 이런 맥락에서 나온 것이다.[9]

한편 강제병합으로 통감부가 폐지되고 조선총독부가 설치되자, 조선총독부는 1909년에 공포된 「한국은행조례韓國銀行條例」(法律 제22호, 1909. 7. 26)를 대신할 「조선은행법朝鮮銀行法」의 제정을 일본 대장성과 협의하였다. 후자는 대체로 전자를 계승하는 형태로 진행되었다. 변경된 내용은 조선은행으로의 명칭 변경, 은행권 보증준비 발행한도의 확장 등이었는데 양측은 감독권의 소재를 두고서는 첨예하게 대립하였다. 이는 「한국은행조례」에 표기된 '정부'를 어떻게 해석하느냐에 대한 문제였다. 우선 조선총독부는 '정부'를 모두 조선총독으로 고칠 것을 제안하였다(〈부표 1-1〉 참조).[10] 즉 조선은행 감독 및 인사권 전부를 조선총독이 행사하겠다는 것이다. 이 제안에 대해 대장성은 여기서 '정부'는 조선총독이 아닌 일본 정부라고 정반대의 의견을 제시하였다.[11] 대장성에서는 조선총독이 관제상 대만총독과 다르다고는 하나, 조선은행의 감독권을 모두 조선총독에게 부여할 수는 없다고 하면서 다음과 같이 반박하였다.[12] 첫째 조선은행은 일본은행

을 겸임케 한다는 개혁안을 구상하고 있었는데, 조선총독의 강대한 힘으로써 도독부의 만철 및 영사에 대한 지도력을 강화하고자 한 것이다(北岡伸一, 앞의 책, 115-116쪽).

9_데라우치는 고토 신페이 체신상(제3차 가쓰라내각)에게 다음 내용의 편지를 보냈다(1913년 1월 15일자). "조선을 경유하여 만주 및 시베리아까지 무역 및 교통관계를 한층 밀접히 하고 싶음, 봉천에 조선은행의 지점을 설치하고, 상사商事 거래의 편의를 위해 조선 금권金券을 그대로 취급할 것, 이를 점차 하얼빈까지 미치게 할 것, 국고는 조선은행권을 일본의 금권과 동일하게 수납할 것" 등이 주요 내용이었다. 즉 데라우치는 조선은행의 만주 진출 및 조선은행권의 만주 유통을 구상하고 있었다(北岡伸一, 앞의 책, 113쪽).

10_「朝鮮銀行法」(朝鮮總督府 度支部司計局, 『朝鮮銀行法制定關係書類』, 1911). 이하 『朝鮮銀行法制定關係書類』로 약칭.

11_「朝鮮銀行法案ニ對スル大藏省ノ意見」(『朝鮮銀行法制定關係書類』).

12_일본은행의 경우 「일본은행조례日本銀行條例」(太政官布告 제32호, 1882. 6. 27.)에서 정부가 일

태환권을 은행권 발행 준비로 하기 때문에 일본은행과 연쇄되어 있다. 둘째 조선은행은 국고금을 취급하고 있기 때문에 일본 중앙금고에서 분리될 수 없다. 셋째 조선은행은 일본에 지점을 두고 있는데, 일본 내 영업에 대해서는 대장대신이 감독을 해야 한다. 넷째 조선은행의 경영은 조선뿐만 아니라 제국 전체를 대상으로 삼아야 한다. 즉 대장성은 조선은행의 은행권 발행과 국고금 취급은 일본은행이나 일본 재정과 연동되어 있으며 또 영업 범위가 조선에만 국한된 것이 아니기 때문에 이를 조선총독이 모두 통제할 수 없다고 주장하였다.

또한 대장성은 조선은행의 영업과목 중 제18조 제1호의 '제회사 및 은행에 대한 무담보대부'에서 '제회사 및 은행'을 삭제하고, 제2호 '국채증권, 지방채증권 및 사채권의 응모입의 인수' 전부를 삭제할 것을 요구하였다. 그 이유로 조선은행의 대출은 보증준비 중의 하나이기 때문에 가장 확실한 담보물로 그 범위를 제한해야 하고, 유가증권의 응모 인수도 경계해야 할 대상인데 만약 필요하다면 제18조 제2호에 규정된 유가증권의 매입으로 그 수요를 충당할 수 있다는 것이다. 또한 제20조[13]는 '국고금의 취급은 일본은행 대리점으로서 병행하는 것으로 본법 규정을 필요로 하지 않'기 때문에 삭제하고, 제24조 중 '조선총독부 관할지방 내'를 '조선'으로 고칠 것을 제안하였다.[14]

본은행에 대한 직접적인 감독권을 가진다고 명시하고 있고(제24조), 대장대신은 감리관을 파견하여 일본은행 사무를 감시하도록 규정하고 있다(제21조). 대만은행도 「대만은행법臺灣銀行法」(法律 제38호, 1897. 4. 1.)에서 그 감독권을 대장대신에게 부여하고 있으며(제18조), 두취·부두취의 임명권도 정부가 행사하였다(제13조).

13_제20조, 정부는 조선은행으로 하여금 국고금의 취급을 할 수 있게 한다.

14_제24조, 조선은행이 발행하는 은행권은 조선총독부 관할지방 내에서 무제한으로 통용하는 것으로 한다.

대장성 의견에 대한 회답[15]에서 조선총독부는 영업과목의 삭제[16], 제20조의 삭제 및 제23조의 수정에 대해서는 동의하였다. 그러나 대장대신에게 감독권을 부여하는 것에 대해서는 강력히 반대하였다. 조선의 정무는 "모두 조선총독에게 위임하는 것"이 조선통치의 근본 방침인데, 만약 조선은행 감독권이 대장대신에게 있다면 "개개의 사무마다" 감독권자가 달라지게 된다. 이러한 조치는 조선 통치의 근본 방침을 문란케 하는 것이기 때문에 동의할 수 없다는 것이다. 만약 대장성의 주장대로 감독권을 대장대신이 행사하게 된다면, 아예 「조선총독부관제」를 뜯어 고쳐야 할 것이라고 총독부는 반대하고 나섰다. 대장대신이 대만은행을 감독하고 있기 때문에 조선은행에게도 동일한 원칙을 적용해야 한다는 주장에 대해서도 다음과 같이 반박하였다.

> 대만총독은 내각총리대신의 감독을 받기 때문에 그 감독권의 일부를 칙령으로써 대장대신에게 옮기면 단지 주무대신의 이동에 그치고 통치의 방침에 변경을 초래하지는 않는다. 그러나 조선총독은 천황에 직예直隸하여 제반 정무를 통할하고, 주무대신의 직접 감독을 받지 않기 때문에 지금 신조선은행의 감독권을 대장대신에게 부여하게 되면 (…) 이것은 주무대신의 감독권 이전에 그치는 것이 아니라 관제의 취지를 변경하는 것이고, 더 나아가 조선 통치의 근본 방침을 아주 달라지게 만드는 것이다. (…) 또 법안 중 조선총독이란 문자를 변경하여 정부라는 문자를 사용하는 것으로 하여도 관제를 개정하지 않으면 해석상 그 감독권은 당연히 조선총독에게 속하기 때문에 원안과는 조금도 다른 것이 없게 된다. 따

15_「朝鮮銀行法案ニ對スル總督府ノ意見」(『朝鮮銀行法制定關係書類』).

16_단 아래의 요건을 충족할 경우 삭제에 동의한다는 단서를 달았다. ① 제회사 및 은행에 대해서 어음할인으로 단기간 무담보 융통을 할 수 있게 할 것. ② 국채증권은 은행의 본질상 당연 응모 인수를 할 수 있게 할 것. ③ 지방채증권 및 사채권은 영업의 형편에 따라 이를 매입할 수 있게 함은 물론 필요한 경우에는 조선총독이 이를 응모 또는 인수할 것을 명령할 수 있게 할 것.

라서 법문상 조선총독이란 문자를 사용하여 그 감독권의 소재를 밝히는 것이 적당하다.[17]

요컨대 대만총독은 내각의 직접 감독을 받지만 조선총독은 그렇지 않기 때문에 동일한 기준을 적용할 수 없고, 조선총독이 조선은행 감독권을 가지지 않는 것은 궁극적으로는 조선 통치의 대전제를 근본적으로 부정하는 행위라는 것이다.

그렇다면 조선총독부가 주장하는 조선 통치의 근본 방침이란 무엇인가? 조선총독부는 「조선총독부설치에 관한 건」(勅令 제319호, 1910. 8. 29.)으로 설치되었고, 이어서 「조선총독부관제」(勅令 제354호, 1910. 9. 29.)가 공포되었다. 이 칙령에 따르면 조선총독은 천황에 직속하며 위임의 범위 내에서 육해군을 통솔하고 조선 방위의 임무를 장악한다. 또 제반의 정무를 통할하며, 내각총리대신을 거쳐 상주上奏하고 재가裁可를 받도록 하였다(관제 제3조). 즉 조선총독은 일반 정무뿐 아니라 위임의 범위에서는 조선주차군의 통수권까지 장악한 것이다. 그런데 「조선총독부관제」에는 조선총독이 일반정무 통리권자統理權者로서 천황에 직속하는 관청인가, 아니면 내각총리대신의 감독을 받는가라는 문제가 내재되어 있다.[18] 제정 당초에는 문제

17_「朝鮮銀行法案ニ對スル總督府ノ意見」(『朝鮮銀行法制定關係書類』).

18_「조선총독부관제」에서 통수統帥기관으로서 조선총독이 천황에 직속하는 것은 제3조 1항에서 명료하게 규정하고 있다. 그러나 행정관청으로서 조선총독에 대해서는 규정한 바가 없고 오직 내각총리대신을 거쳐 상주하고 재가를 받는다고만 규정하고 있는데 이것을 해석하는데 있어 의견이 달랐다. 먼저 조선총독은 행정관청으로서도 천황에 직속한다는 의견이다. 조선총독은 한일병합의 조서(육해군 통솔, 제반 정무를 통할)에서도 밝혔듯이 특별한 지위를 가진 자이다. 「대만총독부관제」와 「조선총독부관제」의 규정을 비교하면 조선총독의 지위가 대만총독의 지위와 다르고 후자가 내각총리대신의 감독을 받음에도 불구하고 전자는 그 감독을 받지 않는다는 것이 분명하다는 것이다. 이와 반대로 관제상의 명문은 없어도 조선총독은 내각총리대신

가 되지 않았던 것으로 보였던 이 규정은 1920년대 말 척식성 설치 때 주무대신이 조선총독부에 대한 감독권을 가지는가 그렇지 않은가를 둘러싸고 큰 논란이 되기도 하였다.[19] 대체로 조선총독은 조선 관할에 대해서는 개별적으로 내각총리대신과 동등한 권한을 가지고 천황에 상주하여 재가를 받는 지위에 있었다고 해석되고 있었다.[20] 즉 「조선총독부관제」는 조선총독부의 특수성을 규정한 강력한 법적 근거였다.

이와 같은 조선통치의 특수성을 법적으로 보장하는 것이 바로 위임입법이다. 이 위임입법의 원형은 대만의 이른바 '육삼법六三法'에서 시작되었다. 「대만에 시행해야 할 법령에 관한 법률」(法律 제63호, 1896. 3. 30.)의 제1조에서 '대만총독은 그 관할구역 내에서 법률의 효력을 가지는 명령을 발포할 수 있다'로 규정하였다. 조선에서는 강제병합이 실시된 날에 「조선에

의 감독을 받게 된다는 의견이 있다. 헌법은 본래 국무대신을 국정에 관한 책임자로 정하였기 때문에 자신이 감독권을 갖지 않는 관청의 행위에 대해 책임진다는 것은 사리에 맞지 않는다고 해석하였다(山崎丹照, 『外地統治機構の研究』, 高山書院, 1943, 100-102쪽).

19_1913년 6월 13일자로 외지통치에 관한 중앙통할기관인 내각 척식국이 폐지되고 사무는 내무성으로 이관되어 내무대신이 조선에 관한 사항을 통리하게 되었다. 이에 따라 조선총독부 관제도 개정되어 종래 조선총독은 상주하고 재가를 받을 때에는 내각총리대신을 경유하게 되었는데, 새로이 "내무대신을 거쳐 내각총리대신을 경유하게" 되었다. 즉 내무대신은 조선에 관한 사무를 통리하는 권한을 가졌고, 조선총독은 상주하고 재가를 올릴 때에는 반드시 내무대신을 경유할 것을 요구받게 되었다. 이 때 내무대신이 조선총독에 대해 감독권을 가지는 것으로 볼 수 있는가 하는 점에 관해서도 역시 의견이 갈렸다. 내무대신이 조선총독에 대한 감독권을 가진다는 견해와 관제에 규정된 조선총독의 지위를 고려하면 내무대신은 감독권을 가질 수 없다는 해석으로 양분되어 있었다. 「대만총독부관제」에는 명백하게 감독에 관한 규정이 있음에도 불구하고 「조선총독부관제」에는 '감독'이라는 명문이 없다. 실제로 1917년 데라우치 내각 당시 고토 신페이 내무대신은 조선총독에 대해 감독권이 있다는 전제하에 재무관계에 대해 훈령을 발령한 적이 있었다. 이에 대해 총독인 하세가와 요시미치長谷川好道는 조선총독은 내무대신의 감독을 받지 않으므로 훈령을 받을 이유가 없다고 하면서 이를 고토에게 반환한 적이 있었다(山崎丹照, 앞의 책, 104-105쪽).

20_金雲泰, 『(改訂版) 日本帝國主義의 韓國統治』, 博英社, 1998, 166쪽.

시행해야 할 법령에 관한 건」(緊急勅令 제324호)이 발포되고, 1911년 법률 제30호 「조선에 시행해야 할 법령에 관한 법률」이 의회에서 가결되었다. 대만과 조선의 가장 큰 차이점은 전자가 한시법(3년 → 5년)인데 반해, 후자는 시한을 정하지 않은 영구법永久法으로서 성립된 것이었다. 마지막 통감이자 초대총독인 데라우치는 '대만형'을 참조하면서 '조선의 특수한 지위'를 강조하여 한층 강력한 통치체제의 확립을 지향하였다. 대표적인 것이 그 자격을 육해군 대장에만 한정하고, 천황에 직예直隷하여 상주권上奏權을 가지는 조선총독제로, 조선총독이 제령制令이라는 법률을 제정할 수 있게 하여 의회의 견제력을 약화시켰다.[21]

조선총독부가 조선 통치의 특수성을 근거로 반대를 하자 일본 정부는 정부 원안에서 '총재는 조선총독이 임명한다.'를 '총재는 조선총독의 추천에 따라 정부가 이를 임명한다.'로 변경하는데 그쳤다.[22] 이와 같이 일본

21_山本有造, 『日本植民地經濟史研究』, 名古屋大學出版會, 1992, 27-28쪽. 그러나 이 위임입법체제는 '법률은 제국의회에 협찬을 거칠 것을 필요로 한다.'라는 메이지헌법의 규정과 정면으로 부딪쳤다. 일본 식민지 통치체제의 원형이 되었던 대만통치체제는 메이지헌법에 기초를 둔 정치질서의 공간에서 이처럼 하나의 이역異域을 형성하였다. 일본은 자신과 다른 사회를 포섭하기 위해 정치적 이역을 설정함으로써 통합을 도모하였던 것이다. 총독의 무관전임제는 이역성을 훨씬 강화시킨 조치였다. 그 결과 이역성이 초래하는 정치적 이해가 발생되었다. 이 체제하에서 일본의 정당은 식민지에 직접적 이해 관계를 가질 수 없게 되었다. 따라서 정당에게 식민지의 위임입법이란 헌법이 본래 부여하고 있는 의회의 입법권을 일시적으로 현지 총독에게 부여한 것으로써 언젠가는 회수될 권한이었던 것이다. 이 회수의 유력한 무기가 바로 일본제국헌법인 메이지헌법이었다(春山明哲, 「近代日本の植民地統治と原敬」, 春山明哲・若林正丈, 『日本植民地主義の政治的展開 1895~1938』, アジア財經學會, 1980). 이는 조선에서도 역시 동일하게 적용되었다. 러일전쟁 후 조선의 식민지화 과정에서는 번벌・군부를 중심으로 한 '대만형'(입법권과 병권을 지닌 무관총독제)을 주장하는 세력과 정당을 중심으로 한 '내지연장주의'를 주장하는 세력이 갈등하였다. 결국 전자의 승리로 귀결되었으나, 1920년대 들어 후자가 전자를 강하게 압박하게 되었다.

22_朝鮮銀行史研究會 編, 『朝鮮銀行史』, 東洋經濟新報社, 1987, 71쪽.

정부는 감독에 관해서는 조선총독부의 주장을 그대로 받아들인 「조선은행법」 안을 제27회 제국의회에 제출하였다. 그런데 왜 대장성의 조선은행 감독권 요구는 묵살된 채, 조선총독부의 주장이 그대로 정부 의견으로 정리되었을까? 이 점을 이해하기 위해서는 법안을 심의하던 의회가 제27회 제국의회(1910. 12. 23.~1911. 3. 22.)였던 점에 주목해야 한다. 이 의회에서 제일 중요했던 법안은 다름 아닌 조선총독의 제령권 문제였다. 조선총독은 제령을 통해 독자적으로 법률을 제정, 공포함으로써 일본 정부나 의회로부터 독립된 권한을 확보할 수 있었다. 제27회 제국의회에서 제령권을 둘러싼 논의는 위헌성과 위임방식의 문제에 집중되었는데, 조선총독부가 조선을 독자적으로 통치하려는 구상에 대해서 의회 일부에서는 이를 일본의 제국 통합을 방해하는 처사로 받아들이고 있었다.[23] 즉 제27회 제국의회에서 제령권을 법률로 승인 받아 조선에서 독자적인 총독정치를 실현하려 한 조선총독부로서는 조선은행 감독권을 일본 정부에 넘겨주게 된다면 이 계획이 방해받을 것이라고 생각했던 것이다. 조선은행 감독권과 관련하여 조선총독부가 내세우는 근거가 모두 식민지 통치 방식과 관련된 것임을 고려해 보면, 감독권 행사 자체보다는 조선총독정치의 독자성을 지키기 위해서 이를 적극적으로 주장하였음을 알 수 있다. 또한 이때가 제2차 가쓰라 다로桂太郎 내각 시기임에도 주목할 필요가 있다. 가쓰라는 야마가타의 뒤를 잇는 조슈벌의 육군 지도자로, 총독부안과 정부안이 일치되는 점을 이해할 수 있는 여지를 준다.[24]

23_제27회 제국의회에서의 제령권 논의과정에 대해서는 全焕旭, 「寺内正毅의 총독정치와 제27회 제국의회의 논의」, 서울시립대 석사학위논문, 2010 참조.

24_그런데 가쓰라는 당시 데라우치의 일본 정계 진출을 경계하고 있었기 때문에 데라우치를 조선총독 자리에 그대로 앉혀두어야 하는 사정이 있었다고 한다. 데라우치가 1911년 조선 치안상

그러나 중의원 심의과정에서 정부안, 즉 조선총독이 조선은행 감독권을 가지는 것에 대해 반대 의견이 강하게 제기되었다. 중의원에서는 조선은행이 일본 등 조선 밖에서도 영업 활동을 하는데 이 지역에 대해서는 조선총독이 감독을 할 수 없다는 점, 조선이 일본 제국의 일부가 된 이상 중앙에서 통제해야 한다는 점, 기존 특수은행의 전례에 어긋나는 점, 조선은행에게 위기가 발생했을 때 조선총독이 원조할 수 있는 능력이 없다는 점 등을 들어 반대하는 의견이 다수를 이루었다.[25] 중의원의 반대 이유는 대체로 대장성이 주장한 내용과 별 차이가 없음을 알 수 있다. 특히 대만은행 등 특수은행의 감독은 정부 즉 대장대신이 행사하고 있는데 반해 왜 유독 조선은행만은 조선총독이 하도록 하였는가라는 질문에 대해 가쓰라 총리대신(대장대신 겸임)은 다음과 같이 밝히고 있다.

> 조선은 아시는 바와 같이 대만과 그 취지를 달리하고 또 총독의 입장이라고 하는 것도 다소 다른 것이 있는 것이 있습니다. (……) (조선총독이) 일본 정부

황을 우려하여 사임의 뜻을 전하자 가쓰라는 이를 만류하고 있었다. 가쓰라는 1911년 6월경에 하라 다카시原敬에게 보낸 서한에서 데라우치의 조선총독 유임을 원하고 있었는데, 그 이유는 일본 내 정권이 데라우치에게 넘어감으로써 야마가타 벌 내부의 세대교체가 진행되는 것을 경계했기 때문이라고 한다. 실제로 당시 데라우치 자신도 가쓰라에 이어 수상이 될 야심을 가졌던 것으로 보이나 그 이후 사이온지 긴모치西園寺公望 내각이 발족하면서 데라우치는 하라, 사이온지와 면담한 결과 육군대신 사임과 조선총독 전임으로 결정되었다(松田利彦, 앞의 논문, 103쪽).

25_중의원에서 제기한 반대 이유는 ① 조선총독부가 관할하지 않는 지역의 지점 · 출장소 등에 대한 감독은 조선총독이 감독하기에 불편하다, ② 일본 내 지점 · 출장소 등에 대해 대장대신이 감독권을 가지지 않는 것은 불합리하다, ③ 대만은행의 감독이 대장대신에 있는 것에 비추어 보면 균형을 상실하였다, ④ 합병이 된 이상 별 지장이 없는 한 중앙에 통일하는 것이 옳다, ⑤ 위급한 경우, 조선총독의 감독 하에 있어서는 원조가 충분하지 않을 수 있다, ⑥ 존립기간의 연장, 자본금의 증가 등의 사항은 모두 중대한 것으로서 정부의 인가사항으로 해야 한다 등이었다(朝鮮銀行史研究會 編, 앞의 책, 81-82쪽).

의 법률 하에서 그 일부의 권력을 가지고 있다는 것은 말할 것도 없습니다. 그렇기 때문에 총독에게 위임하게 되면, 구구한 범주를 제외한 모든 것을 총독에게 감독케 하는 것으로서 그 위에서 정부가 감독함이 마땅하다고 생각하여 총독이 이를 감독하게 한 것입니다.[26]

조선에 위임입법체제가 수립된 이상, 조선총독에게 조선은행 감독권을 부여할 수밖에 없다고 하면서 그 불가피성을 이해해 줄 것을 호소하고 있었다.

이와 같이 중의원에서 반대하는 의견이 다수를 이루게 되자, 정부 원안 중 몇 개항이 수정되어 1911년 3월 29일 법률 제48호로 「조선은행법」이 공포되었다. 〈부표 1-1〉을 통해 감독권의 소재가 어떻게 정해졌는지 정리해보자. 우선 '정부는 조선은행의 업무를 감독한다'(제28조)라고 하여 감독권의 주체가 일본 정부임을 분명히 하였다. 또 존립기간 연장(제3조) 및 자본금 증액(제4조)의 인가권을 일본 정부가 장악하였고, 총재 임명권도 정부의 전권사항으로 규정하였다. 법안에서 일본 정부는 조선은행의 영업 기한 및 자본금 등 기본적인 존립 근거에 대한 인가권을 획득하였고, 무엇보다도 감독권이 원칙적으로 일본 정부에 있다고 규정됨으로써 조선총독의 일부 권한도 이에 구속될 수밖에 없도록 하였다.

반면에 조선총독은 영업지점에 대한 인가권(제2조)과 인사권으로는 이사에 대한 임명권(제9조 2항)을 가지게 되었다. 영업에 관해서는 조선총독의 관할로 되었는데, 유가증권 매입지정(제17조 2항), 공공단체에 대한 무담보대부 · 타은행의 업무대리 인가(제18조), 기타 영업의 인가권(제20조)을 가졌다. 은행권 발행에 대해서는 제한외발행 인가(제22조 3항)를 비롯하여

26_1911년 3월 11일 제27회 帝國議會 衆議院 朝鮮銀行法案委員會 會議錄

은행권의 양식 및 종류 인가(제21조 1항)와 은행권의 제조 발행, 손권損券 교환 · 소각 수속(제25조), 은행권의 종류 · 발행고, 대부할인의 금액 · 방법 · 이자 · 비율, 정화준비 · 보증준비에 관한 제한(제31조) 등 제반 인가권을 조선총독이 행사하게 되었다. 특히 제한외발행에 대한 인가권을 조선총독이 장악함으로써 조선은행권 발행에 관한 일정한 재량권을 가질 수 있게 되었다. 그 외에도 정관의 변경(제29조), 법령이나 정관 위반 시 제지(제32조)는 조선총독의 허가 하에 가능하게 되었고, 주주 배당금 또한 조선총독의 인가를 받도록 하였다.(30조) 마지막으로 조선총독은 조선은행에 감리관을 파견하여 업무를 감시할 수 있었고(제34조), 은행 영업에 관한 제반의 보고서를 제출받아(제33조), 조선은행에 대한 업무감독권을 행사할 수 있게 되었다.

그런데 「조선은행법」의 내용만을 보면 조선총독이 상당한 정도의 감독 · 통제를 행사할 수 있도록 되어 있기 때문에 일본 정부와 조선총독부가 이원적인 감독체제를 형성했다고 여겨질 수 있다.[27] 그러나 법안과는 별도로 대장성과 총독부 간에 작성된 「조선은행 감독에 관한 조선총독부와 대장성 간의 타협안」(〈표 1-1〉)에 주목해야 한다. 이 합의는 조선은행 감독권을 둘러싼 논란이 한창이던 1911년 3월 11일에 작성되었는데, 핵심은 조선총독이 대장대신과 '사전'에 협의해야 할 사항이다. 타협안에 따르면 조선총독은 정관의 변경, 은행권 발행에 관련된 제반 사무, 제한외발행세율, 정부대상금, 일본 내 영업소 설치, 이사 인사권을 행사하기 위해서는 우선 대장성과 사전에 협의를 거쳐야만 한다. 특히 정관의 변경 및 이사

27_『朝鮮銀行史』는 정부(대장대신)와 조선총독의 이원적인 감독 체제로 규정하고 있다(朝鮮銀行史研究會 編, 앞의 책, 4-5쪽).

임명권은 조선총독부가 사후 보고로 할 것을 요구하였으나 수용되지 못하고 대장성의 주장대로 관철되었다.

〈표 1-1〉 조선은행 감독에 관한 조선총독부와 대장성 간의 타협안

최종 안(①)	대장성 안(②)	조선총독부 안(③)
조선총독이 사전에 대장대신과 협의할 사항 (●)		
1. 조선은행법의 변경		
1. 존립기간의 연장		
1. 자본금액의 증가		
1. 조선은행정관의 변경	●	■
1. 은행권의 발행, 손상은행권의 교환에 관한 제규칙의 제정 또는 변경 및 은행권의 양식 또는 종류의 변경.	●	●
1. 제한외발행세율의 명령	▲[(1)]	●
1. 정부감정에 속한 대상금에 관한 명령의 개정.	▲[(2)]	●
1. 일본에 지점 또는 출장소의 설치		
1. 중역의 중임	●	■
조선총독이 대장대신에게 보고할 사항 (■)		
1. 조선은행법의 시행에 관한 명령의 제정 변경 또는 폐지	●	■
1. 이익배당의 인가	●	■
1. 감리관 규정의 제정 또는 변경	■	■
1. 은행권준비 정화의 가격인가	■	■
1. 은행권 보증준비의 종류 변경 또는 준비가격의 변경	■	■
1. 지점출장소의 폐설	■	■
1. 외국은행과 환거래계약 체결의 인가	■	■
1. 제일은행과의 계약사항의 변경 또는 개정	■	■
1. 조선은행 매영업연도말 계산 및 매반기 제반 경황.	■	■

출전: ①「朝鮮銀行監督ニ關スル大藏大臣トノ打合事項」(朝鮮總督府 度支部司計局,『朝鮮銀行法制定關係書類』, 1911)
② 「朝鮮ニ於ケル銀行監督ニ付打合事項(大藏省 提議)」(상동)
③ 「朝鮮ニ於ケル銀行監督ニ付打合事項(總督府 回答)」(상동)

비고: ▲표는 대장성 안에서 다음과 같이 문구를 수정한 것이다.
(1) 제한외발행의 인가 및 발행세율의 명령
(2) 화폐정리자금 기타 정부감정에 속한 대상금에 관한 명령의 개정

법안에서 일본 정부는 조선은행 감독권의 기본 원칙 및 존립 근거를 권한으로 인정받았고 타협안에서는 조선총독이 행사할 수 있는 권한 중 핵심적인 내용은 사전에 대장성과 협의해야 했기 때문에 사실상 조선총독의 감독권은 매우 제한적인 것이었다. 당시 총리대신 겸 대장대신인 가쓰라의 의회에서의 답변도 이를 잘 보여준다.

> (조선총독과 대장성의 감독권한을 사전에 협의하여) 엄중한 규정을 설정하여 이러한 점들에 대해서는 불不통일을 초래하지 않는 방법을 취하였습니다. 요컨대 이런 것은 총독이 하게하고, 이것은 하지 못하게 한다는 구구한 제도를 피하기 위해서 총독이라는 문자를 여기에 입入함에 지나지 않습니다.[28]

조선은행 감독권 중 일부를 조선총독에게 부여했지만, 양자 간 사전 협의를 통해 일본 정부가 실질적인 감독권을 행사할 수 있도록 제도적인 장치를 만들었기 때문에 크게 문제 될 것은 없다는 것이다. 답변 중 "구구한 제도를 피하기" 위해서라는 발언은 이런 맥락에서 나온 것이다.

앞에서도 보았듯이 조선은행 감독권과 관련하여 조선총독부가 내세우는 근거는 모두 식민지 통치방식과 관련된 것이었다. 이를 고려해보면, 조선총독에게 조선은행 감독권의 일부가 부여된 것은 권한의 행사 자체가 중요한 것이 아니라 총독정치의 독자성이 훼손되는 것을 방지하기 위한 조치의 일환으로 보는 것이 타당할 것이다. 중요한 것은 대장성과 조선총독부 사이에 맺어진 합의 내용이다. 이 내부 타협은 결국 조선총독 감독권의 제한적 행사를 의미한다. 제령권이란 총독정치의 기반을 인정하기 위해 의회에서는 조선은행 감독권의 일부를 조선총독에게 부여하였지만, 내

28_1911년 3월 11일 제27회 帝國議會衆議院 朝鮮銀行法案委員會 會議錄

부적으로는 일본 정부에서 제어할 수 있는 장치를 만들어 놓은 것이다. 즉 조선총독의 감독권은 당시 제령권의 옹호라는 정치 역학관계에서 나온 일시적이고 예외적인 조치에 불과한 것이었다.

근본적으로 「조선은행법」은 일본 법률이기 때문에 법안을 개정하려면 제국의회의 절차를 거쳐야 한다. 이 점에서 조선총독이 법안 개정에 개입할 여지는 사실상 없다고 해도 과언이 아니다. 조선의 영업과 일본의 영업을 각각 조선총독과 일본 정부가 감독한다는 의미에서는 이원적 감독체제라고 할 수 있을지 모른다. 그러나 일제의 국책에 따라 대륙 침략의 선봉에 선 조선은행은 이를 수행하는 과정에서 조선총독부의 통치력이 미칠 수 없는 지역으로 진출하게 될 것이고, 그로 인해 조선 이외 지역에서의 감독권 행사는 문제가 될 수밖에 없었다. 이런 점에서 조선은행에 대한 당시의 감독 체계는 일제 국책의 진전에 따라 수정될 수밖에 없는 운명이었다.

II. 1924년 조선은행법 개정과 대장성으로의 감독권 완전 이관

조선은행 감독권을 조선총독에서 대장성으로 이관하자는 논의는 1918년 조선은행법 개정 과정에서 제기된 적이 있었다.[29] 당시 중역 임명권에 대해서는 총재는 정부 임명, 이사는 조선총독 임명인 것을 총재 · 이사 모두 정부 임명으로 개정하고, 기타 조선총독의 감독권 모두를 대장대신으로 이관한다는 안이 입안되었으나, 실현되지는 못했다.[30] 1920년 9월에는

29_1918년에 개정된 내용은 ① 부총재 1인 추가 ② 조선은행권의 보증발행한도를 3천만 원에서 5천만 원으로 확장 ③ 신탁의 업무의 추가이다.

30_朝鮮銀行史硏究會 編, 앞의 책, 197-198쪽.

조선총독부 재무국장 명의의 담화문이 발표되었는데, 그 내용은 조선은행 감독권을 결코 이관하지 않는다는 것이었다. 당시 조선은행 감독권을 대장성으로 이관한다는 설이 나도는데 대해 당사자 간에는 어떠한 협의도 없는 상태라고 강조하면서 이관이 실현될 수 없는 이유로 조선은행은 조선을 위한 은행이므로 이를 이전함이 불가하다고 주장했다. 또한 조선은행법 제정 당시에도 주요 근거로 들었던 조선총독부관제 개정 문제를 방패막이로 이용하고 있었다.[31] 이 재무국장 담화는 당시 조선은행 감독권 이관 협의가 당사자 사이에는 진행되지 않았다 하더라도 세간에서 논란이 되고 있었음을 방증해주는 것이라고 볼 수 있다. 1921년 10월 들어 일본 정계에서 이관 문제가 논의되고 조선총독부와 대장성 사이의 공식적인 교섭이 진행되고 있다는 언론 기사도 있다.[32] 그러나 이와 같은 교섭은 조선총독부의 반대로 진전되지는 못했던 것으로 보인다.[33]

감독권 이관 논의는 1922년 들어 급물살을 타게 되었다. 그 계기는 조선은행이 보유한 불량채권의 심각성이 알려지면서부터였다. 당시 조선은행 부실화의 진원지는 조선이 아닌 일본 본토 및 만주 지역이었기 때문에 조선총독부가 직접 감독할 수 없다는 것이 문제였다.[34] 당시 대장성은 조

31_「鮮銀監督權問題에 關해 決코 總督府에서 移轉치 않는다고, 河內山財務局長談」, 『東亞日報』 1920. 9. 17.

32_「鮮銀監督問議, 移管研究」, 『東亞日報』 1921. 10. 2.; 「朝鮮銀行移管, 大藏省交涉開始」, 『東亞日報』 1921. 10. 28. 실제로 대장성은 1921년 제45회 제국의회에 대비해 대장성으로의 감독권 이관을 준비하였으나, 제출하지는 않았다고 한다(波形昭一, 「植民地銀行政策の展開」, 澁谷隆一 編著, 『大正期日本金融制度政策』, 早稻田大學出版部, 1987, 290쪽).

33_"조선총독은 폐하에 직속인 특별기관이"기 때문에 총독이 이를 받아들이지 않으려고 해서 구체적인 협의는 진행되지 않고 있는 상태이나 대장성은 "대세로 말하면 여하간 불원 이관이 실현될 것"으로 전망하고 있었다고 한다(「鮮銀移管問題, 大藏省側의 觀測」, 『東亞日報』 1921. 12. 5.).

선은행의 가장 큰 문제였던 불량채권을 해결하기 위해서는 감독권 이관이 선결되어야 한다고 주장하였다.[35] 조선은행 불량채권 정리를 위해서는 구제금융을 실시해야 하는데, 조선총독부는 이를 감당할 여력이 없었기 때문이다. 가령 조선은행과 마찬가지로 불량채권 문제에 직면해 있던 대만은행은 대장성의 소관이기 때문에 대장성 예금부 자금의 융통을 받아 고정대출 정리가 진행되고 있던 반면에, 조선은행은 그렇지 않아서 정리가 진척되지 못하고 있다는 것이다. 대장성 측에서는 당사자인 조선은행이 "자발적으로 이관 문제를" 제기하여 총독부가 이를 받아들이도록 하는 것이 해결 방법이 될 것이라고 보았다.[36] 대장성은 조선은행의 고정대출 정리라는 수단을 매개로 조선총독부를 압박하고 있었던 것이다.

그렇다면 당사자인 조선은행은 감독권 이관 논의과정에서 어떤 입장을 취했을까? 언론에 드러난 것을 보면, 우호적인 입장에서 관망하는 자세를 취하고 있었다. 조선은행 총재는 감독권 이관이 대세가 아니라고 말했지만[37] 그 속내는 "조선은행 자신도 직접 대장성의 감독"을 받지 않음으로 인해 조선을 제외한 지역에서 "영업상 불편이 있으므로 다른 은행과 마찬가지로 대장성의 관할에 속할 일을 희망하는 모양"[38]이라는 기사 내용이 더 적절한 것으로 보인다. 물론 조선의 '중앙은행'이라는 현실을 고려하여 표

34_조선은행의 불량 대출은 "조선총독부 관할 밖인 대련에서 발생한 것이므로" 총독부에서 조선은행을 관리하는 것은 충분치 않다고 하면서 감독권의 대장성 이관은 당연히 실현될 것이라고 보고 있었다(「鮮銀重役非難, 不良貸出問題로 總會後 辭職乎」, 『東亞日報』 1922. 7. 6.).

35_대장성은 조선은행에게 정리를 위해서는 우선 감독권의 대장성 이관이 전제되어야 한다는 입장을 명확히 전달하였다(朝鮮銀行史研究會 編, 앞의 책, 252-253쪽).

36_「鮮銀移管問題, 自發的 提唱乎」, 『東亞日報』 1923. 4. 30.

37_「鮮銀移管實現은 疑問, 美濃部總裁談」, 『東亞日報』 1921. 12. 28.

38_「鮮銀問題再燃」, 『東亞日報』 1922. 5. 15.

면적으로 드러내지 않고, 중립적인 입장을 취하는 것처럼 행동했다.[39] 그러나 조선은행이 "자발적으로 이관을 희망한다 함은 전연 근거"가 없는 낭설이라는 부총재의 해명[40]에도 불구하고 조선은행은 감독권 이관에 찬성할 수밖에 없는 입장이었다. 이는 조선은행에게 구제 금융을 실시할 수 있는 주체는 조선총독부가 아니라 일본 정부라는 엄연한 현실에서 비롯되었다.

조선은행은 1910년대 중반 이후부터 조선 영토를 벗어나서 영업 영역을 확장하였다. 그러나 조선총독의 감독권은 조선 내로 한정되기에, 조선 밖의 업무 감시는 사실상 공백 지대로 남게 되었다. 그런데 조선은행 불량대출의 대부분은 조선 밖의 지역에서 발생한 것으로 이는 조선총독의 통제 범위를 넘어서는 문제였다.[41] 조선의 '중앙은행'이 아니라 일제 국책은행의 임무에 더 충실했던 조선은행의 본질에서 감독권이 일본 정부로 이관되어야 하는 근본적인 이유가 발생하는 것이다. 조선만을 대상으로 삼았던 조선식산은행의 감독권이 조선총독부에 있었던 것을 생각하면 그 이유는 분명해진다.

1924년에 「조선은행법」 개정(法律 제21호, 1924. 7. 22.)으로 인해 조선은행 감독권 일체가 대장대신에게 이관되었다.[42] 제7장(정부의 감독과 보조)의

39_조선은행의 "의향은 이 문제는 대장성과 총독부 간의 양해에 의하여 성립할 문제인 즉 어떻게 결정되든지 관계가 없다고 하는 바" (「鮮銀移管問題, 具體的協議」, 『東亞日報』 1922. 6. 10.) 혹은 조선은행에서는 "이에 관하여 별도로 가부의 의견이 없는 바"(「鮮銀整理와 移管, 掛井鮮銀理事談」, 『東亞日報』 1922. 7. 24.)라는 기사에서 잘 드러난다.

40_「鮮銀移管提唱 否認, 嘉納鮮銀副總裁談」, 『東亞日報』 1923. 5. 1.

41_조선은행 불량 대출에 관해서는 본서 301-305쪽을 참조할 것.

42_1924년 들어 감독권 이관문제는 협의를 마치고 의회에 조선은행법 개정안을 제출하려 하였다. 그러나 의회가 해산됨에 따라 일정이 지연되게 되었다(「鮮銀今後方針」, 『東亞日報』 1924. 2. 3.). 원래대로라면 다음 번 의회에 제출하는 것이 맞으나 구제금융을 실시하는 것과 관련하여

모든 주체는 대장대신으로 변경됨으로써 조선총독의 권한은 거의 사라졌다. 「조선은행법」 안에서 조선총독은 조선은행과 하등의 관련을 갖지 않는 존재가 되었다. 즉 영업 및 대출에 관한 일체의 인가권이 대장성으로 옮겨졌고, 이사도 대장대신이 임명하게 되었다. 유가증권의 매입, 공공단체에 대한 무담보대부 등 자금 운영에 있어서도 조선총독이 행사하던 권한은 사라지게 되었다. 은행권 발행규정에 있어서도 대장대신이 각종 인가권을 가졌으며 제한외발행 역시 대장대신의 허락을 받아야만 했다(〈부표 1-1〉 참조). 특히 조선은행의 업무를 수시로 감독할 수 있는 감리관을 일본 정부에서 파견하도록 하였다. 이 감리관 제도는 1925년 말 전임 체제로 변경되어, 1926년 6월 조선은행에 전임감리관이 파견됨으로써 항시적인 감독체제가 구축되었다.[43]

그런데 개정 내용 중에 특이한 점은 제37조 2항에 "본법 중 대장대신의 직무에 속하는 사항은 칙령이 정하는 바에 따라 조선총독에게 이를 행하게 할 수 있다"는 내용을 삽입한 것이다.[44] 이 조항은 「대만은행법」에는 없는 조항이다.[45] 이 조항에 의해 조선 내 업무에 대해서는 칙령에 기초하

특별의회에 제출하기로 결정하였다(「鮮銀法 개정안, 회의에 제출」, 『時代日報』 1924. 5. 19.).

43_전임감리관은 당시 대장성 은행국 사무관인 이로베 미츠키色部貢로 결정되었다. 이로베는 전임감리관의 임기를 마친 후 조선은행 이사에 취임하여 만 9년간(1929. 8. 25.~1938. 8. 24.) 재임하였다(「鮮臺銀에 專任監理 新設, 規定研究中」, 『東亞日報』 1925. 11. 26.; 「鮮臺 兩行의 專任監督官制 一部改正」, 『東亞日報』 1926. 6. 26.).

44_「조선은행법 제37조 2의 규정에 의해 대장대신의 직무에 속한 사항을 조선총독으로 하여금 행하게 할 건」(1924. 8. 29. 勅令 제202호)으로 공포되어 9월 1일부터 시행되었다(朝鮮銀行史研究會 編, 앞의 책, 255쪽).

45_제37조의 2항을 두어 특별히 대만과 달리 취급한 이유에 대해 일본 정부 측은 대만과 조선은 여러 가지 점에서 다르기 때문이라고 해명하였다(「朝鮮銀行 改正法案可決」, 『東亞日報』 1924. 7. 16.).

여(칙령 제정 이전은 협의한 사항) 대장대신이 조선총독에게 위임하는 체제로 되었다. 이는 1920년대 들어 대만은 위임입법체제를 폐지하고 일본 국내 법률의 연장을 우선으로 한 것에 반해, 조선의 경우 위임입법체제가 그대로 유지된 것을 반영한 것으로 생각된다.

〈부표 1-1〉 조선은행법의 대정부관련 법규

한국은행조례				조선총독부안	의회 수정안	조선은행법			개정(근거법규)
장	조	항				조	항		
1 총칙	2	1	한국은행은 정부의 인가를 받아 요지에 지점과 대리점을 설립하며, 또는 다른 은행과 환거래 계약을 체약할 수 있다.	조선총독	좌동	2	1	조선은행은 조선총독의 인가를 받아 지점 · 대리점을 설치하거나 다른 은행과 환거래 계약을 체약할 수 있다.	'조선총독'→'대장대신' (②)
		2	정부에서 지점, 대리점이 필요하다고 인정할 때는 은행에 명하여 이를 설치하게 할 수 있다.	조선총독	좌동		2	조선총독은 필요하다고 인정되는 때에는 지점 · 대리점의 설치를 명할 수 있다.	'조선총독'→'대장대신' (②)
	3		한국은행의 존립 시기는 설립 등기일로부터 50년으로 한다. 단, 정부의 인가를 받아 이를 연장할 수 있다.	조선총독	정부	3		조선은행의 존립기간은 설립 등기일로부터 50년으로 한다. 단, 정부의 인가를 받아 이를 연장할 수 있다.	
	4		한국은행의 자본금은 1천만 환으로 하고 이를 10만주로 나누어 1주의 금액을 1백 환으로 한다. 단, 정부의 인가를 받아 자본금을 증가시킬 수 있다.	조선총독	정부	4		조선은행의 자본금은 1천만 원으로 하고 이것을 10만주로 나누어 1주의 금액을 100원으로 한다. 단, 정부의 인가를 받아 자본금을 증가할 수 있다.	
2 중역	10	1	총재는 정부에서 이를 임명하고, 그 임기는 5년으로 한다.	조선총독	정부[46]	9	1	총재는 정부가 임명하고 그 임기를 5년으로 한다.	'총재'→'총재 및 부총재' (①)
		2	이사는 1백주 이상을 소유한 주주 중에서 주주총회에서 선거한 2배의 후보자 중에서 정부가 이를 임명하고, 그 임기를 3년으로 한다.	조선총독	좌동		2	이사는 100주 이상을 소유한 주주 중에서 주주총회에서 선거한 2배의 후보자 중에서 조선총독이 임명하고 임기는 3년으로 한다.	'조선총독'→'대장대신' (②)
	11		총재 및 이사는 어떠한 명칭에도 불구하고 타 직무 또는 상업에 종사할 수 없다. 단, 정부의 인가를 받은 때에는 그러하지 아니하다.	조선총독	좌동	10		총재 및 이사는 명칭 여하를 불구하고 다른 직무 또는 상업에 종사할 수 없다. 단, 조선총독의 인가를 받은 때에는 그러하지 아니하다.	'총재 및 이사'→'총재, 부총재 및 이사' (①) '조선총독'→'대장대신' (②)

한국은행조례				조선총독부안	의회 수정안	조선은행법			개정 (근거법규)
장	조	항				조	항		
4 영업	18	2	공공단체에 대하여서는 정부의 인가를 받아서 무담보로 대부할 수 있다.						
		3	전2항 외에 영업의 편의에 의하여 국채증권, 지방채권 기타 정부가 지정하는 확실한 유가증권을 매수할 수 있다.	조선총독	좌동	17	2	전항 외에 영업의 형편에 따라 국채증권, 지방채증권 기타 조선총독이 지정한 확실한 유가증권을 매입할 수 있다.	'조선총독'→ '대장대신' (②)
		4	한국은행은 정부의 인가를 받아 다른 은행의 업무를 대리할 수 있다.	조선총독[47]	좌동	18		조선은행은 전조에 게재한 것 외에 조선총독의 인가를 받아 다음의 각호의 업무를 영위할 수 있다. 1. 공공단체에 대한 무담보 대부 2. 타 은행의 업무 대리	'조선총독'→ '대장대신' (②)
	21		한국은행은 본법에 기재되지 아니한 업무를 영위할 수 없다. 단, 정부의 명령이 있을 경우에는 그러하지 아니하다.	조선총독	좌동	20		조선은행은 본법에 기재되어 있지 않은 업무를 영위할 수 없다. 단, 조선총독의 명령에 의한 경우는 그러하지 아니하다.	'조선총독'→ '대장대신' (②)
5 은행권	22	1	한국은행은 은행권을 발행할 수 있다. 단, 은행권의 양식 및 종류에 관해서는 정부의 인가를 받는다.	조선총독	좌동	21	1	조선은행은 은행권을 발행할 수 있다. 단, 은행권의 양식 및 종류에 관하여는 조선총독의 인가를 받아야 한다.	'조선총독'→ '대장대신' (②)
	23	3	시장의 상황에 따라서 전2항 외에 다시 은행권의 발행을 필요로 할 때에는 정부의 인가를 받아 국채증권 기타 확실한 증권 또는 상업어음을 보증으로 삼아 이를 발행할 수 있다. 이 경우에는 정부가 명하는 바에 따라서 연 100분의 5이상의 비율로 발행세를 납부해야 한다.	조선총독 / 조선총독	좌동 /정부	22	3	전 2항에 규정한 것 외에 시장의 상황에 따라 은행권의 발행이 필요할 때에는 조선총독의 인가를 받아 국채증권 기타 확실한 증권 또는 상업어음을 보증으로 하여 발행을 할 수 있다. 이 경우에는 정부가 명하는 바에 따라 발행고에 대하여 연 100분 5 이상의 비율로 발행세를 납부하여야 한다.	'조선총독'→ '대장대신' (②)
	26		은행권의 제조발행과 손권損券 교환 및 소각 등의 일에 관한 조치는 별도로 이를 정한다.	조선총독	좌동	25		은행권 제조, 발행, 손권損券 교환 및 소각 등의 수속은 조선총독이 정한다.	'조선총독'→ '대장대신' (②)
	30		정부는 한국은행업무를 감독한다.	조선총독	정부	28		정부는 조선은행의 업무를 감독한다.	

7 정부의 감독 및 보조	31		한국은행은 그 정관을 변경하고자 할 때에는 정부의 인가를 받아야 한다.	조선총독	좌동	29		조선은행이 정관을 변경하고자 할 때에는 조선총독의 인가를 받아야 한다.	'조선총독'→'대장대신' (②)
	32		한국은행은 주주에게 배당금을 분배하고자 할 때에는 정부의 인가를 받아야 한다.	조선총독	좌동	30		조선은행이 주주에게 배당금을 분배하고자 할 때에는 조선총독의 인가를 받아야 한다.	'조선총독'→'대장대신' (②)
	33		정부는 필요하다고 인정될 때에는 은행권의 종류와 발행액, 대부할인의 금액 · 방법 · 이자율, 환수수료, 정화준비, 보증준비에 관하여 제한을 둘 수 있다.	조선총독	좌동	31		조선총독은 필요하다고 인정할 때에는 은행권의 종류, 발행고, 대부할인의 금액, 방법, 이자나 수수료, 환 수수료, 정화준비 또는 보증준비에 관하여 제한을 가할 수 있다.	'조선총독'→'대장대신' (②)
	34		정부는 한국은행이 영업상 본 조례나 정관, 감독상 정부가 발포한 명령을 위반하거나 공익을 해칠 사항이 있다고 인정되는 때에는 이를 제지하고, 또 사실에 따라 임원을 해직할 수 있다.	조선총독	좌동	32		조선은행의 영업상 법령 또는 정관에 위반하거나 공익을 저해하는 사항이 있다고 인정될 때에는 조선총독은 이를 제지할 수 있다.	'조선총독'→'대장대신' (②)
	35		한국은행은 정부의 명령을 따라서 그 영업에 관한 제반 경황과 계산 보고서를 제출해야 한다.	조선총독	좌동	33		조선은행은 조선총독이 정하는 바에 따라 영업에 관한 제반의 경황 및 계산의 보고서를 제출하여야 한다.	'조선총독'→'대장대신' (②)
	36		정부는 특별히 한국은행 감리관을 두고 한국은행 업무를 감시하게 한다.	조선총독	좌동	34		조선총독은 특별히 조선은행 감리관을 두어 조선은행의 업무를 감시하게 한다.	'조선총독'→'정부'(②)

출전: 朝鮮銀行史硏究會 編, 『朝鮮銀行史』, 東洋經濟新報社, 1987, 828-833 · 914-918쪽.

비고: ① 法律제28호, 1918.4.1., ② 法律제21호, 1924.7.22.

46_정부원안은 "총재는 조선총독의 추천에 따라 정부가 이를 임명한다."이다.

47_1. 공공단체, 제회사 및 은행에 대한 무담보대부.

2. 국채증권, 지방채증권 및 사채권의 응모 또는 인수.

3. 타 은행의 업무대리.

2장

조선은행 중역 인사의 실태와 중역진 구성의 특징

2장에서는 조선은행의 운영 실태를 중역 인사를 통해 검토해보고자 한다. 조선은행 중역 인사철이 되면 하마평이 무성하였는데, 주로 임명이 예상되는 후보군들이 소개되고 있었지만 그보다도 더 큰 관심사는 어디에서 오는 인물인가에 있었다. 즉 출신에 대한 관심사는 결국 인사권 행사의 주체가 누구인가를 확인하는 과정이기도 한 것이었다.

1절에서는 중역 이력을 바탕으로 조선은행의 시기별 인사 실태 및 특징을 파악할 것이다. 구분 기준은 주로 총재 인사 및 중역 구성의 내용 변화를 삼았다. 2절에서는 출신을 기준으로 조선은행 중역진이 어떻게 구성되고 있었는지를 검토하고 조선식산은행과의 비교를 통해 그 특징을 파악할 것이다. 이러한 분석을 통해 조선은행 중역 인사의 주체인 대장성의 개입 실태와 이와 대조적인 조선총독부의 미미한 영향력도 확인할 수 있을 것이다.

조선은행 중역과 직접 관련된 자료가 거의 없기 때문에 은행 관계자들의 회고록 및 언론 기사 등을 활용할 것이다. 특히 당시 신문에서는 조선은행 중역 인사를 매우 빈번하게 다루고 있었는데, 이를 통해 인사에 대한 세간의 평가와 기대치를 확인할 수 있을 것이다. 이는 누가 임명되었는가라는 결과를 보기 위해서가 아니다. 당시 인사에 대한 풍문은 결국 조선은행을 둘러싼 관련자들의 다양한 이해관계가 그대로 반영되어 있다는 점에서 보다 적극적으로 해석할 필요가 있다.

Ⅰ. 중역 인사의 시기별 추이 및 실태

조선은행 중역 인사 규정을 살펴보자. 조선은행의 중역 구성은 「조선은행법」 제25조에 "총재 1인, 이사 3인 이상, 감사 2인 이상"으로 규정되어 있는데, 1918년 개정을 통해 부총재 1인이 추가되었다. 아래 〈표 1-2〉에서 간단히 중역의 임면권자 및 임기 등을 정리하였다.

〈표 1-2〉 조선은행 중역진 구성

	총재	부총재	이사	감사
정원	1	1	3인 이상	2인 이상
임면권	정부	정부	주주총회 선거(2배수) → 조선총독 임명 (→ 대장대신(1924))	주주총회 선거
임기	5년	5년	3년	2년
겸업금지	조선총독 (→ 대장대신 (1924)) 인가사항	좌동	좌동	좌동
보수	주주총회 (정관)	좌동	좌동	좌동

※ 이사의 경우 조선은행 주식 100주 이상을 소유한 자로, 감사는 조선은행 주식 50주 이상 소유한 자로 그 자격을 제한하였다.

(출전: 「조선은행법」, 「조선은행정관」)

정·부총재는 일본 정부에서 임명하였고, 이사의 경우 1924년 이전에는 조선총독이 임면권을 가지고 있었으나 사전에 대장대신과 협의해야만 했다. 1장에서 보았듯이 조선총독은 이를 사후 보고로 하려 했지만 사전 협의로 귀결되었다는 점에서 볼 때 조선총독의 인사권은 상당히 제한된 것임을 알 수 있다. 임기는 정 · 부총재는 모두 5년으로 재선임이 가능하고, 이사는 3년, 감사는 2년이다. 그런데 조선은행과 달리 일본은행 및 대만은행은 처음부터 모든 중역의 임면권이 정부에 있었다.[48] 역시 이 점도 감독권과 동일한 양상을 보이고 있음을 알 수 있다.

아래 〈표 1-3〉을 기준으로 조선은행 중역 인사 실태를 시기별로 나누어 살펴보겠다.[49] 총 세 시기로 나누었는데, 제1기는 설립 이후부터 본격적인 정리가 시작되기 이전인 1924년까지로 3명의 총재가 각각 조직의 안착, 대륙 진출을 위한 노력, 만주로의 영업 확장이라는 임무를 수행했던 시기이다. 제2기는 조선은행 정리가 진행되던 시기로 문책성 인사가 주를 이루고 있었다. 2명의 총재가 임명되었으나 모두 임기의 절반도 채우지 못한 채 교체되는 등 조직의 안정성이 크게 저해되었던 시기이다. 제3기는 정리로 인해 흐트러진 조직 체계를 정비하고 만주 및 중국 침략을 기회로 다시 성장할 수 있는 토대를 마련한 시기이다. 총재는 모두 주어진 임기를 마치면서 안정적으로 조직을 운영하였던 시기로 외부적으로는 전쟁이라는 국책을 수행함과 동시에 내부적으로는 조직을 강화하기 위해 정 · 부총재는 본국 관료 출신이, 이사진은 조선은행 출신의 실무 전문가를 배치하였던 시기였다.

48_「일본은행조례」 제18 · 19조, 「대만은행법」 제13조 1 · 2항.

49_조선은행 중역은 총재, 부총재, 이사, 감사로 구성되어 있으나, 감사는 분석 대상에서 제외하였음을 밝혀둔다.

1. 제1기: 초기 안착 및 만주로의 확장을 위한 인사

〈표 1-3〉 조선은행 중역 인사의 시기별 추이

연월	중역진(출신)	연월	중역진(출신)	연월	중역진(출신)
제1기: 초기 안착 및 만주로의 확장을 위한 인사					
1909. 10.	총: 市原盛宏(일→제) 이: 水越理庸(대) 이: 三島太郎(대-제) 이: 木村雄次(제)	1915. 12.	**총: 勝田主計(대)** 이: 水越理庸(대) 이: 三島太郎(대-제) 이: 木村雄次(제)	1916. 11.	**총: 美濃部俊吉(농→대)** 이: 水越理庸(대) 이: 三島太郎(대-제) 이: 木村雄次(제)
1917. 2.	총: 美濃部俊吉(농→대) 이: 三島太郎(대-제) 이: 木村雄次(제) **이: 大田三郎(제)**	1918. 2.	총: 美濃部俊吉(농→대) 이: 三島太郎(대-제) 이: 木村雄次(제) 이: 大田三郎(제) **이: 片山繁雄(삼)**	1918. 6.	총: 美濃部俊吉(농→대) **부: 嘉納德三郎(대)** 이: 三島太郎(대-제) 이: 木村雄次(제) 이: 大田三郎(제) 이: 片山繁雄(삼)
1920. 8.	총: 美濃部俊吉(농→대) 부: 嘉納德三郎(대) 이: 大田三郎(제) 이: 片山繁雄(삼) **이: 吉田節太郎(제)** **이: 掛井生治(조)**	1922. 8.	총: 美濃部俊吉(농→대) 부: 嘉納德三郎(대) 이: 大田三郎(제) 이: 掛井生治(조) **이: 鈴木穆(총)**	1923. 3.	총: 美濃部俊吉(농→대) 부: 嘉納德三郎(대) 이: 掛井生治(조) 이: 鈴木穆(총) **이: 片山義勝(농)**
1923. 6.	총: 美濃部俊吉(농→대) **부: 鈴木穆(총)** 이: 掛井生治(조) 이: 片山義勝(농)	1923. 8.	총: 美濃部俊吉(농→대) 부: 鈴木穆(총) 이: 掛井生治(조) 이: 片山義勝(농) **이: 井内勇(대→조)**		
제2기: 정리기 문책성 인사					
1924. 2.	**총: 野中清(대)** 부: 鈴木穆(총) 이: 片山義勝(농) 이: 井内勇(대→조) **이: 橋本万之介(조)**	1924. 8.	총: 野中清(대) 부: 鈴木穆(총) 이: 片山義勝(농) 이: 井内勇(대→조) 이: 橋本万之介(조) **이: 柿内常次郎(일)**	1925. 7.	**총: 鈴木嶋吉(정)** 부: 鈴木穆(총) 이: 片山義勝(농) 이: 井内勇(대→조) 이: 橋本万之介(조) 이: 柿内常次郎(일)
1925. 9.	총: 鈴木嶋吉(정) **부: 横部実之助(일)** 이: 片山義勝(농) 이: 井内勇(대→조) 이: 橋本万之介(조) 이: 柿内常次郎(일)	1927. 9.	총: 鈴木嶋吉(정) 이: 片山義勝(농) 이: 井内勇(대→조) **이: 松原純一(조)**		

연월	중역진(출신)	연월	중역진(출신)	연월	중역진(출신)
제3기: 내부 조직 정비 및 외부 통제력 강화를 위한 인사					
1927. 12.	**총: 加藤敬三郎(체)** 이: 片山義勝(농) 이: 井内勇(대→조) 이: 松原純一(조)	1929. 3.	총: 加藤敬三郎(체) 이: 井内勇(대→조) 이: 松原純一(조) **이: 松田義雄(조)**	1929. 8.	총: 加藤敬三郎(체) 이: 松原純一(조) 이: 松田義雄(조) **이: 色部貢(대)**
1935. 4.	총: 加藤敬三郎(체) **부: 松原純一(조)** 이: 松田義雄(조) 이: 色部貢(대)	1935. 8.	총: 加藤敬三郎(체) 부: 松原純一(조) 이: 松田義雄(조) 이: 色部貢(대) **이: 横瀬守雄(조)**	1936. 12.	총: 加藤敬三郎(체) 이: 色部貢(대) 이: 横瀬守雄(조) **이: 大塚源次郎(조)**
1937. 4.	총: 加藤敬三郎(체) **부: 公森太郎(대)** 이: 色部貢(대) 이: 横瀬守雄(조) 이: 大塚源次郎(조)	1937. 12.	**총: 松原純一(조)** 부: 公森太郎(대) 이: 色部貢(대) 이: 横瀬守雄(조) 이: 大塚源次郎(조)	1938. 8.	총: 松原純一(조) 부: 公森太郎(대) 이: 横瀬守雄(조) 이: 大塚源次郎(조) **이: 星野喜代治(대)**
1940. 1.	총: 松原純一(조) **부: 君島一郎(일)** 이: 横瀬守雄(조) 이: 大塚源次郎(조) 이: 星野喜代治(대)	1940. 8.	총: 松原純一(조) 부: 君島一郎(일) 이: 横瀬守雄(조) 이: 大塚源次郎(조) 이: 星野喜代治(대) **이: 中野正永(조)**	1941. 4.	총: 松原純一(조) 부: 君島一郎(일) 이: 大塚源次郎(조) 이: 星野喜代治(대) 이: 中野正永(조) **이: 櫻沢秀次郎(조)**
1941. 9.	총: 松原純一(조) 부: 君島一郎(일) 이: 星野喜代治(대) 이: 中野正永(조) 이: 櫻沢秀次郎(조) **이: 服部岱三(조)**	1942. 12.	**총: 田中鐵三郎(일)** 부: 君島一郎(일) 이: 星野喜代治(대) 이: 中野正永(조) 이: 櫻沢秀次郎(조) 이: 服部岱三(조)	1944. 9.	총: 田中鐵三郎(일) 부: 君島一郎(일) 이: 星野喜代治(대) 이: 中野正永(조) 이: 櫻沢秀次郎(조) 이: 服部岱三(조) **이: 坪井信一(조)**
1945. 2.	총: 田中鐵三郎(일) 부: 星野喜代治(대) 이: 中野正永(조) 이: 櫻沢秀次郎(조) 이: 服部岱三(조) 이: 坪井信一(조) **이: 柳生繁雄(총)**	注: 연월은 취임일을 기준으로 하였다. 굵은 글씨는 신임 중역임. 괄호안은 출신을 표시한 것이다. 총→총재, 부→부총재, 이→이사. 대→대장성, 농→농상무성, 체→체신성, 총→조선총독부, 제→제일은행, 조→조선은행, 일→일본은행, 정→요코하마정금은행橫濱正金銀行, 삼→미쓰이은행三井銀行. 출전: 〈부표 1-2〉			

1기는 크게 두 시기로 나눌 수 있는데, 전반기는 이치하라 모리히로市原盛宏 총재 시대로 조선은행의 전신인 제일은행과의 연속성을 중시하는 가운데 은행 업무를 초기에 안착시키는데 주력했던 시기이다. 후반기는 쇼다 카즈에勝田主計 및 미노베 슌키치美濃部俊吉 총재 재임기로 만주 지역에

공격적으로 진출, 영업 확장을 도모했던 시기이다.

1909년 10월 29일 한국은행(1911년 이후 조선은행)은 창립총회를 개최하고 중역진을 구성하였다. 초대 총재는 당시 일본 제일은행 한국 총지점 지배인이었던 이치하라가 임명되었는데, 그는 일본은행(1894~1899년)을 거쳐 제일은행(1899~1902 · 1906~)에서 근무하였다. 한국은행이 제일은행의 자산 및 인력을 승계하는 형태로 설립되었기 때문에 업무 연속성을 위해 총재로 선임된 것으로 보이는데, 제일은행 두취인 시부사와 에이이치澁澤榮一의 추천이 있었다고 한다. 수석이사는 대장성의 낙점을 받은 구마모토 세무감독국장인 미즈코시 리요우水越理庸가 취임하였다.[50] 미시마 타로三島太郎 이사는 원래 대장성 관료 출신으로 1905년 제일은행 경성지점 부지배인으로 자리를 옮겼고, 기무라 유지木村雄次는 제일은행 출신으로 당시 부산지점장으로 재직 중이었다. 초대 중역진은 대장성 관료 출신이 수석이사를 맡고, 제일은행 출신 2인이 이사로 임명되어 업무의 연속성을 중시한 것으로 보인다. 그런데 미시마 역시 대장성 출신으로 보아야 하기에 이사 3인 중 2인을 대장성 출신이 점하고 있었다. 사실상 유일한 행내 출신은 기무라 한 명으로 그는 대학 졸업 후 바로 제일은행에 입행, 행원에서부터 시작하여 한국은행(조선은행)의 초대이사(1920년까지 재임)를 역임했다는 점에서 행내 출신의 상징적인 인물이라고 할 수 있다.[51]

50_朝鮮銀行史研究會 編, 앞의 책, 55쪽.

51_조선은행 부총재를 역임했던 키미지마 이치로君島一郎에 따르면 조선은행에는 세 개의 계보가 있었는데, 이 중 외부가 아닌 내부 출신으로는 기무라가 유일하다. 기무라는 자신의 부하를 아껴서 은행원들 사이에 신망이 대단히 높았다고 한다. 조선은행 출신으로 최초로 총재가 된 마쓰바라 준이치松原純一 역시 기무라 계열의 인물이었다고 한다. 나머지 두 계보는 제2대 총재인 쇼다, 제6대 총재인 가토이다(君島一郎, 『私の銀行ライフ』, 日本銀行, 1974, 255-256쪽). 이 두 사람은 모두 일본 경제관료 출신으로 이른바 낙하산 인사이라는 점에서 기무라와는 근본적인

1915년 10월 이치하라가 재임 중 사망하자, 그 해 12월 제2대 총재로 쇼다가 취임하였다. 그는 역대 총재 중 재임기간은 8개월로 가장 짧았으나, 조선은행 역사상 가장 뚜렷한 족적을 남긴 인물이었다. 쇼다는 대장성 이재국장 및 차관을 거친 정통 대장성 관료 출신으로 이재국장 시절에는 조선은행 전신인 한국은행 설립위원을 역임하였고, 당시 통감부의 아라이 겐타로荒井賢太郎 탁지부 차관과 함께 「한국은행조례」 제정에 깊숙이 관여하기도 하였다. 총재로서 쇼다의 가장 큰 공로는 다름 아닌 조선은행의 만주 진출에 있다. 사실 대장성 차관 출신의 총재 취임은 매우 이례적인 것이었다.[52] 쇼다의 부임은 당시 조선총독인 데라우치 마사다케寺內正毅의 적극적인 요청에 따른 것인데, 이는 조선은행의 오랜 숙원이었던 만주 진출을 성사시키기 위한 것이었다.[53] 따라서 조선은행 내에서도 쇼다의 공로에 대해서는 아주 높이 평가되고 있었다. 가령 이사 및 부총재를 역임하였던 호시노 키요지星野喜代治는 조선은행 역사에서 잊어서는 안 될 인물로 쇼다를 들면서 "일찍부터 일본의 대륙 발전의 이상을 가지고 있었고, 그 실현을 위해 조선은행을 활용"하였으며, 중일전쟁기 조선은행의 중국 진출도 쇼다의 "남아있는 이상을 실현한 것에 지나지 않는다"고 평가할 정도였

차이를 보인다.

52_관료 출신의 경우 국장을 역임하거나 특수금융기관 등의 중역을 지낸 뒤에 오는 경우가 일반적이다. 이를 쇼다 자신도 인정하고 있었는데, 경성 본점에 부임한 날 행원들을 대상으로 한 연설에서 오랫동안 "중앙의 관계에서 활약하고 있"었던 "자신이 조선과 같이 중앙에서 멀리 떨어진 변두리까지 오게 된 것은 평소의 포부를 행하여 보고 싶기 때문"이라고 밝혔다고 한다(高久敏南, 「朝鮮銀行の思出」, 『朝鮮銀行回顧錄: 前篇 「一般思出の記」 明治大正の巻 第二集』, 1956, 44쪽). 즉 특별한 목적을 달성하기 위해 취임한 것임을 강조한 것이다.

53_쇼다는 1916년 10월 9일 조선 총독인 데라우치가 내각 수상이 되자, 대장성 차관에 취임하였다(1916년 12월 16일 대장대신으로 승진). 이 데라우치 내각 시기에 조선은행 만주 진출은 실현되었다. 쇼다의 조선은행 총재 취임과 만주 진출에 관해서는 본서 3부 1장 2절을 참조할 것.

다.[54] 그러나 조선은행의 만주 진출은 1920년대 부실화를 가져왔다는 점에서 매우 무모한 것이었다. 결국 조선은행은 일본 정부의 구제자금으로 정리를 단행할 수밖에 없게 되었다. 그런데 한 가지 흥미로운 사실은 조선은행에게 융자를 단행한 인물이 바로 쇼다였다는 점이다. 쇼다는 본인이 대장대신(재임 1924. 1. 7.~6. 11.)에 재직하고 있던 시기에 의회의 반대를 무릅쓰고 독단적으로 조선은행 자금을 융통함으로써 거센 비난을 받았다.[55] 본인이 벌인 일을 스스로 해결하고자 한 것이었는지 모르겠지만 여하튼 조선은행과는 떼려야 뗄 수 없는 인물임에는 틀림없다.[56]

쇼다의 뒤를 이은 제3대 총재 미노베는 농상무성과 대장성에서 근무한 경제관료 출신으로 특수은행인 홋카이도척식은행北海道拓殖銀行의 두취를 거쳐 조선은행 총재로 온 인물이다.[57] 1917년 조선은행이 일제의 대만주 중추금융기관이 됨에 따라 조직 및 기구가 확장되었다. 그 일환으로 중역 체제가 강화되어 1918년도부터 부총재가 신설되고, 이사도 1명이 증원되어 4명의 이사진으로 구성되었다. 신설된 부총재 자리에는 가노 도쿠사부

54_星野喜代治, 『回想錄』, 日本不動産銀行十年史編纂室, 1967, 99쪽. 당시 언론에서는 "조선을 영업본거로 하던 조선은행을 단박에 대은행을 만들어 가지고 (…) 영업구역과 자본"을 늘린 것도 "전부 이 사람이 설계 진행한 일"로 "과대한 적극적 인물"이라고 평하고 있었다(「(經濟時論) 今後의 朝鮮銀行〈上〉」, 『東亞日報』 1924. 3. 1.).

55_쇼다는 내각이 총사직하기로 한 1924년 6월 11일에 자금을 지원하였다. 이에 대해서는 본서 260-262쪽을 참조할 것.

56_쇼다는 그의 사위인 히로세 도요사쿠廣瀨豊作가 대장성에서 요직을 거쳐 차관 및 대신을 역임했을 뿐 아니라 그와 절친한 인물들이 조선은행에 있었던 관계로 총재에서 물러난 뒤에도 인사에 개입하였다고 한다(君島一郎, 『私の銀行ライフ』, 255쪽). 한편 쇼다의 아들인 쇼다 다쓰오勝田龍夫는 1938년에 조선은행에 입행, 종전 후 조선은행의 후신인 일본채권신용은행日本債券信用銀行(일본부동산은행日本不動産銀行이 1977년에 개칭)의 회장을 역임하였다. 특히 그는 1987년 『朝鮮銀行史』가 출간되던 시기 회장으로서 책의 서문을 쓴 인물이다.

57_후임 홋카이도척식은행 두취로 조선은행 이사인 미즈코시水越理庸가 임명되었다.

로嘉納德三郎가 임명되었다. 가노는 쇼다 전 총재와 대장성 동기로 주로 세무관련 업무에 종사했던 인물인데 쇼다의 추천에 의해 부총재에 취임하였다.[58] 가노는 5년간의 임기를 채운 후 1923년 스즈키 시즈카鈴木穆로 교체되었다. 스즈키는 대장성에서 관료생활을 시작한 후 통감부에 부임하였고, 조선총독부 탁지부 장관을 역임한 후 조선은행 이사(1922년)로 자리를 옮겼다.[59] 사실 조선은행 중역 중 총독부 출신이 거의 전무[60]한 것에 비추어보면 매우 이례적인 인사로 볼 수 있다. 이 점은 다음 2절에서 보게 될 조선식산은행의 인사와는 매우 비교되는 점이기도 하다. 이사의 경우 신임이사는 조선은행 내부 승진과 외부 영입이 거의 비슷한 숫자를 보이고 있다. 오타 사부로大田三郎, 요시다 세쓰타로吉田節太郎, 가케이 쇼지掛井生治는 모두 대련・도쿄・오사카 지점장을 역임한 인물로 제일은행 시절부터 계속 근무한 행내 출신이다. 반면 가타야마 시게오a片山繁雄, 가타야마 요시카츠b片山義勝는 외부 인사로 가타야마a는 환업무 강화를 위해 미쓰이은행三井銀行에서 전격 영입하였는데 조선은행 중역진 중 외부 영입 인사로는 유일하게 민간은행 출신이라는 점에서 주목할 만하다. 가타야마b는 농상무성 출신으로 만철 이사를 역임하는 등 주로 국책회사에 근무한 경력을 가지고 있다. 또 한명의 이사인 이우치 이사무井內勇는 대장성에서 관료 생활을 시작한 후 1916년 조선은행으로 전출하여 이사로 승진한 사례이다. 이우치도 사실상은 대장성 출신으로 볼 수 있기 때문에 이 시기 이사는 행내 출신과 외부 영입이 균형을 이루고 있음을 알 수 있다.

58_朝鮮銀行史研究會 編, 앞의 책, 239쪽.

59_스즈키는 메가타 다네타로目賀田種太郎 재정고문의 측근으로서 한국재정에 관계하여 통감부 및 조선총독부에서 오랫동안 관리로 재임한 인물이었다(朝鮮銀行史研究會 編, 앞의 책, 300쪽).

60_1945년 2월 이사로 임명된 야규 시게오柳生繁雄가 유일하다.

조선은행은 1910년대 제1차 세계대전의 호황을 틈 타 주로 만주와 관련된 기업들을 대상으로 방만하게 자금을 운영하였는데 전후 반동공황이 내습하자 상당수의 대출이 고정되었다. 1920년대 들어 조선은행 불량 대출 문제가 현안으로 대두되자 중역 인사에서도 책임 소재를 두고 혼선과 갈등이 빚어지고 있었다. 1920년대 전반기 조선은행 인사에 있어 가장 논란이 되었던 것은 미노베 총재의 거취문제였다. 조선은행 업황은 사실상 미노베 총재 시절에 악화되었기 때문에 일찍부터 그 책임론이 제기되었는데, 5년 임기가 만료되는 1921년 11월경부터는 경질론이 본격적으로 대두되고 있었다.[61] 그러나 미노베는 중임되었고, 1922년에 들어서면서부터 조선은행의 불량 대출 문제가 매우 심각한 수준이라는 것으로 드러나자, 가을부터 끊임없이 총재 경질설이 흘러나왔다. 후임 총재로 스미토모은행住友銀行 상무이사인 가노 토모노스케加納友之介(농상무성 출신)의 취임이 거의 성사될 단계에까지 이르렀으나 미노베는 1924년 2월까지 계속 총재 자리를 유지하고 있었다.[62]

또 조선은행 부실화와 관련하여 주목할 만한 인사 조치는 오타 이사와 가타야마 이사를 둘러싼 결정이다. 오타는 조선은행 내부에서 만주 지역 영업확대를 가장 적극적으로 추진한 인물로 가장 역점을 기울였던 것은 만주 금건화金建化(금표시 거래)문제였다.[63] 후배 행원들에 따르면 오타에게

61_「鮮銀總裁 辭職說」, 『東亞日報』 1921. 7. 7.; 「鮮銀總裁更迭說」, 『東亞日報』 1921. 10. 5.

62_당시 언론에서는 가노가 총재로 내정되었다는 기사와 그가 거절하였다는 기사가 시차를 두고 반복되고 있었다. 가노 이외에도 조선은행 부총재 스즈키, 일본은행 후카이 에이고深井英五 이사, 前대장차관 카미노 가츠노스케神野勝之助 등이 거론되고 있었다(「鮮銀總裁後任, 加納 住友常務로 內定」, 『東亞日報』 1922. 11. 25.). 이하 미노베 총재 경질을 둘러싼 문제에 대해서는 본서 254-256쪽을 참조할 것.

63_오타는 대련지점장 출신으로 이사 취임 후에는 만주지점 총지배인으로서 대련지점에 상주하

만주 금건화 문제는 "신앙"이라고 할 정도의 "강한 기백"을 가지고 "만주는 금으로 정복해야 한다."라면서 밀어붙였다고 한다.[64] 당시 일제의 만주 침략을 '선만일체화'라는 논리로 뒷받침했던 조선은행 측의 입장을 단적으로 보여주는 인물이었다. 그러나 금건화 시도는 처참한 실패로 끝나고 조선은행에게 막대한 손실을 안겨주었다. 그럼에도 불구하고 후배 행원들 사이에서 오타는 매우 호의적인 평가를 받고 있었는데, 비록 실패했지만 조선은행의 기개를 보여준 의미 있는 사업이라고 추켜세우는 것은 당시 외부에서 쏟아진 엄청난 비난과는 전혀 다른 인식을 보여주고 있다.[65] 반면 가타야마a는 조선은행 부실화에 대한 내부의 책임을 강하게 제기한 인물이었다. 그는 중역 중 유일하게 민간은행 출신으로 철저한 정리를 주장했고, 이로 인해 당시 불량대출 문제를 미봉하려던 미노베 총재 측과 대립하고 있었다. 가타야마a와 오타는 1922년 6월 주주총회를 앞두고 사직서를 제출하였는데, 만주에서 방만한 대출을 실시한 주역으로 비난을 한 몸에 받던 오타는 반려됨에 반해, 가타야마a의 사직은 수리되었다.[66] 조선은행

고 있었다(朝鮮銀行史研究會 編, 앞의 책, 239쪽). 당시 만주는 중국의 강력한 은본위제의 영향을 받아서 은건銀建거래가 지배적이었다. 조선은행의 만주 진출로 금권金券 발행권을 몰수당한 요코하마정금은행은 은권銀券을 자신의 신용으로 발행하였고, 이는 상당한 성과를 올리고 있었다. 이에 조선은행은 만주 금융을 금건으로 하여 조선은행권을 확대하는 것을 최대 목표로 삼았고 이를 적극 추진하였다. 이에 대해서는 본서 3부 1장 1절 참조.

64_小西春雄, 『朝鮮銀行回顧錄: 前篇 「一般思出の記」 明治大正の巻 第一集』, 1956, 41쪽. 오타는 은건화를 주장하는 측에 대해서는 언제 어디라도 가서 적극적으로 반박할 정도였다고 한다(津村甚之助, 「朝鮮銀行大連出張所開設の事, 其他」, 『朝鮮銀行回顧錄: 前篇 「一般思出の記」 明治大正の巻 第二集』, 1956, 33쪽).

65_만주 금건화 운동은 "지금에서는 일장의 꿈으로 되었"다 할지라도 매우 열성적으로 이에 임하였던 오타가 아니었다면 "가능하지 않았던 일"로 "누가 뭐라고 해도 조선은행사에는 빠트릴 수 없는 대사업이었다"(高橋武夫, 「GOOD OLD DAYS」, 『朝鮮銀行回顧錄: 前篇 「一般思出の記」 明治大正の巻 第三集』, 1956, 10쪽).

부실화의 주역에게는 그 책임을 묻지 않은 반면에, 적극적인 해결을 주장하였던 인물은 물러나게 되었다.

2. 제2기: 정리기 문책형 인사

자체 정리에 실패한 조선은행은 일본 정부에게 자금 원조를 요청하였고, 대장성은 구제금융을 실시하기에 앞서 감독권의 대장성 이관, 중역의 교체, 배당의 감축, 직제의 개정 등 전반에 걸친 개혁을 요구하였다.[67] 그 결과 1924년 2월 「조선은행법」이 개정되어 조선총독이 일부 행사하던 감독권이 모두 대장성으로 이관되었고, 2월 1일자로 대장성 출신의 노나카 기요시野中清가 총재로 임명되었다. 조선은행은 총재 노나카의 명의로 대장대신에게 예금부자금 5천만 엔(연리 5%, 기한 10년) 및 일본은행 총재 쪽에 저리자금 1,500만 엔(조건 동일)의 업무개선 자금을 요청하였다.[68] 새로운 총재의 취임과 동시에 구제자금 신청이 진행된 것은 대장성에 의한 철저한 정리 및 인사 개편이 단행될 것임을 보여주는 것이다. 노나카는 대장성 전매국장에서 산업조합 부이사장으로 자리를 옮긴 지 한 달 만에 조선은행 총재에 취임하였다. 전임인 미노베 총재는 홋카이도척식은행 두취였고, 쇼다가 대장차관 출신임에 비해 노나카는 사실상 대장성 국장에서 취임한 것이나 다를 바가 없었다. 조선은행으로서는 굴욕적인 총재 선임이

66_"편산이사계와 총재에 반대하는 견해를 소지한 자를 경비절약이라는 명칭 하에 도태함에 이르렀는데 이와 같이 편산씨 일파의 배당 대감액의 의견은 배척되"었다는 것이다(「鮮銀整理 其後, 海外信用失墜, 移管問題如何」, 『東亞日報』 1922. 7. 17.). 구체적인 내용은 본서 256-258쪽을 참조할 것.

67_일본 정부 주도의 정리 내용에 대해서는 본서 259-267쪽을 참조할 것.

68_대장성 예금부 자금은 1924년 4, 5, 6월 세 차례에 걸쳐서, 일본은행 자금은 7월에 지급되었다.

었다. 그러나 노나카는 약 1년 5개월 만에 임기를 채우지 못한 채 물러나고 1925년 7월 제5대 총재로 스즈키 시마요시鈴木嶋吉가 임명되었다. 스즈키는 만주 금융문제를 둘러싸고 조선은행과 극심하게 대립했던 요코하마 정금은행橫濱正金銀行 출신이다. 정금은행을 밀어내고 만주에 진출한 조선은행이 그로 인해 거의 파산지경에 이르고, 정금 출신 인물이 총재로 취임하여 이를 수습한다는 상황은 당시 조선은행이 처한 굴욕적인 현실을 적나라하게 보여주고 있었다.

부총재의 경우 1925년 일본은행 문서국장 출신인 요코베 지츠노스케橫部実之助가 취임하였다. 요코베는 1926년 8월에 사망하였는데, 이후 1935년까지 부총재 자리는 공석으로 남아 있었다. 이사의 경우 우선 노나카의 취임 이후 임명된 인물 중 가키우치 쓰네지로柿內常次郎는 일본은행 출신이었다. 앞의 요코베 부총재와 함께 조선은행 중역진 중 처음으로 본국 중앙은행 출신 인사가 임명된 것이다. 일본은행으로부터 구제자금을 지원받을 것이라는 소문이 전해지고 있을 때부터 이미 일본은행 출신의 이사 임명이 예상되고 있었다. 즉 "일본은행원으로 조선은행 간부의 의자를 점유케 하여" 조선은행 정리에서 일본은행이 개입할 여지를 만들 것이라는 것이다.[69] 이에 대해 이우치 이사무井內勇 이사는 한 마디로 말도 안 되는 웃기는 소리라고 부정하였으나[70] 일본은행의 구제자금 융자와 함께 실현되었다. 그 이외 신임 이사를 보면 대만은행 출신으로 1915년 조선은행에 입행한 하시모토 만노스케橋本万之介가 정리와 관련하여 경질된 가케이 쇼지掛井生治를 대신해서 이사로 임명되었다. 이 인사 조치로 인해 정리의 원인을

69_「鮮銀 救濟資金」, 『東亞日報』 1923. 12. 23.

70_「鮮銀 救濟資金問題 四千五百萬圓으로 成立」, 『東亞日報』 1923. 12. 24.

제공하였던 시기의 중역들은 모두 사라지게 되었다. 1927년에는 조선은행 행원 출신(1908년 제일은행 입행)으로 마쓰바라 준이치松原純一가 이사로 임명되었는데, 1920년 가케이 이사 이후 오랜만에 행원 출신의 이사가 탄생하였다. 후술하겠지만 마쓰바라는 행원 출신 중 유일하게 부총재 및 총재를 역임하게 되는데 그 출발점이 바로 내부 승진이 극도로 억제되었던 정리기에 이사로 임명되면서부터였다.

이 시기 인사의 전반적인 특징은 빈번한 총재 교체 및 조선은행과의 관련성이 적은 인물들의 등용이다. 일종의 문책성 인사가 주를 이루었다고 볼 수 있다. 4대 총재인 노나카는 약 1년 5개월, 후임 총재인 스즈키는 약 2년 2개월의 재임기간에 그쳤다. 총재 임기가 5년이라는 점을 감안하면 빈번한 인사이동이 있었음을 알 수 있다. 총재 및 부총재는 모두 조선은행과의 관계나 조선에서의 경험이 거의 없는 인물이었다.[71] 가령 부총재로 임명된 요코베의 경우도 조선은행에 대한 "사정은 전연 정통치 못하고 오직 정리에 대하여 미미한 개념을 가지고 있음에 불과하"다며 사실상 자신은 "거의 백지" 상태라고 자인하면서 임명의 의미를 "정리를 완료"함에 있다고 밝혔다.[72]

이처럼 제2기는 정·부총재는 말할 것도 없고 이사도 외부 인사가 압도적인 비율을 차지하고 있었다. 조선은행 정리가 진행되는 1920년대 중반의 중역진은 외부 인사들에게 점령당하고 있었다고 해도 과언이 아니

71_당시 스즈키 총재의 취임에 대해서는 요코하마정금은행 출신이기에 "조선 방면에 관하여는 하등의 관계가 없었고 다소간 부족한 감도 없지 않다"고 평가하였다(「(社說)鮮銀整理案과 新總裁」, 『每日申報』 1925. 7. 25.).

72_「新鮮銀 副總裁의 謙德과 抱負, 行內事情을 硏究한 後, 整理는 着實히 完了할 터」, 『每日申報』 1925. 9. 19.

다. 조선은행 내부 출신은 1927년에 가서야 임명된 마쓰바라 1인에 불과하였다. 특히 일본은행이 구제자금을 지원하게 되자 일본은행 출신 인사가 임명되었다는 점도 눈여겨 볼 필요가 있다. 이들은 조선은행의 철저한 정리를 위해서 선택된 인물들로서, 대장성으로서는 오히려 조선은행 업무에 정통하지 않는 것이, 또 조선은행과 관계가 적을수록 유리하다고 판단했던 것으로 보인다. 어차피 정리는 대장성의 지휘 · 통제 하에 진행되어야 했기 때문에 위와 같은 인사가 단행된 것으로 생각된다. 즉 이 시기 인사는 조선은행의 본래 업무보다는 일본 정부의 원조를 통한 원활한 정리에 목적을 둔 인사였다. 총재는 전형적인 문책성 인사, 부총재 및 이사는 순조로운 정리를 위해 관계기관에서 파견된 인물들을 중심으로 구성되었다. 어쨌든 조선은행에게 가장 굴욕적인 시기였음은 틀림없다.

3. 제3기: 내부 조직 정비 및 외부 통제력 강화를 위한 인사

제6대 총재인 가토 케이자부로加藤敬三郎는 체신성에서 국장을 역임한 뒤 일본권업은행으로 전출, 이사를 거쳐 1924년 홋카이도척식은행 두취에 취임하였다. 그는 홋카이도척식은행의 정리를 단행했던 경험을 바탕으로 조선은행 총재에 취임한 것이었다.[73] 그는 총재로는 가장 오랜 기간인 10년 동안 재임하면서 강력한 지도력으로 내부 조직을 정비하고 조선은행이 다시 성장할 수 있는 기틀을 잡은 인물로 평가된다.

신임 이사는 1929년에 행원 출신인 마쓰다 요시오松田義雄와 대장성 은행국의 사무관인 이로베 미츠키色部貢가 취임하였다. 마쓰다는 1909년 한

73_朝鮮銀行史研究會 編, 앞의 책, 302쪽.

국은행 설립 직후 입사하여 오사카 지점장을 거쳐 이사가 되었고, 이로베는 대장성에서 조선은행 및 대만은행의 감리관으로 있었던 인물로, 1931년 만주사변 이후에는 만주에 상주하면서 조선은행을 대표하여 관동군, 만주국 등을 상대로 교섭 사무를 담당하였다.[74] 1929년도에 구성된 중역진은 1936년까지 변함없이 그대로 지속되었는데, 조선은행 역사상 유례없을 정도로 안정된 체제로 제2기의 빈번한 인사 교체와는 큰 차이를 보이고 있다.

1926년 요코베 사망 이후 후임 부총재의 하마평은 무성하였으나[75] 1935년까지 공석으로 남아 있었던 자리에 마쓰바라 준이치松原純一가 임명되었다. 마쓰바라는 조선은행 행원 출신의 대표적인 인물로 이사, 부총재를 거쳐 총재가 된 유일한 인물이기도 하다. 마쓰바라의 자리에는 본부 검사과장인 요코세 모리오橫瀨守雄,[76] 1936년에는 본부 계산과장인 오쓰카 겐지로大塚源次郎가 신임 이사로 임명되었다. 모두 조선은행 행원 출신으로 이후 이사진의 대부분이 조선은행 출신으로 채워지는 출발점이라고 볼 수 있다. 1936년 만주흥업은행에게 만주 지점 일체를 넘기고 만주에서 철수한 조선은행은 부총재인 마쓰바라와 마쓰다 이사가 각각 만주흥업은행의 부총재와 이사로 자리를 옮겼다. 오쓰카는 이를 이어받아 이사가 된 인물

74_朝鮮銀行史硏究會 編, 앞의 책, 378쪽. 만주사변이 발발하자 조선은행은 이사 통할 하에 행원을 동원하여 만주 점령지역에서 활동하였는데, 이로베 이사는 관동군의 촉탁으로 위촉되어 봉천성 재정청 고문에 취임하는 등 점령지 행정에 적극적으로 참여하였다(朝鮮銀行史硏究會 編, 앞의 책, 408쪽).

75_「鮮銀부총재를, 松本씨 거절」, 『中外日報』 1926. 12. 6.; 「鮮銀부총재는 日銀국장급에서」, 『中外日報』 1926. 12. 11. 등.

76_요코세의 경우, 종래 이사들을 모두 대련, 도쿄, 오사카, 경성의 주요 본지점 지배인에서 선임한 관례에서 벗어난 최초의 인사였다(「鮮銀大異動?, 橫瀨氏 昇任따라」, 『每日申報』 1935. 8. 8.).

이다. 공석이 된 부총재에는 1937년 기미모리 타로公森太郎가 선임되었는데 대장성 재무관 출신으로 일본흥업은행 이사를 역임한 그는 중국통으로 조선은행이 만주에서 철수한 뒤 중국 진출을 모색하는 과정에서 기용된 인물이다.[77]

1937년 1월 가토 총재가 두 번에 걸쳐 재임한 후 임기만료로 퇴임하고 제7대 총재로 마쓰바라가 취임하였다. 그는 1908년 제일은행에 입행한 이래 이사, 부총재를 거쳐 총재까지 오른 정통 조선은행계의 인물이다. 그는 조선은행 내부 출신 인사에 있어서 상징적인 인물로 행원의 중역 승진에 있어 항상 선두에 서 있던 인물이다. 마쓰바라의 총재 취임은 당시로서도 의외로 받아들여질 정도였는데, 중일전쟁 이후 조선 내 금융통제력 강화를 꾀하는 과정에서 행내에서 업무에 가장 숙달된 인물로 평가받는 그의 능력이 고려되었을 것으로 생각된다.[78] 부총재도 1940년 기미모리가 임기만료로 퇴임하고 일본은행 문서국장인 키미지마 이치로君島一郎가 임명되었다. 1942년 12월자로 마쓰바라 총재가 임기만료로 퇴임하고, 후임으로는 일본은행 이사 출신으로 초대 만주중앙은행 총재인 다나카 데츠사부로田中鐵三郎가 제8대 총재에 취임하였다. 부총재는 1945년 대장성 관료 출신으로 조선은행 이사로 있었던 호시노 키요지星野喜代治가 승진하였다.

이 시기 이사진의 가장 큰 특징은 내부 인사가 대거 발탁되고 있는 점이다. 북경지점장인 나카노 마사나가中野正永, 본점 지배인인 사쿠라자와 히데지로櫻沢秀次郎, 도쿄지점장인 핫토리 다이조服部岱三, 도쿄지점 총무부장인 쓰보이 신이치坪井信一 등은 모두 조선은행에 행원으로 입행하여 이사

77_「對支借款は鮮銀が中心, 特銀の人事整備す」『釜山日報』 1937. 4. 3.

78_「松原氏 總裁說 一般으로 好評」, 『東亞日報』 1937. 11. 30.

로 승진한 인물들이다. 이들의 기용은 전시기 조선 내 금융통제력의 확대 과정에서 전문성 강화를 위해 내부 인사를 선호한 결과라고 볼 수 있다. 이 시기 외부 인사로는 대장성 은행국 검사부장인 호시노가 기용되었다. 그리고 1945년 이사 인사에서는 정통 내무관료 출신인 함경남도 지사인 야규 시게오柳生繁雄가 임용되었는데, 중역 인사에 있어서 가장 이채로운 기용이었다.

제3기는 정리로 인해 만신창이가 된 조선은행을 수습하고, 1930년대 만주 침략과 중일전쟁 등 일제의 대륙 침략에 적극 호응하면서 사세를 확장시켰던 시대이다. 10년간 재임한 가토 총재는 특수은행의 정리를 실시한 경험을 바탕으로 조선은행의 내실을 다져가면서 도약의 기회를 노리고 있었다. 일제 군부의 대륙 침략이라는 국책에 적극 호응하여 발전을 꾀해온 조선은행에게 1930년대 일제의 파시즘화는 다시 한번 성장의 기회를 마련해주었다. 이에 발맞추어 조선은행 역시 만주 및 중국과 관련된 인사들을 중역으로 중용하고, 본국 관료 출신들을 중역으로 활용하면서 적극적으로 영업 지역을 확대시켜 나갔다. 전시기戰時期에는 이사의 대부분을 조선은행 출신이 차지하게 되었는데, 이는 설립된 지 약 30년이 되면서 전문성을 갖춘 인물들이 배출되었다는 점과 함께 일본 정부로부터의 일방적인 정책 지침을 수행하기 위해서는 내부 사정에 밝은 인사가 더 효율적이었기 때문이었다. 설립 이후부터 일본 정부의 직접적인 통제를 받고 있던 조선은행으로서는 전시기에 훨씬 더 강력한 일원적 지휘 속에서 이를 무리 없이 수행할 수 있는 인사가 필요했던 것이고, 이것이 이사의 대부분을 조선은행 출신이 차지하게 된 배경으로 볼 수 있다. 반면 총재 및 부총재는 외부에서 영입된 인사들로 본국의 명령 및 통제가 원활하게 전달될 수 있도록 한 것이었다.

II. 중역진 구성의 특징

조선은행 중역진은 크게 토착형(내부 승진형)과 낙하산형(외부 영입형)으로 나눌 수 있다.[79] 토착형 중역이란 조선은행(제일은행 포함)에 행원으로 입행하여 중역이 된 인물을 지칭한다. 낙하산형 중역이란 대장성을 중심으로 하는 일본 내 경제관료 출신(조선총독부 출신 포함) 및 일본은행을 비롯한 특수은행 출신들을 그 대상으로 하였다. 사실상 전자를 '조선은행계'로 후자를 '대장성계'로도 구분할 수 있을 것이고, 이 구분이 더 명확한 이해를 준다고 여겨지지만, 외부 영입형 중역을 모두 대장성 출신으로 규정하기에는 무리가 있는 점을 고려하여 일단 위 분류 방식을 취하였다.

〈부표 1-2〉에서 조선은행 중역을 출신별로 분류해보면 다음과 같다. 조선은행에서 중역을 역임한 인물은 총재 8명, 부총재 7명, 이사 23명 등 총 38명이나 이 중 중복된 자를 제외하면 34명이다.[80] 이 중 외부에서 바로 중역으로 영입된 인물, 즉 낙하산 인사는 18명으로 53%에 달한다. 그야말로 조선은행과 관계없이 이사나 정 · 부총재로 임명된 인사가 절반이 넘는다는 것은 조선은행 중역진의 가장 큰 특징이라고 볼 수 있다.[81] 더 세분해서 보면 우선 총재는 총 8인 중 6인(75%)이 낙하산인데 경제관료 출신이 4인(대장성 2인, 농상무성 1인, 체신성 1인)으로 압도적이고, 특수은행 출신이 2인(일본은행 1인, 정금 1인)이다. 또한 다른 특수은행 수장을 역임한 후

79_일제시기 인사를 둘러싸고 빈번하게 등장하는 단어가 아마쿠다리天降り와 하에누키生え抜き이다. 전자는 흔히 낙하산 인사를 말하는 것이고, 후자는 토착형으로 내부 인사의 승진을 뜻하는 것이다.

80_중복되는 인물은 최종 직급에만 적용시켰다.

81_여기에 사실상 대장성 출신으로 보아도 무방한 미시마와 이우치 이사를 포함시킨다면 20인으로 59%에 달한다.

조선은행 총재로 취임한 경우가 3건인데, 홋카이도척식은행 두취 출신이 2인, 만주중앙은행이 1인이다. 부총재는 7인 중 6인(86%)으로, 대장성 출신이 3인, 일본은행이 2인, 총독부가 1인[82]이다. 이사는 중복 인사를 제외한 20인 중 6인(30%)으로 대장성 출신이 2인, 농상무성 1인, 일본은행 1인, 미쓰이은행三井銀行 1인, 총독부 1인이다. 전체적으로 보면 낙하산 인사 중 경제관료와 특수은행 출신이 약 83%에 달하고 있다.[83]

다음으로 조선은행 내부 출신을 살펴보자. 이는 크게 두 가지로 분류가 가능한데 행원 출신이 11인, 행원 출신은 아니지만 조선은행(제일은행)에서 주요 경력을 쌓은 후 중역으로 승진한 경우로 모두 5인인데 이들은 내부 출신으로 분류하였다.[84] 중역진에서 내부 출신은 모두 16인으로 47%를 차지하고 있다. 직급별로 보면 총재의 경우 2인(25%), 부총재는 1인, 이사 14인(70%)을 배출하였다. 즉 총재 및 부총재의 경우는 이른바 일본 정부의 낙하산 인사로 중앙의 통제를 강화하는 의미가 있다면, 이사는 전문성을 갖춘 실무자를 우선 선발하는 경향이 강했음을 보여준다고 하겠다. 특히 1930년대 이후 이사는 대부분이 조선은행 출신이 차지하고 있었다. 요컨대 조선은행 중역진은 대체로 낙하산 출신과 내부 출신이 일정한 비율로 구성되어 있음을 알 수 있다. 총재 및 부총재는 주로 본국 경제관료 및 특

82_스즈키 부총재는 대장성에서 관료 생활을 시작하였지만 주요 경력을 조선총독부에서 쌓은 후 이사로 바로 영입되어 부총재로 승진했기 때문에 총독부계로 분류하였다.

83_대장성 7인, 일본은행 4인, 농상무성 2인, 총독부 2인, 체신성 1인, 정금 1인, 미쓰이은행 1인.

84_이치하라 총재의 경우 제일은행 경성지점의 핵심인물이었기 때문에 역시 별 무리는 없다. 오타와 하시모토 이사는 타은행에서 전출하였지만 조선은행(제일은행)에서 주요 경력을 쌓았기 때문에 토착형으로 보아도 무리는 아니다. 다만 미시마와 이우치 이사의 경우 바로 중역으로 영입되지는 않았지만 사실상 대장성의 고급 관료로 볼 수 있기 때문에 순전한 행내 출신으로 보기에는 무리가 있을 수 있다. 기준을 중역으로 영입된 인사로 잡았기 때문에 토착형으로 분류하였다.

수은행 출신들이 장악하였고, 이사는 조선은행 출신들이 시기별로 차이가 있지만 적을 경우에는 1/3, 많을 경우에는 2/3 정도까지 차지하고 있었다.

여기서 이른바 낙하산 인사가 어떻게 행해지는지를 호시노 키요지星野喜代治의 사례를 통해 확인해보자. 1918년 도쿄제대 졸업 후 대장성에 들어간 호시노는 주로 은행국에서 근무하였다. 그에게 외부 기관에서 영입 제의가 온 것은 1933~34년경으로 처음에는 대만은행 이사였다고 한다. 당시 대만은행 두취인 시마다 시게루島田茂 역시 대장성 특별은행과장 출신으로 자신보다 나이가 어린 인물을 이사로 영입하기 위해서 호시노에게 제안을 하였다고 한다. 호시노 자신도 대만은행 이사로 가는 것을 긍정적으로 검토하고 있었으나 당시 제인帝人사건[85]으로 인해 시마다 등이 기소됨으로써 무위로 돌아갔다. 이후 1936년에는 동양척식주식회사 이사, 1938년 3월에는 신설된 국책회사인 동아연료주식회사의 중역 취임을 권유받았으나 모두 거절하였다고 한다. 그러다가 대장성 선배로 조선은행 부총재에 있던 기미모리가 총재인 마쓰바라에게 호시노를 추천하였고, 총재에게 영입 제의를 받고서 1938년 8월 이사에 취임하게 된다. 그는 이사에 취임한 후 1년간은 도쿄에 주재하면서 대장성과의 업무 절충을 담당하였다고 한다.[86] 호시노의 사례처럼 관료라는 인적 연계망 속에서 중역 인사가 작동되고 있음을 알 수 있다.

그렇다면 조선은행 행원 출신은 어떤 인물들이 중역으로 승진하는가? 마쓰바라를 제외하면 조선은행 출신이 오를 수 있는 가장 높은 자리는 이

85_1934년 대만은행 소유의 제국인견주식회사帝國人絹株式會社의 주식매매를 둘러싼 사건으로 두취인 시마다를 비롯해 대장성 차관, 은행국장 등 총 16인이 기소된 사건이다. 이 사건으로 인해 당시 사이토 마코토斎藤実 내각이 사퇴까지 하였으나 기소된 전원이 무죄로 판명되었다.

86_星野喜代治, 앞의 책, 53-57쪽.

사였다. 우선 조선은행 이사는 3~4명으로 구성되었는데, 이들은 각각 지역별 업무를 분담하고 있었다. 이사가 3명일 경우 도쿄, 대련, 경성, 4명일 경우는 여기에 오사카나 북경이 추가되었는데, 각각 해당 지역에 주재하면서 업무를 총괄하고 있었다. 이사로 승진한 인사들은 대체로 도쿄(오사카)나 대련지점장 출신이 많다. 오타와 마쓰바라, 마쓰다는 대련지점장에서 바로 이사로 발탁된 인물이고, 가케이는 오사카 지점장, 하시모토는 도쿄지점 지배인, 핫토리는 도쿄지점장, 쓰보이는 도쿄지점 총무부장에서 이사로 발탁되었다. 그리고 본점 출신이라 하더라도 대부분 일본이나 만주 지점 출신들이 이사로 승진하고 있는데, 오쓰카는 입행 후 일본(오사카, 고베, 도쿄지점에서 지배인대리 및 지배인)에서 대부분의 경력을 쌓았던 인물이고, 본점 지배인에서 이사로 발탁된 사쿠라자와도 입행 후 상해를 비롯하여 런던, 뉴욕, 도쿄, 신경지점 지배인을 거친 후 본점 지배인이 되었을 정도로 대부분 조선 밖에서 활동한 인물이다. 요시다도 도쿄지점장을 역임한 후 본점 총무부장을 거쳐 이사로 되었다. 그나마 조선 내에서 경력을 쌓은 인물로는 요코세를 들 수 있는데, 그는 초기에 대련지점 부지배인을 역임한 후 인천이나 나남지점에서 활동한 경력을 갖고 있다. 요컨대 행내 출신으로 중역이 되기 위해서는 일본이나 만주의 중요지점 등 조선 밖에서의 경력이 훨씬 중요하게 작용함을 확인할 수 있는데, 이는 조선은행의 핵심 영업지역이 어디인지를 잘 보여주는 것이기도 하다.[87]

한편 조선은행 중역진을 조선식산은행의 구성과 비교해보자(〈부표 1-3〉 참조).[88] 식산은행의 중역은 관료 출신과 자행(농공은행) 출신으로 나눌 수

87_지점 기준으로 보면 조선 내 비중은 22%에 불과하다. 따라서 조선 내에서는 조선은행이 조선을 등한시 한다는 불만이 끊임없이 제기되고 있었다. 조선은행의 활동에 대한 조선 내 인식에 대해서는 본서 4부 1장을 참조할 것.

있다. 분석대상 20인 중 행내 출신 인사는 10인, 관료 출신은 10인인데 관료의 경우 조선총독부 출신이 7인, 일본 대장성 출신 2인, 검사 출신이 1인이다. 행내 출신 인사의 경우도 식산은행(농공은행 포함) 출신이 6인, 조선은행에서 전출한 인사가 3인, 일본권업은행 출신이 1인인데, 조선은행이나 일본권업은행에서 온 인물들도 1918년과 1919년에 입행한 인물로 사실상 행내 출신으로 분류하여도 큰 무리가 없는 인물들이다. 특히 식산은행의 경우 총 20인 중 고등문관 시험 합격자가 10인으로 절반을 차지하고 있다.

조선은행은 외부 영입의 경우 대장성을 중심으로 한 본국 경제관료 및 특수은행 출신이 압도적이라면 식산은행은 조선총독부 관료 출신이 70%로 가장 높은 비율을 보이고 있다. 특히 두취 2인 모두 총독부의 경제관료(이재과장 · 재무국장) 출신이다. 대장성 출신 2인은 모두 대장성 예금부(예금부장 · 운용과장) 출신이다. 이는 식산은행이 대장성 예금부 자금을 활용하는 것과 깊은 연관이 있다.[89] 나머지 행내 출신은 거의 모두가 농공은행이나 식산은행 창립 직후에 입행한 자들이다.

조선은행과 식산은행은 우선 외부 영입에 있어 그 주류가 대장성 출신

88_조선식산은행의 경우 두취 3인, 부두취 2인, 이사 22인이 그 대상인데, 이중 중복되는 인물이 3인이다. 본문에서는 중복 인물 3인, 이력 미상 2인, 박영효 이사를 제외한 총 20인을 대상으로 분석하였다. 초대두취인 미시마는 조선은행 이사를 겸임하였고, 1920년 6월 사망하였기 때문에 분석대상에서 제외하였다.

89_우에노 이사오植野勳는 대장성 예금부 운용과장을 역임한 후 1929년 식산은행 이사로 취임하였다. 그에 대해서는 식산은행과 대장성 예금부의 관계가 작용했음을 쉽게 알 수 있다. 그가 사망하자 후임 이사로 임명된 자가 가네코 류조金子隆三로 대장성 예금부 감리과장, 운용과장, 예금부장을 역임한 후 식산은행 이사로 취임하였고, 1940년에는 부두취로 승진하였다. 가네코의 이사 선임에 대해서는 "대장성의 알선에 의해 현 대장성 예금부장 가네고 류소金子隆三로 결정"되었다는 기사가 전해지고 있다(「殖銀理事後任 金子隆三氏決定」, 『東亞日報』 1936. 8. 7.).

과 조선총독부 출신이라는 명백한 차이를 보이고 있다. 이것은 물론 양행의 감독기관의 차이에서 연유하는 것이다. 또한 식산은행의 경우 다른 특수은행에서 영입한 경우는 없다.[90] 대장성의 감독과 통제를 받는 특수은행들이 그 인적 자산을 공유하고 있는데 반해, 식산은행은 유일하게 조선총독부의 통제 하에 있는 기관이기에 그러한 연관성이 없는 것으로 보인다. 무엇보다 식산은행은 두취 및 부두취 모두 낙하산이라 하더라도 일단 이사를 거쳐서 승진한다는 점에서 조선은행의 인사 실태와는 다른 양상을 보이고 있다. 이와 같이 조선은행과 식산은행은 운영의 핵심인 인사에서 서로 매우 다른, 이질적인 기관임을 확인할 수 있을 것이다.

이상과 같이 조선은행 중역 인사의 특징은 무엇보다 일본 정부, 특히 대장성의 절대적인 영향력을 들 수 있다. 동시에 조선총독부의 절대적인 약세도 두드러진다. 조선은행이 기본적으로 대장성의 관리 · 통제를 받는다 하더라도 조선 내에서 조선은행권을 독점적으로 발행하기 때문에 금융통제 상 총독부와 매우 긴밀한 관계를 가질 수밖에 없다. 그러나 인사에 있어서 조선총독부는 거의 영향력을 발휘하지 못하고 있었다. 1장 1절에서 보았듯이 조선은행 이사 임명권은 1924년 이전에는 조선총독이 가지고 있었으나, 그것도 사전에 대장성과 미리 협의해야 하는 것으로 못박아 놓았다.[91] 총독부 측에서도 인사에 개입하고자 하였으나 뜻대로 되지 않았던 것으로 보인다. 가령 1938년 이로베의 임기가 만료되자 후임 이사 인선에

90_식산은행 이사 중 유일한 특수은행 출신은 마쓰이 히코지로松井彦治郎를 들 수 있는데, 그는 1919년 일본권업은행에서 식산은행 증권과장으로 온 인물로 이를 낙하산 인사라고 볼 수는 없을 것이다.

91_가령 1923년 8월 이우치 이사가 임명되는 과정에서 미노베 총재가 "대장성의 지지를 得하여" 조선총독부와 절충하였다고 한다(「鮮銀理事後任, 阿部氏로 決定乎」, 『每日申報』 1923. 8. 13.). 사전 협의의 성격을 보여주는 사례라 할 수 있다.

대해 총독부 측에서 강한 의지를 보이고 있었다고 한다. 총독부에서는 "조선 측에서 조선은행 이사 1명을 추천해야 한다는 의견이 넘치"고 있다는 것을 들어 "조선의 경제산업에 정통한 총독부" 출신 인사를 1명 정도는 이사로 취임시킬 필요가 있음을 주장하였다고 한다. 이에 조선은행은 "대장성을 꺼려 침묵을 지키고 있"었는데, 당시 "중역진에 조선색色"이 강화되고 있었기 때문에 "총독부와 대장성 간에 양해가 성립"된다면 총독부의 지사나 국장 중에서 "이사 1명의 임명이 실현될 것"이라는 전망까지 나오고 있었다. 그러나 후임은 대장성 출신인 호시노로 결정되었다. 앞에서 보았듯이 호시노는 대장성 선배인 조선은행 부총재와 연결되어 이사로 낙점을 받을 수 있었다. 결국 조선은행 이사 자리는 "종전부터 대장성의 중요 포스트로 되고 있기 때문에 대장성의 의견을 존중하여 결정할 예정으로 조선 측에서 이사를 내는 것은 아니다"라는 원칙을 재확인할 수 있었다.[92]

이와 같이 조선총독부는 조선은행에 대해서는 통제력을 발휘할 수 없었고, 이런 현실은 당시에도 인정되고 있었다. 이 자리를 대신한 것이 바로 조선식산은행이다. 식산은행은 채권발행 특권을 가지고 있기 때문에 일본에서 직접 자금을 조달할 수 있었고, 이를 기반으로 총독부는 정책금융을 실시할 수 있었다. 따라서 조선의 '중앙은행'은 조선은행이 아닌 식산은행이라는 주장이 설득력을 얻고 있었다. 경제평론가인 다카하시 카메키치는 "제도적으로도 실제적으로도 조선의 중앙은행의 실제는 식산은행이 하고 있는 상태"라고 평가하고 있었다. 조선은행은 식산은행에 비해 은행영업에서 압도적으로 열세인 점과 감독권이 대장성에 있으므로 사실상 총독부의 지배 밖에 있음을 그 이유로 들고 있다. 반면 식산은행은 "조선총

92_「鮮銀理事 後任銓衡」, 『釜山日報』 1938. 7. 13.

독 직속의 어용기관인 지위"에 있는 점 등을 들어 실질적으로 조선 내 '중앙은행'은 식산은행이 수행하고 있음을 지적하고 있다.[93] 또 조선은행 부총재를 역임한 키미지마는 다음과 같이 말하고 있다.

> 조선총독부의 입장에서 조선은행은 말하자면 방계이다. (…) 총독부는 관리를 널리 민간의 각 사업체에 낙하산 인사로 보내고 있지만, 조선은행에는 감사 1인에 지나지 않는다. 총독부로서는 조선식산은행이 직계여서 그 두취는 총독부 재무국장인 하야시 시게죠林繁藏가 되었다.[94]

위 언급은 총독부와 조선은행의 관계를 잘 보여주고 있는데, 이 점은 총독부 측도 인정하고 있었다. 1937년 이후 총독부 재무국장을 역임한 미즈타 나오마사水田直昌에 따르면 조선은행의 중역 임면권과 업무상 감독권이 모두 대장대신에게 있었기 때문에 총독부로서는 아무래도 식산은행과 밀접할 수밖에 없었다고 한다. 더구나 조선은행은 조선 밖의 지역에서 훨씬 왕성한 활동을 하고 있었고, 그 공백을 식산은행이 대신하였기 때문에 총독부로서도 식산은행을 "가애可愛"할 수밖에 없었다는 것이다.[95]

한편 대장성의 절대적 영향력에 따른 외부인사 영입에 대해서는 당연

93_그는 조선의 금융체계를 조선은행계(조선에 본점을 둔 일반은행)와 식산은행계(금융조합, 조선저축은행)로 구분하였는데, (1934년 기준) 식산은행계가 예금의 55.7%, 대출의 69.6%를 차지하는 데 반해, 조선은행계는 예금에 있어 19.2%, 대출에 있어서는 15%를 차지하고 있음을 예로 들고 있다(高橋龜吉, 『現代朝鮮經濟論』, 東京千倉書房, 1935, 494-496쪽). 스즈키 타케오 역시 이를 인정하고 있었다(鈴木武雄, 『朝鮮金融論十講』, 帝國地方行政學會朝鮮本部, 1940, 144쪽).

94_君島一郎, 앞의 책, 253쪽. 하야시 시게죠는 1937년 조선총독부 재무국장에서 퇴임한 후 바로 조선식산은행 두취에 취임하였다.

95_水田直昌・土屋喬雄 編述, 『財政・金融政策から見た朝鮮統治とその終局』, 財團法人友邦協會朝鮮史料編纂會, 1962, 84 ・ 88쪽.

히 조선은행 내부에서도 호의적이지 않았을 것이다. 감독관청으로 막강한 권한을 가지고 있기 때문에 감히 대장성에 직접 항의를 하지 못하더라도 그 불만이 다음과 같이 표출되기도 하였다. 1939년 말 기미모리 부총재 후임을 둘러싸고 하마평이 무성했는데, 이루마노 타케오入間野武雄 대장성 은행국장의 "천강天降설이 유력"하다고 하자 조선은행 내부에서는 본행 출신 인사의 임명을 요구하며 대장성 측의 낙하산 인사 움직임에 반대하는 "기운이 극히 농후"하였다고 한다. 당시 조선은행 내에서는 전前이사로 만주 흥업은행 이사로 있던 마쓰다를 밀고 있었다고 한다.[96] 그러나 후임 부총재는 일본은행 문서국장 출신인 키미지마로 조선은행이나 조선과는 전혀 관련이 없는 그야말로 낙하산이었다. 즉 인사 결정권은 대장성이 행사하고 있었다는 점을 분명히 보여주고 있는 사례이다. 이처럼 인사에 있어서 빈번히 보이는 낙하산 설은 당시 조선은행의 중역이 어떤 위치에 있었는지를 상징적으로 보여준다고 하겠다.

96_「朝鮮銀行 副總裁 天降的就任 排除」, 『東亞日報』 1939. 12. 23.

〈부표 1-2〉 조선은행 중역 이력표

성명	출생 연도	출신교	주요경력	
			입행 이전	조선은행 이력
총재				
이치하라 모리히로 (市原盛宏)	1858	同志社大	일본은행 제일은행 요코하마시장	총재(1909~15)
쇼다 카즈에(勝田主計)	1869	東帝	대장성 입성(대장 차관)	총재(1915~16)
미노베 슌키치 (美濃部俊吉)	1863	東帝	농상무성 입성(비서관) 홋카이도척식은행 두취	총재(1916~24)
노나카 기요시 (野中淸)	1872	東帝	대장성 입성(전매국장) 산업조합중앙금고 부이사장	총재(1924~25)
스즈키 시마요시 (鈴木嶋吉)	1866	慶應義塾	요코하마정금은행 입행(이사)	총재(1925~27)
가토 케이자부로 (加藤敬三郎)	1873	日本法律學校 (日本大學)	체신성 입성 일본권업은행 이사 홋카이도척식은행 두취	총재(1927~37)
마쓰바라 준이치 (松原純一)	1884	神戸高商	제일은행 입행(1908) 조선은행 이사(1927~35), 부총재(1935~36) 만주흥업은행 부총재(1936~37) 조선은행 총재(1937~42)	
다나카 데츠사부로 (田中鐵三郎)	1883	東帝	일본은행 입행(이사) 만주중앙은행 총재	총재(1942~45)
부총재				
가노 도쿠사부로 (嘉納德三郎)	1870	東帝	대장성 입성 (전매국장관)	부총재(1918~23)
스즈키 시즈카 (鈴木穆)	1874	東帝	대장성 입성 통감부 · 조선총독부(탁지부장관)	이사(1922~23) 부총재(1923~1925)
요코베 지츠노스케 (橫部実之助)	?	?	일본은행 입행 (문서국장)	부총재(1925~26)
기미모리 타로 (公森太郎)	1882	東帝	대장성 입성	부총재(1937~40)
키미지마 이치로 (君島一郎)	1887	東帝	일본은행 입행 (문서국장)	부총재(1940~45)
호시노 키요지 (星野喜代治)	1893	東帝	대장성 입성 (은행국 검사부장)	이사(1938~45) 부총재(1945)
이사				
미즈코시 리요우 (水越理庸)	1869	明治大	대장성 입성 (구마모토세무감독국장)	이사(1909~16)
미시마 타로 (三島太郎)	1871	東帝	대장성 입성	제일은행 경성지점 부지배인 이사(1909~20)
기무라 유지 (木村雄次)	1874	東帝	제일은행 입행 이사(1909~20)	

성명	출생 연도	출신교	주요경력	
			입행 이전	조선은행 이력
이사				
오타 사부로 (大田三郎)	1871	東帝	동경저축은행 · 제백은행	제일은행(1906) 이사(1917~22)
가타야마 시게오(片山繁雄)	1875	東帝	미쓰이은행	이사(1918~22)
요시다 세쓰타로 (吉田節太郎)	1881	東帝	제일은행 입행 도쿄지점장 이사(1920~22)	
가케이 쇼지(掛井生治)	1878	東帝	오사카지점장 이사(1920~24)	
가타야마 요시카츠 (片山義勝)	1877	東帝	농상무성 입성 남만주철도 이사 중앙대학 교수	이사(1923~29)
이우치 이사무 (井內勇)	1879	東帝	대장성 입성(하코다테세관장)	조사국장 (1916년 입행) 이사(1923~29)
하시모토 만노스케 (橋本万之介)	1880	東京高商	대만은행	입행(1915) 이사(1924~27)
가키우치 쓰네지로 (柿內常次郎)	?	?	일본은행 입행 중화회업은행 전무이사	이사(1924~27)
마쓰다 요시오 (松田義雄)	1881	京帝	한국은행 입행(1909) 이사(1929~36)	
이로베 미츠키 (色部貢)	?	東帝	대장성 입성 (은행국 사무관)	이사(1929~38)
요코세 모리오 (橫瀨守雄)	1892	京帝	조선은행 입행(1915) 이사(1935~41)	
오쓰카 겐지로 (大塚源次郎)	1892	京帝	조선은행 입행(1916) 이사(1936~41)	
나카노 마사나가 (中野正永)	1891	京帝	북경지점장 이사(1940~45)	
사쿠라자와 히데지로 (櫻沢秀次郎)	1892	東帝	조선은행 입행(1917) 이사(1941~45)	
핫토리 다이조 (服部岱三)	1892	神戶高商	도쿄지점장 이사(1941~45)	
쓰보이 신이치 (坪井信一)	1892	山口高商	조선은행 입행 이사(1944~45)	
야규 시게오 (柳生繁雄)	1897	東帝	조선총독부 (함경남도 지사)	이사(1945)

출전: 朝鮮銀行史研究會 編,『朝鮮銀行史』, 東洋經濟新報社, 1987 ; 三谷憲正,「朝鮮總督府官僚`鈴木穆論」, 松田利彦`やまだあつし編,『日本の朝鮮 · 臺灣支配と植民地官僚』, 思文閣出版, 2009 ; 君島一郎,『私の銀行ライフ』, 日本銀行, 1974 ; 星野喜代治,『回想錄』, 日本不動産銀行十年史編纂室, 1967 ;『東亞日報』,『朝鮮日報』,『한국근현대인물자료』(한국역사정보통합시스템:http://www.koreanhistory.or.kr). ; 鮮銀交友會,『交友』9, 1963.

※ 東帝- 도쿄제국대학, 京帝- 교토제국대학

조선은행 내에서 여러 중역을 거친 경우에는 최종 직위를 기준으로 작성하였다.

( )은 조선은행 취임 전 최종 직책.

〈부표 1-3〉 조선식산은행 중역 이력표

성명(이사 재임기간)	출신교 및 주요 경력	분류	비고
아루가 미츠토요 (有賀光豊, 1918~20)	東京法學院(現中央大) -고문합격 -대장성-통감부(세관) · 조선총독부 (이재과장)	관료(총)	두취(1920~37)로 승진
하야시 시게죠 (林繁藏)	京帝 - 고문합격 -조선총독부(재무국장)	관료(총)	두취(1937~45)임명
와타나베 미쓰유키 (渡邊彌幸, 1929~36)	東帝 - 조선은행(1915)-식은 창립시 입행	행내(조은)	부두취(1936~40)로 승진
가네코 류죠 (金子隆三, 1936~40)	東帝 - 고문합격 -대장성(예금부장)	관료(대)	부두취(1940~45)로 승진
나카무라 미쓰요시 (中村光吉, 1918~23)	東帝 제일은행(조선은행)-식은 창립시 입행	행내(조은)	
사쿠라이 쇼이치 (櫻井小一, 1918~26)	東帝 - 고문합격 대장성-통감부 · 조선총독부(경제관료) - 식은 창립시 입행	관료(총)	
이시이 미쓰오 (石井光雄, 1920~27)	京帝 고문(사법과) 합격 고베지방재판소 검사국-함경농공은행 -조선은행	관료(법) 행내(농공, 조 은)	일본권업은행 부총재 · 총재 전출
후카오 도죠 (深尾道恕, 1921~25)	東帝 - 고문합격 통감부 · 조선총독부-식은 공공대부과장	관료(총)	
모리 고이치 (森悟一, 1923~30)	京帝 - 함흥농공은행-식은 창립시 광주지점장	행내(농공)	조선저축은행 두취(1930)
야나베 에이사부로 (矢鍋永三郎, 1925~33)	東帝 - 고문합격 통감부 · 조선총독부(재무방면) -황해도지사	관료(총)	조선금융조합연합회 회장(1933)
다카쿠 도시오 (高久敏男, 1927~30)	慶應義塾 理財科 통감부(조선재정정리)-조선은행(1910년) - 1919년 식은 조사과장	행내(조은)	
우에노 이사오 (植野勳, 1929~36)	東帝- 고문합격 대장성(이재국, 예금부 운용과장)	관료(대)	
이모리 메이지 (伊森明治, 1930~34)	神戸高商 함경농공은행-식은 창립시 목포지점장	행내(농공)	조선저축은행 두취(1934)
하야시 시게키 (林茂樹,1933~37)	東帝 - 고문합격 -조선총독부 재무국장	관료(총)	
노다 신고 (野田新吾, 1934~38)	神戸高商 평안농공은행	행내(농공)	한성은행장(1938)
야마구치 시게마사 (山口重政, 1937~)	東帝 전주농공은행	행내(농공)	

성명(이사 재임기간)	출신 및 경력	분류	비고
도미나가 분이치 (富永文一, 1937~)	東帝 - 고문합격 조선총독부(함북 · 경기도 지사, 학무국장)	관료(총)	
마쓰이 히코지로 (松井彦治郎, 1938~)	東京高商 일본권업은행-식은 증권과장(1919)	행내(권은)	
곤도 도쿠조 (近藤得三)	神戸高商 경상농공은행	행내(농공)	
혼다 히데오 (本田秀夫)	東帝 경상농공은행	행내(농공)	

출전: 朝鮮殖産銀行 編,『朝鮮殖産銀行二十年志』, 1938;『朝鮮銀行會社組合要錄』 각년판;『한국근현대인물자료』(한국역사정보통합시스템: http://www.koreanhistory.or.kr)

※ 東帝- 도쿄제국대학, 京帝- 교토제국대학, 총- 조선총독부, 대- 대장성, 조은- 조선은행, 농공- 농공은행, 권은- 일본권업은행

- 이사 중 박영효朴泳孝(1918~30년 재임)는 특수한 사례이기 때문에 분석 대상에서 제외하였고, 현재 이력을 확인 할 수 없는 2인(水問美繼, 藤木修三)도 제외하였음.

3장

조선은행 공정이율 결정 방식과 조선에서의 비판

중앙은행의 주요 기능 중 하나가 금리정책이다. 중앙은행 금리정책의 목적은 과다한 신용 팽창을 미연에 방지하거나 공황으로 인해 신용 긴축이 예상될 때 이를 적절히 조절함으로써 국내외 자금의 균형을 달성하는 데 있다.[97]

1절에서는 식민지기 공정이율[98]의 결정 방식과 그 추이를 검토할 것이

97_신용통제 수단으로서 금리정책이 처음으로 사용된 것은 잉글랜드은행이 1839년에 실시한 것으로 알려져 있다. 금리정책에 있어 중요한 것은 첫째 그 정책의 실시 시점이다. 특히 신용 긴축이 필요할 때 그 시기를 놓치지 않아야 하는데, 일반적으로 신용 확장이나 투기의 경향은 일단 힘을 얻게 되거나 특히 저금리에 의해 자극되는 경우 쉽게 진정되지 않기 때문이다. 즉 미연에 방지하는 것이 중요한 것이다. 둘째 금융공황은 공포심에서 쉽사리 야기되기 때문에 모든 자금 수요는 어떠한 금리로도 충족될 수 있다는 것이 보증된다면, 이는 신속히 완화될 수 있다는 것이다(Michiel Hendrik De Kock, *Central banking*, 3rd ed, London: Staples Press, 1954, pp147-148).

98_공정이율은 중앙은행이 금융기관을 대상으로 어음 할인이나 대출을 할 때 적용하는 기준금리를 말한다. 공정이율은 일반 시장금리에 큰 영향을 미치며 중앙은행은 공정이율을 변경함으로써 금리에 영향력을 미치게 된다. 일반적으로 상업어음 할인이율이 대표적인 지표로 간주된다.

다. 식민지기 조선은행의 공정이율에 대해서는 일본은행에 추수했다는 것과 항상 일본보다 높은 금리를 유지하고 있었다는 개설적인 내용만이 언급되고 있다.[99] 본문에서는 일본은행과 조선은행의 공정이율 변화 과정을 네 시기로 구분하여 조선은행의 추수 양태를 검토할 것이다. 독자적인 경제 영역을 형성하지 못한 식민지에서 경제 정책의 중요한 축인 금리가 식민 본국의 이해관계에 따라 일방적으로 결정되고 있음을 확인할 수 있을 것이다. 2절에서는 조선은행의 금리결정 구조와 그 구조적 한계에서 파생된 조선 금융의 문제점을 조선에서의 비판을 통해 검토하고자 한다. 식민지 조선 경제와 상관없는 금리정책으로 인해 파생되는 문제를 일반은행[100]의 정체와 동업자대출 등을 통해서 살펴볼 것이다. 특수은행과 일본계 지점은행에 비해 자금 조달면에서 매우 불리한 위치에 있었던 조선에 본점을 둔 일반은행에게 공정이율 변화가 갖는 의미를 검토할 것이다. 또 조선은행으로부터 재할인이나 동업자 대출 등을 받을 수 없었던 일반은행의 취약성도 함께 살펴 볼 것이다. 이를 통해 조선은행은 이른바 '중앙은행'으로서 가져야 할 기본적인 기능에 심각한 결함을 안고 있었음을 확인할 수 있을 것이다.

99_식민지 조선은 항상 자금이 부족한 상태였기 때문에 일본으로부터의 자금 유입이 필요했고, 이를 위해서는 금리를 높은 수준으로 유지할 수밖에 없었다는 것이다(鈴木武雄, 『朝鮮金融論十講』, 帝國地方行政學會朝鮮本部, 1940, 136-138쪽). 한편 일제시기 금리를 개설적으로 정리한 것으로 이석륜과 최대식의 저서를 들 수 있다. 위 연구에서는 조선은행의 공정이율을 비롯한 조선 내 금융기관의 예금 및 대출 금리를 시기별로 간단히 소개하는데 그치고 있다(李碩崙, 『우리나라金融史(1910~1945)』, 1990, 博英社; 崔大植, 「日帝下 金利政策」, 『韓國金利政策史(Ⅰ)- 1910~1993』, 1993, 法文社).

100_일반은행은 일제시기에는 보통은행으로 불리웠는데, 본서에서는 일반은행으로 사용하겠다. 일제시기 일반은행은 조선에 본점을 둔 본점은행과 일본에 본점을 둔 지점은행으로 구분된다.

Ⅰ. 일본은행에 무조건적으로 추수되는 조선은행 공정이율

일본은행의 금리체계는 상업어음 할인, 대부 및 어음할인(국채담보/ 비국채담보), 당좌대월貸越 및 환거래 계약 대월 등으로 구분되어 있는데, 여기에서는 공정이율의 대표적 지표로 간주되는 상업어음 할인이율을 중심으로 검토하겠다. 일본은행과 조선은행의 공정이율, 즉 기준금리의 추이를 시기별로 정리한 것이 아래 〈표 1-4〉이다.

〈표 1-4〉 일본은행 및 조선은행의 공정이율 추이

제1기													
	일본	조선	일본	조선	일본	조선	조선	일본	조선	일본	조선	일본	조선
일자	1909.8.13	1909.12.11	1910.1.11	1910.2.20	1910.3.7	1910.4.18	1911.2.10	1911.9.27	1911.11.1	1912.2.7	1912.3.11	1912.10.2	1912.10.3
금리(%)	5.84	9.13	5.11	8.40	4.75	7.67	5.48	5.48	6.21	5.84	6.94	6.21	7.30
금리차	3.29		3.29			2.92	0.73	0.73		1.10		1.10	
	일본	조선	일본	조선	조선	조선	일본	일본	조선	일본	조선	일본	조선
일자	1912.11.14	1912.11.22	1914.7.6	1914.9.1	1915.7.1	1916.3.1	1916.4.17	1916.7.5	1916.10.20	1917.3.16	1917.5.1	1918.9.16	1918.10.16
금리(%)	6.57	7.67	7.30	8.40	7.67	7.30	6.57	5.84	6.57	5.11	5.84	5.84	6.57
금리차	1.10			1.10	0.36	0	0.73	1.46	0.73	0.73		0.73	
	일본	조선	일본	조선	일본	조선	조선	조선					
일자	1918.11.25	1919.8.11	1919.10.6	1919.10.27	1919.11.19	1919.11.28	1920.6.15	1921.5.5					
금리(%)	6.57	7.30	7.30	8.03	8.03	8.76	9.49	8.76					
금리차	0.73		0.73			0.73	1.46	0.73					
제2기													
	일본	조선	일본	조선	일본	조선	일본	조선					
일자	1925.4.15	1925.5.1	1926.10.4	1926.10.20	1927.3.9	1927.3.14	1927.10.10	1927.10.18					
금리(%)	7.30	8.40	6.57	7.67	5.84	6.94	5.48	6.57					
금리차	1.10		1.10		1.10		1.10						

제3~4기												
	일본	조선	일본	조선	일본	조선	일본	조선	일본	조선	일본	조선
일자	1930. 10.7	1930. 10.11	1931. 10.6	1931. 10.15	1931. 11.5	1931. 11.12	1932. 3.12	1932. 3.20	1932. 8.18	1932. 9.1	1933. 7.3	1933. 7.10
금리 (%)	5.11	6.21	5.84	6.94	6.57	7.30	5.84	6.94	4.38	5.48	3.65	4.75
금리차	1.10		1.10		0.73		1.10		1.10		1.10	
	일본	조선	조선									
일자	1936. 4.7	1936. 4.11	1939. 4.1									
금리 (%)	3.29	4.38	3.65									
금리차		1.10	0.36									

출전 : 일본은행 금리 - 日本銀行史料調査室, 『日本銀行八十年史』, 日本銀行史料調査室, 1962, 401-402쪽.
조선은행 금리 - 朝鮮總督府財務局, 『朝鮮金融事項參考書』 1939. ; 朝鮮銀行, 『朝鮮經濟年報』, 1948, III-102쪽.

비고 : 원자료에는 금리가 일보日步(전리錢厘)로 표시되어 있는데, 이를 편의상 연리(%)로 환산하였다. 일보는 100원에 대한 이율로서 1일을 기준으로 하고, 단위는 전리로 표기된다. 일보를 연리로 환산하려면 일보를 365배 하여 원금에 대한 비율을 산출한다. 예를 들면 일보 2전7리를 연리로 환산하려면 0.027원*365=9.855원, 즉 연리 9.855%가 된다.

1. 제1기(1910~1920년) : 전반적인 고금리 기조 속에 제1차 세계대전으로 인한 일시적 저금리의 출현

일본은행은 1909년 5월부터 1910년 3월까지 10개월 동안 네 차례나 공정이율을 변경하였다. 6.57%에서 4.75%까지 무려 1.82%나 인하했는데, 이는 일본 경기 호황에 힘입은 것이었다.[101] 신용 완화로 인해 1909년 2월에 시중의 대출 금리가 일본은행 공정이율보다 낮아지는 상황이 출현

101_1908년 7월에 성립된 제2차 가쓰라 다로桂太郎 내각은 8월에 신재정계획을 수립, 이전 내각의 적극 방침을 버리고 재정 긴축으로 전환하였다. 이 계획의 핵심은 공채 모집을 피하는 비모채非募債주의를 채택함과 동시에 국채 상환에 주력하는데 있었다. 그 결과 국채를 비롯한 주식 · 사채 등의 시세가 회복되었을 뿐만 아니라, 해외시장에서의 일본 국채 가격도 상승함으로써 종래 부진하였던 경제가 호황을 맞이하게 되었다. 이하 당시 경제 상황 및 일본은행 금리 인하에 대해서는 日本銀行百年史編纂委員會, 『日本銀行百年史 2』, 1983, 240-248쪽 참조.

하자 일본은행은 1909년 5월 4일 0.73% 인하를 단행하여 기준금리를 6.57%로 하였다. 이 1차 인하 이후에도 금융시장의 완화세가 지속되자 8월 13일 다시 0.73%를 인하하여 5.84%로, 1910년 1월 11일에 0.73%를 인하하여 5.11%, 3월 7일에 0.36% 인하하여 4.75%로 연속하여 총 네 차례에 걸쳐 금리를 변경하였다. 이른바 '금리의 혁명'이라 할 만한 저금리시대의 출현이었다. 이 4.75%라는 금리는 1930년대 본격적인 저금리시대가 전개되기 이전 일본은행의 최저 공정이율이었다.

이를 기회로 한국은행도 일본은행의 공정이율 변화를 추수하여 금리를 대폭 인하하였다. 1910년 2월에 공정이율을 9.13%에서 8.4%로, 다시 4월 7.67%로 인하하였고, 다음해인 1911년 4월에는 5.48%까지 인하하였다. 그 결과 일본은행과 최대 3.29%까지 차이가 났던 금리 격차는 0.73%로 대폭 축소되었다.

그러나 1911년 들어 무역 수지의 대폭 적자, 해외 금리의 상승, 신해혁명으로 인한 대중국 무역의 불안 등으로 인해 금융시장은 급격히 침체되었다.[102] 이에 1911년 9월 일본은행은 금리를 0.73% 인상, 긴축 기조로 전환하고, 조선은행 또한 이에 추수하여 약 1개월 뒤에 동률로 금리를 인상하였다. 이후 일본은행은 5.84%(1912. 2. 7.), 6.21%(1912. 10. 2.), 6.57%(1912. 11. 14.)로 1912년에만 세 차례에 걸쳐 금리를 전격 인상하였고, 조선은행도 최장 1개월에서 최소 하루 만에 곧바로 추수하여 6.94% → 7.3% → 7.67%로 인상하였다. 그 결과 금리 격차는 1911년의 0.73%보다 확대되어 1.1%로 유지되었다. 약 19개월 후에 일본은행은 다시 금리를 인상하여 7.3%(1914. 7. 6.)로 변경하였고, 1916년까지 긴축기조를 강화시켜 나갔다.

102_日本銀行百年史編纂委員會, 앞의 책, 250쪽.

조선은행은 약 2개월 후에 8.4%로 0.73% 인상하여 일본은행을 동률로 추수하였다. 그러나 1915년 7월(7.67%), 1916년 3월(7.3%)에 일본은행의 변경이 없음에도 불구하고 단독으로 금리를 인하하여 금리 격차를 0.36%까지 좁혔고, 특히 1916년 3월부터 4월까지 약 한달 동안은 양행의 금리가 동률로 유지되었다.

1914년 7월 이래 7.3%로 고정되어 있었던 일본은행의 금리는 1년 9개월만인 1916년 4월에 6.57%로 0.73% 인하되었다. 이 배경에는 제1차 세계대전으로 인한 경제계의 호황과 무역 호조에 따른 정화준비의 충실이 있었다.[103] 적자였던 무역수지는 1915년 흑자 증가로 전환된 이래 1918년까지 흑자를 지속하였고, 정화보유고는 1918년까지 급증하여 일본 경제는 전시 호황을 맞이하게 되었던 것이다. 이 추세에 따라 일본은행은 금리를 계속해서 5.84% (1916. 7. 5.), 5.11%(1917. 3. 16.)로 인하하여 저금리정책을 지속하였다. 이에 맞춰 조선은행도 금리를 5.84%까지 인하하였고, 일본은행과는 0.73%의 금리 격차를 그대로 유지하면서 저금리를 추수하였다.

전시 호황은 전쟁이 종결된 1918년 이후에도 지속되고 있었다. 그러나

103_ 〈표〉 1910년대 일본 무역수지, 무역외수지, 정화보유고 추이 (단위: 백만 엔)

	무역수지			무역외수지			정화보유고
	수출	수입	차액	수취	지불	차액	
1912	527	619	(-)92	237	185	52	350
1913	632	729	(-)97	297	189	108	376
1914	591	596	(-)5	187	199	(-)11	341
1915	708	532	176	255	250	5	516
1916	1,127	756	371	453	614	(-)161	714
1917	1,603	1,036	567	685	615	71	1,105
1918	1,962	1,668	294	953	896	57	1,588
1919	2,099	2,173	(-)75	1,212	745	467	2,045
1920	1,948	2,336	(-)388	1,364	1,169	194	2,178

출전 : 安藤良雄, 『近代日本經濟史要覽[第2版]』, 東京大學出版會, 1979, 100쪽.

호황의 가장 중요한 축이었던 수출의 증가세가 둔화되는 반면 수입은 크게 늘어나 무역수지 흑자폭은 감소되고 있는 실정이었다. 즉 수출 증가→자금 유입→금융 호조·금리 인하→기업 발흥 및 수출 증가→총수요의 증가→기업투자 촉진이라는 전시 경제의 전개를 생각해 볼 때 수출의 둔화가 금융계뿐만 아니라 산업 전반에도 악영향을 미칠 수 있었다. 또한 물가 상승에 따른 생산비의 증가, 임금 인상을 둘러싼 노동쟁의의 발발 등으로 인해 기업의 투자의욕도 감퇴되고 있는 실정이었다.[104]

이에 일본은행은 전쟁 종결에 따른 불황을 경계하기 위해 1918년 9월 금리를 5.84%로 올린 후에 6.57%(1918. 11. 25.), 7.3%(1919. 10. 6.), 8.03%(1919. 11. 19.)까지 급격한 인상을 단행하였다. 약 1년 만에 금리가 2.19 %나 오르는 대단히 강력한 긴축기조였다. 조선은행도 역시 이에 추수하여 금리를 6.57%(1918. 10. 16.), 7.3%(1919. 8. 11.), 8.03%(1919. 10. 27.), 8.76%(1919. 11. 28.), 9.49%(1920. 6. 15.)까지 인상하는 초긴축 정책을 실시하였다. 일본은행의 연속적이고 급격한 금리 인상은 무역 수지가 적자로 전환되는 상황 속에서 긴축 정책을 시행했음에도 불구하고 은행권 팽창과 물가 상승, 그리고 주식 및 투기열이 진정되지 않았기 때문이었다.[105]

그런데 한 가지 특이한 점은 일본은행의 1918년 11월의 금리 인상에 조선은행이 그대로 추수하지 않은 채 1919년 8월에 금리를 인상하였다는

104_日本銀行百年史編纂委員會, 앞의 책, 436-437쪽.

105_1918년 11월 제1차 세계대전은 종결되었으나, 일본의 전쟁 특수는 그대로 유지되었다. 유럽 내 교전국들의 경제 회복이 쉽지 않을 것으로 전망되었고, 미국 호경기의 지속과 중국 시장에 대한 수출 호조 등으로 인해 1919년 중반부터 전쟁 시기를 상회하는 경기 호황이 도래하였다. 일본에서는 면사포·생사·쌀 등의 상품 투기, 토지 투기, 주식 투기 등이 횡행하였고, 일본은행권 발행에 의한 통화 팽창이 투기 과열을 유발하였다(三和良一, 『概說 日本經濟史-近現代』, 東京大學出版會, 1993, 92쪽).

점이다. 즉 약 8개월 이상 일본은행과 조선은행은 최저금리에 있어 동률(6.57%)을 유지하고 있었던 것으로 이는 종래의, 그리고 향후의 일반적인 양상과는 확연히 다른 면을 보이고 있다.[106]

2. 제2기(1920~1930): 1920년대 전반기 고금리의 유지와 1925년 이후 저금리 시대의 시작

조선은행은 1920년 6월 15일 공정이율을 8.76%로 종전보다 0.73% 인상하였다. 이번 인상은 일본은행과 상관없이 변경된 것인데, 그 이유를 기무라 유지木村雄次 조선은행 이사는 다음과 같이 설명하였다. 일본이 전후 공황으로 인해 금융이 경색됨에 따라 조선과 만주의 수출무역이 부진하고 일본으로부터의 자금 유입은 두절된 반면 조선과 만주의 자금이 일본에 역류하고 있었기 때문에 조선 내 자금 융통에 어려움이 컸다고 한다. 일본으로의 "역류를 방지"하기 위해서는 "우선 금리를 인상하는" 것 이외에는 별다른 대책이 없기 때문이라고 이유를 밝히고 있다.[107] 그 이외에도 기무라는 금리 인상으로 인해 재계가 위축될 우려가 있음에도 "시장에 경계"를 주어 "거래의 견실"을 꾀하기 위한 것도 있으며, 또한 당시 시장금리와 조

106_이에 대해 조선은행 측은 1918년 11월의 일본은행 금리 인상에 대해서는 다음해 봄에 인상하기로 결정하였으나 가능한 한 시장금리를 낮은 이율로 유지하기 위해서 연기하였다고 한다. 그러나 은행권이 전년에 비해 5천만 원이나 증가하여 1억 1천만 원대에 달하고, 또 상품시장의 활황으로 인해 금리를 인상할 필요가 발생하여 1919년 8월에 변경하였다고 그 이유를 밝히고 있다(「鮮銀 金利引上, 目的은 通貨膨脹 制止乎」, 『每日申報』 1919. 8. 14.).

107_당시 조선은행권이 1920년 1월 1억 6천만 원대에서 6월 들어 1억 4백만 원대로 5천만 원 이상 수축되었는데, 그 주원인 중 하나가 "일본 송금에 의한 것이라"고 밝히고 있었다(「鮮銀 又復 金利引上」, 『每日申報』 1920. 6. 13.).

선은행 공정이율과의 차이가 심하게 나서 그 균형을 잃어버렸기에 그에 대한 시정의 의미도 가지고 있다고 인상 이유를 밝혔다.[108]

1921년 5월 5일 조선은행은 약 11개월 만에 다시 단독으로 금리를 변경하여 기준금리를 0.73% 인하하여 8.76%로 하였다. 1년 전인 1920년 6월의 금리 인상은 일본으로의 자금 유출을 막는데 그 목적이 있었기 때문에 일본은행과의 금리 차이가 1.46%에 달하였다. 조선은행 측은 이 조치가 일정한 성과를 거두었다고 평가하여 일본은행과의 금리 격차를 좁혀도 무방하다고 본 것이다. 그 근거로 당시 조선 및 만주에서의 자금 수요가 감소함에 따라 자금이 풍부한 상태를 보이고 있고, 또한 일본 금융시장이 완화됨에 따라 자금 유입이 증가하여 예금 등 시장 금리가 저하되는 상태를 들고 있었다. 한편 물가 측면에서도 소매가격은 충분치 않지만 도매시세는 상당히 저락하여 "점차 안정의 경향"이 있으며 무역 역조도 일정 정도 완화되었으니 이 기회에 금리를 인하하여 "생산비를 저감하고 수이출"을 장려하기 위해서라고 한다. 즉 당시 경제 지표가 상당히 호전되었다고 판단됨에 따라 경기 회복을 위한 방침의 일환으로 시행된 것이었다.[109]

1925년 4월 15일에 일본은행은 5년 5개월 동안 고정되었던 금리를 전격 인하하였다. 1919년 11월의 8.03%에서 7.3%로 0.73%의 인하였다. 당시 경제계의 정리로 인해 투자가 축소되어 자금 수요가 감퇴하였고, 시중금리가 저하하는 등 금융시장 완화에 대응한 조치였다.[110] 이를 추수하여

108_「鮮銀의 金利引上, 預金貸出 共히 二三厘, 本月十五日부터 實行」, 『東亞日報』 1920. 6. 13.

109_「貸出利下 二厘引下, 五日實施」, 『東亞日報』 1921. 5. 7.

110_일본은행은 아직 재계의 정리가 완전히 끝난 것이 아니라는 점을 알고 있었다. 그럼에도 이번 인하를 통해 재계의 정리 · 기업의 합리화를 조장하고, 금융의 원활 · 산업의 증진에 도움이 될 수 있으리라는 기대를 가지고 있었다. 그러나 이번 인하에 대해서는 재계의 정리가 완전히 끝나지 않은 시점을 들어 시기상조라는 견해가 많았다고 한다. 즉 금리 인하가 재계의 긴

조선은행 또한 5월 1일 8.4%로 지난 1921년 5월의 8.76%를 4년 만에 0.36% 인하하였다. 이 인하로 일본은행과 조선은행의 금리 차이는 1.1%로 되어 이전 0.73% 차이 보다 0.36% 증가하였다.

일본은행은 1년 5개월 만인 1926년 10월에 다시 금리를 0.73% 인하하여 공정이율을 6.57%로 공표하였다. 그런데 이 인하에 대해서는 다음과 같이 여러 각도에서 불만이 제기되고 있었다. 재계의 투기를 부채질할 우려가 있다는 시기상조론, 정부가 금리 저하를 희망한다면 좀 더 재정을 긴축하고 낭비를 중지해야 한다는 반대론 외에도 인기를 얻기 위해서 혹은 의회 해산 준비라는 정부의 당리당략에 이끌려서 인하했다는 비판 등이 그것이다. 일본은행의 공식 입장은 시장 금리의 저하 등 당시 금융경제 정세에 순응한 조치였다는 것이다.[111] 조선은행 또한 곧바로 7.67%로 0.73% 인하하여 일본은행과의 금리차를 1.1%로 유지하였다.

다시 일본은행은 5개월도 채 되지 않은 1927년 3월에 공정이율을 인하하였다. 기존 6.57%에서 0.73% 내린 5.84%로 제3차 금리 인하였다. 1925년 이후 지속되고 있던 금융시장의 완화와 1927년 2월 대부분의 시중은행이 예금이율을 저하한 것에 순응한 조치였다. 당시 경제계에서는 불황과 향후 불투명성 때문에 이 인하를 환영하는 분위기가 강했다고 한다. 이번 일본은행 금리 인하의 핵심은 상업어음 우대였다. 상업어음의 경우 0.73%를 인하했음에 반해, 국채담보 대출은 0.36% 인하에 그치고 있다. 그 결과 원래 동일한 이율이었던 상업어음과 국채담보 대출이율이 0.36%의 차이가 발생하게 되었다. 이는 상공업 발달을 도모하기 위한 것으로 불

장을 늦추고 정리 대상 기업의 정신을 해이하게 할 위험성을 크게 만들었다는 것이다(日本銀行百年史編纂委員會, 『日本銀行百年史 3』, 1983, 110-111쪽).

111_日本銀行百年史編纂委員會, 앞의 책, 117-119쪽.

황에서 빠져 나오지 못하고 있던 일본 경제계의 회복을 꾀한 것이라고 볼 수 있다.[112]

조선은행 역시 일본은행과 동일한 내용으로 변경하였다. 당시 조선에서는 이번 인하에 대해 '지진피해어음' 정리 법안[113] 통과와 관련하여 금리 인하로 발생되는 영향력을 증대시킴과 동시에 신속한 정리를 추진하기 위한 것이라는 관측이 있었다.[114] 이 인하에 대한 찬반 의견을 보면, 먼저 찬성하는 측은 1920년 전후 공황 이래 아직까지 경제계가 회복되지 못한 것은 관동대지진을 비롯한 여타의 이유도 있지만 고금리도 그 원인 중 하나이기에 이번 일본은행 금리 인하로 인해 금융계의 신용이 팽창하여 재계의 정리를 촉진할 수 있을 것으로 기대하였다. 반면 반대하는 측에서는 금리 인하로 인해 부실기업이 정리되지 않은 채 저금리로 계속 연명하는 사태가 발생할 가능성이 크다고 우려하였다. 즉 저금리로 인해 가능해진 방만한 대출을 이용하여 "갑甲에서 이를 차借하야 을乙에 이를 환還하는 등 일시적 미봉책"이 될 수 있기 때문에 오히려 정리에 방해가 된다는 견해이다.[115]

일본은행은 1927년 10월 제4차 인하를 실시하여 공정이율은 5.48%

112_日本銀行百年史編纂委員會, 앞의 책, 122-123쪽.

113_1923년 9월 관동대지진이 발생하자, 일본 정부는 경제계 피해 대책의 하나로 1923년 9월 27일 「진재수형할인보상령震災手形割引補償令」을 공포하였다. 이 법령에 따라 지진 피해자의 어음을 일본은행이 재할인하고, 2년의 상환 유예 기간을 주었다. 그런데 '지진피해어음'의 거액 채무자들은 지진 피해자라기보다는 제1차 세계대전 이후 투기적 경영으로 실패한 기업들이 대부분이었다. 어음의 만기일이 다가오고 있었으나 다수의 채무자는 지불 불능상태에 빠질 가능성이 컸기 때문에, 금융시장의 큰 불안 요인으로 되고 있었다. 이에 내각은 1927년 1월에 어음 보유은행에게 공채 교부를 하는 방식으로 부실채권을 정부가 인수하는 법안을 의회에 제출한 것이다(三和良一, 앞의 책, 112쪽).

114_「日銀利下와 鮮銀의 追從」, 『東亞日報』 1927. 3. 13.

115_「(社說)日銀의 利下 鮮銀 利下도 不遠」, 『東亞日報』 1927. 3. 13.

(0.36% 인하)로 되었다. 당시 금융시장은 1927년 4월에 발생한 금융공황의 대책으로 시행된 대규모의 특별융통자금이 시중에 풀려 현저하게 완화된 상태였고, 이번 인하는 시중금리의 저하 경향에 추수한 것이기에 적극적인 의미를 가진 것은 아니었다.[116] 조선은행도 일주일 뒤에 동률로 인하하여 6.57%로 되고, 금리 격차는 그대로 1.1%를 유지하였다. 그런데 이번 변경에 대해서는 2절에서도 보겠지만 조선 실정과 전혀 조응하지 않는다는 점에서 큰 불만이 제기되고 있었다.

3. 제3기(1930~1937): 적극적 통화 · 재정정책에 따른 저금리 기조의 유지

일본은 1930년 1월 금해금을 단행하여 금본위제에 복귀하였다. 그런데 당시 일본 경제는 불황이 심각한 상태였기 때문에 정부의 긴축정책에 대한 비판의 목소리가 높았고 공채 발행이나 일본은행의 공정이율 인하 등 정책 전환을 요구하는 목소리가 높았다. 이에 일본은행은 1930년 10월 6일 3년 만에 금리를 0.36% 인하하여 최저금리는 5.11%로 되었다. 일본은행은 그 이유로 세계적인 저금리 추세와 경제계 부진에 따른 자금 수요의 감소를 들고 있다.[117] 조선은행도 곧바로 동률로 인하하여 6.21%로 공표하였다.

그런데 1931년 9월 21일 영국에서 금본위제 정지를 단행함으로써 일본도 금본위제에서 이탈하는 것은 시간문제로 예상되었고, 이로 인해 자본의 해외 유출도 증가하였다. 이에 일본은행은 1931년 10월 기준금리를

116_日本銀行百年史編纂委員會, 앞의 책, 369쪽.

117_日本銀行百年史編纂委員會, 앞의 책, 465-467쪽.

5.84%로 0.73% 인상하였고, 한 달 만에 다시 금리를 0.73% 올려 공정이율은 6.57%로 되었다.[118] 이 인상에 대해서는 일본은행의 공식 발표는 없었지만 총재에 따르면 달러를 사기 위한 엔자금 조달을 저지하기 위한 조치였다고 한다.[119] 조선은행은 이번에는 동률로 추수하지 않고, 0.36%를 올리는데 그쳐, 일본은행과의 금리차이는 0.73%로 축소되었다. 일본의 금본위제 유지를 위한 인상이었기에 차이를 둔 것으로 보인다.

결국 일본은 1931년 말(1931. 12. 13.) 금본위제에서 이탈하였고, 기존의 긴축정책에 따른 고금리도 수정될 것으로 예상되었다. 그런데 일본은행은 바로 응하지 않았고, 언론에서는 저금리정책으로의 전환을 강하게 요구하고 있었다. 일본은행 측은 1932년 1월의 상해사변 등 불확실한 요인을 감안하여 신중한 태도를 유지하였다고 한다. 1932년 3월 일본은행은 공정이율을 0.73% 인하 5.84%로 되었다. 일본은행 측은 현재로서는 금본위제 유지를 위한 응급조치로 시행된 고금리를 계속 유지해야 할 필요성이 사라졌고, 상해사변 등도 일단락되었기 때문이라고 그 이유를 밝히고 있다.[120] 일본은행은 계속해서 1932년 6월 5.11%, 8월 4.38%로 1932년 한 해에만 금리를 무려 1.46%나 인하하였는데, 특히 4.38%는 일본은행 창업 이래 최저의 공정이율로 1893년과 1910년에만 있었던 것이 20여년 만에

118_「日本銀行의 第二次 利上斷行, 二厘를 引上하여 五日부터 實施, 公定割引步合 內容」, 『每日申報』 1931. 11. 6.

119_10월의 인상에 대해 히지카타 히사아키라土方久徵 일본은행 총재는 그 배경으로 "금본위 유지의 충실한 태도를 취하는 것을 확실히 하기 위"한 것이었다고 언론에 설명하였다. 한편 각 지점에 보내는 전문에서는 금후 정화 현송은 다액에 이를 것으로 예상되고, 이에 따라 금융은 긴축될 것이기에 인상을 결정하였다고 밝히고 있었다(日本銀行百年史編纂委員會, 앞의 책, 501-505쪽).

120_日本銀行百年史編纂委員會, 『日本銀行百年史 4』, 1984, 29-31쪽.

다시 출현한 것이었다.

특히 이 저금리정책은 일본은행 보증준비 발행한도의 대폭 확장(1억 2천만 엔→10억 엔)이라는 관리통화제도의 전개와 함께 일본 정부의 적극적인 재정정책 속에서 시행되고 있었다. 거액의 통화가 시중에 산포되면 시중금리는 당연히 인하될 것이기 때문이다. 이에 맞춰 조선은행도 동률로 금리를 인하하여 1.1%의 금리차를 계속 유지하였다. 조선은행은 1932년도에 최저금리가 6.94%→6.21%→5.48%로 인하, 역시 예전에 볼 수 없었던 저금리 기조를 보이고 있었다.

1933년 들어 일본 경기는 눈에 띄는 회복세를 보여 호황 국면을 맞이하고 있었다. 우선 엔저에 힘입어 수출은 증대되었고, 고용 및 소득 수준도 상승세를 보이고 있었다. 그 결과 10.1%라는 매우 높은 경제성장률을 달성하였다. 이러한 경기 회복은 금융시장의 완화를 가져오고 시중금리도 인하하게 되었다.[121] 이런 경제계의 흐름에 맞춰 1933년 7월 일본은행은 공정이율을 다시 3.65%로 인하하였는데, 이는 당시 세계적인 저금리추세와 그 맥락을 같이 하는 것이었다.[122] 이에 조선은행도 동률로 인하하여 4.75%가 되었다. 한동안 변동이 없던 일본은행 금리는 1936년 4월 다시 0.36%를 인하하여 3.29%로 되었고, 조선은행 또한 이에 추수하여 최저금리를 4.38%로 인하하여 금리격차는 1.1%로 그대로 유지되고 있었다.

121_日本銀行百年史編纂委員會, 앞의 책, 103-105쪽.

122_히지카타 일본은행 총재는 인하 이유를 "시중금리를 지도한다는 의미가 아니라 시중금리에 추종의 의미로 인하하는 것이다"라고 밝히고 있다. 한편 당시 세계 각국의 금리를 보면, 뉴욕 연방준비은행 2.5%, 영란은행 2%, 프랑스은행 2.5%, 일본은행 3.65%, 독일라이히스은행 4%, 네덜란드은행 4.5% 등이었다(「日銀利下와 關係方面, 土方日銀總裁談」, 『東亞日報』 1933. 7. 2.).

4. 제4기(1937~1945): 금융통제 하의 강력한 저금리의 강요와 국채우대 정책

1937년 7월 7일 중일전쟁이 발발하자, 일본 금융계의 중대 사명은 전시국채의 원활한 소화로 설정되었다. 우선 일본은행은 1937년 7월 15일 공정이율을 인하하였는데, 다른 금리는 변경하지 않은 채 국채를 담보로 하는 대출이율만 0.36% 인하하였다. 이로써 국채담보 대출이율은 기존 최저이율이었던 상업어음 할인율과는 3.29%로 동률이 되었다. 전시국채 소화를 위한 인하였기에 조선도 그대로 따라 국채담보 대출이율을 4.38%로 상업어음과 동률로 조정하였다. 그런데 일본은행과 조선은행 간의 금리 격차를 계속해서 1.1%로 유지하게 되면 조선은행의 국채 우대는 실현될 수 없는 난점이 발생한다. 즉 일본은 개정을 통해 3.7%의 국채수익률[123]보다 높은 이자율을 시정한 것인데, 조선은행은 4.38%이기에 여전히 큰 차이가 존재하고 "국채담보의 입장에서 보면" 조선은행의 대출이자는 너무 "부당하다는 관측"이 많다는 것이다.[124] 이에 조선은행은 1939년 4월 일본은행과 관계없이 단독으로 금리 인하를 단행하였다. 이번 금리 인하의 가장 큰 특징은 일본은행과의 금리 차이를 기존 1.1%에서 0.36%로 대폭 축소한 것에 있다. 상업어음 할인율과 국채담보 대출이율이 3.65% 동률로 되었으며 나머지 이율은 4.38%로 공표되었다. 조선 내에서의 전시공

123_1930년대 국채수익률 3.7%은 대출이자율은 물론 조선은행을 제외하고는 예금이자율보다 낮았다. 이 점이 각 금융기관에서 국채 매입을 꺼린 이유였으며 이에 대해 각 금융기관의 협조를 얻기 위해 만든 것이 조선금융단이었다(尹錫範・洪性讚・禹大亨・金東昱, 『韓國近代金融史研究』, 世經社, 1996, 158-159쪽).

124_「國債擔保貸付의 朝鮮側 利子는 過高, 朝鮮銀行과는 日銀과 三釐의 差」, 『東亞日報』 1937. 7. 23.

채 소화의 필요성이 더욱 증대되자 1941년 8월 조선은행은 국채담보 대출이율을 3.29%로 변경하고 국채소화에 보다 적극적으로 대처하였다(상업어음 할인율은 종전과 같은 3.65%). 즉 이 인하로 인해 국채담보 대출에 있어서는 조선은행과 일본은행의 이자율은 동일하게 되었다.

이상 조선은행 공정이율 추이를 정리하면 다음과 같다. 1910년대 금리는 인상과 인하를 반복하고 있었는데, 일본에서는 1911년까지 이어지던 저금리 기조가 다시 금리 인상으로 전환되어 1916년까지 긴축 기조가 강화되고 있었다. 조선은행도 이에 추수하여 금리를 인상하고 있었다. 제1차 세계대전으로 인한 경제계 호황과 무역 호조에 따른 정화준비의 충실을 배경으로 일본은행은 1916년 금리를 인하하여 저금리를 유지하였다. 그러나 전쟁이 끝나자 일본은행은 전후 불황을 경계하기 위해 1918년 9월부터 1919년 11월까지 총 4차례에 걸쳐 급격한 금리 인상을 단행하였고 조선은행도 이를 그대로 추수하고 있었다.

1920년대 들어서는 1910년대의 빈번한 변경과 달리 전반적인 저금리 기조가 강화되고 있었다. 1925년 4월에 일본은행은 1919년 11월 이후 고정되었던 금리를 전격 인하한 후, 계속해서 금리를 인하하여 1920년대 후반에는 5% 중반대를 유지하고 있었다. 조선은행 역시 그대로 추수하여 항상 일본은행과 1.1%의 격차를 유지하고 있었다. 이 저금리 기조는 당시 불황에 빠져 있던 일본 경제계의 회복을 도모하기 위한 것이었다.

일본은 1930년 1월 금본위제에 복귀하였고, 같은 해 10월에 3년 만에 다시 금리를 인하하여 최저금리는 5.11%가 되었다. 그런데 1931년 9월 21일 영국이 금본위제 정지를 단행하자 금 유출을 막기 위해 10월 금리를 인상하였다. 그러나 금의 해외유출이 계속되자, 두 차례에 걸쳐 금리를 대폭 인상하여 6.57%까지 올렸다. 1931년 말 일본은 금본위제에서 이탈하였고, 그 결과 금리는 1932년과 33년에 걸쳐 3.65%까지 인하되었다. 기준 금리는 2년도 채 안 되어 거의 절반 가까이 대폭 인하되었다. 이 저금리정책은 일본은행 보증준비발행한도의 대폭 확장(1억 2천만 엔 → 10억 엔)이라는 통화정책 및 적극적 재정정책과 보조를 같이 한 것이었다. 이에 맞춰 조선은행도 당연히 금리를 인하하였다.

1937년 7월 중일전쟁이 발발한 이후, 일본은행은 국채우대 정책 속에서 국채담보 대출이율을 인하하는데 주력하였고, 기존 최저이율인 상업어음 할인은 국채담보 대출이율과 동률로 되어 고정되었고 이 경향은 이후 지속되고 있었다.

II. 조선 내 금리정책 부재에 대한 비판

1절에서 보았듯이 일본은행의 공정이율이 변동하면 조선은행도 거의 자동적으로 그대로 따르고 있음을 알 수 있다. 양 지역 간에 경제 사정, 금융 환경 등 매우 큰 차이가 있음에도 불구하고 행해지는 조선은행의 무조건적 추수는 당연히 조선 경제를 위한 것은 아니었다. 따라서 이러한 현상에 대해서는 조선 내에서 비판과 경계의 목소리가 높았는데 몇 가지 예를 들면 다음과 같다.

1911년 9월 27일 일본은행이 금리를 인상하자 조선은행에서도 곧 금리를 인상할 것이라는 소문이 나돌고 있었다. 이 소문에 대해 일본은행의 인상은 당시 해외경제의 추세, 즉 유럽에서의 금리 인상에 따른 것이기 때문에 조선과는 아무런 관계가 없고 따라서 조선은행이 이를 추수할 이유가 없으므로 "억측에 불과"[125]하다고 하였다. 그러나 불과 이틀 만에 조선은행이 금리를 0.36% 인상함으로써 '억측'이 아니었음이 판명되었다.

1925년 4월 일본은행은 5년 넘게 고정되었던 금리를 인하하였다. 이 인하 소식에 조선은행 이우치 이사무井內勇 이사는 "조선이 일본과 사정이 상이함으로 반드시 동시에 인하할 필요는 없으나" 아마도 머지않아 실행될 것이라고 예상하고 있었다. 양 지역의 서로 다른 경제 상태를 감안하여 일본은행의 기준금리 변경을 그대로 추종할 것이 아니라 조선 내 "사정에 응하여" 결정해야 함에도 불구하고 이와 상관없이 조선은행의 금리가 인하될 것임을 조선은행 이사가 직접 확인시켜 주었다.[126] 이번에는 스즈키 시마요시鈴木嶋吉 조선은행 총재까지 나서서 조선은행으로서는 원치 않는 인하임을 밝히고 있었는데, 그에 따르면 일본의 금융 사정은 호전되었기에 일본은행이 금리를 인하하는 것은 당연하다 할지라도, 조선이나 만주는 일본과 그 사정이 매우 다르고 아직 경기가 회복되지 못했기 때문에 굳이 인하할 필요가 없다는 뜻을 내비치고 있었다. 일본은행을 따라 인하하더라도 그 대상이 되는 것은 오직 일류 담보물에만 한정될 것이라고 하여 그 파급력을 최소한으로 할 뜻을 밝히고 있었다.[127]

1926년 10월의 일본은행 금리 인하에 대해서는 1절에서도 보았듯이 일본 내에서도 많은 비판이 제기되었는데, 조선에서도 이를 바로 추수하는 것은 곤란한 상황임에도 불구하고 "정부 당국과도 협의"를 거쳐 결국 인하가 단행될 것으로 예측되고 있었다.[128] 인하의 배경으로 들고 있는 정략적 조치를 두고서 조선에서도 비판이 제기되었는데, 이번의 경우는 일본 내부

125_「金融逼迫과 鮮銀」, 『每日申報』 1912. 11. 20.

126_「鮮銀利下는 愼重決定, 朝鮮經濟事情을 보아 斷行」, 『東亞日報』 1925. 4. 17.

127_「鮮銀金利引下, 二厘와 一厘로 五月一日로부터 實行」, 『東亞日報』 1925. 5. 1.

128_「日銀 利下決定, 割引步合二厘假量, 今四日부터 實施」, 『東亞日報』 1926. 10. 4.

의 정치 사정에 따른 무리한 조치이기 때문에 조선은행이 반드시 따를 필요가 없다는 견해도 있었다.[129] 더 강경하게는 이번 변경은 시장의 추세에 역행하는 조치이기 때문에 "시중은행은 결코 정책적 금리인하에 지배될 일은 없을 것이"라고 한 은행가는 비난하였다.[130] 그러나 조선은행은 조선 내 반대 여론과는 상관없이 그대로 추수하였다.

1927년 10월 10일의 일본은행 인하에 대해서도 조선은행 측에서는 거부하는 입장을 보이고 있었다. 이미 인하설이 나돌던 때부터 이번 금리 인하는 효과가 없을 것이기에 "모르기는 하거니와" 조선에서는 "없을 듯하다"[131]는 이우치 조선은행 이사의 언급에도 불구하고 금리 인하가 단행되자 지금까지 조선은행은 일본은행을 따라서 금리를 조정하였는데, 종래의 추수는 조선의 금융 사정에 "적당하였던 관계"였기 때문에 가능하였으나, 이번의 경우는 그 "성질이 다르고 조선의 금융사정은 예금이 증가치 아니하며 금융 완만이라 할 수 없으므로" 인하할 필요가 없다고 하였다.[132] 그러나 조선은행은 8일 만에 동일한 폭으로 인하함으로써 기계적으로 추수하는 모습을 고스란히 보여주었다.

1932년에도 일본은행 금리 인하 문제가 대두되자 당시 조선은행 이사인 마쓰바라 준이치松原純一는 일본 내에서의 일본은행과 일반은행과의 관계는 조선 내에서의 그것과는 완전히 다 른데 "일본에 있어서 일본은행은

129_「鮮銀利下內定? 同時 限外發行稅도 引下?」, 『東亞日報』 1926. 10. 6. 이 정치적 이유라는 것은 당시 헌정회의 적극적 재정방침을 지칭하는 것으로 보인다. 이미 1925년 12월 말부터 일본은행 금리 인하를 예측하는 기사가 나오고 있었다(「明春初 日銀利下? 濱口藏相, 積極加味聲明, 井內鮮銀理事談」, 『東亞日報』 1925. 12. 19.).

130_「日銀 利下後 鮮銀 態度, 注目의 焦點」, 『東亞日報』 1926. 10. 6.

131_「日銀利下問題 엇지면 實現될 뜻」, 『東亞日報』 1927. 9. 7.

132_「朝鮮利下는 時期가 不適, 普銀硏究에 一任, 鮮銀井內理事談」, 『東亞日報』 1927. 10. 11.

전혀 통제력을 상실하였음에 비하여 조선은행은 완전히 조선의 금리를 통제하는 관계상 일본은행에 추수하기는 불가능하다고" 밝히고 있다.[133] 그러나 이 모든 부적당하고 불가능하다던 조선은행의 금리 변경은 일본은행의 결정을 그대로 따르는 것으로 판명되었다. 이와 같이 조선은행의 무조건적인 금리 추수를 지양하고자 하는 움직임과 비판적 의견은 아무런 반향도 일으키지 못한 채 무력화되고 있었다.

그렇다면 일본의 금리 결정을 무조건 따르게 된 결과 조선 금융계에는 어떤 문제가 발생하는가? 가장 중요한 것은 조선 금융의 구조적 한계로 인해 공정이율 변경의 효과를 제대로 볼 수 없다는 점에 있다. 특히 금리 인하에 대해 일반은행 측의 반발이 매우 컸던 것에 주목할 필요가 있다. 당시 조선 금융의 문제점 중 하나로 지적된 것이 특수은행의 비대화와 일반은행의 정체이다. 은행권을 발행할 수 있는 조선은행과 자기자본의 15배까지 채권을 발행할 수 있는 조선식산은행이 본래 업무뿐만 아니라 수신과 어음할인, 당좌대월 등의 일반은행 업무도 겸영하고 있었다.[134] 그리고 예금에 있어서 일반은행은 금융조합이라는 관치금융기관과 경쟁해야만 했다. 또한 일반은행은 조선에 본점을 둔 본점은행과 일본에 본점을 둔 지점은행으로 나뉘어지는데, 지점은행은 일본에 있는 자행으로부터 자금을 끌어올 수 있었다. 반면 본점은행은 오직 예금에만 의존할 수밖에 없어 자

133_「日銀利下라도 鮮銀 不追隨, 松原理事談」, 『東亞日報』 1932. 4. 19.

134_당시에도 조선은행의 상업금융 겸영에 대한 비판이 도처에서 나오고 있었다. 가령 1920년대 말 조선은행이 적극적으로 수익 추구에 나서면서 부동산담보 대출에 진출하려고 하자, 일반은행들은 이를 두고 발권은행인 조선은행이 일반은행의 안전한 영역인 부동산담보 대출까지 침해한다고 하면서 극력 반발하였다. 당시 대장성에서 조선은행에 파견한 감리관조차 조선은행은 재할인에 집중해야지 일반은행과 경쟁함은 온당치 않다고 언급할 정도였다. 이에 관해서는 본서 4부 1장 3절 참조.

금면에서 매우 취약한 구조였다.[135]

이와 같이 자금면에서 취약한 본점은행의 경우 조선은행의 공정이율 인하가 예금 금리 인하로 이어지는 문제가 있었다. 이는 예금 인출로 이어져 은행 채산성이 악화될 우려가 컸다는 점에서 본점은행으로서는 매우 꺼릴 수밖에 없었다.[136] 당시 본점은행은 예금에 있어서는 금융조합이나 신탁과의 경쟁으로 인해 불리한 처지에 놓일 수밖에 없었다.[137] 따라서 본점은행의 경우 대출 및 예금 금리에 있어 지점은행에 비해 항상 높은 수준을 유지하고 있었다. 예금에 의존해야만 했던 본점은행의 경우, 예금 금리를 높게 유지해야만 했고, 이는 은행의 채산성을 악화시킬 수밖에 없었다. 또한 이를 상쇄하기 위해서는 대출 금리 또한 높은 수준이어야만 했고, 이는 지점은행이나 특수은행에 비해 신용에 있어 위험성이 높은 대출을 감당해야만 했다.[138]

135_일반은행의 예금 점유율은 1910년대에는 40% 내외였으나 이후 계속 감소하여 1931년에 1/3 수준으로 떨어지고 1944년에는 1/4 수준까지 떨어졌다. 반면 조선식산은행과 금융조합은 점유율을 증대시키고 있었다(尹錫範・洪性讚・禹大亨・金東昱, 앞의 책, 478쪽 〈부표 18〉 참조).

136_가령 1927년 10월의 금리 인하에 대해서는 조선총독부 이재과장은 금리 인하는 곧바로 일반은행의 수익 저하로 연결되는 문제도 있어 신중한 태도를 취하여야 한다고 밝히고 있었다(「銀行自決에 맷길 뿐이다, 松本理財課長 談」, 『東亞日報』 1927. 10. 11.).

137_특수은행 및 일본계 지점은행(갑종은행)은 공정이율 인하에 대해 "긍정"하지만 본점은행인 을종은행의 경우 이를 싫어하여 일본 내 인하를 조선이 추수할 필요는 없다는 입장이다. 이는 당시 일반은행이 "그렇지 않아도 신탁회사에 예금을 빼앗기"고 있는 형편인데, 만약 금리를 내린다면 "예금 이동은 심하게 될 것"이 뻔하기 때문이라는 것이다. 종래 "금융조합 관계만으로도 상당한 영향을 받아오"고 있던 일반은행으로서는 인하에 찬성하기 어려울 수밖에 없다는 것이다(「普通銀行은 利下를 回避, 金組와 信託의 關係等으로, 甲種銀行은 贊成」, 『東亞日報』 1933. 6. 30.).

한편 일반은행의 자금 취약성에는 또 다른 하나의 요인이 있었는데 '중앙은행'인 조선은행으로부터 충분한 재할인을 받을 수 없다는 것이다. 즉 "조선은행의 재할인율이 일본에 비하여 고율일 뿐만 아니요 동업자대출액이 극히 소액"이기 때문에 부득이 "예금 흡수에 노력"하지 않을 수밖에 없다는 것이다.[139] 따라서 예금 이자가 인하되고 조선은행으로부터 재할인을 받지 못할 경우 자금난에 봉착할 수밖에 없게 된다. 그리고 조선은행이 금리를 인하할지라도 일반은행은 "최저금리로 융통을 받"을 수 없기 때문에 오히려 시중은행은 "고통"이라고 말하고 있다.[140] 이는 조선은행으로부터 최저금리로 할인받을 수 있는 우량 담보물이 부족하기 때문이다. 당시 조선은행에서 최저금리인 상업어음 할인율을 적용받을 수 있는 것은 기껏해야 "미米의 이출수형"에 불과하기 때문에 이 담보물 이외에는 "인하는 영향이 거의 없"는 상태였다. 즉 조선은행이 공정이율을 인하하더라도 재할인을 통해 그 혜택을 입을 수 있는 일반은행은 매우 제한적일 수밖에 없다는 것이다. 당시 일반은행 사이에서 예금이자 인상 등을 통해 자금 유치 경쟁이 끊이지 않는 이유 중 하나가 조선은행의 재할인율이 "비교적 고율인 까닭으로 예금에 의할 밖에 다른 길이 없"기 때문이라는 것이다. 따라서 "각 은행에서도 어느 정도까지는 정기예금의 이율을 인상하는 것"이 조

138_ 〈표〉 본점은행과 지점은행 간의 금리 차(단위: %)

		1928	1929	1930	1931	1932	1933	1934	1935	1936	1937	1938
대출 금리	대부금	3.29	3.29	3.29	3.29	3.29	2.56	2.19	1.83	1.83	1.83	1.83
	할인어음	2.92	3.65	2.92	3.29	2.92	2.92	2.56	1.46	2.19	2.19	2.19
예금 금리	당좌예금	0.73	0.73	0.73	0.73	0.73	0.73	0.36	0.36	0.36	0.36	0.36
	정기예금	1.1	1	1	1.1	1	1	0.8	0.6	0.7	0.6	0.6

출전: 朝鮮總督府財務局, 『朝鮮金融事項參考書』, 1939.

139_「日鮮銀行 貸出利率比較」, 『東亞日報』 1926. 9. 4.

140_「鮮銀利下는 好影響, 財界好轉의 機運, 園田理財課長談」, 『東亞日報』 1925. 4. 30.

선은행에게서 재할인을 받는 것보다 "매우 유리하여" 이러한 사태가 발생하는 것이라고 한다.[141] 요컨대 일반은행이 중앙은행으로부터 재할인을 통해 자금융통을 받는 것이 어렵기 때문에 자연히 예금 유치에 노력할 수밖에 없고, 이는 일반은행 간의 예금 경쟁을 불러오게 된 것이다.

조선은행이 조선 내 금융에 매우 제한된 역할만을 수행한 지표 중 하나로 동업자 대출의 취약성을 들 수 있다. 아래 〈표 1-5〉는 조선은행과 조선식산은행의 동업자 대출 내역이다.

〈표 1-5〉 **조선은행과 조선식산은행의 조선 내 동업자 대출액(단위: 천 원)**

연도	조선은행	조선식산은행	조선은행-식산은행	연도	조선은행	조선식산은행	조선은행-식산은행
1918	9,986	223	9,763	1930	15,856	36,723	-20,867
1919	25,134	8,409	16,725	1931	21,632	29,814	-8,182
1920	15,389	17,635	-2,246	1932	18,682	27,521	-8,839
1921	22,564	29,104	-6,540	1933	19,469	24,955	-5,486
1922	18,529	29,635	-11,106	1934	24,102	27,692	-3,590
1923	13,189	28,908	-15,719	1935	22,254	29,670	-7,416
1924	15,533	26,188	-10,655	1936	39,052	30,868	8,184
1925	13,919	20,022	-6,103	1937	32,420	28,979	3,441
1926	14,116	21,092	-6,976	1938	14,160	20,622	-6,462
1927	11,243	19,855	-8,612	1939	58,040	32,899	25,141
1928	11,227	14,950	-3,723	1940	37,783	18,992	18,791
1929	12,860	21,366	-8,506	1941	46,482	19,654	26,828

출전 : 朝鮮總督府財務局, 『朝鮮金融事項參考書』, 1939 ; 朝鮮銀行, 『朝鮮經濟年監』, 1949, IV-80-83쪽.

동업자 대출에 있어서도 조선식산은행이 조선은행을 훨씬 능가하고 있음을 알 수 있다.[142] 조선은행의 직원 스스로가 조선 내 일반은행에 대한

141_「貸出金利 低下? 普通商手 二錢五厘程度, 鮮銀利下에 金融界趨勢」, 『東亞日報』 1927. 3. 15.

142_일반적으로 조선은행을 조선 내 '중앙은행'이라고 하는데, 이는 독점적 발권력을 행사할 뿐만 아니라, 조선총독부 재정을 원조하는 동시에 조선 내 일반은행에 대한 통제력을 가지고 있다고 보기 때문이다. 그러나 발권을 제외한 조선은행의 중앙은행 기능은 1910년대 초반을 제외

통제력이 미약한 것을 인정하고 있었는데 그 이유로 다음 네 가지를 들고 있다. 첫째 조선은행 발권제도 운용에 있어 제한이 있고, 둘째 자금조달에 있어 조선식산은행이 일본에서 직접 채권을 발행함으로써 조선은행의 자금 통제력으로부터 단절되어 있으며, 셋째 일본계 지점은행은 필요시 일본 본점으로부터 자금을 직접 가져올 수 있고, 넷째 조선 내 자금이 필요하면 대장성 예금부에서 특정 금융기관에 직접 융자한다는 것이다.[143] 즉 일반적으로 일국의 중앙은행은 독점적 발권 특권을 가지고 이것을 바탕으로 직접 혹은 간접적으로 필요 자금을 공급한다. 그런데 조선의 경우 조선은행의 발권 자체가 일본 자금시장에 좌우되고 있고, 조선식산은행 및 일본계 지점은행은 일본에 별도의 자금루트를 통해 조선은행의 통제력에서 벗어난 채 자금을 조달하고 있었다. 즉 "조선식산은행, 조선은행은 조선 내 각종 사업소요 장기자금을 종래 식산은행은 채권, 선은은 '콜'로 차입하여 일본 시장으로부터 조달하고"[144] 있는 형편이었다. 또 필요하다면 아예 일본의 국책자금인 예금부 자금이 직접 필요한 곳에 융통되고 있는 현실에서 조선은행의 금융통제력은 매우 제한적일 수밖에 없었다.

이와 같은 현실 속에서 조선은행은 조선 내 자금통제기관으로 인정받지 못하는 경우도 있었다. 1937년 9월 임시자금조정법이 공포되고 10월에 조선에도 시행되었는데, 일본에서는 이 자금조정 인허가사무를 일본은행

하면 매우 제한적이었는데, 이는 만주 진출 등 조선은행이 조선 밖 지역에서 더 중점을 두고 활동했기 때문이다. 그 결과 조선은행에 대신해서 조선 내 중추적 금융기구로서 역할을 수행한 기관이 바로 조선식산은행이었다.

143_川合彰武(조선은행 조사과), 「朝鮮金融界の針路とその特性」, 鈴木武雄, 『朝鮮金融論十講』, 帝國地方行政學會朝鮮本部, 1940, 246쪽.

144_「鮮銀 殖銀은 長期事業底資를 從來와 異하는 바 無히 內地로부터 調達」, 『每日申報』 1926. 6. 25.

이 담당하였는데 반해 조선에서는 조선총독부에서 담당하였다. 그 이유는 조선은행이 일본은행과 달라서 일반융자업무도 행하고 있기 때문에 이 융자인허가 사무의 중립성을 훼손할 우려가 크기 때문이라는 것이다.[145] 즉 공공성을 담보할 수 없는 조선은행의 현실을 잘 보여주고 있는 것이다.

조선은행의 금리결정력 부재는 결국 조선 내 금융통제력의 부재를 가져오게 된다. 다음의 기사는 이러한 조선의 현실을 정확하게 지적하고 있다.

> 일본의 금리 인하 정책에 추종하여 조선은행에서 이하利下하게 된 것은 조선 재계를 위하여 다소의 자극제가 된다는 것은 사실이다. 조선의 산업계는 다수한 자금을 요하며 더욱이나 저렴한 자금을 희망한다. 조선의 경제계는 선진한 일본의 경제계의 압박을 항상 받아 온 것이다. 기술에 있어서 노동력에 있어서 경영자에 있어 뒤져온 것은 사실이다. 그러므로 조선의 현실로 말하면 일본보다도 저렴한 자금의 공급에 의하여서라도 생산방면의 진흥을 도모하여 할 처지이니 이하利下정책은 환영하는 것이다. 다만 이하利下정책이 너무나 실제사정을 떠나 경제적 불상사를 야기하게 되는 정도라면 경계를 요할 것은 물론이다. 그러나 선은의 이하利下정책이 얼마나 조선인의 생활 향상에 이바지하겠느냐는 점에 대하여는 한심한 바 없지 않다. 이것이 우리를 위하여 주치의가 없는 까닭이다.[146]

조선의 경제 사정상, 금리 인하의 필요성은 일본보다 훨씬 더 크기 때문에 상식적으로 금리 인하는 환영받아야 한다. 그러나 금리 인하가 조선의 경제 현실과는 전혀 관계없이 일본의 경제 사정에 따라 결정되어 조선에 그대로 시행되기 때문에 오히려 악영향을 미치는 것이 당시의 상황이

145_朝鮮銀行史研究會 編, 앞의 책, 562쪽.
146_「日銀利下와 鮮銀의 追從」, 『東亞日報』 1927. 3. 13.

라는 것을 보여주고 있다. "사실에 있어서 조선의 금융은 조선은행이 통제하는 바 아니오 일본은행이 조선은행을 통하여 통제하는 바라 할 것"[147]이라는 현실, 즉 조선을 위한 '주치의'가 없다는 위 기사의 지적은 금리결정이라는 중앙은행의 가장 기본적인 정책결정권이 없는 조선은행, 즉 중앙은행으로서의 본질적인 기능을 결여하고 있는 조선은행의 실상을 정확하게 보여주는 것이라 하겠다.

147_「(社說) 鮮銀發券制 廢止說」, 『每日申報』 1932. 7. 5.

| 2부 |

조선은행의 발권제도

1장

조선은행권 발행제도에 있어서 보증준비의 함의

- 국책과 영리의 관계를 중심으로 -

일반적으로 조선은행은 '식민지 중앙은행'으로 이해되고 있는데, 가장 중요한 근거로 발권력 독점을 들고 있다. 그러나 독점적인 은행권 발행은 중앙은행의 필요조건이지 충분조건은 아니다. 중앙은행의 역사적 진화과정을 보면 국가는 중앙은행에게 배타적이고 독점적인 발권력을 보장해 주는 동시에 비경쟁적이고 비영리적인 공공기관으로서의 역할을 담당케 했다.[1] 반면 조선은행은 독점적 발권력과 함께 상업은행으로서의 기능도 획득하여 사적 영리추구의 가능성 또한 보장받았다.[2] 일반적으로 발권력 독점이 중앙은행을 사적인 영리추구 영역에 머물지 않고 공적 기구로 진화

1_중앙은행의 진화 과정에 대해서는 본서 서론을 참조할 것.

2_여기서 '사적'이란 의미는 공적 기구와 대칭되는 의미로 사용하였다. 조선은행은 일본의 특별법에 의해 설립된 특수은행으로 일반 민간은행과 동일시 할 수는 없기 때문에 '사적' 영리란 단어는 혼동의 여지가 있을 수 있다. 본서에서는 중앙은행이 상업금융 업무를 배제한 채 순전한 공적 기구로 진화해 갔다면, 조선은행의 경우 여전히 상업금융을 통해 영리를 추구하고 있었다는 맥락에서 사용하고자 한다.

하게 했다면 조선은행의 경우는 이 발권을 통해 영리를 추구했다는 점에서 근본적인 차이를 보이고 있다.

본 장에서는 조선은행에게 발권력 독점이 어떤 의미를 가지는지를 은행권 발행제도인 보증준비를 통해 살펴보고자 한다. 조선은행권의 발행제도에 대해서는 많은 연구가 진행되어 왔는데, 대부분이 정화준비에 집중되었다. 식민지 조선의 통화제도가 과연 금본위제인가 아닌가부터 시작하여 정화준비에 일본은행권이 포함되어 있는 것이 식민지 조선 경제와 어떤 상관관계를 가지는가 등 풍부한 연구 성과가 축적되었다.[3] 그러나 발행제도의 또 다른 한 축인 보증준비제도에 관련해서는 거의 연구가 되어 있지 않다. 조선은행권 발행 준비에서 많을 때는 60% 이상, 적을 때는 30% 이상을 차지한 것이 보증준비였다. 특히 조선은행은 만성적인 정화유출 구조로 인해 전시기戰時期를 제외하고는 매년 정화준비에 곤란을 겪고 있었기 때문에 은행권 발행에서 보증준비는 매우 중요한 비중을 차지하고 있었다. 조선은행권 발행제도를 이해하기 위해서는 기존 정화준비에 대한 이해만으로는 부족하며 보증준비에 내재된 의미를 적극적으로 해석할 필요가 있다.

본문에서는 우선 조선은행권 발행제도의 특징을 간단히 검토할 것이다. 조선은행권 발행 방식에 다양한 함수가 존재함을 확인할 수 있을 것이고, 그 속에서 보증준비가 가지는 의미를 살펴 볼 것이다. 보증준비 발행은 조선은행에게 있어 비용이 들지 않는다는 점에서 가장 유리한 발행 방

3_鈴木武雄, 「第三講 鮮銀券 -朝鮮の通貨機構 其の二-」, 『朝鮮金融論十講』, 帝國地方行政學會朝鮮本部, 1940; 배영목, 「日帝下 韓國通貨의 基本構造와 그 特質」, 『論文集』 32(忠北大學校 人文社會科學篇), 1986 ; 배영목, 「日帝下 植民地貨幣制度의 形成과 展開」, 『經濟史學』 11, 1987; 오두환, 「植民地時代 韓國의 貨幣制度」, 『韓國近代貨幣史』, 韓國研究院, 1991; 오두환, 「조선은행의 발권과 산업금융」, 『국사관논총』 36, 1992.

식이었다. 그런데 보증준비 발행한도는 법률로 고정되어 있었고, 이 확장은 일본 제국의회에서 결정하였다. 본문에서는 총 네 차례에 걸쳐 진행된 한도 확장의 실태를 제국의회 의사록을 통해 살펴 볼 것이다. 마지막으로 보증준비가 가진 함의를 국책과 영리와의 관계 속에서 밝혀낼 것이다. 한도 확장은 경제적 상황과는 큰 관련 없이 정치적 고려 속에서 실현되었는데, 이는 국책 수행이라는 명분하에 가능하였다. 즉 국책이야말로 조선은행에게 가장 확실한 수익을 보장해주는 것이었다.

Ⅰ. 조선은행권 발행제도의 특징

조선은행권 발행제도[4]는 비례준비제가 가미된 신축제한제도로서 정화준비+보증준비+제한외발행으로 구성되어 있다.[5] 정화준비는 금화, 지금은地金銀, 일본은행권으로 구성되어 있는데 준비물건의 대부분은 일본은행권이 차지하고 있다.[6] 보증준비는 국채증권, 기타 확실한 증권, 상업어음으로 구성되어 있다. 보증준비 발행한도액은 「조선은행법」에 규정되어 있

4_1941년도에 최고발행액제한제도로 전환되었는데, 이는 다음 장에서 자세히 다룬다.

5_*신축제한제-은행권 발행준비로 정화준비와 보증준비 이외에 제한외발행을 허용한 발권제도로, 은행권 발행에 탄력성을 부여한 것이 특징이다.
*비례준비제-은행권 발행 총량에 일정 비율 이상의 정화를 준비하도록 한 제도이다. 조선은행권은 1/3 이상의 정화준비를 강제하고 있다.
*최고발행액제한제도-정화준비나 보증준비의 구별 없이 은행권 발행 총량만을 제한하는 제도로 발행한도는 대장대신이 지정하였다.

6_정화준비의 경우, 대만은행과 달리 조선은행만이 일본은행권을 준비물건으로 두고 있는 것이 특징이다. 대만은행의 정화준비에 일본은행권이 추가되는 것은 1937년 이후이다(「臺灣銀行法中改正」, 法律 제11호, 1937. 8. 11.). 개정 이전에는 일본은행권은 보증준비 물건이었다.

다. 따라서 한도액을 확장하기 위해서는 법안을 개정해야 하는데, 「조선은행법」은 일본 법률로 제정되었기 때문에 제국의회의 동의를 거쳐야 한다. 제한외발행은 정화준비와 보증준비 한도액을 초과하여 은행권을 발행할 필요가 있을 경우, 인가권자의 허락을 받아 발행하는 제도이다. 조선은행은 1924년 이전에는 조선총독, 이후에는 대장대신의 허가를 받아야 했는데, 이 경우 발행세를 납부해야 한다.[7]

〈표 2-1〉 **조선은행권 발행제도 변천과정**

	연월	준거법규	주요내용
신축제한제 + 비례준비제	1911.3.29.	朝鮮銀行法 (法律제48호)	정화준비: 금화 지금은 또는 일본은행 태환권 보증준비: 국채 증권 기타 확실한 증권 혹은 상업어음, 보증발행한도액 3,000만 원 제한외발행: 조선총독의 인가, 발행세 연 5% 정화준비율: 1/3
	1918.4.1.	朝鮮銀行法 (法律제28호)	보증발행한도액 5,000만 원으로 인상
	1924.7.22.	朝鮮銀行法 (法律제21호)	제한외발행 인가권자 및 감독권자가 조선총독에서 대장대신으로 변경
	1935.3.23.	朝鮮銀行法 (法律 제1호)	제한외발행세 연 3%로 변경
	1937.8.11.	朝鮮銀行法 (法律제63호)	보증발행한도액 1억 원으로 인상
	1939.4.1.	朝鮮銀行法 (法律제59호)	보증발행한도액 1억 6천만 원으로 인상
최고발행액 제한제도 + 신축제한제 + 비례준비제	1941.4.1.	朝鮮銀行法 및 臺灣銀行法의 臨時特例에 關한 法律	정화 · 보증 구별 폐지 대장대신이 발행한도 지정 제한외발행 존속 보증물건 1/3 준비율
비례준비제 폐지에 따른 발권제도의 형해화	1943.5.5.	大藏省 通牒 (藏銀 第一○七九號)	1/3 보증물건 준비율 폐기

7_제한외발행세는 매년 조선총독부특별회계에 납입되고 있었다.

조선은행권 발행제도의 핵심은 정화준비를 금이 아닌 일본은행권으로 한 점에 있다. 일본은행권을 정화준비로 한 식민지 통화구조의 본질은 조선과 일본과의 상품 및 자본거래의 편리를 위해 조선은행권과 일본은행권의 1:1의 등가교환 관계를 유지하는데 있다. 따라서 정화준비에 의한 발행의 전제조건은 일본은행권의 조달 여부에 달려 있다. 식민지시대 조선은 예외적인 몇 개년을 제외하고는 전체적으로 국제수지가 적자였으므로 무역과 관련해서는 정화가 유출되고 있었다. 그러므로 무역수지 이외의 방법으로 일본은행권을 획득하지 않는다면 은행권 발행은 제약을 받게 된다.[8] 그렇다고 해서 보증준비를 확대하는 것 또한 여의치 않았다. 만약 보증준비 한도를 확장하여 통화 공급이 증가되면 이는 지역 내 · 외의 구매력의 증대를 가져오게 되고, 역외 구매력의 증대는 (수)이입초과를 초래하여 무역 역조를 심화시키고 이는 다시 조선은행의 정화준비를 고갈시키는 결과를 낳게 된다.[9] 즉 식민지 조선의 통화제도는 조선 경제의 구조적 특질과 결합되어 은행권 발행을 제약하였고, 이는 개발을 위한 자금공급에도 큰 장애가 되고 있었다.[10]

8_오두환, 「植民地時代 韓國의 貨幣制度」, 『韓國近代貨幣史』, 韓國硏究院, 1991.

9_배영목에 따르면 조선은행의 정화준비는 독자적인 발권기능을 부여하기 위해서라기보다 일본과 조선 나아가 만주 및 중국에서 엔円과의 등가 결제기구를 유지하기 위한 기제로 작용하였다고 한다. 또한 조선은행은 정화준비를 위한 엔자금의 확보를 위해 엔자금의 유입출에 상응하는 만큼 조선에서의 통화 공급이 증감하고 있는 것으로 보았다. 즉 조선 내의 경제사정에 의해서 통화를 공급하는 것이 아니라, 일본으로부터의 엔자금의 유입출을 기준으로 조선 내에서의 통화를 조절한다는 것이다(배영목, 「日帝下 植民地貨幣制度의 形成과 展開」, 『經濟史學』 11, 1987).

10_가령 조선은행이 일본보다 높은 조선의 금리를 인하하게 되면, 대출 및 통화량이 늘어나게 된다. 그 결과 수입이 증가됨으로써 정화인 일본은행권의 유출 증가로 이어지기 때문에 조선은행은 저금리로 자금을 공급하는 것이 불가능하게 된다(오두환, 「조선은행의 발권과 산업금융」, 『국사관논총』 36, 1992).

그렇다면 조선은행은 어떻게 은행권 발행을 조절하고 있었을까? 우선 보증준비발행의 경우, 한도는 고정되어 있었고 또 확장을 하려면 일본 제국의회의 동의를 거쳐야 했기 때문에 이 방식에는 근본적인 한계가 있었다. 따라서 조선은행은 정화준비와 제한외발행을 통해 발권을 조절하게 된다. 정화준비와 제한외발행은 일본 단자시장의 '콜' 금리와 매우 밀접한 관계에 있었다. 가령 1920년대에 조선은행권을 발행한다고 가정해 보자. 당시 보증준비 발행한도액은 5천만 원이고 제한외발행한도 2천만 원을 제한외발행세 5%로 인가받았다고 하면, 조선은행은 1/3정화준비인 3,500만 원으로 1억 5백만 원까지 은행권을 발행할 수 있다. 그런데 만약 제한외발행한도가 500만 원이라면 동일한 1억 5백만 원을 발행하기 위해서는 정화준비는 5,000만 원이 필요하게 된다. 따라서 1,500만 원에 대한 제한외발행세를 납부하는 것이 이익일지 아니면 일본 단자시장 콜머니로 충당하는 것이 더 나을지에 따라서 발행 방식이 달라질 수 있다.[11]

또 제한외발행한도는 조선총독(1924년 이후 대장대신)의 인가를 받아야 하는데, 당연히 조선은행이 요구하는 액수와 기간을 그대로 승인해주지만은 않는다. 따라서 조선은행이 은행권을 탄력적으로 조절할 수 있는 가장 손쉬운 방법은 바로 콜머니에 의한 정화준비율의 제고임을 알 수 있다.[12]

11_동일한 조건(보증준비 발행한도액 5천만 원, 제한외발행세 5%, 1918. 4. 1.~1935. 3. 22.)이 적용되는 다른 사례를 보자. 1935년 2월 은행권 발행이 급증하자 제한외발행으로 대처하던 조선은행은 도쿄 단자시장에서 '콜머니'로 정화를 충당하는 것으로 변경하게 되었다. 이는 당시 도쿄 '콜'이 대체로 일보日步 7리(연 2.6%) 내외인데 반해 제한외발행세율은 연 5%(일보로 환산하면 1전3리7모)로 콜금리가 훨씬 낮았기 때문이다. 조선은행이 콜금리보다 높은 제한외발행세를 납부한다면 자체 수익이 감소될 뿐 아니라 재할인금리 인상으로 이어져 금융시장을 경색시킬 위험성 또한 커지게 된다. 당시 일본은 저금리가 지속되고 있는 추세였기 때문에 굳이 5%의 발행세를 납부하지 않고, 콜머니로 충당하는 것이 훨씬 유리하였던 것이다(「朝鮮銀行法 改正 低金利와의 關聯性」, 『每日申報』 1935. 2. 9.).

이로 인해 중요한 역할을 담당하는 곳이 바로 조선은행 도쿄 지점이다.[13] 도쿄지점의 중요 업무는 엔円자금의 조달과 운용에 있었다. 이는 발행준비와 직결되기 때문에 일반적으로 자금 조달만으로 이해하기 쉽다. 그러나 도쿄를 비롯한 조선은행 일본 지점들은 대출에 매우 적극적이었고, 그 액수도 조선을 능가할 정도로 많았다. 아래 〈표 2-2〉를 보면, 일본 내 대출은 대체로 조선이나 만주보다 높은 비중을 차지하고 있었다. 1910년대 후반부터 중일전쟁 이전까지는 항상 조선 지역을 능가하고 있었고, 몇 개년을 제외하면 만주보다도 많은 액수의 대출이 이루어지고 있었다.

〈표 2-2〉 조선은행 대출금의 주요 지역별 비율

(단위: %)

	조선	만주[1)]	일본	중국		조선	만주[1)]	일본	중국
1910	73.7	1.8	24.5		1929	22.9	29.7	47.0	0.4
1911	90.5	1.3	8.3		1930	27.8	26.8	45.1	0.3
1912	89.8	1.8	8.4		1931	31.5	21.3	46.7	0.5
1913	78.0	10.9	11.1		1932	31.8	25.8	41.5	0.9
1914	77.3	14.1	8.6		1933	31.6	21.0	46.7	0.6

12_여기서 정화준비율의 의미를 검토해 보자. 만약 조선은행권 발행고가 9,000만 원이고, 보증준비 한도가 5,000만 원, 제한외발행한도가 1,000만 원이라면 정화준비는 3,000만 원이 필요하다. 즉 일본은행권은 조선은행권 3배의 가치를 가질 수 있다. 그런데 보증준비와 제한외발행한도가 위와 동일한 상태에서 발행고가 1억 원이 된다면 정화준비는 4,000만 원이 되어야 한다. 즉 정화준비율이 33%에서 40%로 상승하게 된다. 그런데 이 부족분을 콜머니에 의해서 충당하게 된다면 정화준비율의 제고는 조선은행으로서는 오히려 손해일 수가 있다. 즉 정화준비가 충분하지 못한 상태에서의 정화준비율은 보증준비 발행 및 제한외발행한도에 따라서 좌우됨을 알 수 있다. 따라서 이런 상황에서는 정화준비율이 높다고 해서 무조건 준비상태가 양호하다고 볼 수만은 없다.

13_조선은행 이사와 부총재를 역임했던 호시노星野喜代治에 따르면 도쿄 지점에는 부총재와 이사 1인이 주재하면서 은행 전체의 자금융통을 총괄하고 있었고, 은행권 발행준비 조작도 모두 도쿄지점에서 행했다고 한다(星野喜代治, 『回想錄』, 日本不動産銀行十年史編纂室, 1967, 81쪽).

1915	57.3	12.4	30.3		1934	27.2	34.2	37.5	1.1
1916	51.6	28.3	20.0		1935	30.2	25.9	41.9	2.0
1917	35.6	23.0	41.5		1936	34.9	27.3	35.2	2.6
1918	27.9	35.1	37.0		1937	50.1	10.8	35.4	3.7
1919	34.5	37.1	28.4		1938	46.6	15.6	25.5	12.4
1920	22.0	26.1	49.5	2.5	1939	49.0	17.3	19.9	13.8
1921	19.9	33.5	43.8	2.9	1940	54.0	17.2	12.0	16.8
1922	19.5	34.4	43.7	2.4	1941	45.2	11.4	17.0	26.4
1923	23.1	35.9	38.5	2.5	1942	39.3	15.8	12.0	32.9
1924	23.8	36.8	37.0	2.4	1943	36.4	9.7	13.1	40.8
1925	24.4	41.4	32.1	2.0	1944	17.3	6.2	12.4	64.1
1926	23.8	39.8	35.1	1.3	1945. 3	4.8	2.9	4.3	88.0
1927	25.5	40.0	33.0	1.6	1945. 7	0.0	1.7	2.4	95.9
1928	49.32)	20.3	29.9	0.6					

출전: 朝鮮銀行史研究會 編, 『朝鮮銀行史』, 東洋經濟新報社, 1987, 90 · 190 · 291 · 310-311 · 379 · 443 · 526-527 · 608-609쪽.

비고: 별도대출금은 제외한 액수임.

주 1) 1937년부터는 관동주

2) 1928년 하반기에 다액의 정리대를 본부감정으로 옮겼는데, 조선 내 대출분으로 잡힌 176백만 원 중 차관분 6천만 원, 조선 외 정리대 7,600만 원을 제외하면 조선 내 대출은 겨우 4천만 원에 지나지 않는다(朝鮮銀行史研究會 編, 앞의 책, 313쪽). 4천만 원을 적용하면 조선 내 비율은 23%대로 떨어진다.

일본 지점의 경우, 아래 〈표 2-3〉을 보면 예대율이 매우 높을 정도로 대출이 예금을 크게 상회하고 있었다. 1/3 정화준비율을 적용해 보면 일본은행권 1은 조선은행권 3의 가치를 가진다고 볼 수 있다.[14] 당연히 조선은행 일본 지점은 예금을 장려하고, 대출을 억제해야 하는 것이 상식적이다.

14_1943년 조선은행 본점에서 일본 지점들에게 자금 운용과 관련하여 내린 다음의 지침에서도 확인할 수 있다. "당행으로서는 일본 자금 충실을 위해 한층 노력할 필요가 있는데, 일본 내 자금의 1은, 조선 · 관동주의 3에 해당하는 의미를 갖고 있기에, 예금 흡수에 한층 더 노력해주기를 바란다."(朝鮮銀行史研究會 編, 『朝鮮銀行史』, 東洋經濟新報社, 1987, 685-686쪽).

〈표 2-3〉 조선은행 일본지점의 예금, 대출 내역

(단위: 천 엔)

연도	예금	대출	예대율	연도	예금	대출	예대율
1910	48	1,779	37.06	1928	7,170	78,063	10.89
1911	602	835	1.39	1929	4,988	82,563	16.55
1912	127	1,297	10.21	1930	8,142	78,822	9.68
1913	1,402	2,613	1.86	1931	10,124	96,980	9.58
1914	480	2,019	4.21	1932	12,734	96,998	7.62
1915	722	8,970	12.42	1933	26,907	120,841	4.49
1916	6,638	8,653	1.30	1934	21,388	124,012	5.80
1917	54,690	38,777	0.71	1935	24,083	146,359	6.08
1918	110,508	69,120	0.63	1936	33,964	158,102	4.65
1919	82,920	85,349	1.03	1937	45,620	146,625	3.21
1920	69,930	93,330	1.33	1938	75,282	128,796	1.71
1921	69,681	105,949	1.52	1939	115,331	146,872	1.27
1922	76,021	93,640	1.23	1940	111,036	113,982	1.03
1923	25,866	122,699	4.74	1941	124,633	195,137	1.57
1924	14,977	121,008	8.08	1942	167,560	171,463	1.02
1925	7,565	87,915	11.62	1943.9.	171,813	234,935	1.37
1926	6,070	103,209	17.00	1944.9.	277,191	603,106	2.18
1927	5,772	85,310	14.78	1945.3.	328,423	685,837	2.09

출전: 朝鮮銀行史研究會 編, 『朝鮮銀行史』, 東洋經濟新報社, 1987, 90 · 229 · 354 · 424 · 504 · 590 · 641쪽.
비고: 대출에서 별도대출금은 중국차관 관련자금이므로 제외하였다.

왜 조선은행은 일본에서 대출에 적극적이었을까? 이는 조선은행의 엔 자금 운용과 깊은 관련이 있다. 한 가지 짚어 둘 것은 조선은행은 보유 일본은행권을 모두 정화준비에 계상할 필요는 없다는 점이다. 정화준비로 보유하는 일본은행권은 조선은행으로서는 무이자로 묶여 있는 자금이기 때문에 1/3 준비율만 충족된다면 나머지는 적절히 운용하여 수익을 올리는 편이 더 유리하다. 만약 일본 단자시장의 콜머니 이율과 조선은행 대출 이율에 차이가 난다면 이 이자 차액을 노리고 자금을 운용할 수도 있다. 즉 조선은행은 일본에서는 일반은행이라는 점을 고려해야 한다. 조선은행의 입장에서는 보유 엔자금을 최대한 활용하는 것이 수익상 바람직하다. 일본 지점의 예금은 이자를 지불해야 하기 때문에 역시 무작정 증가시킬 수만은 없는 일이다. 즉 일본에서 예금을 유치하여 이자를 지불한 후 이를 정화준비로 하여 발행한 조선은행권으로 대출을 하여 수취한 이자의 차액으로 수익을 보전할 수 있을 때 가능한 것이다.[15] 요컨대 조선은행에게는 은행권 발행에 있어 다양한 선택지가 존재하였고, 이를 운용하는 곳이 도쿄지점이었다.

그 결과 조선은행권 발행은 복잡한 함수를 가지게 된다. 우선 은행권을 많이 발행할수록 이윤이 증가하는 조선은행에게 있어 가장 좋은 방식은 보증준비 발행이다. 보증준비 발행은 조선은행으로서는 무이자로서 대출할 수 있는 자금이기 때문에 수익상 가장 바람직한 방식이다. 다음 절에서 확인하겠지만 보증준비 발행한도 확장은 항상 조선은행의 수익향상으로 이해되고 있었다. 그러나 보증준비는 그 한도가 법령으로 정해져 있었고, 이를 확장할 수 있는 권한은 일본 제국의회가 가지고 있었다. 조선은행 보

15_그렇다면 조선은행은 일본 엔자금을 어떻게 운용하고 있었는가? 단편적인 기록을 찾을 수 있는데 가령 1930년 이후 도쿄지점은 여유 엔자금을 콜시장에 방출하고 있었는데, 1932년 6월 말 현재 1,190만 엔에 이르고 있다(朝鮮銀行史硏究會 編, 앞의 책, 423쪽). 그러나 조선은행에서 엔자금이 가장 풍부했던 시기는 중일전쟁 이후 중국연합준비은행과 맺은 '예금협정'을 비롯하여 중국과 일본 간의 자금루트로 지정되면서부터이다. 도쿄지점을 통한 중국 화북으로의 임시군사비의 국고송금 및 거액의 보통송금에 의해서 환이 대폭적인 수입초과가 되었기 때문에 자금 및 수익 향상에 크게 기여하였다. 특히 화북으로의 군사송금은 현지에서 '예금협정'에 의해 중국연합준비은행권으로 지불되어지고, 조선은행권 발행증가로 되지 않기 때문에 발행준비에 계상되지 않고 도쿄지점의 여유분으로 되었다. 조선은행은 이 여유 엔자금을 국채 매입이나, 콜론 방출, 대출 등에 운용함으로써 큰 수익을 남길 수 있었다(朝鮮銀行史硏究會 編, 앞의 책, 588-589쪽). 즉 이전에는 대체로 일본 단자시장에서 자금을 빌리는 입장이었다면, 중일전쟁 이후는 자금을 빌려주는 입장으로 바뀌었다. 예금협정에 관해서는 본서 163~168쪽을 참조할 것.

증준비 한도는 1911년 3천만 원으로 정해진 후 5천만 원(1918년) → 1억 원(1937년) → 1억 6천만 원(1939년)으로 확장되었는데, 특히 5천만 원에서 1억 원으로 확장되는 데는 근 20년이나 걸렸다. 그렇다면 언제 어떤 이유로 보증준비 한도는 확장되는가? 다음 장에서 이를 살펴보자.

〈표 2-4〉 조선은행권 보증준비 발행한도 확장 추이

법령 및 실시 시기	보증준비 발행한도(단위:천원)
韓國銀行條例(法律 제22호, 1909. 7. 26. 공포 · 시행)	20,000
朝鮮銀行法(法律 제48호, 1911. 3. 29. 공포 · 시행)	30,000
朝鮮銀行法(法律 제28호, 1918. 4. 1. 공포 · 시행)	50,000
朝鮮銀行法(法律 제63호, 1937. 8. 11. 공포 · 9.1 시행)	100,000
朝鮮銀行券及臺灣銀行券ノ保證發行限度ノ臨時擴張ニ關スル法律 (法律 제59호, 1939. 4. 1. 공포 · 5. 1. 시행)	160,000

II. 조선은행권 보증준비 발행한도 확장의 실태

1. 1911년: 조선총독부 재정자금을 위한 한도 확장

일본은 제27회 제국의회(1910. 12. 23.~1911. 3. 22.)에서 「조선은행법」을 제정하였는데 이는 몇 가지 수정 조항을 제외하고는 1909년에 제정된 「한국은행조례」를 계승한 것이었다.[16] 수정 내용 중 하나인 보증준비 발행한도를 확장하는 이유로 일본 정부에서는 조선은행권의 증가 추세를 들고

16_수정 사항은 세 가지로 첫째 은행 명칭을 조선은행으로 고친 것, 둘째 보증준비 발행한도를 2천만 원에서 3천만 원으로 확장한 것, 셋째 감독권의 주체를 한국 정부에서 일본 정부 및 조선총독으로 변경한 것이다. 사실 「조선은행법」 제정과정에서 가장 논란이 되었던 것은 감독권의 소재 문제였다. 이에 대해서는 1부 1장 1절 참조.

있었다. 그러나 당시 발행고를 보면 1909년 말 1,344만여 원, 1910년은 2,016여만 원으로 오히려 보증준비 한도액보다도 낮은 수준이었다. 의회에서 당연히 문제가 되었는데, 헌정회 소속 카스야 기조粕谷義三 의원은 보증준비 여유분이 700여만 원[17]이나 남아 있음에도 불구하고 굳이 1천만 원이나 증액하는 이유에 대해 질의하였다. 이에 정부위원인 아라이 겐타로荒井賢太郎(조선총독부 탁지부장관)는 향후 조선 경제의 앞날은 "도저히 이 정도의 액수에 그치지 않"을 것이므로 미리 "보증준비액수를 높여 두는 편"이 좋을 것으로 여겨지기 때문이라고 답변하였다. 즉 조선은 앞으로 교통의 발달에 따라 기존 물물교환이 이루어지던 지역까지 화폐가 보급될 것이고, 또 금융거래 등이 활성화될 것이기 때문에 머지않아 화폐 수요가 증대할 것이라는 것이다. 또 당시 1인당 평균 유통화폐를 비교해보아도, 일본은 10엔, 대만은 6원 전후, 조선은 2원인데 아무리 "조선이 빈약한 나라라고 하여도 1인당 2원 정도의 비율은 결코 오랫동안 유지될 수 없"어 곧 두 배로 늘어갈 것으로 예상되기 때문에 확장이 필요하다는 것이다.[18] 즉 이번 한도 확장은 현재 발행 추세를 기준으로 삼지 않고, 미래의 예상 추이를 기준으로 삼은 것임을 알 수 있다.[19]

그러나 3일 뒤인 3월 16일에 입헌국민당 소속 니시무라 단지로西村丹治

17_1910년 말 발행고 2,016만 원 중 정화준비는 702만 원이고, 보증준비는 1,314만 원이다. 당시 보증준비 한도액이 2천만 원이기 때문에 보증준비 여유분이 약 700만 원 정도가 된다. 조선은행권 발행 상황은 본서 〈부표 2-2〉 참조.

18_1911년 3월 13일 제27회 帝國議會衆議院 朝鮮銀行法案委員會議錄(速記) 제3회.

19_같은 날 개회된 귀족원에서도 아라이는 법안 제안 이유를 "보증준비의 제한액은 2천만 원인데, 금일 조선의 경제 정태를 고려해 보면 2천만 원은 가까운 장래에 곧 차질을 발생하지 않을까 하는 우려가 있"기 때문이라고 설명하였다(1911년 3월 13일 제27회 帝國議會貴族院 朝鮮銀行法案特別委員會議事速記錄 제1호).

郎 의원은 한도를 기존대로 2천만 원으로 하는 수정안을 제출하였다. 그는 한도를 확장하는 경우는 "사전에 미리 발행 추세를 예상해서 하는 것이 아니"라 "실제 유통고가 증가한 후 이를 반영해서 정하는 것"이 일반적인데, 이번 건은 이러한 기조에서 벗어난 것임을 강조하고 있다. 계속해서 니시무라는 1910년 말 현재 발행고가 2천여만 원으로 조선에서 필요로 하는 화폐량은 그 정도이면 충분하기 때문에 구태여 미리 확장해 둘 필요가 없다는 것이다. 그러면서 영국 및 독일의 경우, 총발행고에서 보증준비가 차지하는 낮은 비중을 그 근거로 들었다. 더구나 대만은행권의 경우 발행고 1,300여만 원 중 보증준비고는 500만 원으로 최근에야 1천만 원으로 확장되었으며, 일본은 1910년 말 발행고가 4억 엔을 초과하였으나 보증준비는 여전히 1억 2천만 엔을 유지하고 있다는 것이다. 세계 어느 나라를 보더라도, 하다못해 일본과 대만을 보더라도 "지폐발행고보다 더 많은 보증준비 발행고를 정하고 있는 나라는 아마 하나도 없을 것"이라면서 오직 조선만이 그렇다고 반박하였다.

한편 니시무라는 이 괴이한 확장의 이면에는 어떤 "비밀이 서려있다"고 주장했는데, 그것은 조선사업공채의 조선은행 인수를 위해서라는 것이다. 즉 소문에 따르면 정부가 5천만 원이 넘는 사업공채를 모집하는데, 사정상 일본에서 모집하는 것이 가능하지 않기 때문에 "발행고를 1천만 원 증가시켜 조선은행에게 명령하여 소위 강제로 이 사업공채의 모집에 응하게 한다"는 것이다. 현재 조선의 경제사정상 "하등 필요하지도 않은 돈을 정부가 터무니없이" 늘리는 이유는 바로 이 때문이 아니냐는 것이다. 또한 한도 확장은 결국 물가의 등귀로 이어져 조선 경제에 타격을 줄 것이라고 우려하였다. 그러나 니시무라의 수정안은 소수의견으로 부결되었고, 원안대로 확정되었다.[20]

이와 같이 이번 확장의 가장 큰 특징은 선제적인 조치라는 점이다. 즉 니시무라의 주장처럼 보증준비 확장은 은행권 발행이 기존 준비로는 감당이 되지 못할 때 취하는 사후적 조치이다. 그러나 기존 보증준비만으로 은행권을 발행하고도 남을 정도였는데 굳이 확장을 한 이유는 무엇인가? 확장을 주장하는 측은 미래에 일어날 일을 염두에 두고서 그 필요성을 강조하고 있는데, 그렇다면 무엇을 대비하기 위함인가? 여기서는 강제병합 초기의 상황을 고려할 필요가 있다. 당시 조선은행은 기존 화폐정리자금, 정부대상금, 조선사업공채, 강제병합에 따른 은사공채 매입, 일종의 지방재정원조라고 할 수 있는 거류민단 대부라는 형태로 조선재정을 적극적으로 원조하고 있었다.[21] 즉 조선은행의 발권력에 의존하여 재정을 꾸려가야 한다는 사정으로 인해 조선은행의 발권력을 증대시킬 필요가 있었던 것이다.

2. 1918년: 만주 진출에 따른 한도 확장

1918년 제40회 제국의회(1917. 12. 27.~1918. 3. 26.)에 조선은행법 개정안

20_니시무라 수정안에 대해서는 카스야가 바로 반론에 나서 조선사업공채 인수는 괴담이라고 일축하였다. 카스야는 조선 경제가 향후 발전할 것이 명백하기 때문에 이에 맞춰 한도를 확장해야 한다고 주장하였는데, 이는 아라이의 의견과 차이가 없다. 이상 니시무라 수정안에 대해서는 1911년 3월 16일 제27회 帝國議會衆議院 議事速記錄 제23호.

21_조선은행의 정부대상금은 창립 당초(1909년) 전체 대출액 중 40%를 차지할 정도였다. 강제병합으로 위 자금이 일본 국고금으로 상각되자, 1911년 상반기에는 11.5%까지 저하했으나 다시 조선사업공채 인수로 인해 1년 뒤에는 약 40%까지 상승하였다. 이후 상환이 계속되어 1913년 하반기에는 대출액의 20%정도로 저하하였다. 그러나 이것은 병합 초기의 일로써 1915년 이후부터 조선은행의 재정원조는 이루어지지 않았고(조선사업공채의 경우 1913년 이후부터는 인수하지 않음), 1918년 조선식산은행이 설립되자 조선총독부 재정 원조는 사실상 면제를 받게 되었다(朝鮮銀行史硏究會 編, 앞의 책, 101-109쪽 참조).

이 상정되었다. 그 내용은 보증준비 발행한도 확장(3천만 원→5천만 원), 부총재 신설, 영업 과목에 신탁업무 추가이다. 이번 개정안의 제출은 일제의 만주금융정책의 전환과 관련이 있는데, 조선은행이 관동주 및 만철부속지에서 요코하마정금은행橫濱正金銀行을 대신하여 발권 독점 및 국고금 취급을 담당하게 되었기 때문이다. 설립 초기부터 정화준비 부족에 고심했던 조선은행은 그 대안으로 만주 진출을 적극적으로 추진하게 되는데, 우선 1913년 3개 지점을 설치(봉천 · 대련 · 장춘)하였고, 조선은행권의 만주 유통을 공인받았다. 계속해서 1917년 6월 조선은행권은 만주에서 강제통용력을 인정받았고, 1918년 1월부터 관동주 및 만철부속지의 국고금 취급은행으로 되었다.[22] 이와 같이 종래 조선을 중심으로 활동하던 조선은행의 영업구역이 만주와 북중국으로까지 확대되자 이에 대한 감독 문제 등을 재조정할 필요성이 제기되었다. 애초 대장성은 감독권의 일본 정부 완전 이관을 제안하였으나 의회에 제출되지 못한 채 새롭게 보증준비 한도확장안이 추가되었다.[23]

의회에서 정부위원으로 출석한 쇼다 카즈에勝田主計 대장대신은 한도 확장 이유로 다음 세 가지를 들었다. 첫째 조선은행의 업무 범위가 설립 당시와 비교할 수 없을 정도로 확대된 점, 둘째 조선 내 경제 발달에 따른 자금 수요의 증가, 셋째 향후 조선은행은 해외투자기관으로 활동해야 하는 점을 들고 있다. 그러나 무엇보다 중요한 이유는 조선은행이 만주에서 업

22_조선은행의 만주 진출 과정에 대해서는 본서 3부 1장을 참조할 것.

23_대장성이 1917년 12월 의회에 제출하기 위해 작성한 애초 개정안의 내용은 조선총독이 일부 행사하는 감독권의 대장대신 이관과 신탁 업무 추가였다. 이에 따라 각의에서 대장성 · 척식국 · 조선총독부 세 기관의 절충안이 도출되었으나, 척식국 장관이 경질되고, 새 장관이 기존 합의안에 이의를 제기함으로써 의회에는 제출되지 못했다고 한다(朝鮮銀行史硏究會 編, 앞의 책, 197-198쪽).

무를 확장한 것에 있었다. 쇼다는 1911년 조선은행이 설립될 당시에는 "조선의 금융기관"이었으나, "시운"의 진전에 따라 만주와 북중국 등지로 업무가 확대되었기 때문에 은행의 성격 및 역할이 예전과 판이하게 달라졌다고 강조하였다. 현재 조선은행이 만주 및 중국 지역에 수십 개의 지점을 설치하여 업무를 확대하고 있고, 또 정금은행을 대신하여 만주에서 조선은행권을 발행하고 있기 때문에 기존 발행력만으로는 부족하다는 것이다.[24]

이런 의미에서 보면 두 번째 이유, 즉 조선 내 자금수요에 대처하기 위해서라는 것은 그다지 설득력을 갖지 못하는 것이었다. 1917년 이후 조선은행 대출액의 지역별 추이를 보면, 조선보다도 일본 및 만주지역이 훨씬 많았고, 지점 수도 동일한 양상을 보이고 있었다.[25] 즉 한도 확장의 주된 근거는 바로 조선은행의 해외 진출에 있었던 것이다. 쇼다가 든 세 번째 이유는 그가 직접 작성한 것으로 알려진 문건과 관련이 있다. 쇼다는 조선은행 총재 시절 데라우치 마사다케寺內正毅 조선총독에게 은행의 발전방안을 담은 보고서를 제출한 적이 있다.[26] 이 문건 제일 첫머리에 나온 항목이 조선은행을 "세계적 은행"으로 발전시켜야 한다는 것이다. 쇼다는 조선은

24_이렇게 조선은행의 성격이 달라진 현실을 마키야마 고조牧山耕藏 의원의 다음 발언에서도 확인할 수 있다. 그는 조선은행이 현재 "주로 자력資力을 기울이는 곳은 만몽의 천지"이기 때문에 "경영에서 말하자면 조선은행이라기보다 대륙은행大陸銀行, 혹은 동아은행東亞銀行이라고 하는 편"이 오히려 정확하다고 하면서 이번 기회에 아예 은행 명칭을 변경할 것까지 주문하고 있었다. 이상은 1918년 3월 15일 제40회 帝國議會衆議院 朝鮮銀行法中改正法律案委員會議錄(速記) 제2회.

25_지역별 대출은 본서 128쪽의 〈표 2-2〉 참조. 영업소의 경우, 1919년 기준으로 조선 11개소, 만주(중국 포함) 22개소, 일본 4개소, 러시아 4개소, 기타(뉴욕) 1개소이다. 1911년 조선 10개소, 만주 1개소, 일본 1개소였던 것과 비교해보면 조선은 거의 변화가 없는데 반해 만주(중국 포함) 지역이 급팽창하였음을 알 수 있다(본서 228쪽 각주 26의 표 참조).

26_勝田主計, 「鮮銀擴張計劃」, 『寺內正毅關係文書 首相以前』, 山本四郎 編, 京都女子大學, 1984.

행이 만주 및 중국뿐만 아니라 런던, 뉴욕, 모스크바 등지에도 지점을 설치하여 조선에 국한되었던 영업망을 세계로 확장할 것을 주문하였다. 그가 든 세 번째 이유는 사실상 총재 시절부터 강조해 온 지론을 피력한 것에 다름 아니었다. 이와 같이 만주금융정책 수행과 더불어 세계적 대은행이 되기 위해서는 강력한 자금력이 필요할 것이고, 따라서 이 한도 확장은 "무엇보다도 이 금융기관에게 상당한 힘을 실어주는 것이 제국의 대외발전상에 있어서 가장 필요한 일이라고 생각"한 것에서 비롯된 것이라고 강조하였다.[27]

여기서 쇼다가 제2대 총재를 역임하였고, 데라우치 조선총독과 함께 조선은행 만주 진출에 일등 공신이었던 점에 주목할 필요가 있다. 당초안과 달리 보증준비 확장이 상정된 것은 아마 대장대신인 쇼다의 의지가 작용된 것으로 여겨진다. 이는 아래 귀족원에서의 질의응답을 통해 보다 분명히 알 수 있다.

중의원에서 별다른 이의가 없었던 확장안에 대해 귀족원에서는 그 타당성을 문제 삼았다.[28] 문제를 제기한 인물은 다름 아닌 아라이 겐타로였다. 앞에서 보았듯이 그는 1911년 제27회 의회에서는 정부위원으로서 「조선은행법」의 당위성을 설명하였던 인물이었다. 그런데 제40회 의회에서는 귀족원 의원으로서 한도 확장의 문제점을 날카롭게 지적하고 나섰다. 조선총독부 탁지부 장관 출신으로 「한국은행조례」 및 「조선은행법」 제정에 깊숙이 관여했던 아라이야말로 보증준비가 가지는 함의를 정확히 짚어낼 수 있던 인물이었다.[29] 아라이 주장의 핵심은 조선은행권 발행 증가는

27_1918년 3월 15일 제40회 帝國議會衆議院 朝鮮銀行法中改正法律案委員會議錄(速記) 제2회.

28_1918년 3월 25일 제40회 帝國議會貴族院 日本興業銀行法中改正法律案外一件特別委員會議事速記錄 제1호.

보증준비 확장이 아니라 정화준비를 확충시켜서 해결해야할 사항이라는 것이다. 이에 대해 당시 모리 슌로쿠로森 俊六郎(대장성 은행국장) 정부위원은 만약 보증준비를 확장하지 않는다면 조선은행의 "실제 경영상 도저히 감당할 수 없다"고 답변하였다. 그러자 아라이는 일본은행의 사례를 들어, 일본은행권 발행도 증가하고 있으나 이는 정화준비로 충분히 해결되고 있음을 지적하였다. 조선도 수출이 예년에 비해 호전되고 있으므로 정화준비를 충분히 강화할 수 있기 때문에 굳이 보증준비 한도를 확장할 필요는 없다는 것이다. 이에 모리 은행국장은 아라이의 의견대로 하게 되면 "은행의 이익은 거의 그것으로 인해 증가하는 것은 없"다라고 솔직하게 대답하였다. 그러자 아라이는 기다렸다는 듯이 다음과 같이 재차 따져 물었다.

> 荒井賢太郎: 답변을 하셨으나 아직 철저하지 않은 것 같은데, 지금 설명한 정화준비는 1/3 이상을 가지고 있는 것이 가능하고, 그러나 **정화준비로서 발행한 지폐는 하등 은행에 이익은 아니고, 따라서 은행의 이익을 올리기 위해서는 보증준비를 증가**해야 한다고 들었는데 맞습니까?(강조는 필자)
>
> 森 俊六郎: 대체로 은행의 이익이라고 말하기보다 은행의 힘을 증가시킨다는 것으로 보증준비의 확장이 필요하다고 생각하고 있습니다.

아라이가 한도 확장이 조선은행의 수익에 직결되는 것이 아니냐라고 재차 추궁하니 모리가 뒤늦게 은행의 이익이 아니라 경영능력을 강화하기 위한 것이라는 궁색한 답변을 내놓았다.

29_당시 쇼다는 아라이의 질문을 두고 다른 의원들에게서는 제기되지 않았던 내용이라고 평하고 있었다. 아라이와 쇼다는 「한국은행조례」 입안 과정에서 함께 입법안을 작성한 경험이 있다. 양자가 만든 안에 대해서는 朝鮮銀行史研究會 編, 앞의 책, 47-53쪽 참조.

아라이가 다시 정화준비율을 올려야 한다고 주장하자, 모리는 정화준비 물건의 내용을 변경하겠다는 다소 엉뚱한 답변을 내놓는다. 종래 정화준비는 일본은행권이 대부분을 차지하고 있는데, 1921년에는 정화준비 중 절반을 금金으로 채우겠다는 것이다. 당시 일본은행권만으로도 버거운 상태인데, 갑자기 정화준비의 절반을 금으로 대체하겠다는 이 답변은 왜 나온 것일까? 사실 조선은행 정화준비를 실질적인 금본위제에 맞게 준비하는 것은 이상적으로는 훌륭하고 부정하기 어려운 내용이다. 하지만 현실적으로는 실현이 어렵고, 또 기존 일본은행권의 유출입을 통해 식민지 조선의 통화금융을 조절하는 시스템과도 맞지 않게 된다. 이는 향후 추구해야 할 이상을 앞에 내세우면서 논의의 방향을 다른 곳으로 돌리려고 한 것으로 보인다. 즉 당장 정화준비 충실이 어렵기 때문에 우선 보증준비 확장을 통해 은행 경영을 활성화시킨 다음 금金을 중심으로 한 정화준비로 이행하겠다는 것이다. 이는 보증준비 한도 확장을 조선은행 수익과 연결지음으로써 궁지에 몰린 모리 국장이 불리한 국면을 전환하기 위해 내놓은 것이다. 즉 정화준비 확장이 당장은 어렵다는 것을 내세우면서 우회적으로 보증준비 한도 확장의 불가피성을 옹호하고 있었다.

이렇게 모리가 아라이에게 계속 추궁을 당하자 대장대신인 쇼다가 보완 설명을 하겠다고 등장하였다. 그런데 쇼다 역시 모리처럼 정화준비를 중심으로 설명하고 있는데, 특히 그는 "정화준비로서 오로지 은행권을 내는 것은 가능하지 않"다는 논리로 보증준비 확장의 필요성을 강조하였다. 그런데 주지하다시피 정화준비율은 1/3만을 채우면 되기에 사실상 은행권은 보증준비 발행분이 더 많아도 상관없도록 설계되어 있다. 이에 아라이 역시 본인이 모든 발행을 정화준비로 해야 한다고 주장하는 것은 결코 아니다라고 하면서 "보증준비라는 것을 존속시키는 것은 은행의 자위상에서도 필요"함을 인정하였다. 쇼다가 전혀 사리에 맞지 않는 전액 정화준비발행을 언급한 것은 역시 아라이의 논점을 흐리게 할 의도였던 것으로 보인다. 그래서 아라이도 즉각 이를 바로잡았던 것이다. 또 쇼다는 설립된 지 겨우 7, 8년밖에 되지 않은 조선은행을 수십 년 전에 창립되어 그 기초가 탄탄한 일본은행과 비교하는 것은 현실에 맞지 않는다고 반박하였다. 쇼다에 따르면 이번 확장은 다름 아닌 "동행에게 더욱 힘을 주어서 그 업무의 기초를 견고하게 하"는데 있다는 것이다.

아라이의 문제 제기는 1911년 의회에서 본인이 정부위원으로 답변했던 내용을 떠올리게 한다. 즉 "결국 태환권을 발행하는 은행은 보통의 은행에 비한다면 다대한 이익을 얻습니다."[30]라고 언급했던 그는 조선은행에게 발권 특권이 어떤 의미를 가지는지를 정확히 이해하고 있었고, 따라서 온전히 조선은행의 수익 향상으로 귀결될 보증준비 한도 확장의 문제점을 지적하고 싶었던 것이다.

반면 쇼다로서는 본인이 적극적으로 주장하여 관철시킨 만주 진출에서 조선은행이 제대로 된 역할을 수행하기 위해서는 자금 운용력을 강화시켜야만 했다. 그는 조선은행이 정화준비를 제고하여 자금을 조달하는 것은 감당하기 어렵다고 보고, 아무런 부담 없이 은행권을 발행할 수 있는 보증준비 한도를 확장함으로써 이를 해결하려고 한 것이었다.

귀족원에서의 논쟁을 통해 보증준비 확장안이 조선은행 수익 향상에 직결된다는 점을 확인할 수 있었다. 아라이-모리의 대화는 보증준비와 조선은행 영리와의 함수관계를 적나라하게 보여주었다. 시중에서도 보증준비 한도가 확장되면 기존 제한외발행이 사라지기 때문에 조선은행이 누리

30_1911년 3월 13일 제27회 帝國議會貴族院 朝鮮銀行法案特別委員會議事速記錄 제1호.

는 "이득은 막대히 증가"될 것이라고 이해되고 있었다. 한 기자가 조선은행을 방문하여 중역에게 이번 개정으로 인해 큰 이익을 보게 될 것이라고 말하자, 그는 마치 "급소를 찔린 듯"한 안색으로 변하면서 시중에서 예상하는 것처럼 그다지 크지 않을 것이라고 변명하고 있는 모습을 보이고 있었다.[31]

3. 1937 · 39년: 중일전쟁에 따른 한도 확장

1930년대 들어서 조선은행권 발행과 관련하여 새로운 환경이 조성되었다. 첫째는 관리통화제도의 도입이다. 일본은 1897년 금본위제를 채택하였는데, 제1차 세계대전 중인 1917년 이를 정지하였다. 다시 1930년 1월 금본위제에 복귀하였으나 1931년 12월 금수출을 재금지함으로써 금본위제도에서 완전히 이탈하였다. 이로써 일본은 기존 금 중심의 정화준비를 통한 통화조절에서 벗어나게 되었다. 그 시작은 1932년 일본은행권 보증준비 발행한도의 확장이었는데, 1899년에 정해진 1억 2천만 엔의 한도가 일거에 10억 엔으로 약 8배 이상 확장되었다. 또 제한외발행세율도 5%에서 3%로 인하되었다. 그 결과 일본은행권의 정화준비율은 1932년도부터는 30% 이하에 머물고 있었다. 일본은행의 보증준비 한도 확장은 조선은행에게도 영향을 미칠 것으로 예상되고 있었고, 조선은행 측도 이를 기대하고 있었다.[32] 그러나 이는 실현되지 않았는데, 우선 일본은행권의 한

31_「改正法 實施後의 朝鮮銀行」, 『每日申報』, 1918. 4. 11.

32_일본은행과 연계하여 조선은행도 "어느 정도의 확장은 어쩔 수 없"이 될 것이라고 기대하면서 당시 가토 케이자부로加藤敬三郎 총재가 "대장성과 절충하"는 것에 따라 의회에 제출될 수 있을 것이라는 관측도 있었다(「當然問題となる鮮銀の保證準備擴張, 加藤總裁上京大藏省と近衝か,

도 확장은 일본 정부의 공채 인수를 위한 것이었기 때문에 조선은행과는 별 상관이 없었다. 또 만주중앙은행의 설립에 따라 만주 지역 내에서 조선은행권은 곧 회수될 것으로 예상되었고, 그렇게 되면 통화량이 축소될 것이기 때문에 굳이 한도를 확장할 필요가 없다는 것이 그 이유였다.[33] 다만 제한외발행세율은 1935년 4월에 종래 5%에서 4%로, 1936년 5월에 다시 3%로 인하하였는데, 이는 일본의 저금리 기조에 따른 것이다.

둘째는 1937년 중일전쟁의 발발이다. 발발 당시 조선은행권은 화북지역에서 유통되고 있던 현실을 감안하여 군용통화로 지정되었다.[34] 그 결과 조선은행권의 수요가 증대될 것으로 예상되어 중일전쟁으로 인해 개최된 특별의회인 제71회 제국의회(1937. 7. 25.~8. 7.)에서 확장안이 상정되었다. 통화량의 증발과 제한외발행의 빈번한 출현에도 불구하고 진척이 없던 한도 확장은 중일전쟁을 계기로 5천만 원에서 1억 원으로 일거에 두 배로 확장되었다.

그런데 흥미로운 점은 당시 의회에서 정부는 한도 확장을 전쟁과 직접 연결 짓지 않고 있었다는 점이다. 일본 정부는 한도 확장의 이유를 단순히

限度は億圓?」, 『釜山日報』 1932. 7. 14.). 마쓰바라 준이치松原純一 이사는 "보증발행의 확장과 한외발행세 인하 등의 이유가 상당하므로 실현의 가능성이 있다"고 전망하고 있었다(「朝鮮銀行의 發券限度擴張 來通常議會 提出」, 『東亞日報』, 1932. 9. 20.).

33_만주에서 법화로서 유통되고 있던 조선은행권은 1932년 만주중앙은행이 설립되자, 잠정적인 조치로 만주국에서 금본위계 통화[金券]로서 유통되고 있었다(朝鮮銀行史研究會 編, 앞의 책, 464쪽). 1935년 말 만주중앙은행권(만주국폐)은 일본엔과 등가연계로 변경되어 제도적으로 금권과 등가관계로 되었다. 그 결과 조선은행권은 회수되었고, 1936년 말 신설된 만주흥업은행에게 재만주 20개 지점을 양도함으로써 만주에서 완전히 철수하게 되었다.

34_전쟁 이전 조선은행 천진지점이 치외법권을 이용하여 은행권을 발행하고 있었는데, 당시 중국 주둔 일본군도 조선은행권을 사용하고 있었기 때문에 우선 이것을 증발하여 군사 지출에 사용한다는 방침이었다. 이 결정에 따라 조선은행원은 "배낭에 조선은행권을 가득 채운" 채 군대를 따라다니면서 군비지불 업무를 수행하였다고 한다(朝鮮銀行史研究會 編, 앞의 책, 545쪽).

조선은행권의 발행추이를 고려한 것이라고만 설명하고 있었다.[35] 그러자 중의원 오가사와라 산쿠로小笠原三九郎가 "여기에 쓰여 있는 간단한 이유"가 아닌 "근거 있는 이유"를 대라고 추궁하자 정부위원인 이루마노 타케오入間野武雄(대장성 은행국장)는 단지 조선은행권의 발행추이를 고려한 것뿐이라고 답변하였다.[36] 이에 오가사와라는 다시 "(한도 확장은) 이유서에 쓰인 대로 조선은행권의 발행 상황에 비추어서 조선에서의 금융을 원활케 하고 금리 저하를 도모"하는 것이라고 하더라도 "그 실제는 북중국의 우리 군대를 위해 사용하"기 위한 것이 아닌가라고 재차 질문하였다. 그러나 이루마노는 여전히 "조선은행에 대해서는 별다른 뜻이 있을 이유는 없습니다. 단지 조선은행의 현재 발행 상태 및 조선에서의 장래 발행을 예상하여 증액"한 따름이라는 기존 답변을 되풀이하고 있었다. 오가사와라가 지적하였듯이 확장 이유가 중일전쟁과 직접 관련이 있음에도 불구하고 이를 굳이 부정하는 이유는 무엇일까? 크게 두 가지 이유를 들 수 있다. 첫째는 북중국에서 조선은행권을 군용통화로 사용하는 것은 잠정적인 조치라는 것이다. 일제는 이듬해 3월 중국연합준비은행을 설립, 은행권을 발행함으로써 북중국의 전비를 조달하게 되었다. 둘째는 인플레이션의 우려 때문이다. 조선은행권은 전비로 사용됨에 따라 증발될 수밖에 없고, 이는 고스란히 물가 상승으로 이어질 가능성이 높았다. 확장 이유를 전쟁이 아니라 조선 내 경제상황에 부응하기 위한 것으로 답변함으로써 전시 인플레이션이라는 우려를 피하려 했던 것으로 보인다.

35_1937년 8월 3일 제71회 帝國議會衆議院 産金法案外六件委員會議錄(速記) 제3회.

36_이루마노는 현재 "발행액이 대체 1억 5, 6천만 원"으로 가까운 "장래에는 2억 원 정도로 될 것"으로 예상되는데, 당시 조선은행 정화준비는 3년 평균 "약 1억 원 정도"로 "그 부족액인 1억 원을 보증준비로 인정"하는 것이라고 답변하였다.

귀족원에서도 동일한 문제점이 거론되었는데, 오오코우치 키코우大河內輝耕 의원은 "보증준비 확장이 남용되"면 결국 이는 "물가등귀"를 "장려하"는 결과를 가져오게 되고 또한 한도 확장은 "은행의 경영까지도 방만하기 쉬울 우려가 다분"이 있기 때문에 주의해야 한다고 지적하였다. 이에 이루마노 국장은 한도 확장은 "조선의 산업발달이 최근 현저해져 한외발행을 하고 있"는 실정을 고려한 것으로 인플레이션 문제는 은행국에서 충분한 감독을 하겠다고 답변하였다.[37] 오오코우치가 지적하였듯이 한도 확장은 조선은행에게 방대한 자금원을 제공해줌으로써 자칫하면 방만한 자금운영으로 흐르기 쉽고, 이는 고스란히 인플레이션으로 이어질 수 있었다. 일본 정부에서 계속해서 전쟁과의 직접적인 관련성을 회피하고 이를 조선 내 경제상황이라는 이유만으로 한정하는 이유는 여기에 있었다. 즉 경제상황의 진전에 따른 한도 확장은 타당성이 있으나 전쟁으로 인한 확장은 물가 상승이라는 악영향을 초래할 것이기 때문이다. 이런 우려를 감추기 위해서 경제 상황, 즉 경제의 진전에 조응하는 확장이라는 점을 전면에 내세운 것으로 보인다. 그러나 이 답변이 궁색한 것은 〈부표 2-1〉을 통해서 알 수 있듯이 1920년대 그렇게 빈번하게 발생하던 제한외발행 상태에서도 확장을 하지 않았던 것에서도 확인할 수 있다. 후술하겠지만 조선은행권의 한도 확장은 조선 내 경제상황과는 그다지 연관성이 높지 않았다.

그러나 1937년 한도 확장의 효과는 금방 끝이 나고, 연말부터 다시 제한외발행이 지속적으로 발생하였다. 더구나 전쟁은 필연적으로 통화 수요 증가를 가져올 수밖에 없기 때문에 일본 정부로서도 대책을 강구하지 않을 수 없었다. 제74회 제국의회(1938. 12. 26.~1939. 3. 25.)에서 법률 개정이

---

37 1937년 8월 5일 제71회 帝國議會貴族院 産金法案特別委員會議事速記錄 제1회.

논의되었는데, 이 확장은 일본은행 및 대만은행의 확장과 동시에 진행되었고 1개월의 시차를 두고 시행되었다.[38] 의회에서의 논의는 지난 71회와 마찬가지로 형식적인 것이었다. 정부 설명은 중일전쟁이 지속됨에 따라 조선에서의 "일반경제" 거래가 급격히 확대되었고, 그 결과 증가된 통화 수요에 맞추기 위해서라는 것이다.[39]

그런데 당시 언론에서는 확장 배경에 대해 다른 해석을 내놓고 있었는데 조선은행이 보유한 정화준비를 국채 투자로 돌리게 되면 전비조달과 일본은행권 감소라는 1석2조의 효과를 거둘 수 있다는 것이다.[40] 또한 흥미로운 점은 이로 인해 조선은행이 누리게 될 혜택에 관해서다. 확대된 한도 6천만 원은 "무이자 자금"이기에 조선은행은 "큰 이익"을 얻을 수 있다는 것이다.[41] 당시 기사는 이 확장으로 인해 "직접적"으로 "가장 호好영향을 받는 것은 조선은행 자체"이기 때문에 "업적에 기여한 바 크다"고 전하고 있었다.[42] 반면 이로 인해 발생되는 인플레 우려에 대해서는 애써 부정하고 있었다. 가령 한도 확장으로 인해 직접적으로 조선 내 물가가 등귀할 우려가 있다는 것에 대해서도 "보증준비와 직접 관련이 없다"[43]는 억지주장이나 조선은행이 "적당히 자제하면 결코 악성인플레를 초래"[44]하지 않을

38_일본은행은 22억 엔(「昭和13年法法律第64號中改正」(法律 제58호, 1939. 4. 1. 시행))으로 확장되었고, 조선은행은 1억 6천만 원, 대만은행은 8천만 원으로 확장되었다.

39_1939년 3월 10일 제74회 帝國議會衆議院 議事速記錄 제23회. 몇 건의 질의응답이 있었으나 내용은 별 차이가 없다.

40_「鮮銀의 保證準備 大幅擴張이 必要, 一億圓程度로, 國債等에 投資, 인풀레는 自制可能」, 『每日新報』, 1939. 1. 29.

41_「鮮銀準備 擴張은 日銀券 膨脹防止와 國債投資 餘力發生」, 『每日新報』, 1939. 2. 17.

42_「鮮銀의 準備擴張, 金融界에는 無影響, 鮮銀業績에 寄與는 至大」, 『每日新報』, 1939. 2. 5.

43_「朝鮮銀行保準 擴張 無影響 「인풀레」招致 念慮無用」, 『東亞日報』, 1939. 2. 5.

44_「朝鮮銀行券 保準 擴張論 漸次有力」, 『東亞日報』, 1939. 1. 29.

것이라는 근거 없는 낙관론을 펴고 있었다.

그런데 1939년의 한도 확장은 일제의 전비조달과 관련지어 이해해야 한다. 조선은행은 북중국 지역의 전비조달 과정에서 막대한 엔円자금을 확보할 수 있었고, 그 결과 정화준비를 충실히 할 수 있었다.[45] 보증준비 한도를 확장한 이유는 조선은행이 보유한 엔자금을 국채 인수로 돌리기 위해서였다. 국채는 보증준비 물건으로 되어 있기 때문에 한도 확장을 통해 조선은행 보유 일본은행권을 그냥 예금으로 묶어두는 것이 아니라 전비조달에 충당하고자 한 것이다.[46] 요컨대 조선은행이 보유한 엔자금은 국채로 전환되었고, 조선은행은 이 국채를 준비로 한 보증준비 한도 확장을 통해 은행권을 발행하는 시스템으로 이행하고 있었던 것이다. 이는 1941년 조선은행권 발행제도 전환으로 귀결되었다.[47]

45_당시 이사를 역임했던 호시노 키요지星野喜代治에 따르면 조선은행은 중일전쟁 이후 윤택해진 엔자금을 바탕으로 일본 단자시장에 큰 손으로 활동하였다고 한다. 또한 1941, 42년경에 일본 내 전체 은행 중에서 두 번째로 많은 국채를 소유한 기관이 조선은행이었다고 한다(星野喜代治, 앞의 책, 82쪽).

46_일제는 중국 점령지 전비조달에 있어 독특한 시스템을 운영했는데, 전쟁 발발 당시에는 조선은행권을 군용통화로서 사용하였으나, 1938년 들어 특수한 금융조작을 통해 새로운 방식을 개발하였다. 북중국에서는 중국연합준비은행이 발행한 은행권으로 전비를 충당하였는데, 당시 중국연합준비은행은 조선은행과 '예금협정'을 맺고 있었다. 이 '예금협정' 방식을 통해 임시군사비특별회계에서 지출된 군사비는 실제로 중국에 송금되지 않은 채 조선은행과 중국연합준비은행의 예금구좌에 금액만이 기재될 뿐이었다. 중국연합준비은행은 조선은행에 대한 일본엔 예금을 준비로 하여 은행권을 발행하게 되었고, 이 엔자금은 모두 조선은행 도쿄지점에 고스란히 축적되었다. 조선은행은 이 '예금협정' 과정에서 확보한 거액의 엔자금을 국채 소화에 운용함으로써 전비조달과 함께 일본 인플레이션 억제에 기여하고 있었다. 일본은행권 증발을 통해 대부분의 전비를 조달할 수밖에 없었던 일본이 중국 점령지에 실제로 엔자금을 공급하지 않은 채 전비를 조달하기 위해 고안한 방식이 바로 '예금협정'이었다. 이상 일제의 전비조달 방식과 조선은행권 발행제도와의 관계에 대해서는 본서 2부 2장 1절 참조할 것.

47_1941년의 최고발행액제한제도의 전환은 보증준비 발행한도의 자유로운 확장을 가능케 하여 조선은행권 증발의 제도적 기초를 이루었다(본서 2부 2장 3절 참조).

Ⅲ. 보증준비 발행한도 확장의 함의

2절에서 보증준비 발행한도가 확장되는 과정을 살펴보았다. 그렇다면 한도 확장은 일반적으로 이해되는 것처럼 통화량과 밀접한 관련 속에서 이루어지고 있었는가? 만약 그렇지 않다면 어떤 이유로 한도가 확장되며, 이 확장은 은행권 발행자인 조선은행과는 어떤 관련이 있는가? 여기에서는 이 물음에 대해 답해보고자 한다.

대체로 한도 확장은 기존 준비로는 통화발행이 여의치 않을 경우, 그 한도를 늘려서 해결하는 것으로 이해되기 쉽다. 한도 확장이 통화발행 추이를 어느 정도 반영하여 결정되고 있는가에 답하기 위해서는 우선 조선은행의 제한외발행 실태(〈부표 2-1〉)를 검토할 필요가 있다.

〈표 2-5〉 조선은행권 제한외발행 연속 발생 개월수

연월	1917.12 ~1918.03	1918.12 ~1920.07	1921.10 ~1923.06	1923.11 ~1926.06	1926.11 ~1927.07	1931.11 ~1932.03	1934.12 ~1935.03
개월수	4	20	21	32	9	5	4
연월	1935.06 ~1935.10	1936.05 ~1937.04	1937.06 ~1937.08	1937.12 ~1938.02	1938.04 ~1938.09	1938.12 ~1939.02	1939.11 ~1941.02
개월수	5	12	3	3	6	3	16

출전: 〈부표 2-1〉.

1911년 확장 이후 조선은행권의 발행 추이를 보게 되면 1918년 재확장이 이루어질 때까지 제한외발행이 거의 발생하지 않고 있었다. 매년 최고 발행고는 1,724만 원(1911.11), 1,881만 원(1912.3), 1,677만 원(1913.12), 1,485만 원(1914.2)으로 보증준비 한도보다 훨씬 밑도는 추이를 보이고 있다. 발행고가 한도액인 2천만 원을 초과한 것은 1915년 11월이 되어서였다. 이후 1916년까지는 대체로 2천만 원 내외를 유지하다가 11월에 갑자기 3천만 원으로 증가, 12월까지 지속되었고, 1917년 12월이 되어서야 최초의 제한외발행(850여만 원)이 출현하였다.

1910~17년 사이 정화준비율이 최소규정인 1/3을 겨우 넘기고 있는 실정임을 감안하면 이 한도 확장의 최대 수혜자는 조선은행임을 알 수 있다. 정화준비가 매우 취약했던 조선은행으로서는 은행권 발행의 2/3를 보증준비로 발행함으로써 겨우 유지되고 있었던 것이다. 병합 초기 정부대상금 및 제일은행 무이자 대출 등으로 인해 민간 대출분이 적었고, 이로 인해 수익이 저하될 우려가 있었던 조선은행으로서는 보증준비 한도 확장을 통해 이를 보전할 수 있었던 것이다.

그러나 1918년 확장의 경우는 위와 정반대의 결과를 보여주고 있다. 1917년 말 발생했던 제한외발행은 한도가 증액됨으로써 잠시 사라졌으나 그해 연말에 다시 출현하고 있었다. 사실상 1918년 한도 확장의 효과는 거의 없었다고 보아야 할 정도인데, 1918년 말부터 1920년 중반까지 20개월 연속으로 제한외발행이 발생하고 있었다. 특히 1919년 말부터 1920년 초까지는 제한외발행액이 거의 5천만 원에 육박하였는데, 이는 보증준비발행한도와 맞먹는 액수이다. 조선은행권 발행고도 1919년 12월 말 최고 1억 6천여만 원에 달하였는데, 이 액수는 1934년까지의 최고발행고였다. 잠시 소강상태를 보이던 발행 추세는 1921년 말부터 다시 제한외발행이 발생하여 21개월 동안 지속되었고, 1923년 말부터는 2년 8개월 동안 제한외발행이 계속되는 추이를 보이고 있다.

1918년도 한도 확장은 조선은행의 발권력을 대거 확대시켰고, 그 결과 방만한 자금운영으로 인해 1920년대 정리의 서막을 열게 되는 단서가 되었던 것이다. 아라이의 우려가 현실화된 것이다. 이에 반해 조선 내 대출분은 크게 증가되지 않았다(〈표 2-2〉 참조). 설립 초기 대출의 대부분을 차지하던 조선 지역은 조선은행이 만주에 본격적으로 진출하면서부터 그 비율이 저하되고 있었다. 특히 1917년을 기점으로 거의 1/3 수준까지 급락하였으며 일본 및 만주 지역의 대출이 급증하면서 그 점유율을 높여가고 있었다. 여기서 일본 지역 대출분은 주로 만주 지역 등을 대상으로 한 기업들에 대한 대출을 말한다. 증가된 발권력은 조선이 아닌 다른 지역을 중심으로 운용되고 있었던 것이다.

1927년 말을 기점으로 거의 발생하지 않았던 제한외발행은 1934년 말부터 본격적으로 등장하였다. 1934년 말부터 1935년에 걸쳐 꾸준하게 제한외발행이 발생하였는데, 1936년 3월부터 1937년 8월까지는 두 달만 제외하고는 계속해서 일어나고 있었다. 이러한 제한외발행으로 인해 한도 확장의 목소리가 높았으나 제한외발행세율만 1935년 4월에 5%에서 4%로 인하되었다.[48] 즉 한도 확장 대신 발행세율 인하로 대체하고 있었다. 그러나 이 발행세율 인하는 사실상 일본 금융시장의 저금리정책 기조 속에서 단행된 것으로 보는 것이 타당하다.

이와 같이 제한외발행이 거의 일상화되고 있음에도 불구하고 보증준비 한도 확장이 이루어지지 않은 이유는 무엇인가? 가령 1920년대의 경우는 조선은행 정리와 관련지어 생각해 볼 수 있을 것이다. 즉 조선은행은 확장된 발권력을 기반으로 방만한 자금운용을 하였고, 그 결과 막대한 불량 채권을 안게 되었다. 1922년부터 정리 문제가 본격적으로 등장하고 있었고, 1923년부터 정부 원조가 준비되고 있는 상태에서 조선은행에게 유리한 보

48_ 〈표〉 제한외발행세율 변화 추이

날짜	1917.11.30.	1918.10.12.	1919.11.27.	1926.12.20.	1927.12.1.	1935.4.11.	1936.5.1.
세율(%)	5	6	7	6	5	4	3

출전: 朝鮮銀行史研究會 編, 『朝鮮銀行史』, 東洋經濟新報社, 1987, 848-849 · 1011-1027쪽(연표)

증준비 한도 확장이 논의될 리는 만무하였다. 그러나 더 중요한 것은 한도 확장이 반드시 제한외발행의 추이만을 반영하는 것은 아니라는 점이다. 아라이가 지적하였듯이 기본적으로 은행권 증발은 정화준비의 제고에 따른 건전성에 기반을 두어야 한다. 따라서 불가피한 상황이 일어나지 않는 한 확장은 논의대상이 될 수 없었다.

그렇다면 보증준비 한도는 언제 확장되는가? 그것은 바로 조선은행이 일제의 국책을 수행할 때이다. 2절에서 확인하였듯이 강제병합으로 인한 재정자금의 필요, 만주로의 본격적 진출, 중일전쟁 이후 전비조달 기관화 등을 계기로 한도가 확장되고 있었다. 즉 조선은행으로서는 국책을 수행한다는 미명하에 적극적으로 해외로 진출할 때, 이를 빌미로 확장이 가능하게 된다.[49] 앞에서 보았듯이 경제적 상황, 즉 제한외발행이 많이 발생한다든지 라는 상황만으로는 불가능하다. 만약 그렇다면 1918년에서 1937년 사이의 무수한 제한외발행에도 불구하고 확장이 되지 않은 이유가 설명이 되지 않는다. 법률로서 제정되었다는 것 자체가 정치적인 고려 없이는 확장이 불가능함을 확인해주는 것이다.

조선은행에게 있어 보증준비 발행한도 확장은 가장 유리한 영리 추구의 방식이다. 보증준비는 비용을 들이지 않고 자금을 조달할 수 있다는 점에서 조선은행으로서는 가장 바람직한 발행 방식이다. 그러나 이는 조선은행이 국책 수행의 담당자가 됨으로써 가능한 것이다. 가령 1930년대 만주국 수립 이후 조선은행이 만주국에서 은행권을 발행하고 있었지만, 확

49_1917년 만주 진출이 본격화 되었을 때 나온 다음 기사는 이를 단적으로 보여준다. "정부가 선은에 만주 금권의 통일을 실행케 하였는 즉 **이에 반伴한 특권인 보증준비발행권의 증가**를 불여不與함은 선은으로는 일종의 고통이라 칭하겠으니 (…)"(강조는 필자)(「鮮銀 保證準備發行 增加說, 鮮銀法 改正 如何」, 『每日申報』, 1917. 12. 18.).

장은 이루어지지 않았다. 왜냐하면 만주중앙은행이 정상화되면 이 권리는 곧 회수될 것으로 예상되었기 때문이다. 당시 확장 필요성이 조선은행 내부에서 제기되었지만 실현에 이르지 못한 것은 바로 이 이유 때문이었다.[50]

마지막으로 조선은행이 발권을 통해서 올리는 수익은 전체 수익에서 어느 정도의 비중을 차지하고 있었을까? 『朝鮮銀行史』에서 1940년대를 대상으로 시산試算한 내용이 있는데, 아래 〈표 2-6〉과 같다.[51] 여기서 발행이익은 보증준비 발행고의 운용이익에서 제한외발행세 및 발행경비를 제외한 것이다. 총수익 중 발권 이익이 최대 58%를 차지하는 등 발행을 통해 얻을 수 있는 이익이 상당함에 이르고 있음을 알 수 있다. 즉 은행권 발행이 조선은행 수익면에 큰 기여를 하고 있음을 확인할 수 있다.

아래의 〈표 2-6〉은 중일전쟁 이후의 사태를 반영한 것으로 일제의 대륙 침략이라는 국책이 조선은행에게 어떤 의미를 가지는지를 잘 보여준다고 할 수 있다. 왜 조선은행이 일제 패전 후 전범기관이 되었는가에 대한 답은 바로 그 구조 내에서 찾아야 할 것이다. 조선은행은 단순히 일제의

50_조선은행은 제한외발행이 발생하자 보증준비 발행한도 확장을 대장성에 요구하고 있었다. 그러나 대장성은 반대하였는데, 그 이유는 조선은행권 팽창의 주요인이 "만주 관계에 의한 것"인데 만주국의 화폐제도가 통일되면 "만주국 내에서 유통되는 선은권의 회수"가 곧 도래할 것이기 때문에 굳이 한도를 확장할 필요는 없다는 것이다(「朝鮮銀行法 改正 低金利와의 關聯性」, 『每日申報』 1935. 2. 9.).

51_위 〈표 2-6〉은 1940년 이후를 대상으로 하고 있기 때문에 본 논문이 다루는 시기와 직접 관련은 없다. 이는 발권 이익을 확인할 수 있는 자료가 위 시기에 국한되어 있기 때문으로 필자의 논지를 설명하는데 한계가 있을 수 있다. 그러나 1941년 이후부터는 최고발행액제한제도의 도입으로 인해 보증준비 발행분의 비중이 상당히 높아져 가고 있던 시기임을 감안할 필요가 있다. 즉 보증준비 발행분이 증가할수록 조선은행 수익도 증대되는 현상을 확인할 수 있다는 점에서 그 의미를 보다 적극적으로 해석할 필요가 있다고 생각하여 활용하였다.

요구에 따라 금융조작을 실시했던 것이 아니라 스스로가 일제의 침략전쟁에 적극적으로 참여하였다. 그 이면에는 국책 수행을 통한 영리 추구가 강하게 자리 잡고 있었던 것이다.

〈표 2-6〉 조선은행 이익 중 발권 이익이 차지하는 비중

	발행이익(천 원)	당기이익	발행이익/당기이익(%)
1940	5,676	23,116	25
1941	10,232	28,028	37
1942	15,217	31,868	48
1943	25,683	50,960	50
1944	40,496	70,140	58

출전: 朝鮮銀行史研究會 編,『朝鮮銀行史』, 東洋經濟新報社, 1987, 614-615쪽 〈표 5-15〉에서 재인용.
주 : 1943년 9월부터 회계연도가 변경되어 기존 6월, 12월 결산이 3월, 9월로 바뀜. 따라서 1943년도와 1944년도의 해당기간은 다음과 같음. 1943(43.1-44.3), 1944(44.4-45.3)

〈부표 2-1〉 조선은행권 제한외발행 실태

(단위: 천 원, %)

연월	발행고	정화준비(율)	보증준비(율)	제한외발행(율)	연월	발행고	정화준비(율)	보증준비(율)	제한외발행(율)
1917. 12	67,364	28,787 (43)	38,577(57)	8,577(13)	1926. 11	100,981	36,164 (36)	64,816(64)	14,816(15)
1918. 1	63,384	25,350 (40)	38,034(60)	8,034(13)	12	110,936	38,135 (34)	72,801(66)	22,801(21)
2	61,343	21,505 (35)	39,837(65)	9,837(16)	1927. 1	106,606	35,901 (34)	70,704(66)	20,704(19)
3	63,076	23,480 (37)	39,595(63)	9,595(15)	2	101,479	41,673 (41)	59,806(59)	9,806(10)
12	115,523	47,921 (41)	67,602(59)	17,602(15)	3	100,618	47,392 (47)	53,226(53)	3,226(3)
1919. 1	106,520	37,857 (36)	68,663(64)	18,663(18)	4	114,271	42,263 (37)	72,008(63)	22,008(19)
2	103,419	34,790 (34)	68,628(66)	18,628(18)	5	90,776	34,682 (38)	56,094(62)	6,094(7)
3	93,944	31,502 (34)	62,441(66)	12,441(13)	6	88,977	34,863 (39)	54,114(61)	4,114(5)
4	90,974	30,398 (33)	60,576(67)	10,576(12)	7	80,986	29,136 (34)	53,849(66)	3,849(5)
5	94,776	31,741 (33)	63,035(67)	13,035(14)	12	124,527	57,330 (46)	67,197(54)	17,197(14)
6	102,797	34,504 (34)	68,292(66)	18,292(18)	1929. 12	118,701	61,227 (52)	57,474(48)	7,474(6)
7	111,881	41,921 (37)	69,959(63)	19,959(18)	1931. 11	89,914	30,116 (33)	59,797(67)	9,797(11)
8	120,230	50,346 (42)	69,884(58)	19,884(17)	12	100,909	34,183 (34)	66,726(66)	16,726(17)
9	120,221	51,127 (43)	69,093(57)	19,093(16)	1932. 1	91,955	30,890 (34)	61,065(66)	11,065(12)
10	127,064	57,266 (45)	69,797(55)	19,797(16)	2	81,331	27,259 (34)	54,072(66)	4,072(5)
11	152,440	61,250 (40)	91,190(60)	41,190(27)	3	79,035	26,475 (33)	52,560(67)	2,560(3)
12	163,600	65,869 (40)	97,730(60)	47,730(29)	1934. 12	192,457	113,799 (59)	78,658(41)	28,658(15)
1920. 1	152,792	52,812 (35) 49,979(33)	99,979(65)	49,979(33)	1935. 1	174,938	118,798 (68)	56,140(32)	6,140(4)
2	152,976	53,058 (35)	99,917(65)	49,917(33)	2	166,263	106,613 (64)	59,650(36)	9,650(6)

연월	발행고	정화 준비(율)	보증준비(율) 제한외발행(율)	연월	발행고	정화 준비(율)	보증준비(율) 제한외발행(율)
3	154,698	55,984 (36)	98,713(64) 48,713(31)	3	161,512	103,536 (64)	57,976(36) 7,976(5)
4	129,826	49,055 (38)	80,771(62) 30,771(24)	6	147,938	95,987 (65)	51,951(35) 1,951(1)
5	114,621	48,175 (42)	66,446(58) 16,446(14)	7	138,739	87,856 (63)	50,883(37) 883(1)
6	108,239	50,185 (46)	58,054(54) 8,054(7)	8	141,949	90,006 (63)	51,943(37) 1,943(1)
7	99,570	47,987 (48)	51,583(52) 1,583(2)	9	154,955	100,352 (65)	54,603(35) 4,603(3)
1921. 10	114,485	47,584 (42)	66,631(58) 16,631(15)	10	176,123	103,934 (59)	72,189(41) 22,189(13)
11	125,871	55,932 (44)	69,939(56) 19,939(16)	1936. 3	171,333	119,255 (70)	52,078(30) 2,078(1)
12	136,360	48,634 (36)	87,726(64) 37,726(28)	5	162,039	106,801 (66)	55,238(34) 5,238(3)
1922. 1	118,717	44,805 (38)	73,912(62) 23,912(20)	6	159,675	104,983 (66)	54,692(34) 4,692(3)
2	121,906	43,400 (36)	78,505(64) 28,505(23)	7	147,876	88,316 (60)	59,560(40) 9,560(6)
3	114,042	39,722 (35)	74,320(65) 24,320(21)	8	147,649	87,900 (60)	59,749(40) 9,749(7)
4	101,849	37,812 (37)	64,036(63) 14,036(14)	9	156,545	98,176 (63)	58,369(37) 8,369(5)
5	93,265	36,319 (39)	56,945(61) 6,945(7)	10	160,869	90,878 (56)	69,991(44) 19,991(12)
6	95,024	36,003 (38)	59,020(62) 9,020(9)	11	192,737	140,940 (73)	51,797(27) 1,797(1)
7	91,413	35,782 (39)	55,630(61) 5,630(6)	12	210,654	123,269 (59)	87,385(41) 37,385(18)
8	90,207	34,101 (38)	56,105(62) 6,105(7)	1937. 1	191,640	101,740 (53)	89,900(47) 39,900(21)
9	87,811	33,336 (38)	54,474(62) 4,474(5)	2	175,684	89,811 (51)	85,873(49) 35,873(20)
10	85,858	30,664 (36)	55,193(64) 5,193(6)	3	171,187	94,356 (55)	76,831(45) 26,831(16)
11	94,838	33,129 (35)	61,708(65) 11,708(12)	4	169,633	84,289 (50)	85,344(50) 35,344(21)
12	100,544	35,080 (35)	65,463(65) 15,463(15)	6	151,467	71,472 (47)	79,995(53) 29,995(20)
1923. 1	94,289	33,632 (36)	60,656(64) 10,656(11)	7	153,127	73,564 (48)	79,563(52) 29,563(19)

연월	발행고	정화 준비(율)	보증준비(율) 제한외발행(율)	연월	발행고	정화 준비(율)	보증준비(율) 제한외발행(율)
2	91,353	34,950 (38)	56,402(62) 6,402(7)	8	169,313	79,446 (47)	89,867(53) 39,867(24)
3	90,130	30,124 (33)	60,005(67) 10,005(11)	12	279,501	168,787 (60)	110,714(40) 10,714(4)
4	90,361	31,375 (35)	58,985(65) 8,985(10)	1938. 1	274,424	149,923 (55)	124,501(45) 24,501(9)
5	87,284	33,153 (38)	54,130(62) 4,130(5)	2	261,527	153,648 (59)	107,879(41) 7,879(3)
6	89,103	33,138 (37)	55,964(63) 5,964(7)	4	260,022	159,699 (61)	100,323(39) 323(0)
11	94,543	32,251 (34)	62,292(66) 12,292(13)	5	256,521	156,515 (61)	100,006(39) 6(0)
12	110,233	36,774 (33)	73,488(67) 23,488(21)	6	254,197	144,441 (57)	109,756(43) 9,756(4)
1924. 1	104,900	37,718 (36)	67,181(64) 17,181(16)	7	253,587	145,733 (57)	107,854(43) 7,854(3)
2	91,820	31,742 (35)	60,077(65) 10,077(11)	8	258,597	154,178 (60)	104,419(40) 4,419(2)
3	91,121	30,725 (34)	60,396(66) 10,396(11)	9	263,727	159,931 (61)	103,796(39) 3,796(1)
4	87,667	31,274 (36)	56,393(64) 6,393(7)	12	321,977	200,298 (62)	121,679(38) 21,679(7)
5	79,747	27,056 (34)	52,690(66) 2,690(3)	1939. 1	321,977	200,298 (62)	121,679(38) 21,679(7)
6	83,471	31,281 (37)	52,189(63) 2,189(3)	2	301,377	194,676 (65)	106,701(35) 6,701(2)
7	76,932	25,906 (34)	51,025(66) 1,025(1)	4	289,785	183,243 (63)	106,542(37) 6,542(2)
8	80,575	26,862 (33)	53,712(67) 3,712(5)	11	392,616	212,992 (54)	179,624(46) 19,624(5)
9	83,044	27,910 (34)	55,133(66) 5,133(6)	12	455,398	235,953 (52)	219,445(48) 59,445(13)
10	97,378	34,663 (36)	62,715(64) 12,715(13)	1940. 1	443,986	235,176 (53)	208,810(47) 48,810(11)
11	121,476	52,673 (43)	68,802(57) 18,802(15)	2	433,466	231,938 (54)	201,528(46) 41,528(10)
12	129,118	43,839 (34)	85,279(66) 35,279(27)	3	444,763	234,848 (53)	209,915(47) 49,915(11)
1925. 1	109,108	39,997 (37)	69,110(63) 19,110(18)	4	448,498	239,500 (53)	208,998(47) 48,998(11)
2	103,178	36,595 (35)	66,583(65) 16,583(16)	5	443,755	238,968 (54)	204,787(46) 44,787(10)

연월	발행고	정화 준비(율)	보증준비(율) 제한외발행(율)	연월	발행고	정화 준비(율)	보증준비(율) 제한외발행(율)
3	99,350	36,480 (37)	62,863(63) 12,863(13)	6	437,669	187,745 (43)	249,924(57) 89,924(21)
4	95,272	38,961 (41)	56,311(59) 6,311(7)	7	435,903	195,906 (45)	239,997(55) 79,997(18)
5	86,797	28,947 (33)	57,850(67) 7,850(9)	8	437,709	197,711 (45)	239,998(55) 79,998(18)
6	94,458	34,253 (36)	60,205(64) 10,205(11)	9	454,444	214,451 (47)	239,993(53) 79,993(18)
7	83,541	28,568 (34)	54,972(66) 4,972(6)	10	462,636	212,812 (46)	249,824(54) 89,824(19)
8	82,364	27,497 (33)	54,866(67) 4,866(6)	11	497,007	242,540 (49)	254,467(51) 94,467(19)
9	82,154	27,484 (33)	54,669(67) 4,669(6)	12	593,981	284,034 (48)	309,947(52) 149,947(25)
10	89,188	29,815 (33)	59,373(67) 9,373(11)	1941. 1	580,533	270,591 (47)	309,942(53) 149,942(26)
11	103,733	39,828 (38)	63,905(62) 13,905(13)	2	542,541	240,952 (44)	301,589(56) 141,589(26)
12	120,540	41,658 (35)	78,881(65) 28,881(24)				
1926. 1	109,326	45,611 (42)	63,715(58) 13,715(13)				
2	97,130	36,128 (37)	51,002(53) 1,002(1)				
3	92,262	32,140 (35)	60,121(65) 10,121(11)				
4	82,584	28,473 (34)	54,111(66) 4,111(5)				
5	75,817	25,275 (33)	50,542(67) 542(1)				
6	79,720	28,349 (36)	51,371(64) 1,371(2)				
9	76,139	25,505 (33)	50,634(67) 634(1)				

〈출전〉: 1938년 이전은 朝鮮總督府, 『朝鮮金融事項參考書』 각년도판.
1939년도 이후는 大藏省 銀行局, 「朝鮮銀行法及臺灣銀行法ノ臨時特例ニ關スル法律案參考資料」, 『朝鮮銀行券, 臺灣銀行券發行制度改正ノ件』(中央儲備朝鮮台湾銀行関係資料 5), 1941. 3.
〈주〉: 1) 1938년 이전은 월말 발행고, 1939년 이후는 월중 최고발행고임.
2) 비율은 총발행고에서 차지하는 비율을 말한다.

2장

전시기 조선은행권 발행제도 개정

- 일제의 전비조달과 관련하여 -

1941년 조선은행권 발행제도가 최고발행액제한제도로 개정됨으로써 종래 정화준비 및 보증준비의 구별은 폐지된 채 매년 최고발행한도를 일본 대장대신이 결정하도록 하였다. 여기서 문제는 발행한도의 산정 기준이었다. 2절에서는 어떤 과정을 거쳐서 발행한도액이 결정되었는지를 검토할 것이다. 특히 대장성과 조선은행이 어떤 요소를 최우선적으로 고려하고 있었는지를 살펴볼 것이다. 조선은행의 경우, 시종일관 최우선 순위로 둔 것은 다름 아닌 영리였다. 조선은행은 은행권이 많이 발행되면 될수록 자신의 수익이 증가하기 때문에 최대한 발행한도를 확장하기를 원하고 있었다. 1941년의 한도산정 과정은 조선은행이 수익을 최우선 고려대상으로 삼으면서 이를 최대한 보전하고자 한 모습을 스스로 재현하고 있던 현장이었다.

한편 1941년 조선은행권 발행제도 개정은 일제의 전비조달 시스템과 깊이 연동되어 있었다. 일제는 중일전쟁 발발 후인 1937년 9월 10일 '임시군사비특별회계법'을 공포하여 전시재정운용에 관한 기본틀을 마련하였다. 전비조달에 있어 군부에게 큰 융통성을 부여한 임시군사비특별회계 재원財源의 대부분은 국채 및 차입금이었다. 국채는 거의 일본은행권 증발로서 소화되었고, 일본 재정사상 유례가 없었던 현지통화에 의한 차입금은 1943년부터 점령지역의 현지통화를 증발시켜 조달되었다.[52]

조선은행은 일제의 중국 점령지 전비조달의 중요한 매개고리였다. 일제는 조선은행을 통해 중국 화북지역 점령지에 전비를 조달하는 시스템을 만들었으며 이 과정에서 조선은행권 발행제도도 영향을 받을 수밖에 없었다. 따라서 전시기戰時期 조선은행권 남발에 의한 인플레이션의 원인도 위와 같은 일제 전비조달방식의 구조적인 특질 속에서 이해되어야 할 것이다. 전시기 조선은행권의 경우, 일본-조선-화북 지역을 하나로 묶어서 이해할 필요가 있다. 이른바 대동아공영권에서 조선은행권은 일본 내 인플레 억제를 위한 방패막이이면서 일제의 중국 점령지 통화정책의 첨병 역할을 하였다. 일제는 조선은행이라는 보호막을 치고서 점령지에서 전비를 조달하였는데 조선에서의 인플레가 복잡한 양상을 띠게 된 원인도 여기에서 찾을 수 있을 것이다.[53] 당시 일제는 이러한 방법을 통해 본국의 부담을

52_大藏省昭和財政史編纂室, 『昭和財政史 4 -臨時軍事費-』, 東洋經濟新報社, 1955, 137-144쪽. 참고로 임시군사비 세입 중 각 과목별로 차지하는 비율을 순서대로 정리하면 다음과 같다.

과목	국채 및 차입금	현지통화차입금	일반회계이월	잡수입	조선총독부특별회계 이월
비율 (%)	61.8	24.6	9.7	2.2	0.6

*출전: 大藏省昭和財政史編纂室, 『昭和財政史 4 -臨時軍事費-』, 東洋經濟新報社, 1955, 138-139쪽.

53_하토리 요시히코羽鳥敬彦는 일본의 전시기 인플레는 군사비를 조달하기 위한 적자공채의 발행 및 전쟁 말기의 중앙은행의 대민간신용의 확장이라는 두 가지 요인에 의해서 일반적으로 설명되는데 비해 조선은 훨씬 복잡하게 뒤엉켜 있다고 지적하고 있다. 그러나 그 복잡성의 원인이라는 것이 모두 침략전쟁 수행과정에서 일본제국주의에 의해 불가피하게 창출된 것이며, 그 결과가 같은 제국의 영토내일지라도 어차피 '외지'로서의 위치밖에 갖지 못하는 조선을 습격해서 일어나는 상황이라는 점에서는 일관성을 띠고 있다고 평가한다(羽鳥敬彦, 「戰時下(一九三七-四五年)朝鮮における通貨とインフレ-ション」, 『植民地朝鮮の社會と抵抗』, 未來社, 1982, 261쪽).

최소화하면서 이를 식민지 · 점령지에 전가시켰음을 확인할 수 있을 것이다. 전시기 조선은 식민지 모순 위에 전쟁이라는 모순까지 중첩된 사회였으며, 이는 고스란히 식민지 조선민중의 고통으로 전가되었던 것이다.

Ⅰ. 전비조달과 기존 발권제도의 한계

1931년 이후 금본위제를 이탈하여 실질적인 관리통화제도로 이행한 일본은 일본은행권의 보증준비발행한도 확장 및 제한외발행세율 인하를 통해 통화를 팽창시켰고, 이는 만주사변, 중일전쟁 등 대륙 침략전쟁과 더불어 가속화되었다.[54] 그러나 법률의 개정을 거쳐야만 가능한 보증준비 발행한도의 확장으로는 확전擴戰에 따라 급증하는 통화 수요에 탄력 있게 대처하기가 어려웠다. 이는 결국 적자재정 보전의 가장 중요하고도 또한 간단한 수단인 일본은행 인수의 국채발행을 곤란케 해 전비조달에 장애가 되었다. 또 계속되는 제한외발행으로 인한 제한외발행세의 증가는 일본은행 금리의 최저한도를 구속하여 저금리정책을 저해하는 결과를 낳게 됨으로써 전시금융통제 수행을 어렵게 하였다.[55]

한편 조선은행권의 보증준비 발행한도도 1937년 9월 5천만 원에서 1억 원, 1939년 4월 다시 1억 6천만 원으로 확장되었다. 그러나 두 차례에

54_1931년 국제금본위제를 다시 이탈한 일본은 일본은행권 보증발행한도를 1932년 1억 2천만 엔에서 10억 엔으로 약 8배가량 확장시켰고, 1938년 17억 엔, 1939년에 22억 엔으로 세 차례에 걸쳐 확장하였다. 또한 1932년 일본은행권 제한외발행세율을 5%에서 3%로 인하하여 일본은행 재할인율 인하를 통한 원활한 통화 공급을 가능케 하였다.

55_日本銀行調査局特別調査室 編, 「滿洲事變以後の財政金融史」, 1948(日本銀行調査局 編, 『日本金融史資料 27』, 大藏省印刷局, 1970), 127-128쪽.

걸친 보증준비 발행한도의 확장에도 불구하고, 제한외발행을 통한 통화증발이 심각한 상태여서 발행한도의 지속적인 확장이 요구되고 있었다.[56] 그런데 보증준비 발행한도의 잦은 확장은 통화증발에 대한 일반의 우려를 심화시킬 뿐만 아니라 제국의회의 동의를 거쳐야하는 절차적인 문제로 인해 전시라는 상황 속에서 탄력 있는 통화공급을 저해하는 요인으로 작용하였다.

위와 같이 일본은행권과 조선은행권 모두 중일전쟁 이후 두 차례에 걸쳐 보증준비발행 한도가 확장되었으나, 두 은행권의 발행준비 상황은 매우 달랐다.[57] 일본은행권의 경우, 1930년대 말이 되면 정화준비가 10%대로 떨어져 발권준비로서의 의미는 거의 상실된 반면, 조선은행권은 1930년대 내내 50% 이상을 유지하고 있었다. 이와 같이 양 은행권에 차이가 났던 이유는 조선은행권 정화준비의 대부분을 일본은행권이 차지하고 있었기 때문이다. 일본은행권을 준비로 하여 발행된 조선은행권의 가치는

56_ 〈표〉 조선은행권 제한외발행 출현일수 (단위: 일)

	1월	2월	3월	4월	5월	6월	7월	8월	9월	10월	11월	12월	연중
1939년	8	3	-	2	-	-	-	-	-	-	18	29	60
1940년	30	20	31	27	28	30	31	31	30	31	30	31	350

출전: 大藏省銀行局, 「朝鮮銀行法及臺灣銀行法ノ臨時特例ニ關スル法律案參考資料」, 『朝鮮銀行券,臺灣銀行券發行制度改正ノ件』, 『中央儲備朝鮮台灣銀行關係資料』 5, 1941.(이하에서는 『關係資料』 5로 약칭)

57_ 〈표〉 일본은행권, 조선은행권, 대만은행권 정화준비율 (단위: %)

	1925	1926	1927	1928	1929	1930	1931	1932	1933	1934	1935	1936	1937	1938	1939	1940
일은권	64.8	67.4	63.2	61.0	65.3	37.5	35.3	29.8	27.5	28.7	28.5	29.4	34.7	18.2	13.6	10.5
선은권	34.6	34.4	46.0	62.3	51.6	45.4	33.9	60.0	66.6	59.1	78.1	58.5	60.4	62.2	53.0	50.0
대은권	41.1	48.2	43.8	38.5	42.4	50.1	46.7	39.9	54.1	48.6	35.9	28.8	33.7	54.4	51.3	44.2

출전: 大藏省昭和財政史編纂室, 『昭和財政史 9-通貨・物價』, 東洋經濟新報社, 1956, 資料II 統計 11-14쪽; 朝鮮銀行史研究會 編, 『朝鮮銀行史』, 東洋經濟新報社, 1987, 846-847쪽; 臺灣銀行史編纂室, 『臺灣銀行史』, 1964, 附錄 111.

일본은행권과의 태환 여부에 달려있었기 때문에, 정화준비를 충실히 할 수밖에 없었다.[58] 1930년대 조선은행이 앞 시기와 달리 정화준비를 충실히 할 수 있었던 요인은 만주 및 중국 화북지역의 외환업무수행 과정에서 일본은행권을 확보할 수 있었던 점에 있었다.[59] 특히 후술할 중국연합준비은행과의 '예금협정'은 조선은행권 발행준비에 지대한 영향을 미쳤다.

한편 일본은 만주사변 이후 중국 점령지마다 발권은행을 세우고 현지 중앙은행권을 발행하여 전비를 조달하였다. 이 현지 통화는 모두 엔円과 연계된 엔계통화권으로 기존의 조선은행권, 대만은행권까지 포함하면 대동아공영권의 거대한 통화연쇄고리를 형성하고 있었다.[60] 식민지에 직접

58_조선은행권 발행을 위한 태환준비로써 일본은행권을 규정했던 것은 한국인의 실제 태환요구에 대비하기 위해서라기보다 일본과의 상품 및 자본거래의 편리를 위한 것이었다. 그러나 일제는 조선은행권의 일본에서의 유통을 금지시키는 등 현지의 화폐가 일본에 진출할 수 없도록 조치를 취해 식민지의 불안한 경제상태가 일본 본토에 영향을 미치는 것을 미리 방지하는 시스템을 구축하였다. 이렇게 일본엔을 준비로 한 조선은행권의 발행이라는 식민지 현지통화의 창설은 자본부족 제국주의 국가인 일본이 식민지 획득에 따른 모든 비용을 현지에서 조달하기 위해 고안한 화폐제도의 전형적인 형태였다. 조선은행권 발행제도에 대해서는 吳斗煥, 「日帝下 韓國의 貨幣制度」, 『韓國近代貨幣史』, 韓國硏究院, 1991 참조.

59_조선은행은 1931년 만주사변 이후 만주국의 유일한 외환업무 대리점으로 기능하면서 일본 정부의 군사비나 일본기업의 투자 송금 과정에서 엔자금을 확보할 수 있었다. 그런데 1937년 4월 1일부터 만주국의 만주중앙은행이 일본은행 대리점 업무를 담당하게 됨으로서 조선은행의 기존 엔자금루트는 일시적으로 차단되었다. 그러나 중일전쟁 발발 이후 화북지역 국고송금을 담당하게 되었고, 1938년 1월 중국 화북지역 일본은행 대리점으로 지정되면서 일본엔 자금은 한층 더 충실해질 수 있었다(吳斗煥, 「滿洲에서의 朝鮮銀行의 역할, 『經濟史學』 25, 1998, 100- 102쪽).

60_중국 점령지역 주요 엔계통화권을 간단히 정리하면 다음과 같다.

	설립일	발행권 소재	가치
만주중앙은행권	1932. 7. 1.	만주국 정부	엔 등가
몽강은행권	1937. 12. 1.	몽고연합자치정부	엔 등가
중국연합준비은행권	1938. 3. 10.	화북정무위원회	엔 등가
중앙저비은행권	1941. 1. 6.	국민정부	100원대 18엔

출전: 日本銀行調査局 編, 「戰時金融統制の展開」, 1943. 4(日本銀行調査局編, 『日本金融史資料 27』, 大藏省印刷局, 1970), 459쪽.

엔을 유통시키지 않는 일본의 전통적인 통화정책은 중국 점령지에도 그대로 관철되었는데, 그 작동은 엔계통화권을 통해 파생되었다.[61] 가령 중국 화북지역의 경우, 일본의 중심적인 엔계통화인 조선은행권을 통해 현지 통화인 중국연합준비은행권(이하 '연은권')을 발행시켜 전비를 조달하였는데, 그 방식이 바로 '예금협정'이었다.

'예금협정'이란 일본이 중국 점령지의 전비조달을 위해 만들어낸 특수한 금융조작으로 그 방식은 다음과 같다. 먼저 조선은행 북경지점과 중국연합준비은행(이하 '연은')은 각각 상대방의 은행에 예금구좌를 개설한다. 일본군이 화북지방에서 군사비 등의 지출을 위해 연은권이 필요할 때 임시군사비특별회계에서 필요한 자금을 일본은행을 통해 조선은행 도쿄지점에 납입한다. 도쿄지점이 이 자금을 북경지점에 송금하면, 북경지점은 자행에 있는 연은의 일본엔 예금감정에 대기貸記한다. 조선은행이 이를 연은에게 알리면, 연은도 같은 금액을 자행에 있는 조선은행 연은권 예금구좌에 대기貸記한다. 조선은행은 연은에 있는 자행 예금구좌에서 연은권을 인출하여 현지군에 지급한다(〈부표 2-3〉 참조). 그러나 송금된 군사비는 조선은행과 연은의 예금구좌에 동일한 금액이 기입될 뿐이고 실제로 현금이 움직이는 것이 아니기 때문에 장부상의 '가공예금'에 불과하다. 또 연은에 있는 조선은행 예금구좌로부터의 예금(연은권)이 조선은행에 의해 일방적

61_원래 엔계통화권의 정책 목표는 각 엔계통화를 일본엔과 등가로 연결시켜 각 지역 간의 송금, 환換 등이 내국환처럼 되는 것이었다. 그러면 각 엔계통화는 일본엔과 동일한 외환의 기능을 가지게 됨으로서 대동아공영권 내의 국제수지가 일본의 국제수지와 일체화되는 것이었다. 그러나 실제로는 태환 규정을 가지지 않은 완전한 관리통화인 엔계통화와 일본엔의 등가교환을 자유롭게 하면, 방대한 엔계통화로 인해 일본의 인플레를 격화시키는 것은 뻔한 일이다. 따라서 일본으로의 송금을 엄격히 제한할 수밖에 없었으며 그 결과 엔계통화는 환換으로서의 기능은 거의 가지지 못했다(日本銀行調査局特別調査室 編, 앞의 책, 1970, 160쪽).

으로 인출될 뿐이고, 연은은 조선은행에 있는 자행 소유의 예금구좌로부터의 인출은 금지되어 있었기 때문에 연은은 자신이 발행하는 연은권에 대해 아무런 통제력도 갖지 못하였다.[62] 〈표 2-8〉을 보면, 1943년 이전 연은권의 약 70% 가량이 예금협정에 의해 발행되고 있었는데 이렇듯 화북에서의 실질적인 통화 공급 기능은 조선은행 화북점에 장악되어 있었다.[63]

화북지역 군사비로 지출된 엔자금은 실제로는 조선은행 북경지점에 송금되지 않았기 때문에 조선은행 도쿄지점에 고스란히 축적되었다. 조선은행은 이 엔자금을 정화준비에 이월시키지 않고 일본 전시국채 구입에 사용하였다.[64] 〈표 2-7〉을 보면, 예금협정이 체결된 1938년 이후 조선은행 중국지점 예금 및 보유국채는 상당히 증가하고 있는데 반해 정화준비 증가는 미미한 형편임을 알 수 있다. 특히 1939년에는 전년도에 비해 약 2배 정도나 증가하고 있는데, 이는 예금협정 과정에서 획득한 일본은행권으로 국채를 구입했음을 보여준다. 다음 〈표 2-8〉은 '예금협정'과 조선은행 국채 사이의 관계를 정리해 놓은 것으로 양자의 상관관계를 더 자세히 알 수 있다. 이 표에서 조선은행이 가진 연은의 예금 잔고와 국채소화액을 비교해보면, 예금 잔고 증가로서 보유국채 증가의 대부분을 설명해줄 수 있음을 알 수 있다.

62_多田井喜生, 『朝鮮銀行』, 東京 PHP研究所, 2002, 197-198쪽. 이와 동일한 방식의 예금협정이 중국 화중에서는 1940년 남경에 왕조명이 세운 국민정부의 중앙은행인 중앙저비은행中央儲備銀行이 발족하면서, 요코하마정금은행橫濱正金銀行과 중앙저비은행 사이에도 체결되었다.

63_朝鮮銀行史研究會 編, 『朝鮮銀行史』, 東洋經濟新報社, 1987, 545쪽.

64_朝鮮銀行史研究會 編, 앞의 책, 589쪽. 조선은행 도쿄지점은 이 엔자금을 국채의 매입이나 콜론의 방출, 대출 등에 운용하였는데, 대부분은 국채 매입에 할당되었다.

〈표 2-7〉 1937~1945년 조선은행 자금 조달, 운용 추이 (단위: 천원)

연도	자금 조달							자금 운용									
	자본금	은행권	예금				차입금	정화준비			유가증권		대출				
			전체	조선	중국	기타		전체	일은권	일은 예금	전체	국채	전체	조선	중국	본부 대출	기타
1937	40,000	279,502	293,944	99,699	48,411	145,833	141,074	168,787	162,287		221,528	162,042	458,599	207,861	15,301	40,999	194,439
1938	40,000	321,978	539,654	137,189	247,073	155,391	72,923	200,299	195,807		282,489	220,031	554,435	235,779	62,504	46,903	209,249
1939	40,000	443,987	881,656	184,118	494,092	203,447	94,497	235,176	229,336		502,430	429,285	783,948	361,277	101,865	41,348	279,458
1940	40,000	580,534	1,073,968	231,561	638,269	204,138	122,273	290,400	278,711		594,662	508,297	1,017,971	513,570	159,937	64,214	280,250
1941	40,000	741,607	1,611,831	253,839	1,119,414	238,578	14,945	255,754	36,870	211,700	1,056,305	899,845	1,210,432	520,113	303,167	60,608	326,545
1942	40,000	908,646	2,306,560	301,464	1,705,215	299,881	8,157	311,078	51,381	254,500	1,572,851	1,371,987	1,483,381	560,249	468,628	57,887	396,617
1943.9.	40,000	995,955	3,263,604	383,254	2,561,138	319,212	5,869	258,925	…	…	1,794,233	1,557,214	2,262,963	650,695	728,989	474,973	408,306
1944.9.	40,000	2,256,058	8,353,599	583,921	7,253,583	516,095	541,057	51,950	…	…	2,903,243	…	7,759,037	756,772	3,115,117	2,982,054	905,094
1945.3.	80,000	3,574,418	17,624,306	629,651	16,384,296	610,358	6,263,889	27,500	25,746		3,399,989	3,046,534	21,452,927	1,145,170	13,974,399	5,181,655	1,151,702
	전체에서 차지하는 비율 (%)							전체에서 차지하는 비율 (%)									
1937	5.3	37.0	39.0	(33.9)	(16.5)	(49.6)	18.7	19.9	(96.1)		26.1	(73.1)	54.0	(45.3)	(3.3)	(8.9)	(42.4)
1938	4.1	33.0	55.4	(25.4)	(45.8)	(28.8)	7.5	19.3	(97.8)		27.2	(77.9)	53.5	(42.5)	(11.3)	(8.5)	(37.7)
1939	2.7	30.4	60.4	(20.9)	(56.0)	(23.1)	6.5	15.5	(97.5)		33.0	(85.4)	51.5	(46.1)	(13.0)	(5.3)	(35.6)
1940	2.2	32.0	59.1	(21.6)	(59.4)	(19.0)	6.7	15.3	(96.0)		31.2	(85.5)	53.5	(50.5)	(15.7)	(6.3)	(27.5)
1941	1.7	30.8	66.9	(15.7)	(69.4)	(14.8)	0.6	10.1	(14.4)	(82.8)	41.9	(85.2)	48.0	(43.0)	(25.0)	(5.0)	(27.0)
1942	1.2	27.8	70.7	(13.1)	(73.9)	(13.0)	0.2	9.2	(16.5)	(81.8)	46.7	(87.2)	44.1	(37.8)	(31.6)	(3.9)	(26.7)
1943.9.	0.9	23.1	75.8	(11.7)	(78.5)	(9.8)	0.1	6.0	…	…	41.6	(86.8)	52.4	(28.8)	(32.2)	(21.0)	(18.0)
1944.9.	0.4	20.2	74.6	(7.0)	(86.8)	(6.2)	4.8	0.5	…	…	27.1	…	72.4	(9.8)	(40.1)	(38.4)	(11.7)
1945.3.	0.3	13.0	64.0	(3.6)	(93.0)	(3.5)	22.7	0.1	(93.6)		13.7	(89.6)	86.2	(5.3)	(65.1)	(24.2)	(5.4)

연도	자금 조달							자금 운용									
	자본금	은행권	예금				차입금	정화준비			유가증권		대출				
			전체	조선	중국	기타		전체	일은권	일은예금	전체	국채	전체	조선	중국	본부대출	기타
	전년대비 증감율 (배)							전년대비 증감율 (배)									
1938		1.15	1.84	1.38	5.10	1.07	0.52	1.19	1.21		1.28	1.36	1.21	1.13	4.08	1.14	1.08
1939		1.38	1.63	1.34	2.00	1.31	1.30	1.17	1.17		1.78	1.95	1.41	1.53	1.63	0.88	1.34
1940		1.31	1.22	1.26	1.29	1.00	1.29	1.23	1.22		1.18	1.18	1.30	1.42	1.57	1.55	1.00
1941		1.28	1.50	1.10	1.75	1.17	0.12	0.88	0.13		1.78	1.77	1.19	1.01	1.90	0.94	1.17
1942		1.23	1.43	1.19	1.52	1.26	0.55	1.22	1.39	1.20	1.49	1.52	1.23	1.08	1.55	0.96	1.21
1943.9.		1.10	1.41	1.27	1.50	1.06	0.72	0.83	…	…	1.14	1.14	1.53	1.16	1.56	8.21	1.03
1944.9.		2.27	2.56	1.52	2.83	1.62	92.19	0.20	…	…	1.62	…	3.43	1.16	4.27	6.28	2.22
1945.3.		1.58	2.11	1.08	2.26	1.18	11.58	0.53	…		1.17	…	2.76	1.51	4.49	1.74	1.27
	기간별 증감율 (배)							기간별 증감율 (배)									
1937-39		1.59	3.00	1.85	10.21	1.40	0.67	1.39	1.41		2.27	2.65	1.71	1.74	6.66	1.01	1.44
1940-42		1.57	2.15	1.30	2.67	1.47	0.07	1.07	0.18		2.64	2.70	1.46	1.09	2.93	0.90	1.42
1943-45		3.59	5.40	1.64	6.40	1.91	1067.28	0.11	0.50		1.89	1.96	9.48	1.76	19.17	10.91	2.82

출전: 朝鮮銀行史研究會 編, 『朝鮮銀行史』, 東洋經濟新報社, 1987, 526-527 · 608-609 · 878-883쪽

〈표 2-8〉 조선은행 소유 중국연합준비은행 예금 기말잔고 및 보유 국채의 발권준비 이월 추이

(단위: 천 원)

회계연도	연은권 발행고	연은예금 기말잔고	조선은행 보유 국채	국채 중 보증준비 이월액	이월비율 (%)	보증준비 중 국채 점유비율(%)
1938. 12	162,493	134,010 (82.5)	220,031	0	0	0
1939. 12	458,042	326,000 (71.2)	429,285	98,000	22.9	46.9
1940. 12	715,033	381,862 (53.4)	508,297	98,000	19.3	33.8
1941. 12	963,962	764,871 (79.3)	899,845	196,000	21.8	40.3
1942. 12	1,581,008	1,096,791 (69.4)	1,371,987	343,000	25.0	57.4
1943. 6	1,949,449	1,461,487 (75.0)	1,499,537	257,509	17.2	40.0
1943. 9	2,551,868		1,557,214	?	?	?
1944. 3	4,770,169		2,084,854	?	?	?
1945. 3	27,835,849		3,046,534	2,303,000	75.6	64.9
1945. 8. 14	?		?	4,067,000	?	81.8

출전: 日本銀行統計局, 「戰時金融統計要覽」, 1947.10(日本銀行調査局編, 『日本金融史資料 30』, 大藏省印刷局, 1971), 157-158쪽; 朝鮮銀行史研究會 編, 『朝鮮銀行史』, 東洋經濟新報社, 1987, 554-555 · 630 · 846-847쪽; 연은 예금잔고는 吳斗煥, 「戰時工業化와 金融」, 『近代朝鮮工業化의 研究』, 一潮閣, 1993, 198쪽.

주: 연은예금 기말잔고의 ( )는 연은권 발행고에 대한 기말잔고 비율임.

요컨대 일본은행권 증발을 통해 대부분의 전비를 조달할 수밖에 없었던 일본이 중국점령지에 실제로 엔자금을 공급하지 않은 채 전비를 조달하기 위해 고안한 방식이 바로 '예금협정'이었다. 이러한 메커니즘 속에서 당시 임시군사비특별회계에서 화북지역 군사비로 지출된 엔자금은 조선은행을 통해 다시 일본은행으로 환류되었다. 일본은 이러한 조작을 통해 일본은행권 증발을 억제하였으며, 일본엔의 명목상 송금을 통해 현지통화 가치를 유지시키려 하였다.

한편 조선은행에 있어 '예금협정'은 군사비 국고송금의 누증에도 불구하고 조선은행권이 직접 증발되지 않는다는 점에서, 군사비 국고송금-일본은행 대리점 업무-예금협정을 일체로 하는 조선은행 비약의 기반이 되었다.[65] 이 예금협정이 조선은행권 발행에 중요한 의미를 가지는 것은 국채 매입이 발권에 직결되지는 않지만, 장차 보증준비로 이월될 수 있는 가

능성을 만들었다는 점이다.

〈표 2-8〉에서 보이듯이, 조선은행이 보유한 국채가 모두 보증준비로 이월되어 발권준비로 되지는 않는다. 즉 1943년 이전에는 약 20% 정도만이 실제 조선은행권 발행과 직접적인 관련이 있을 뿐이다. 따라서 '예금협정'으로 축적된 국채는 필요에 따라 언제든지 보증준비로 이월될 수 있으므로 보증준비한도의 확장만으로 얼마든지 은행권은 증발될 수 있게 되었다. 이를 제도화한 것이 다음 절에서 살펴 볼 최고발행액제한제도의 도입이었다.

II. 1941년 조선은행권 발행제도 개정
- 최고발행한도액 산정과 납부금제도를 중심으로

1. 1941년 발행제도 개정 논의

20세기 전반기 국제통화제도는 금본위제에서 관리통화제로 이행하고 있었다. 금본위제도는 일정량의 금을 자국의 화폐가치로 표시하여 이를 가격표준으로 확정하고, 제도적으로 보장[태환]하는 화폐제도이다.[66] 즉

65_朝鮮銀行史研究會 編, 앞의 책, 551 · 589쪽. '예금협정'이 조선은행에 가지는 의의는 대단히 크다. 가령 1939년과 1940년은 조선의 종합수지가 대폭 적자이므로, 조선은행의 '엔'자산이 유출되었으리라 추정되지만, 이 기간에 조선은행의 정화준비와 보유국채는 증가하였다. 이를 가능케 한 것이 바로 '예금협정'으로 조선의 역외수지 적자를 메우고도 정화준비의 증가 및 보증준비인 국채의 보유 증가를 가져올 정도의 거액이었던 것이다(吳斗煥, 「戰時工業化와 金融」, 『近代朝鮮工業化의 研究』, 一潮閣, 1993, 204-205쪽).

66_眞藤素一, 『管理通貨制度の理論』, 有斐閣, 1967, 23쪽.

금본위제가 작동되고 있을 때 각 국가의 화폐는 순금 일정량과 동일시되었으며, 국가 간의 결제는 금으로 이루어지고 있었다. 1880년경부터 운영되던 국제금본위제는 1914년 제1차 세계대전으로 인해 정지되었는데 금에 고정된 통화제도 하에서는 전시경제 운영에 필수적인 탄력적인 화폐공급이 불가능했기 때문이다. 전후 국제금본위제를 복구하기 위한 여러 방안이 모색되어 일부 국가는 복귀하기도 하였으나 전쟁 이전으로 회복되지는 못하였다. 결국 1929년 세계대공황이 발생하자 각 국가는 국내 경기회복을 최우선 과제로 삼게 되었고, 그 결과 대외균형을 우선시하는 금본위제 대신에 정부의 재량적 화폐 · 재정 정책을 중요시하는 관리통화제도가 실시되었다.

일본의 경우 청일전쟁 배상금을 토대로 1897년 금본위제로 이행하였고, 제1차 세계대전 중인 1917년 금본위제를 정지하였다. 일본은 1930년 1월 11일 금수출 금지를 해제함으로써 금본위제에 복귀하였으나, 1931년 12월 13일로 금수출을 다시 금지함으로써 국제금본위제도에서 이탈하였다. 일본에서 관리통화제가 본격적으로 도입된 것은 1932년 일본은행권 보증준비 발행한도 확장부터였다. 1899년에 1억 2천만 엔으로 제정되어 30년 이상 고정되어 있던 일본은행의 보증준비 발행한도를 8배 이상 확장시켜 10억 엔으로 개정한 이 조치는 본격적인 관리통화제도의 시작을 알리는 것이었다.

1937년 중일전쟁 이후 통화량은 급격히 증가하였고, 일본은행과 조선은행 모두 두 차례에 걸쳐 보증준비발행 한도를 확장하여 대응하였다. 그러나 일본 정부는 매번 의회의 법령 개정 절차를 거쳐야하는 기존의 방식으로는 급증하는 수요에 탄력적으로 대응하기 어렵다고 보고 발권제도 개정을 준비하고 있었다. 발권제도 개정 문제가 의회에서 거론되기 시작한 것은 개정 1년 전인 1940년 초부터였다. 제75회 제국의회(1939.12.26.~1940. 3. 26.)에서 오가사와라 산쿠로小笠原三九郎 의원이 기존 보증준비제도를 폐지하고 최고발행액제한제도를 도입할 의사가 없냐고 질의를 하자 대장대신인 사쿠라우치 유키오櫻內幸雄는 이번 회기에서는 개정할 의사가 없다고 답변하면서도 통화팽창에 대해서는 임시적 조치를 강구할 필요가 있다는 점을 인정하고 있었다.[67] 그런데 이미 대장성 은행국에서는 최고발행액제한제도를 채택하는 개정안을 마련해 놓고 있었다. 대체적인 내용은 발행한도를 전년도의 최고발행고로 정하고, 대장대신이 은행권 발행고를 정하더라도 전년도 최고발행고의 범위를 벗어날 수 없도록 한 것이었는데, 이는 후술할 실제 법안과는 차이가 있다.[68] 일본은행 측에서도 발권제도 개정에 대비하고 있었는데, 발행한도는 대장대신이 증감할 수 있도록 하되 자문기관의 심의를 거치도록 하여 대장대신의 무제한적인 권한을 제어하고자 하였다.[69]

은행권 발행제도 개정건은 제76회 제국의회(1940. 12. 26.~1941. 3. 25.)에 상정되었다. 법안 제정 이유로 이미 실질적인 관리통화제를 시행하고 있음에도 불구하고, 이와 부합하지 않은 기존의 발권제도를 그대로 둔다면 현실에 맞는 "합리적 · 건전한 조치"를 취할 수 없다는 것을 들었다.[70] 입

67_日本銀行百年史編纂委員會,『日本銀行百年史 4』, 1984, 461쪽.

68_『鮮臺兩銀行券ノ發行制度改正要綱(案)』(1940. 1. 11.);『朝鮮銀行券及臺灣銀行券ノ發行制度ニ關スル臨時措置ニ關スル法律案要綱(案)』(1940. 2. 3.) (『中央儲備朝鮮台灣銀行關係資料』 5, 1941.(이하에서는『關係資料』 5로 약칭))

69_일본은행 내에서는 제한외발행이 통화 증발의 경계신호로서 효과를 발휘한다는 점을 들어 굳이 보증준비 발행한도를 인상하지 않고 제한외발행 상태를 그대로 두는 편이 낫다라는 현상유지론이 유력하였다고 한다. 그러나 당시 대장성 은행국에서는 최고발행액제한제도를 도입하자는 분위기가 강하였기 때문에 일본은행 측에서도 이에 대비를 하고 있었다고 한다(日本銀行百年史編纂委員會, 앞의 책, 461-462쪽).

법 과정에서 가장 쟁점이 되었던 것은 발행한도의 산정 기준이었다. 정부 위원인 아이다 이와오相田岩夫(대장성 은행국장)는 우선 발행 한도는 통화의 건전성을 유지함과 동시에 경제계에서 필요로 하는 통화량을 원활하게 공급하는 것에 목표를 두고 결정하게 될 것이라고 밝히고 있다. 이 목표를 제대로 실현하기 위해서는 국내외의 "생산, 배급, 물가, 국가의 재정, 금융 등 일반경제 거래활동의 상황을 고려"함은 물론이고 특히 "은행권 발행 추세에 충분히 주의를 기울"여서 결정할 것이라고 답변하였다. 이 답변을 들은 다케다 도쿠사부로武田德三郎 의원은 기준 자체가 너무나 막연하고 추상적이라고 지적하면서 전년도의 최고발행액을 표준으로 하든지 아니면 전년도 평균발행액을 표준으로 할 경우에는 여기에 할증을 가한다든가 혹은 물가지수를 가미하는 등 "구체적인 표준을 정"해야 할 것이라고 추궁하였다. 그러자 아이다 은행국장은 만약 확실한 기준을 정해야 한다면 전년도 최고발행고로 한도를 정하는 것을 고려할 수는 있지만, 사실 이 방법도 "단지 과거에 그 정도의 발행이 있었다는 것" 이상의 의미만을 가지기 때문에 어떤 방식을 채택하더라도 "합리적인 근거"를 도출하기는 어렵다고 고충을 솔직히 토로하였다. 따라서 어떤 하나의 특정 기준을 적용하기보다는 과거의 발행추세, 정부의 정책(취업 인원, 동력, 연료, 생산의 예상 혹은 운수, 무역의 추세, 예금통화의 거래 추세 등)을 가미하여 발행한도를 결정할 것이라고 답변하였다. 이에 다케다는 결국 은행국장의 답변을 종합하면 "그

70_日本銀行百年史編纂委員會, 앞의 책, 464쪽. 일본은행권의 경우, 당시 의회에서의 주요 질문은 은행권 최고발행액을 정하는 방법과 대장대신이 자의적으로 결정함에 따라 발생할 수 있는 과도한 신용팽창에 집중되었다(大藏省昭和財政史編纂室, 『昭和財政史 9 - 通貨 · 物價-』, 東洋經濟新報社, 1956, 117쪽). 이하 본문의 제국의회 논의 내용은 조선은행권 및 대만은행권의 임시특례법 심의과정에서 제기된 내용들이다. 일본은행권 및 조선은행권 · 대만은행권 개정은 내용은 유사하지만 별도의 위원회에서 심의되었다.

때의 경제계 상황에 즉응하여 적당히 대장대신이 결정한다는 결론"에 지나지 않는다면서 사실상 명확한 산정 기준이 없음을 다시 한번 확인시켜 주었다. 또 다케다는 은행국장이 말한 대로 정부의 제반 정책, 경제계의 실정, 물가의 정세 등 모든 요소를 고려하여 결정하는 것은 "진실로 훌륭하지만 실제로 그렇게는 되지 않을 것이"라고 꼬집었다.[71]

또한 대장대신에게 발행한도 결정의 전권을 부여한 것에 대해서도 그 위험성이 지적되고 있었지만 전쟁이라는 특수상황 때문에 어쩔 수 없이 수용되는 분위기였다. 가령 다케다 의원은 발행한도는 당연히 법령에 규정되어야 하지만 전시에서는 긴박한 사태에 적절히 대응할 수 있는 기민한 조치가 필요하기 때문에 결정 권한을 대장대신에게 위임할 수밖에 없다고 그 불가피성을 인정하였다.[72] 다만 고노 미츠河野 密 의원처럼 대장대신의 한도 결정에 따라 1년간 국가의 재정경제가 좌우될 수 있기 때문에 단독 결정은 온당하지 않다고 반대 의사를 표시한 경우도 있었다.[73] 이 점에 대해 정부는 의회에서 다음과 같이 설명하였다.

> (…) 발행 한도액을 법률상에 규정해 두게 되면 쓸데없이 번잡한 수속을 되풀이할 필요가 발생할 뿐 아니라 사태에 기민하게 대응할 수 있는 조치를 취할 수 없는 우려가 있기 때문에 발행 한도액은 이를 법정으로 하지 않고 정부의 제반 경제금융정책과 대조하여 대장대신이 결정하도록 하는 것이 시의에 적절하다고 인정되기에 (…)[74]

71_1941년 2월 14일 제76회 帝國議會衆議院 外國爲替管理法改正法律案委員會議錄(速記) 제4회.
72_1941년 2월 14일 제76회 帝國議會衆議院 外國爲替管理法改正法律案委員會議錄(速記) 제4회.
73_1941년 2월 17일 제76회 帝國議會衆議院 外國爲替管理法改正法律案委員會議錄(速記) 제6회.
74_1941년 2월 25일 제76회 帝國議會貴族院 外國爲替管理法改正法律案特別委員會 議事速記錄 제1호.

관리통화제로 이행한 1930년대 이후 일본 정부는 보증준비발행한도 확장을 통해서 통화 공급을 확대하고 있었는데, 이를 위해서는 의회에서 법률의 개정 절차를 거쳐야만 했다. 1941년의 발권제도 개정이 확전擴戰에 따라 급증하는 통화수요에 탄력 있게 대처하기 위한 것임을 고려한다면 대장대신의 전권 행사는 사실상 쟁점이 될 수 없는 사항이었다.[75] 결국 제국의회의 논의 과정 속에서 발행한도의 정확한 기준을 정하는 것이 불가능하다는 것과 발행액 결정의 자의성을 정책 담당자들의 입을 통해 확인할 수 있었다. 그렇다면 조선은행의 1941년도 발행한도는 어떻게 6억 3천만 원으로 결정되었는지를 다음에서 구체적으로 살펴보자.

2. 최고발행한도액 산정 과정

대장성은 1941년 4월 1일자로 대장성고시 제108호를 발표하여 조선은행권 최고발행한도액을 6억 3천만 원으로 결정하였다.[76] 그런데 대장성이 제시한 최초 한도액은 6억 원이었다. 여기에서는 이 6억 원이 어떤 과정을 거쳐 6억 3천만 원으로 변경되었는지 그 과정을 복원해 보고자 한다.

대장성은 1941년 조선은행권의 예상 평균 발행액 및 최고 발행액을 각각 546,906천 원과 763,350천 원으로 산정하였다. 그리고 1940년 최고발행고 593,981천 원을 기준으로 한도액을 6억 원으로 산정하였다. 그러나 일본은행권 및 대만은행은 1941년 11월 말 예상 최고발행고를 적용함으

75_은행국장 아이다가 대장대신에게 큰 권한을 부여한 것에 대해서는 불안할 수도 있겠지만 "탄력성" 있는 조치를 취하기 위해서 어쩔 수 없다고 답변한 것에서도 잘 드러난다(1941년 2월 14일 제76회 帝國議會衆議院 外國爲替管理法改正法律案委員會議錄(速記) 제4회).

76_일본은행권은 47억 엔, 대만은행권은 2억 4천만 원으로 결정되었다.

로써 차이를 두었다.[77]

조선은행 측은 발행한도액을 6억 원으로 정하고자 한다는 소식을 접하고는 이는 현실을 반영하지 못한 처사라고 우려를 표하고 있었다.[78] 조선은행 내부에서는 1941년도 평균발행고 613,250천 원, 최고발행고 760,295천 원으로 예상 발행액을 산정하였다. 양 측이 차이가 나는 이유는 서로 다른 산출방식을 적용했기 때문으로 이를 정리한 것이 아래 〈표 2-9〉이다.[79]

77_1941년 11월 말 예상 최고발행고를 기준으로 삼은 것은 연말에 제한외발행이 발생하는 것이 적당하다는 이유 때문이었다. 만약 조선은행도 동일한 기준을 적용하면 발행한도는 6억 8천만 원으로 결정되어야 한다. 그러나 대장성 측에서 조선은행권만 다른 기준을 적용한 것에 대해 설명을 하지 않고 있기 때문에 그 이유를 알기는 어렵다. 다만 추측컨대 1941년 저축목표액과 관련지어 볼 수 있다. 조선의 경우 목표액이 6억 원으로 설정되었는데, 통화 팽창을 억제해야 할 저축 목표액을 훨씬 상회하는 발행한도를 산정하는 것이 매우 부담스러웠던 것으로 보인다. 반면 대만은 저축 목표액이 2억 8천만 원으로 발행한도액 2억 4천만 원 보다 많았기 때문에 그대로 반영할 수 있었던 것으로 보인다. 참고로 전시기 조선 및 대만의 강제저축 실태를 보면 다음과 같다.

〈표〉 조선 및 대만의 강제저축 목표액 및 달성액 (단위: 천 엔)

연도	조선			대만		
	목표액	달성액	실적율 (%)	목표액	달성액	실적률 (%)
1938	200,000	269,979	134	56,000	108,000	193
1939	300,000	390,021	130	100,000	151,000	151
1940	500,000	576,339	113	200,000	200,000	100
1941	600,000	754,854	125	280,000	210,000	75
1942	900,000	995,225	110	350,000	320,000	91
1943	1,200,000	1,524,119	127	400,000	465,000	116
1944 1)	1,930,000	985,631	50.5	700,000	585,000	84

출전: 近藤釼一 編, 『太平洋戰下の朝鮮 (5)』, 友邦協會朝鮮史料編纂會, 1961, 93-94쪽.
; 臺灣銀行史編纂室, 『臺灣銀行史』, 1964, 845쪽.
주1): 조선의 경우 4월~10월까지임.

78_「發行制度改正ニ關スル草案ノ件」(計第一九一號), 『關係資料』 5, 1941. 2. 18.

79_대장성과 조선은행 측이 근거로 제시한 평균발행고 및 최고발행고의 수치가 동일하지 않다. 문제는 양 측이 근거자료를 제시하고 있지 않기 때문에 정확한 이유는 알 수 없다. 대체로 대장

〈표 2-9〉 1941년도 조선은행권 예상 평균발행고 및 최고발행고 추산 (단위: 천원, %)

연도	평균발행고				최고발행고			
	대장성		조선은행		대장성		조선은행	
	발행고	전년대비 증가율	발행고	전년대비 증가율	발행고	對평균발행고 비율	발행고	전년대비 증가율
1935	160,939							
1936	167,328	4.0	166,766		220,777	131.9	219,474	
1937	183,905	9.9	185,949	11.5	291,304	158.4	257,556	17.4
1938	264,489	43.8	231,057	24.3	334,279	126.4	302,889	17.6
1939	309,852	17.2	327,564	41.8	455,398	147.0	443,242	46.3
1940	442,681	42.9	471,710	44.0	593,981	134.2	593,981	34.0
	예상 발행고	5개년 평균	예상 발행고	4개년 평균	예상 발행고	5개년 평균	예상 발행고	4개년 평균
1941	546,906	23.5	613,250	30.4	763,350	139.6	760,295	28.8

출전: 대장성 측 자료는 「朝鮮銀行法及臺灣銀行法ノ臨時特例ニ關スル法律案 參考資料」, 大藏省 銀行局, 『關係資料』 5. 조선은행 측 자료는 「發行制度改正ニ關スル草案ノ件」(計第一九一號), 『關係資料』 5.

비고: 실제 계산과 자료 속의 계산이 약간 틀린 부분이 있으나 여기서는 자료의 수치를 그대로 따랐음을 밝혀둔다.

우선 평균발행고의 경우, 전년대비 증가율의 평균을 적용하여 1941년 예상발행고를 추산한 점에서 그 방법은 동일하지만 대장성은 1935년, 조선은행은 1936년으로 시작연도를 달리하였다. 연중 평균 발행고의 대對 전년 증가비율을 구한 후 각각 5개년 · 4개년 간의 평균값을 1940년 발행고에 곱해서 1941년 예상 평균 발행고를 산출하였다. 위 〈표 2-9〉에서 알 수 있듯이 1936년의 전년대비 증가율이 매우 낮기 때문에 대장성은 5개년 평균 증

성의 수치가 현재 확인되는 실제 발행고와 일치함을 확인할 수 있다. 1935년 이후 실제 발행고는 아래 〈표〉와 같다.

	1935	1936	1937	1938	1939
평균발행고	160,940	167,329	183,906	264,489	309,854
최고발행고	229,835	219,475	291,305	334,280	455,399
	1940	1941	1942	1943	1944
평균발행고	442,688	542,407	696,780	942,158	1,931,451
최고발행고	593,981	754,046	922,813	1,471,740	3,136,093

출전: 朝鮮銀行調査部, 『朝鮮經濟年報』, 1948, III-65쪽.

가율 23.5%가 나왔고, 조선은행 측은 30.4%가 나왔다. 그 결과 1941년 예상발행고에서 조선은행 측에서 추산한 발행고가 더 많게 나온 것이다. 최고발행고 추산에 있어서는 양 측이 방식을 달리하고 있는데, 대장성은 매년 평균 발행고에 대한 비율의 5개년 평균을 1940년 최고발행고에 적용하여 1941년 예상 최고발행고를 산출하였다. 조선은행은 평균 발행고와 마찬가지로 전년대비 증가율의 4개년 평균으로 예상발행고를 추정하였다. 서로 다른 방식을 적용했지만 최고 발행액은 거의 동일함을 알 수 있다.

조선은행 측은 평균 발행고에서 시작연도를 대장성보다 1년 뒤로 설정하면서 더 많은 예상 발행액을 산출할 수 있었다. 1936년의 전년대비 증가율이 낮기 때문에 조선은행 측은 이를 제외하고자 한 것이었다. 조선은행 측은 대장성이 제시한 최고발행한도액 6억 원은 평균 발행고 6억 1천여만 원에도 미치지 못한다는 것을 우회적으로 비판하고 있었던 것이다. 즉 은행권 발행이 1939년 이후 현저하게 증가하고 있음에도 불구하고 이 추세가 본격화되기 이전 시점을 기준으로 삼아 "저율의 평균율을 적용하여 계수를 산출하고자 하는 것"은 현실에 조응하지 못한 조치라는 것이다. 조선은행에서는 최고발행한도는 예상되는 최고발행고인 "7억 6천만 원보다 적은 7억 원으로 결정되어야 함을 희망한다."고 내부 입장을 정리하였다.[80]

조선은행으로서는 최고발행한도가 최대한 높게 결정되어야만 했다. 전쟁이 장기화됨에 따라 은행권 발행 수요가 폭발적으로 증가될 수밖에 없는 상황 속에서 최고발행한도가 예상발행고보다 낮게 책정되면, 초과 발행고는 모두 제한외발행의 형식으로 해결할 수밖에 없다. 제한외발행세액을 납부해야 하는 조선은행으로서는 이는 고스란히 손실로 돌아온다. 실

80_「發行制度改正ニ關スル草案ノ件」(計第一九一號), 『關係資料』 5, 1941. 2. 18.

제로 위와 같은 한도산정에 대해 조선은행 내부에서는 '제한외발행세'의 부담을 들어 한도액이 지나치게 낮게 산정되어 있음을 지적하고 있다.[81] 조선은행 측에서 추정한 바로는 최고발행한도를 6억 원으로 할 경우 제한외발행 일수가 148일, 6억 5천만 원은 109일, 7억 원은 16일로 예상되기 때문에 "한도는 제발 7억 원 이상"을 희망하고 있었다. 가령 조선은행 측에 따르면 6억 원의 경우 예상 제한외발행세액이 약 86만 원에 달한다.[82] 이는 1941년 조선은행 순이익 약 420만 원에 비교해 보면 약 20%에 달할 정도로 큰 비중을 차지한다.[83] 특히 다음에서 보듯이 납부금제도도 동시에 개정되어 수익에 대해 예전보다 훨씬 엄격한 국고 환수가 예상되고 있었기 때문에 조선은행으로서는 제한외발행세에 부담을 느낄 수밖에 없었던 것이다.

81_조선은행 내부에서는 "당국에서 최고발행한도를 6억 원으로 정하고자 하는 것은 전년도의 최고발행고를 한도로 하고자 한 취지로 해석되는데, 이는 실적을 무시한 것으로서 경제 발달을 저해하는 것에 이를 수 있음을 우려하는 바이다"라는 의견을 나누고 있었다(「發行制度改正ニ關スル草案ノ件」(計第一九一號), 《關係資料》 5, 1941. 2. 18). 이 문건은 1941년 1월 30일자로 도쿄 총무과에서 보낸 문건(「發行制度改正ニ關スル草案ノ件」(東總 第二百三十六號))에 대해서 조선은행 경성본부의 계산과에서 조선은행 쪽 희망한도 및 산정이유를 작성하여 답한 조선은행 내부의 문건으로 대장성에 대해 직접 항의했다기보다는 조선은행 내부의 불만을 표출한 것으로 보인다.

82_ 〈표〉 최고발행액 산정에 따른 예상 제한외발행 초과일 및 제한외발행세액

최고발행한도액 산정액	6억 원	6억 5천만 원	7억 원
예상 초과일수 (일)	148	109	16
예상 제한외발행세액 (천원)	856	343	28

출전: 〈發行制度改正ニ關スル草案ノ件〉, 《關係資料》 5, 13쪽.

83_조선은행의 순익금은 尹錫範 · 洪性讚 · 禹大亨 · 金東昱, 『韓國近代金融史研究』, 世經社, 1996, 464쪽 부표4 참조. 물론 예상되는 제한외발행세액과 실질 순수익을 단순 비교하는 것은 무리가 있으리라 생각되지만, 제한외발행세액이 조선은행 순수익에서 차지하는 비중이 어느 정도인가를 추정하는 데는 별 문제가 없으리라 생각된다.

이상과 같이 최고발행한도액을 두고 대장성과 조선은행 사이에는 1억 원이라는 큰 차이가 존재하고 있었다. 이에 조선은행은 대장성에게 발행한도 산정과 관련된 별도의 문건[84]을 제출하였고, 대장성은 이를 토대로 발행한도를 6억 3천만 원으로 최종 결정하였다.

조선은행은 대장성에 제출한 자료에서는 내부 의견과는 다른 산출기준을 적용하였다. 우선 평균 발행고의 경우, 시작연도를 1935년으로 설정하여 6개년 평균값을 적용한 결과, 572,420천원으로 추산되었다.[85] 이 수치는 최초 대장성안과 조선은행안 평균발행고의 중간 정도에 해당하는 액수이다. 다음으로 〈표 2-10〉의 최고발행고 산정 방식은 이전과 다른 방식을 취하는데, 먼저 1941년도 예상 평균 발행고 572,420천 원을 기준으로 1941년 4월부터 각월 평균 발행고를 추산한다. 여기에는 6개년 간 연중 평균 발행고에 대한 매월 평균 발행고의 비율의 평균값을 사용하여 1941년도 예상 월별 평균 발행고를 추산하였다. 이렇게 나온 각월 예상 평균 발행고를 가지고 매월 최고발행고(역시 6개 년간 평균값)를 추산하는 방식을 취했다.

84_「朝鮮銀行法及臺灣銀行法ノ臨時特例ニ關スル法律第一條第一項ニ依ル朝鮮銀行券ノ發行限度ヲ差當リ昭和十六年度中ヲ目標トシテ六億三千萬円ト決定スルヲ適當ト認ムル理由」,『關係資料』5.

85_ 〈표〉 1935년 이후 평균 발행고 증가율 및 1941년 예상 평균 발행고(단위: 천원, %)

	1934	1935	1936	1937	1938	1939	1940		1941
평균 발행고	144,481	165,024	166,766	203,842	271,414	342,819	468,046	예상 발행고	572,420
전년대비 증가율		14.2	1.1	22.2	33.1	26.3	36.5	6개년 평균	22.3

출전:「朝鮮銀行法及臺灣銀行法ノ臨時特例ニ關スル法律第一條第一項ニ依ル朝鮮銀行券ノ發行限度ヲ差當リ昭和十六年度中ヲ目標トシテ六億三千萬円ト決定スルヲ適當ト認ムル理由」,『關係資料』5.
각주 79)(174쪽)에서 제기했던 문제가 여기서도 되풀이되고 있는데, 여기서도 발행고 수치가 앞의 것과 차이가 나고 있다.

〈표 2-10〉 1941년도 평균발행고 및 최고발행고 예상 (단위: 천원, %)

월별	연중 평균에 대한 매월 평균비율	평균발행고	매월 평균에 대한 매월 최고비율	최고발행고
1941. 4월	91.3	522,619	102.4	535,161
5월	88.7	507,736	104.2	529,060
6월	87.1	498,577	103.7	517,024
7월	84.6	484,267	104.4	505,574
8월	85.5	489,419	104.5	511,442
9월	89.9	514,605	105.8	544,452
10월	95.8	548,378	106.1	581,829
11월	107.8	617,068	108.4	668,901
12월	123.5	706,938	107.5	759,958
1942. 1월	120.1	687,476	106.8	734,224
2월	115.2	659,427	103.1	679,869
3월	111.7	639,393	103.1	659,214

〈표 2-10〉의 산정방식에 따르면 1941년 11월부터 5개월간 평균 · 최고발행고 모두가 6억 원을 초과하고 있다. 이를 근거로 조선은행 측은 "연말연초 등 특히 발행고가 증가하는 시기에는 다소의 제한외발행"이 출현토록 하는 것이 가장 적당하기 때문에 발행한도는 "6억 3천만 원 정도"가 좋다는 의견을 제시하였다.[86]

조선은행 측이 1개월 단위로 세분하여 발행고를 추산한 이유는 제한외발행을 강조하기 위해서였다. 조선은행은 아래 〈표 2-11〉과 같이 제한외발행 출현일수를 산정하였다.

86_사실 조선은행 측이 희망하는 한도는 "적어도 6억 3천만 원 내지 7억 원"이었다.

〈표 2-11〉 1941년도 월별 제한외발행 출현일수 추산 (단위: 일)

	1940년 중 초과일수(A)	1940년 중 초과일수(B)	1940년 중 초과일수(C)	1940년 중 초과일수(D)
1941.11월	1			
12월	31	18	15	11
1942.1월	31	31	31	3
2월	28	28	10	
3월	31	12		
계	122	89	56	14

출전: 第九表 制限額ヲ昭和十五年度ニ引直シテ見タル場合ノ限外出現日數豫想
「朝鮮銀行法及臺灣銀行法ノ臨時特例ニ關スル法律第一條第一項ニ依ル朝鮮銀行券ノ發行限度ヲ差當リ昭和十六年度中ヲ目標トシテ六億三千萬円ト決定スルヲ適當ト認ムル理由」, 『關係資料』 5.

주: 발행한도를 평균발행고의 증가율로서 1940년도로 고친 경우는 다음과 같다.
(A): 600,000천 원÷122.3=490,596천 원 (B): 630,000천 원÷122.3=515,126천 원
(C): 650,000천 원÷122.3= 531,479천 원 (D): 700,000천 원÷122.3= 572,363천 원

산정 방식은 1941년의 평균 발행고 추정에 사용한 과거 6년간의 평균 발행고의 증가율 평균(122.3%)을 4가지 예상 발행한도액(6억 원~7억 원)에 적용하여 나온 1941년도의 추정 발행한도를 구한다. 이 결과물을 다시 1940년도의 계수로 고쳐 나온 1940년의 제한외발행 일수를 1941년도의 그것으로 추정한 것이다. 만약 1941년도 최고발행한도가 6억 원일 경우 122일, 6억 3천만 원은 89일, 6억 5천만 원은 경우 56일, 7억 원은 14일의 제한외발행이 예상된다. 즉 조선은행 측은 발행한도에 따른 제한외발행 일수를 구체적으로 보여주면서 대장성에게 발행한도 재조정을 요구하고 있었던 것이다.

이상과 같이 1941년 최고발행한도액 6억 3천만 원은 대장성이 조선은행 측의 요구를 일부 수용하여 결정된 것이었다. 일본 제국의회 심의 과정에서도 지적되었지만 사실상 발행한도는 기존 은행권 발행 추이만이 반영되고 있었다. 전쟁이라는 특수 상황 속에서 발행한도를 정하는 것 자체가 무리라고도 볼 수 있다. 이 점에서 발행한도액은 예상발행액이 아닌 억제

목표액으로 이해하는 것이 더 정확할 것이다. 한도액이 높게 산정되면 시중에 인플레이션 심리가 조장될 우려가 있고, 이를 최소한의 선에서 억제할 필요가 있었다는 점에서 발행한도는 사실상 최고발행한도가 아니라 최저발행선, 저지선으로 보는 것이 더 타당할 것이다. 평상시 최고발행한도는 그야말로 '최대한'의 발행 한도이지만 전시에서는 '최소한'의 의미를 강하게 가지고 있었던 것이다. 여기에는 제한외발행이 중요한 역할을 담당한다. 만약 예상되는 통화량을 그대로 한도액으로 결정할 경우, 이는 정부가 통화 증발을 조장하는 것처럼 보이기 때문에 제한외발행을 통해 이 한도를 최대한 낮추려고 했던 것이다.

그렇다면 양 측이 예상한 발행고는 실제 발행액과는 어느 정도 차이가 날까? 1941년 실제 평균 및 최고발행고는 542,407천 원, 754,046천 원(174쪽 각주 79의 〈표〉)으로 〈표 2-10〉에서 조선은행이 제시한 예상치인 572,420천 원, 759,958천 원과 비교해 보면 평균 발행고는 차이가 나지만 최고발행고는 거의 비슷함을 알 수 있다. 특히 〈표 2-9〉의 대장성 최초의 예상액(546,906천 원 및 763,350천 원)은 실제 발행고와 거의 차이가 나지 않고 있다. 아래 〈표 2-12〉은 최종안으로 사용된 자료의 예상발행고와 실제 발행고를 비교한 것이다.

〈표 2-12〉 1941년 **평균 · 최고발행고 및 예상발행고의 차액** (단위: 천 원)

연월	평균발행고	평균발행고-예상발행고	최고발행고	최고발행고-예상발행고
1941. 4월	517,678	-4,941	526,854	-8,307
5월	505,990	-1,746	521,717	-7,343
6월	520,641	22,604	509,234	-7,790
7월	491,352	7,085	504,499	-1,075
8월	519,020	29,601	547,748	36,306
9월	551,339	36,734	570,384	25,932

10월	563,416	15,038	570,490	-11,339
11월	580,115	-36,953	615,241	-53,660
12월	677,791	-29,147	754,046	-5,912
1942. 1월	706,962	19,486	741,505	7,281
2월	695,668	36,241	701,983	22,114
3월	675,310	35,917	696,952	37,738

출전: 朝鮮銀行, 『朝鮮銀行統計月報』, 각월판.
비고: 천원 단위 이하는 절삭.

실제 발행고에서 예상발행고를 차감한 결과, '+'의 경우는 예상치보다 더 많이 발행된 경우이고, '-'는 실제 발행고가 예상발행고에 못 미친 것을 나타낸다. 이 차액은 많게는 5천만 원이 넘을 정도로 컸고, 적을 경우에는 1백만 원 정도에 불과했음을 알 수 있다. 오차는 최대 9% 정도까지 났다.

조선은행이 가장 피하고자 했던 제한외발행의 경우는 1941년 12월부터 1942년 3월까지 4개월간 지속되고 있음을 알 수 있다. 11월 말은 예상보다 발행액이 낮았으나 12월 들어 통화량이 급팽창하여 발행한도 6억 3천만 원을 훨씬 넘기게 되었다. 1942년 2월 들어 다소 수축되는 양상을 보이고 있으나 여전히 제한외발행이 지속되고 있는 상태였다. 대장성이 인가한 제한외발행 한도액은 1941. 12.~1942. 1.에는 1억 4천만 원, 1942. 2.~3.에는 8천만 원이었다.[87] 앞의 〈표 2-11〉에서 조선은행 측은 6억 3천만 원일 경우 제한외발행 일수를 89일로 예상하고 있었으나 이보다 1개월 이상 더 지속되고 있었음을 확인할 수 있다. 예상보다 통화량이 훨씬 가파르게 증가하고 있었던 것이다.

대장성은 1942년도 최고발행한도는 7억 5천만 원으로 결정하였다. 이는 1941년 한도산정에서 대장성이 최초로 적용한 기준(전년도 최고발행액)

87_제한외발행 한도액은 朝鮮銀行史硏究會 編, 앞의 책, 1024-1025쪽.

을 그대로 반영한 것이었다. 그리고 1943년 이후에는 한도액이 갱신되지 않은 채 7억 5천만 원으로 고정되었다. 이와 같이 발행한도가 고정되면 그 이상의 발행은 제한외발행으로 충당되어야 하기 때문에 조선은행 측의 부담이 커질 수밖에 없게 된다. 이에 무이자로 있던 조선은행의 일본은행 예금을 국채로 전환시켜 그 수익으로 발행세를 보전하도록 하였다. 한편 1943년 이후 조선은행권 발행제도는 종래 일본은행권 중심의 정화준비를 포기하고, 국채 중심의 전액 보증준비로 전환하였다. 그 결과 조선은행권과 일본은행권의 등가태환 유지에 기초한 기존의 발권제도는 형해화되었고, 일본 본국과 조선은 통화면에서 완전히 분단되는 상황이 되었다.[88]

이상의 과정에서 일반적인 통념과는 상반되는 점을 발견할 수 있을 것이다. 즉 통화 증발의 압력을 가하는 주체는 정부 재정당국이며, 중앙은행은 이를 방어해야 한다는 통념이다. 역사적으로 통화제도가 금본위제에서 관리통화제도로 바뀌면서 중앙은행 제도도 그에 따라 변화되었다. 화폐발행이 금의 양에 따라 자동적으로 결정되었던 금본위제도하에서는 은행권 발행기능을 누가 가지느냐는 그리 문제가 되지 않았고, 중앙은행의 책임은 무엇보다 통화의 대외가치(즉 금태환성) 유지에 달려있었다. 그러나 관리통화제도 하에서는 태환이 되지 않는 불환지폐가 유통되었는데, 이를 뒷받침한 것은 국가권력의 강제통용력이었다. 따라서 화폐발행의 자동조절기능이 없는 관리통화제도에서는 은행권 발행의 제어장치가 해제됨으로써 통화관리가 필연적으로 되고, 정부당국의 자의적 통화남발 방지, 즉 인플레 방지가 통화관리의 핵심이 된다. 이와 같은 변화는 결국 중앙은행의 정부로부터의 독립이라는 문제로 제기되었다.[89] 그런데 1941년 결정

88_이에 대해서는 본서 2부 2장 4절을 참조할 것.

과정에서 대장성은 발행한도를 최대한 억제하려고 하였고, 반대로 조선은행은 이를 확대하고자 하였다. 양자의 전도된 태도는 조선은행이 '중앙은행'이 아닌 영리를 추구하는 식민지 발권은행이었음을 정확하게 보여주고 있었다. 통화가치의 관리라는 중앙은행 본연의 모습은 전혀 찾아 볼 수 없고, 자신들의 수익 보존에만 매몰되었던 조선은행의 실상을 확인할 수 있을 것이다.

3. 증가될 이익의 환수조치: 납부금제도의 개정

1941년 발권제도의 개정과 더불어 조선은행 납부금법도 일부 개정되었다(대만은행의 경우는 신설). 조선은행법 제정 당시 제27조에 규정된 납부금법은 주주에게 배당해야 할 이익금이 납입자본금의 12%를 초과할 경우, 그 초과액의 1/2을 정부에 납부하도록 되어 있다(『朝鮮銀行法』 法律 제48호, 1911. 3. 29). 이번에 개정된 납부금법은 두 단계로 세분화되어 있다.[90] 우선 1차 납부금은 매기의 이익금에서 법정 최저적립금(이익금의 1/10)[91]과 납입

89_조명근, 「해방 후 한국중앙은행제도 개편 논의-조선은행안과 재무부안을 중심으로-」 『한국사학보』 28, 2007, 214-215쪽.

90_제27조 조선은행은 매영업연도에 이익금에서 다음에 게재된 금액을 공제한 잔액의 1/4을 정부에 납부해야 한다.

1. 납입자본금액에 대해 연 6%에 상당하는 금액
2. 전조의 규정에 따라 적립해야 할 금액의 최소액에 상당하는 금액

이익금에서 전항 제1호 및 제2호의 금액 및 전항의 규정에 따라 납부금액을 공제한 잔액이 이익금의 1/10을 초과할 때에는 그 초과액의 1/3을 다시 정부에 납부해야 한다.(法律 제16호 1941. 3. 3.)

91_제26조: 조선은행은 매영업연도에 자본의 결손을 보충하기 위해 이익의 8/100 이상을 적립하고, 또 이익 배당의 평균을 유지하기 위하여 이익의 2/100 이상을 적립해야 한다.

자본금의 6%에 해당하는 금액을 차감한 잔액의 1/4을 정부에 납부하도록 하였다. 이는 『조선은행법』에 규정된 적립금을 우선 충당해야 하고, 또 주주에게 연 6% 정도의 배당을 보장하기 위한 조치였다. 6% 배당은 대장성이 판단한 적정 배당률이다. 또 위 금액을 공제한 잔액의 1/4을 납부토록 한 이유는 당시 일본은행의 경우 1/2을 기준으로 삼았는데, 조선은행은 상업금융이 차지하는 비중이 크기 때문에 1/4 정도가 적당하다고 보았기 때문이다.[92] 만약 이익금에서 법정 최저적립금과 납입자본에 대한 연 6%의 금액을 차감(제1차 납부금)한 잔액이 이익금의 1/10을 초과할 경우, 그 초과액의 1/3을 다시 정부에 납입하도록 하였는데, 이것이 제2차 납부금이다. 종전 제도와 달리 납부금을 단계별로 세분화한 까닭은 조선은행의 이익금 증감에 탄력적으로 대응할 수 있게 하여, 이익 처분을 최대한 실제에 부합하도록 하기 위해서였다.[93]

이와 같이 개정의 근본취지는 납부금을 이전보다 더 많이 징수하는 데 있었는데, 그 이유를 대장대신 카와다 이사오河田烈는 의회에서 다음과 같이 밝혔다.

> 조선은행의 현행 납부금제도는 창립 시에 제정된 것으로 현재 실태를 반영하지 못하고 있기 때문에 특히 동행의 은행권 발행한도는 누차 확장됨을 참작 (…)

92_大藏省 銀行局, 「鮮臺兩銀行法中改正法律案關係想定質問應答」, 『鮮銀臺銀納付金制度ノ件』(『朝鮮銀行券,臺灣銀行券發行制度改正ノ件』6), 1941. 1, 35-37 · 41쪽. 이하 『關係資料』6으로 약칭.

93_일본은행이 잔액의 3/4을 납부하도록 규정한 것과 달리 1/3의 비율을 적용한 것은 첫째 조선은행은 상업금융을 겸영하고, 둘째 아직 일본은행만큼 그 기초가 튼튼하지 않기 때문에 부담을 경감하기 위한 조치라고 설명하고 있다(「鮮臺兩銀行法中改正法律案關係想定質問應答」, 『關係資料』6, 42-43쪽.)

이번에 동 은행권 발행제도의 임시개정을 필요로 하는 상황인데, 동행이 은행권 발행의 특권을 행사함으로써 얻을 수 있는 이익은 동행의 부담과 조화를 이룰 수 없다고 생각 (…) 조선은행 및 대만은행은 모두 대정 말기 이래 장기간 내용 정리에 전념해 왔는데, 최근 양은행의 업적은 크게 개선되어 매기 상당히 많은 이익을 거두고 있기 때문에 (…)[94]

조선은행이 발행제도 개정으로 얻을 수익은 더욱 증가될 것으로 예상되는데, 현재의 납부금제도는 이를 반영하지 못하는 구조이기 때문에 개정해야 한다는 것이다. 납부금이란 본래 국가가 지닌 화폐발행의 특권을 발권은행에게 부여한 것에서 발생된 것으로 "특권사용에 대한 급부給付로서 보상금"의 성격을 가지는 것이다. 그러므로 여기에서 발생하는 "이익을 발권은행의 주주에만 독점시키는 것"은 "형평의 원칙에 어긋나"기 때문에 그 "이익의 일정 부분을 보상으로서 정부"에게 납부토록 한 것이라고 개정 취지를 설명하고 있다.[95]

사실 납부금은 조선은행의 영업 실적을 반영하는 것이기도 한데, 1941년 개정 이전에는 그 성적이 보잘 것 없었다.[96] 중일전쟁 이전에는 제1차

94_1941년 2월 20일 제76회 帝國議會貴族院 議事速記錄 제16호.

95_「鮮臺兩銀行法中改正法律案關係想定質問應答」, 『關係資料』 6, 12-13쪽.

96_ 〈표〉 조선은행 납부금 실적 (단위: 원)

연도(월)	정부납부금	배당금(배당율)
1918(7.~12.)	52,200	978,904 (9%)
1919	112,290	2,698,150 (9%)
1920	120,942	4,475,068 (9 · 10%)
1921	48,351	5,000,000 (10%)
1940(7.~12.)	220,327	974,184 (6%)
1941	1,949,976	2,100,000 (6%)
1942	3,668,149	2,712,983 (7%)

세계대전으로 인한 전쟁 특수기인 3~4년 동안에만 납부 실적이 있다. 이는 1920~30년대 내내 조선은행이 정리은행으로 제 구실을 못했기 때문에 납부금을 낼 형편이 안 되었던 것이다.[97] 그런데 중일전쟁 이후 두 번에 걸쳐 보증준비 발행한도가 확장되었고, 이번 임시특례법 실시에 따라 조선은행권 발행고는 더욱 증가될 것으로 예상되었기 때문에 법령을 개정한 것이었다.[98]

그렇다면 이번 개정으로 인해 조선은행이 납부해야 할 금액은 어느 정도 증가하는가? 대장성 은행국에서는 예상 이익금과 납입자본금을 기준으로 납부금을 시산試算하였는데, 아래 〈표 2-13〉과 같다.

1943(1.~9.)	3,027,286	2,100,000 (7%)
1944(1943. 10.~44. 9.)	4,008,768	2,800,000 (7%)
1944. 10~45. 3.	1,983,091	1,692,307 (7%)

출전: 朝鮮銀行史研究會 編, 『朝鮮銀行史』, 東洋經濟新報社, 1987, 844-845쪽.
비고: -1943년 10월 이후부터는 회계연도가 10~3월, 4~9월로 변경되었음.
-원 단위 이하는 절삭하였음. -1920년 배당률의 경우 상반기 9%, 하반기 10%.

97_조선은행은 제1차 세계대전의 호황을 기회로 일본 및 만주에 진출한 기업을 대상으로 방만한 대출을 실시하였는데, 전후 반동공황이 내습하자 불량채권이 양산되었다. 이에 일본 정부는 수차례에 걸쳐 정리를 실시하였는데, 특히 1925년에는 자본금 50% 감자減資라는 굴욕을 감수해야 했다. 조선은행은 일본은행 및 대장성 예금부로부터 구제자금으로 총 1억 2,800만 엔을 지원받았고, 이후로 조선은행은 정리은행이란 오명을 쓴 채 고정대출 정리 및 상환에 전념하였다. 조선은행은 중일전쟁 이후 전비조달 기관이 됨으로써 영업 성적이 향상되었고, 1940년 하반기에 고정대출 상각을 완료할 수 있었다. 1차 세계대전 특수경기의 수혜를 입은 1920년의 수익이 1940년까지 깨지지 않을 정도로 실적은 형편없었다. 조선은행 정리에 대해서는 본서 3부 2장을 참조할 것.

98_납부금 이외에도 조선은행이 부담하는 것 중 하나가 제한외발행세인데, 후자가 통화의 과도한 팽창을 억제하기 위해서 설정한 것이라면 전자는 특권에 대한 보상이라는 점에서 양자가 근본적으로 그 취지를 달리하고 있다. 따라서 양 제도를 병용하여도 아무런 문제가 없다고 대장성은 설명하고 있다(「鮮臺兩銀行法中改正法律案關係想定質問應答」, 『關係資料』 6, 29쪽).

〈표 2-13〉 조선은행 예상 납부금액 시산試算 (단위: 천원)

이익금	납입자본금	납부금(구법)	납부금(신법=제1차 + 제2차)
1,571	27,500	0	241(147+94)
2,000	32,500	0	345(206+139)
2,000	35,000	0	308(187+121)
2,500	35,000	42	516(300+216)
3,000	35,000	267	725(412+313)
5,000	35,000	1,167	1,558(862+696)
8,000	35,000	2,517	2,808(1,537+1,271)

출전: 大藏省 銀行局, 「鮮臺兩銀行法中改正法律案關係想定質問應答」 『關係資料』 6, 1941. 1, 59-63쪽.

위 표에서 이익금과 납입자본금의 액수에 따라 다양한 방식으로 결정됨을 알 수 있는데, 현 법령에서는 납부를 면제받거나 소액에 그칠 수 있었던 납부금이 개정 법령을 실시할 경우 상당 액수를 부담해야 함을 확인할 수 있다. 이익금이 크면 클수록 구법과 신법 간의 차이가 줄어들고 있는 것은 소액의 이익이 나더라도 이를 수취하겠다는 정부의 의도를 잘 보여주고 있다. 실제로 조선은행의 납부금은 1941년 약 200만 원 이후 매년 큰 폭으로 증가하고 있었다(187쪽 각주 96의 표 참조). 한 가지 유의할 점은 이 시기 납입자본금도 증가하고 있었는데, 제33기(1925.7.~12.)에 반액 감자로 인해 2천5백만 원이었던 자본금은 62기(1940년 상반기)에 3천만 원 → 63기(1940년 하반기) 3천5백만 원 → 66기(1942년 상반기) 4천만 원 → 72기(1944. 10.~ 45. 3.)에 5천만 원으로 가파르게 증가하고 있었다. 납입자본금의 증가가 납부금의 부담을 경감시켜 주는 효과가 있다는 점을 고려하면 이 시기 조선은행의 증대된 이익의 크기를 가늠할 수 있을 것이다. 특히 1941년 하반기 이후부터 정부납부금은 배당금을 능가[99]하고 있었다.

납부금법 개정을 통해 조선은행은 은행권이 증발될수록 큰 이익을 거

99_납부금: 1,224,587원, 배당금: 1,050,000원.

둘 수 있는 존재임을 다시 확인할 수 있었다. 당시 일본 정부에서는 조선은행이 발권 특권으로 얻는 수익을 대체로 전체 이익 중 최대 절반까지 추산하고 있었다.[100] 1940년대 조선은행이 발권을 통해서 올리는 수익이 전체 수익에서 차지하는 비중을 시산試算한 자료에 따르면 최저 25%(1940년)에서 최고 58%(1944년)에 달하고 있었고, 시간이 지날수록 그 비율이 증대되고 있었다.[101] 1941년 발행제도 개정은 조선은행이 수익상 가장 선호하는 방식인 보증준비 발행이 주를 이루기 때문에 은행권이 증발할수록 수익은 증가되고 있었던 것이다.[102] 왜 조선은행이 은행권 발행한도를 최대한 증가시키려고 하였는지를 이를 통해서도 확인할 수 있을 것이다.

III. 발행제도 개정의 함의
-최고발행액제한제도의 실시와 전비조달

1. 전시국채 인수를 위한 발권제도의 개정

일본은 1941년 3월 「兌換銀行券條例의 臨時特例에 關한 法律」(法律 제14호

100_"발권업무 이외에 보통은행 업무를 겸영하고 있고, 그 후자의 분량이 상당히 크기 때문에 그 이익 중 은행권 발행의 특권에 기초한 이익이 어느 정도에 이르는지 정확히 산출하는 것은 곤란하여도 대체로 전체 이익의 반액 내지 그 이하의 정도로 추정하여도 크게 틀리지 않을 것이다"(「鮮臺兩銀行法中改正法律案關係想定質問應答」, 『關係資料』 6, 29쪽).

101_ 본서 153쪽 〈표 2-6〉

102_전술하였듯이 조선은행은 1943년 5월까지는 1/3 정화준비율을 유지해야 한다. 따라서 최고발행한도가 6억 3천만 원일 경우, 보증준비는 4억 2천만 원까지 인정되기 때문에 종래 1억 6천만 원에 비해 2억 6천만 원이나 그 한도가 증가하게 된다.

1941. 3. 1.) 및 「朝鮮銀行法 및 臺灣銀行法의 臨時特例에 關한 法律」(法律 제15호 1941. 3. 3.)을 함께 제정, 공포하였다.[103] 새로 제정된 임시특례법과 기존 발권제도의 가장 큰 차이점은 은행권 발행한도를 대장대신이 일방적으로 정하는 최고발행액제한제도의 도입이었다.[104] 즉 기존 발권제도에서는 정화준비의 증감과 일본의회에서 정한 보증준비 한도 내에서 은행권을 발행하고, 그러고도 부족한 부분은 제한외발행을 통해 발행하는 등 은행권 발행한도가 제도 내의 메커니즘 속에서 제약되어 있었다. 그러나 새로운 제도에서는 매년 은행권 발행량을 정화준비나 보증준비의 구별 없이 대장대

103_'임시특례법'으로 공포되었기 때문에 조선은행법은 개정되지 않았다. 다만 조선은행 정관이 개정되어 다음 64조가 새로이 추가되었다.

제64조 당 은행은 1941년 법률 제15호에 따라 당분간 제53조, 제54조, 제55조, 제56조의 규정에 불구하고 본조 규정에 따라 은행권을 발행한다.

1. 당 은행은 대장대신이 정하는 금액을 한도로 은행권을 발행할 수 있다.
2. 당 은행은 필요하다고 인정될 때에는 대장대신의 인가를 받아 전호의 금액을 초과하여 은행권을 발행할 수 있다.
3. 당 은행은 은행권 발행고에 대한 보증으로서 동액의 금화, 지금은, 태환은행권, 일본은행에 대한 예금, 국채증권 기타 확실한 증권 또는 상업어음을 보유해야 한다.
4. 당 은행은 대장대신이 정한 바에 따라 은행권 발행고를 관보에 공고해야 한다.

전항 제3호의 지금은 및 국채증권 기타 증권의 보증가격은 대장대신의 인가를 받아 이를 정하는 것으로 한다.

104_ **〈표〉 일본은행권, 조선은행권, 대만은행권 발권준비 변화**

	개정 이전	개정 이후
일본 은행권	정화준비: 금은화, 지금은	금은화, 지금은, 정부발행 공채증서, 대장성증권, 확실한 증권, 상업어음
	보증준비: 정부발행 공채증서, 대장성증권, 확실한 증권, 상업어음	
조선 은행권	정화준비: 금화, 지금은, 일본은행권	정화준비: 금화, 지금은, 일본은행권, 일본은행 예금
	보증준비: 국채, 증권, 기타 확실한 증권, 상업어음	보증준비: 국채, 증권, 기타 확실한 증권, 상업어음
대만 은행권	정화준비: 금은화, 지금은, 일본은행권	정화준비: 금화, 지금은, 일본은행권, 일본은행 예금
	보증준비: 정부발행 지폐, 증권, 기타 확실한 증권, 상업어음	보증준비: 국채, 증권, 기타 확실한 증권, 상업어음

신이 자의적으로 지정하는 것으로 되어있다. 따라서 정화준비 증감이라는 경제사정과 보증준비 한도 설정이라는 의회의 발행한도 제약기능이 모두 해제되고, 은행권 발행량을 재정정책 담당자인 대장대신이 아무런 견제 없이 정할 수 있게 되었다. 그 결과 새로운 발행제도는 일본은행 인수에 의한 전시국채 소화라는 전비조달의 기본방침에 매우 적합한 형태로 개편되었다.

그런데 조선은행권 및 대만은행권은 예외가 있었는데 정화준비를 폐지하지는 않은 채 최고발행액제한제도를 도입한 것과, 정화준비에 일본은행에 대한 예금을 새로이 추가한 점이다. 정화준비를 그대로 둔 것은 조선은행권의 가치가 일본은행권에 대한 태환에 달려 있기 때문에 일본은행과 같이 정화준비를 당장 폐기하면 일본, 조선 양 지역 간 통화제도가 위협을 받기 때문이었다.[105] 그러나 정화준비는 그대로 두고 있지만, 정화준비에 일본은행에 대한 예금을 새로이 추가함으로써 실제 의미는 이전에 비해 상당히 달라져, 정화준비의 대부분을 일본은행에 대한 예금이 차지하게 되었다.[106] 이에 대해 일본 정부는 조선 및 대만에 퇴장되고 있는 일본은행권을

105_임시특례법 제2절 2항에서 일정 비율의 태환물건을 보유하도록 규정하고 있는데 이는 일본 정부에서도 인정하듯이 "양 은행권의 가치 유지 및 그 발행고의 조절은 태환은행권에 대한 태환성에 달"려 있기 때문이다. 따라서 조선은행 및 대만은행에 대해 "은행권 발행고에 대해 각각 일정한 비율의 태환은행권 또는 이와 경제상 동일시할 수 있는 물건을 보유해야 할 것을 명령할 수 있는 제도"를 설치해 둔 것이다(大藏省 銀行局, 「朝鮮銀行券及臺灣銀行券ノ發行制度ノ臨時改正ニ關スル法律案說明」, 『關係資料』 5, 1941. 1. 21.). 또한 보유비율에 대해 대장성은 1941년 4월 15일 조선은행 측에 '귀행은 은행권 발행고에 대한 보증으로서 1/3이상의 금화, 지금은, 태환은행권 또는 일본은행에 대한 당좌예금을 보유해야 한다'라고 통첩하였다(朝鮮銀行史硏究會 編, 앞의 책, 576쪽).

106_〈부표 2-2〉를 보면 전체 정화준비에서 차지하는 비율이 1942년에 일본은행권은 96% → 14.4%로 급감한 반면, 일본은행에 대한 예금이 82.8%로 그 자리를 대신하고 있다.

일본에 환수함으로서 일본은행권 발행고를 "실제의 유통량에 상응시키고자" 하였다고 그 뜻을 설명하고 있다.[107] 실제 이 개정으로 인해 절약될 수 있는 일본은행권은 약 '3억 엔' 정도로 추정되고 있었다.[108] 즉 이번 개정을 통해 일본엔의 일본은행 집중을 도모한 것으로, 조선은행이 일본은행권이든 일본은행에 대한 예금이든 엔자금을 보유하는 것에 차이는 없으나, 엔자금에 대한 운용이나 통제력에 대해서는 상당한 제약을 받게 되었다.

〈표 2-7〉을 보면 조선은행 자금운용에서 정화준비는 1937년 19.9%에서 1943년 9월 말 현재 6%로 점점 감소하고 있는데 반해, 유가증권 보유는 26.1%에서 41.6%로 계속해서 증가하는 경향을 보이고 있다. 또 1937~39년 및 1940~42년 사이의 은행권 증가율은 각각 1.59배와 1.57배로 증가 속도가 거의 비슷한데 반해 정화준비는 같은 기간에 1.39배에서 1.07배로 증가속도가 둔화되고 있었다.[109] 반면에 국채는 같은 기간에 2.65배, 2.70배 증가하여 국채소화와 조선은행권 발행이 거의 비슷한 증가 경향을 보이고 있는데, 조선은행 발권준비에서 정화준비가 차지하는 비중이 점점 줄어들고 있음을 알 수 있다. 조선은행 입장에서는 엔자금을 무이자로 일본은행에 묶어두는 것보다, 국채에 투자하는 것이 훨씬 수익

107_大藏省銀行局, 「朝鮮銀行券及臺灣銀行券ノ發行制度ノ臨時改正ニ關スル法律案關係想定質問應答」, 『關係資料』 5, 1941. 1, 54쪽.

108_ 〈표〉 조선, 대만 양 은행권의 발행준비에 충당되는 일본은행권 (단위: 천엔)

	조선은행권	대만은행권	계
1939년 중 평균	162,569	71,819	234,388
1940년 중 평균	227,391	77,409	304,800

출전: 大藏省銀行局, 「朝鮮銀行券及臺灣銀行券ノ發行制度ノ臨時改正ニ關スル法律案關係想定質問應答」, 『關係資料』 5, 1941, 55-56쪽.

109_〈부표 2-2〉를 보면 1937~40년까지는 정화준비율이 50%이상을 유지하였으나 임시특례법이 도입된 후에는 최저준비율인 30%선에 머물고 있어 형식적인 정화준비에 그치고 있음을 알 수 있다.

성이 높았다. 또한 일본 당국으로서도 조선은행의 국채인수가 전비조달에 크게 기여할 수 있다는 점에서 보증준비 확장에 따른 엔자금의 전시국채 소화 비율의 증대는 양쪽의 이해관계에서 교묘히 맞았다고 할 수 있다.

이번 발권제도 개정은, 엔円의 1차 파생화폐인 조선은행권을 매개로 엔을 절약하면서 2차 파생화폐인 중국연합준비은행권을 증발시켜 중국 화북지역에 전비조달을 가능케 한 제도적 운용의 측면을 주목해야 한다. 1/3 정화준비율을 규정하여 일본엔과의 단절을 완전히 끊지는 않았지만, 이를 일본은행 예금으로 전환시킴으로써 실제 엔자금은 조선은행의 수중에 있는 것이 아니라, 일본은행으로 환류되어 일본은행권을 보전하게 되었다. 이는 당시 일본은행권 증발을 최대한 억제할 필요가 있었던 일본으로서는 조선은행 정화인 일본은행 예금을 일본은행의 발권틀 속에 포함시키면서 동시에 조선은행에게는 형식적인 정화준비를 유지시켰던 것이다. 이렇게 조선은행이 정화로 보유한 엔자금을 일본은행에 집중시킨 이 제도는, 다시 조선은행이 중국연합준비은행과의 '예금협정' 과정에서 확보한 거대한 엔자금으로 소화한 일본 국채를 보증준비에 이월시켜 보증준비한도 확장에 따른 은행권 증발을 가능케 하였다.[110] 전비조달의 대부분을 차지하는 국채는 이후 조선은행의 인수분이 커지게 됨이 당연할 것이고, 그 결과 국채를 중심으로 하는 보증준비한도의 자유로운 확장에 의한 은행권 증발이 가능할 수 있는 조건이 마련된 것이다.

요컨대 조선은행은 거대한 엔자금을 획득하게 되었으나, 엔자금의 사용은 철저하게 일제의 전비조달을 위해 이용되는 제도로 되었다. 조선은행이

110_조선은행이 보유한 일본국채 모두가 보증준비로 이월되는 것은 물론 아니다. 〈부표 2-2〉를 보면 전시기에 국채가 보증준비로 이월되는 것은 1939년부터이고, 조선은행이 보유하고 있는 일부 국채만이 보증준비로 이월되고 있던 상황이었다(본서 167쪽 〈표2-8〉 참조).

보유한 일본은행권이 일본은행으로 환류 되거나 또는 조선은행의 엔자금이 국채에 투자되거나 결과는 모두 일본의 인플레를 억제하는 조치로 되었으나, 조선은행은 이를 준비로 하여 조선은행권이 증발될 수 있는 제도적 장치를 가지게 된 것이다. 일제는 이렇듯 '예금협정'이라는 제도를 만들어 냄으로써, 점령지 현지 군사비는 형식적인 송금으로 위장한 채 실제로는 점령지 현지통화의 증발로서 조달하고, 엔자금을 조선은행의 전시국채 매입이라는 루트를 통해 다시 일본 정부에 환류시켜 일본 내의 전비운용에 조달하였다. 그 과정에 개입되어 있었던 조선은행은 매입한 국채를 필요에 따라 보증준비로 이월시킴으로서 은행권 발행틀을 확대시킬 수 있었다.

2. 식민지적 통화구조의 해체

일본 정부는 1942년 1월, 제79의회에 일본은행법안을 제출하였다. 법안 중 통화제도에 대해서는 1년 전 태환은행권조례의 임시특례법에서 규정된 제조항, 즉 발행한도의 대장대신 결정과 정화 · 보증준비 폐지를 그대로 채용하여, '임시'라는 꼬리표를 떼게 되었다. 이 조치는 1930년대 이후 실질적인 관리통화제도로 이행하고 있었던 일본은행권 발행제도를 법적인 형태로 확인한 것에 불과하였다.[111] 그러나 조선은행법 및 대만은행

111_본서 161쪽의 각주 57의 표를 보면, 1920년대 후반 60%대를 유지하던 일본은행의 정화준비율이 금본위 이탈 후인 1930년대 들어 30%대로 뚝 떨어지고 보증발행 한도를 30년 만에 대폭 확장한 1932년부터는 20%선에 머물고 있음을 알 수 있다. 금준비의 명목적인 인상을 가져온 금준비평가법의 영향을 받아 1937년에 일시적으로 30%선을 넘겼던 정화준비율은 1938년부터는 아예 10%대로 떨어졌다. 금본위제인 「태환은행권조례」 체제에서의 일본은행권의 신용 유지는 정화준비에 의해 제약을 받는 점에 있다고 볼 때, 그 실질은 변한 채 명목적인 법체계만이 남아 있었던 것이다.

법은 이 일본은행법 제정과 상관없이 1941년의 '임시특례법'의 제도를 그대로 유지하고 있었다.

1941년도 임시특례법의 도입은 조선은행에게 이전에 비해 탄력적인 발권 기능 확대를 부여한 것이었다.[112] 일본은행권이 정화준비의 대부분을 차지하고 있었던 기존 조선은행의 발권제도에서는 일본은행권의 유출입에 따라 발권 능력이 제약될 수밖에 없었다. 조선은 일제시기 국제수지에서 적자를 면치 못했기에, 조선은행은 정화준비에 매우 어려움을 겪을 수밖에 없었으며, 이로 인해 조선은행권의 적정한 발권력 또한 제약될 수밖에 없는 상황이었다. 조선은행권과 일본은행권의 등가관계 유지가 당시 통화정책의 대전제였던 만큼 식민지 조선 자체의 재량적 금융정책은 근본적으로 제약될 수밖에 없었다.[113] 특히 조선식산은행이 일본에서의 채권 발행을 통한 또 하나의 자금유입 루트를 확보하고 있었기 때문에 조선은행의 조선 내 '중앙은행'의 지위는 그만큼 제약될 수밖에 없었다.

그런데 일본의 전비조달 과정에서 조선은행은 은행권 발행과 직접 관련을 맺지 않는 거액의 일본엔 자금을 예금협정을 통해 확보할 수 있었다. 원칙적으로 예금협정 과정에서 확보한 일본엔은 일본국채 인수에 사용되었는데, 조선은행이 인수한 일본국채가 즉시 조선은행권 발행으로 연결되지는 않았다. 〈표 2-8〉에서 보이듯이, 1939년 이후 일부분의 국채만이 조선은행권 발행준비로 이월됨을 알 수 있다. 조선은행은 위와 같이 국채의

112_『朝鮮銀行略史』에 따르면 1941년 발권제도 개정의 초점을 "전시경제하 시국의 요청과 정부의 시책에 순응하기 위한 중앙은행으로서의 최대의 임무는 조선 금융의 실세에 의거한 발권 업무의 적정한 조작"이라는 점에 두고 있다(朝鮮銀行史研究會, 『朝鮮銀行略史』, 1960, 103쪽).

113_오두환, 「통화금융제도의 발전」, 『韓國經濟成長史』, 서울대학교출판부, 2001, 273쪽.

보증준비 이월을 통해 통화를 조절하고 있었다고 볼 수 있다. 그러나 기존 발권제도에서는 여전히 보증준비 한도가 제한되어 있었기 때문에 조선은행의 통화조절 기능은 상당히 제약될 수밖에 없었다. 1941년의 임시특례법은 사실상 보증준비를 매년 확장하는 것이기에 조선은행이 가진 통화조절 기능은 그만큼 확대될 수 있었다.

발권제도의 개정으로 인해 기존 일본엔의 유출입에 의해 자동적으로 조절되던 식민지 조선의 통화제도는 그대로 유지될 수 없게 되었다. 원래 조선과 일본은 동일관세지역이고, 환의 구속력이 없으며 등가교환이 유지되는 화폐제도가 존재하여 물가도 상호 균형을 원칙으로 하고 있었다. 그러나 전시기에 들어 수출입에 관한 통제가 실시되는 가운데 별도의 기구를 통해 조선과 일본에서 각각 물자통제가 이루어져, 물가의 상호균형이 깨어지게 되었다.[114] 즉 조선과 일본은 기존과 다른 통화남발 장치를 가지게 되었으며, 그 과정에서 식민지 통화제도의 기본전제인 등가교환 원칙은 지켜질 수 없게 되었다.

한편 1942년 일본은행법 개정에서는 제한외발행세를 폐지하였다. 일본 정부에 따르면 제한외발행세는 은행권의 안이한 방출을 억제하고자 하는데 그 존재 이유가 있는데, 신제도에서는 이러한 취지가 희박하게 되었기 때문이라고 설명하고 있다.[115] 즉 국가가 직접 통화 전반에 개입하여 적절한 통화량을 공급하기 때문에 위와 같은 제한외발행세를 통한 통화조절은 더 이상 필요치 않다는 것이었다. 그러나 조선은행은 일본은행과 달리 제한외발행세를 그대로 유지하고 있었다. 일본은 국가라는 통화관리

114_吳斗煥, 앞의 논문, 1993, 197쪽.

115_吉野俊彦, 『日本銀行制度改革史』, 東京大學出版會, 1962, 424-425쪽.

주체가 통화의 조절을 담당하게 되었으나, 식민지 조선은 통화관리의 주체가 없이 여전히 제한외발행세라는 기존 수단만으로 통화 조절을 행할 수밖에 없었던 것이다.

관리통화제의 전면적 채택이라는 시점에서, 기존의 식민지 통화제도는 전면적으로 재검토되어야만 했다. 일본 당국에서도 조선은행 '발권제도의 항구적 개정 시기는 조만간 도래'[116]할 것이라고 예측하고 있었던 것에서 알 수 있듯이, 새로운 식민지 통화제도의 구축이 필요함을 제기하고 있었다. 그러나 조선은 임시특례법의 체제로 종전終戰까지 이어졌으며, 후술하듯이 1943년도부터는 아예 발행한도를 설정하지 않은 채 은행권 남발에 대한 형식적인 제약조건조차 만들어 두지 않게 되었다. 일본 본토만 「일본은행법」 제정을 통해 법적으로 완전히 관리통화제를 도입한 데 반해, 식민지 조선은 여전히 '임시'라는 꼬리표를 달고서 해방을 맞이하게 되었던 것이다.

IV. 조선은행권 발행준비제도의 형해화

1. 점령지 인플레이션에 따른 '군사비현지차입제도'의 실시

일본은 중국 점령지에 필요한 군수품의 경우 현지조달주의를 원칙으로 하고, 괴뢰정권하에 설립된 중앙은행권을 차입하여 구매하였다. 그러나

116_大藏省銀行局, 「朝鮮銀行券及臺灣銀行券ノ發行制度ノ臨時改正ニ關スル法律案關係想定質問應答」, 『關係資料』 5, 1941. 1, 20쪽.

당시 중국경제는 장개석 정권의 법폐法幣가 견고한 뿌리를 내리고 있었기 때문에, 이른바 '점點과 선線'이라는 범주만을 점령하고 있었던 일본군의 엔계통화가 자체 구매력을 가지기는 매우 힘들었다.[117] 이렇게 자체 구매력을 가지지 못한 엔계통화에 의한 현지물자 조달은 그 통화가치를 저하시켰고, 그 결과 더욱더 통화남발에 의존할 수밖에 없게 되어 대륙 인플레는 극심해 질 수밖에 없었다.[118]

아래의 〈표 2-14〉는 중국 화북지역까지 한정하여 엔계통화권의 발행고 및 당시 물가추이를 비교해 놓은 것이다. 당시 통화증발 상황 및 인플레 수준이 화북에서 제일 높고, 만주, 조선, 일본의 순서임을 알 수 있다. 이는 당시 엔계통화권으로 묶여 있던 지역에서의 인플레 파급이 화북→만주→조선→일본으로 이어지고 있음을 보여주는 것으로 특히 1943년을 기점으로 은행권 증발 및 인플레가 극심해지고 있음을 알 수 있다.[119]

117_日本銀行調査局特別調査室編, 「滿洲事變以後の財政金融史」, 1948(日本銀行 調査局 編, 『日本金融史資料』 27, 1970), 160쪽.

118_이와 같은 화북지역의 물가상승은 원래 엔원円元 등가로서 출발한 일본엔과 연은권의 가치를 괴리시켰다. 연은권 100원의 실질 일본엔 시세를 화북과 일본의 금괴시가에서 산출하면, 1941년 말 41.00엔, 42년 말 37.14엔, 43년 말 11.34엔, 44년 말 1.03엔으로 대폭 하락하였다(朝鮮銀行史硏究會 編, 앞의 책, 679쪽).

119_물자가 매우 궁핍한 상태였던 전시기 조선의 물가수준을 공정가격만으로 파악하는 것은 별 의미가 없다. 전국에 걸쳐 광범위하게 퍼졌던 암시장의 주요 물품 가격 동향을 경성지역을 대상으로 조사한 것이 아래의 표이다.

〈표〉 공정가격과 암가격 비교

1944년 6월 공정가격을 기준으로 한 경성지역 암가격 지수 (단위: 배)									
품목	白米	고구마	감자	쇠고기	설탕	粗布	양말	고무신	세탁비누
지수	12	5	5.5	3.5	10.5	11	4	13	13
1945년 6월 공정가격을 기준으로 한 경성지역 암가격 지수 (단위: 배)									
품목	쌀	밀가루	콩	쇠고기	설탕	배추	양말	구두	빨래비누
지수	98	19	47	9	174	9	34	15	83

출전: 高等法院 檢事局, 「全鮮闇價格等調査表」, 『朝鮮檢察要報』 6, 1944, 24-26쪽; 朝鮮銀行調査部, 『經濟年鑑』, 1949, 113쪽.

〈표 2-14〉 전시기 엔계円系통화권 발행고 추이 및 물가추이

연도	은행권 발행고 지수				물가지수(1937년 6월=100)			
	연은권	만주국폐	선은권	일은권	北京[1]	新京	경성	도쿄
1937	100[2]	100	100	100		100	104	101
1938	785	138	115	120		125	123	107
1939	2,213	203	159	160	261	159	151	131
1940	3,455	308	208	207	409	198	157	132
1941	4,658	410	265	259	518	208	164	145
1942	7,639	543	325	310	817	232	173	150
1943	18,175	979	525	445	1,382	254	193	164
1944[3]	76,541	1,911	1,122	770	4,622	336	216	185

출전: 日本銀行統計局, 「戰時金融統計要覽」, 1947.10(日本銀行調査局 編, 『日本金融史資料 30』, 大藏省印刷局, 1971), 157-160쪽; 大藏省昭和財政史編纂室, 『昭和財政史 9- 通貨・物價』, 東洋經濟新報社, 1956, 資料II 統計 11-14; 도쿄물가지수는 平井廣一, 「舊植民地のインフレ-ション」, 『日本經濟と東アジア-戰時と戰後の經濟史-』, ミネルヴァ書房, 1995, 35쪽에서 재인용.

주1) 1936년 평균=100.

주2) 1938년 3월을 기준임(1938년 3월에 중국연합준비은행이 개설).

주3) 물가지수에서 북경, 신경, 경성은 11월, 도쿄는 12월 수치임.

이렇게 등가로 연결된 각 지역의 통화가 심각히 괴리되는 경우, 이를 해결하는 방법은 환換시세의 변동뿐이다. 만약 환시세가 위와 같이 무리하게 고정되어 있다면 물자・자금의 유통・결제가 혼란해질 것은 명백해질 것이기 때문이다.[120] 따라서 일본 당국에서도 환換 환산율 개정을 여러 번 검토하였다. 특히 태평양 전쟁 개전 직전, 재정 당국은 연은권 100원을 일본엔 40엔으로 절하하는 방안을 제시하였으나, 육군이 일본엔 절상은 중국에 대한 일본의 경제지원의 후퇴로 받아들여지게 될 우려가 있다는 이유를 들어 반대하였다. 또한 일본 민간 사업투자 등에서 환차손을 입게 된다는 우려도 연은권 절하에 대한 강력한 반대 이유였다. 이후 대장성은 점령지의 물가등귀로 인한 군사비 예산 팽창을 막기 위해 수차례 환換 환산율의 개정을 추진하였으나, 결국 실행되지는 못했다.[121]

120_山本有造, 「「大東亞金融圈」論」, 『人文學報』 79, 京都大學人文科學研究所, 1997, 19쪽.

위와 같이 일본이 환시세의 조절을 포기한다면, 결국 선택할 수 있는 방안은 점령지 · 식민지와 일본 본국의 단절뿐이었다. 대륙의 인플레는 당시 공채발행에 의해 조달되고 있었던 임시군사비특별회계의 현지군사비를 물가상승분만큼 팽창시켰고, 그만큼 임시군사비특별회계의 예산도 역시 증대되었다. 중국 현지의 물가 등귀가 전비조달에 미치는 영향을 더 이상 방치할 수 없었던 일본 정부는 중국 점령지 전비와 임시군사비를 분리하여 점령지에서의 군비지출을 현지통화에 의한 차입으로 대체하였다. 즉 기존의 '예금협정'과정에서 일본엔이 군사비로 송금되는 것을 폐지한 것으로 화북지역에서 조선은행이 중국연합준비은행권을, 화중에서는 요코하마정금은행橫濱正金銀行이 중앙저비은행권을, 남방점령지에 대해서는 남방개발금고南方開發金庫가 남발개발금고권을 각각 현지 정부에 대상貸上하는 것이었다. 그 결과 점령지의 극심한 인플레는 일본 전비조달과는 관련이 없게 되었고, 기존의 공채 증발에 의한 점령지 전비조달은 현지통화의 차입금으로 대체되었다. 이리하여 점령지 군사비 지출은 국내의 군사공채 발행과 기타 재원 이월에 의한 재원 의존에서 거의 단절되었다. 이와 같이 임시군사비 재원 조달과 그 자금 순환에서 점령지와 일본을 지리적으로 분단시킨 1943년도의 점령지 군사비 현지 차입제도로 인해 일본 국내경제는 중대한 혼란을 초래하지 않고, 용이하게 넘길 수 있었다.[122]

121_엔을 실제 이상의 높은 비율로 유지하는 것과 같은 것은 나치가 유럽 피점령지에 강제한 환시세정책과 동일하였다. 이는 지도국 통화로서의 엔에 대한 심리적 우월감을 만족시킬 뿐 아니라 일본의 교역조건을 개선시키는 것으로 되었던 점에서 중요 물자의 수탈을 목적으로 하는 전시 환정책의 상투수단으로도 볼 수 있다(島崎久彌, 『円の侵略史』, 日本經濟評論社, 1989, 371쪽).

122_가령 점령지에서의 현지통화차입금과 일본 내 재원조달을 비교하면, 1943년도에는 군사공채 발행 181억 엔에 대해 세출은 298억 엔으로 그 부족분을 매운 것이 주로 차입금 52억 엔이었

요컨대 점령지의 물가 등귀를 막기 위해 도입한 '작전비의 현지금융기관으로부터의 차입'이라는 것은, 막대한 군사비의 지불에 의해서 가속화되고 있었던 현지 인플레의 영향으로부터 일본만을 분리시키는 것이었다. 동시에 전쟁에 필요한 비용을 일본이 부담하지 않은 채, 현지에 전가시킨 결과 발생된 극심한 인플레로 인한 현지경제의 파탄이 일본에 미칠 수 있는 영향을 사전에 차단하는 조치이기도 하였다. 이러한 의미에서 현지차입제도는 '운명공동체'이어야 할 대동아공영권 내의 각국을 단절시켜 버리는 제1보였다.[123] 오히려 중국 대륙에서의 엔계통화의 증발은 필요물자의 현지조달에 의해 일본의 국제수지 또는 물자수급 관계의 긴박을 완화하는 것으로 되었다. 따라서 대륙에서의 인플레는 일본의 인플레 억제, 저물가 정책과는 내면적으로 불가분의 관계로 되었다.[124]

다. 이는 동년도 임시군사비 공채발행의 29%에 달하고 있다. 1944년도 임시군사비 세출 규모는 점령지 인플레 가운데 더욱 확대되었는데 세출은 734억 엔으로 증대하고 이에 대해서 군사공채 발행은 229억 엔에 그쳤는데 반해 차입금은 군사공채 발행의 50%를 상회하는 342억 엔에 달하였다. 그런데 여기서 주의해야 할 점은 현지통화차입금에 의한 조달이 일본 국내 자금순환에 직접적인 위협은 되지 않았다 하더라도, 임시군사비특별회계 세입세출에 계상되어 표면상 급격한 확대는 불가피하였다(柴田善雅, 『戰時日本の特別會計』, 日本經濟評論社, 2002, 75-77쪽).

123_朝鮮銀行史硏究會 編, 앞의 책, 661쪽.

124_日本銀行調査局 編, 「戰時金融統制の展開」, 1943.4(日本銀行調査局編, 『日本金融史資料 27』, 大藏省印刷局, 1970), 459-460쪽. 태평양전쟁 이후 조선의 인플레는 생산이 격감하고, 무역통제의 강화로 일본으로부터의 이입이 억제되고 있었던 식료품과 의류부문에서 가장 격심하였다. 이 경우 일본에서 조선으로의 이출 억제는 조선을 희생으로 하여 일본의 인플레 진행을 저지하는 역할을 가진다. 다시 말하면 일본은 조선에 인플레를 수출한 것이다(平井廣一, 「舊植民地のインフレ-ション」, 『日本經濟と東アジア-戰時と戰後の經濟史-』, ミネルヴァ書房, 1995, 43쪽).

2. 전시국채를 발권준비로 한 조선은행권의 남발

1943년 3월부터 시작된 중국 점령지 군사비 현지 차입제도의 시행은 기존 중국연합준비은행(이하 '연은')과의 '예금협정'에서 획득할 수 있었던 엔자금의 획득이 사실상 불가능해진 점에서 조선은행 발권준비에도 큰 영향을 미쳤다. 점령지 전비지출 방식이 종전에는 임시군사비의 엔자금이 조선은행 도쿄지점에 납입됨으로써 중국연합준비은행권(이하 '연은권')이 인출될 수 있었으나, 이번 개정에서는 일본 정부가 필요한 연은권을 조선은행으로부터 차입하는 형식으로 바뀌었다. 즉 일본 정부로부터 필요한 연은권을 통보받은 조선은행은 연은과 각자 상대방의 예금통장에 동액을 기입하고, 조선은행이 연은 통장에서 동액을 인출하여 일본 정부에 대상貸上하는 방식을 취하고, 조선은행은 그 대상금증서를 담보로 보유하였다. (〈부표 2-3〉 참조) 그 결과 예전과 같이 '예금협정'을 통한 거액의 엔자금 획득은 불가능해지게 되어 조선은행이 운용할 수 있는 엔자금의 여지는 상당히 축소되었다.[125] 따라서 이러한 '예금협정' 방식의 변경으로 인해 조선은행이 가진 연은 예금의 의미도 다르게 해석되어야 한다. 앞에서 살펴보았듯이 군사비 현지 차입제도 시행 전의 연은 예금은 조선은행 국채보유 증가로 나타났으나, 다음 〈표 2-15〉를 보면 1943년도 이후부터는 조선은행 본부대출금으로 설명됨을 알 수 있다. 이 본부대출금은 조선은행 본부에서 운용한 자금으로 주로 만주 및 중국차관과 관련하여 이루어졌는데, 1943년 이후에는 연은권 정부대상에 의한 것이 가장 많고, 조선 내 통제경

125_조선은행 내부에서 작성된 「연은권 정부대상제도가 조선은행에 미치는 영향」이라는 문건에서 조선은행에게 불리한 점으로 '일본의 엔자금 융통이 종래에 비해 궁핍하게 된 점'을 첫 번째로 지적하고 있다(朝鮮銀行史研究會 編, 앞의 책, 654쪽).

제 운용에도 일부 대출되었다.[126] 아래 〈표 2-15〉에서 보이듯이 1943년 이후 본부대출금의 대부분은 중국 화북지역에 전비로 대상된 것임을 알 수 있다.

〈표 2-15〉 중국연합준비은행권 정부대상 내역 (단위: 천엔)

차입연원일	연은차입 누계액	회계연도	조선은행 본부대출금
43. 9. 1	420,000	1943. 9말	474,973
44. 3. 30	920,000	1944. 3말	974,412
44. 9. 27	2,930,000	1944. 9말	2,982,054
45. 2. 24	5,130,000	1945. 3말	5,181,655

출전: 大藏省昭和財政史編纂室, 『昭和財政史 4 -臨時軍事費-』, 東洋經濟新報社, 1955, 資料II 統計 34; 朝鮮銀行史研究會 編, 『朝鮮銀行史』, 東洋經濟新報社, 1987, 608-609쪽.

'예금협정'에서 얻어진 엔자금을 국채에 투자하고, 나머지 보유 엔자금은 일본은행에 예입하여 정화준비로 운용해 왔던 조선은행으로서는 일단 정화준비와 국채투자에 운용될 수 있는 엔자금 확보가 이전과 다르게 되어 기존 발권제도의 운용이 사실상 불가능해지게 되었다. 결국 조선은행권 발행준비제도는 일본은행권 중심의 정화준비를 포기하고, 국채 중심의 전액 보증준비로 전환되었다. 총 세 차례의 통첩을 통해 대장성은 조선은행이 정화준비로 보유하고 있던 일본은행 예금을 국채로 차례차례 전환시켰다.[127] 이러한 국채로의 전환을 제한외발행세 절약으로 설명하기도 하지만,[128] 엔자금을 정화준비로 퇴장시키는 것보다는 국채 소화를 통한 일

126_오두환, 「조선은행의 발권과 산업금융」, 『國史館論叢』 36, 1992, 169-170쪽.

127_제1차 통첩(藏銀 第一○七九號 1943. 5. 5.)에서는 소위 정화준비로 보유하고 있는 엔자금 중 8,500만 엔을 국채증권에 운용하도록 허가하였고, 제2차 통첩(藏銀 第五六四號 1943. 12. 16.)에서는 다시 3억 엔까지 인정하였다. 제3차 통첩 (銀特 第二三三號 1944. 4. 1.)에서는 아예 보유한도를 폐지, 모든 엔자금을 국채소화로 전환해도 좋다고 허가하였다(韓國銀行發券部, 『通貨制度의 史的考察(下)』, 韓國銀行, 1954, 68-70쪽).

128_통화증발이 계속되자 대장성은 1943년 이후부터는 최고발행액을 지정하지 않고, 1942년도

본 전비조달 및 보증준비로의 이월에 의한 조선은행권 발행이 당시 전쟁 수행에는 훨씬 큰 도움이 되었을 것이다. 앞의 〈표 2-8〉을 보면 시간이 지날수록 조선은행이 보유하고 있는 국채 가운데 발행준비로 이월되는 국채의 비중이 점점 늘어나는 것을 알 수 있는데, 이는 기존에 소화된 국채가 은행권 증발로 전환되어가는 과정이기도 하다. 즉 정화준비로 준비되어 있던 일본은행 예금마저 일본국채 소화에 사용됨으로써 바야흐로 조선은행권과 일본은행권과의 등가태환 유지는 불가능해지게 되었고, 일본 본국과 조선은 통화면에서 완전히 분단되는 상황으로 되었다.[129]

한편 당시 중국 점령지의 인플레는 조선은행권을 증발시키는 주요한 원인으로 작용하였다. 위의 〈표 2-14〉에서 보이듯이 등가로 연결된 지역에서의 인플레는 고물가지역에서 저물가지역으로 파급되는데, 조선과 국

의 한도인 7억 5천만 원으로 발행한도를 고정하였다. 이렇게 되면, 한도 이상의 발행은 제한외발행으로 충당해야 되기 때문에 조선은행의 부담이 클 수밖에 없었고, 이 부담을 덜어주기 위해서 무이자인 일본은행 예금을 국채로 전환시켜 그 수익으로 발행세를 보전토록 하였다(朝鮮銀行史硏究會 編, 앞의 책, 687쪽).

129_그렇다면, 1943년 이후 조선은행의 국채인수 재원財源은 어떻게 조달되었을까? 이전의 '예금협정'과 같이 명확하게 설명해 줄 자료는 없어 보인다. 단지 이 시기 조선에 유입된 일본은행권은 일단 조선은행에 집중되어 국채 인수에 조달되었을 것으로 추정되므로, 이 시기 일본에서 조선으로 유입된 자금을 살펴보기로 하자. 먼저 이 시기 총독부 재정자금으로 일본에서의 국고송금이 증가했음은 틀림없다. 『朝鮮銀行略史』에 따르면 당시 일본은행에서 조선은행 도쿄지점을 통해 경성본점을 경유한 국고송금이 상당한 액수에 달하였는데, 이는 당연히 조선은행권 증발에 따른 발행준비로서 도쿄지점에서 국채를 매입하였다고 한다(朝鮮銀行史硏究會, 『朝鮮銀行略史』, 1960, 108쪽). 이 국고송금의 액수는 1942~1944년 사이에 약 11억 엔에 달하고 있었다(金子文夫, 「植民地・占領地支配」, 『日本帝國主義史 3』, 東京大學出版會, 1994, 421쪽 표 11). 한편 1943년 일본에서 조달된 산업자금이 약 8억 엔, 1944년은 약 13억 엔으로 집계되고 있다(吳斗煥, 앞의 논문, 1993, 202쪽 〈표 6-7〉 참조). 앞의 〈표 2-8〉에서 1943년부터 1945년 3월까지 증가된 국채는 17억 엔에 못 미치는데, 위의 국고송금과 민간투자자금이 1943년 이후 국채 재원으로 이용되었음은 짐작할 수 있을 것이다.

경을 접한 만주지역의 인플레로 인해 조선은행권이 증발되고 있었던 것을 알 수 있다. 1940~43년 기간 동안 신규로 발행된 조선은행권 중 최대 78%, 최소 40%는 만주국폐 교환을 위해 발행되고 있었다.[130] 일본이 중국 대륙의 인플레 파급을 막기 위해 실시한 군사비 현지차입제도는 중국의 인플레를 더욱 격화시켰고, 이는 조선의 인플레를 가중시킴으로써, 조선민중은 조선과는 아무런 상관없는 중국지역의 전비조달로 인해 고통을 겪었던 것이다.

이러한 전비 전가가 조선의 인플레를 격화시켰던 것은 엔계통화권의 통화증발 실태를 통해서도 확인할 수 있다.

〈표 2-16〉 주요 엔계통화권 전년 동월 대비 증가율 비교 (단위: 배)

	1944년 (기준년도: 1943년도)												1945년 (기준년도: 1944년도)							평균
	1	2	3	4	5	6	7	8	9	10	11	12	1	2	3	4	5	6	7	
조선은행권(a)	1.70	1.78	1.88	1.92	2.00	2.10	2.15	2.21	2.27	2.26	2.21	2.14	2.20	2.24	2.27	2.34	2.42	2.41	2.45	2.15
일본은행권(b)	1.49	1.55	1.61	1.64	1.67	1.67	1.73	1.76	1.79	1.79	1.80	1.73	1.76	1.75	1.87	1.94	1.99	2.12	2.25	1.79
대만은행권(c)	1.48	1.49	1.57	1.57	1.58	1.62	1.67	1.73	1.85	1.97	1.97	1.92	2.02	2.15	2.23	2.33	2.47	?	2.32	1.89
a-b (%)	21	23	26	28	33	43	42	45	48	47	41	41	44	48	41	40	42	28	20	37
a-c (%)	22	29	30	35	42	49	48	48	42	29	24	22	18	9	4	1	-5	?	13	25

출전: 日本銀行統計局, 「戰時金融統計要覽」, 1947.10(日本銀行調査局 編, 『日本金融史資料』 30, 大藏省印刷局, 1971), 117-118 · 157-158쪽.

위의 〈표 2-16〉을 보면, 1944년도 및 1945년도에서의 통화증발 추이를 비교해 볼 때, 조선은행권이 일본은행권이나 대만은행권에 비해 월등히 빠른 증가율을 보이고 있음을 알 수 있다. 즉 일본은행권과 비교해 보면, 최고 48%p, 최저 20%p, 평균 37%p의 증가율을 보이고 있으며, 같은 식민지 은행권인 대만은행권과 비교하면, 역시 최고 49%p, 평균 25%p 정

130_가장 심각했던 1942년의 경우, 새로이 발행된 조선은행권 100원 중 80원은 만주국폐 교환을 위해서 발행된 것이다. 이상 만주국폐의 조선 유입에 따른 인플레이션 실태에 대해서는 본서 292~295쪽을 참조할 것.

도 높은 증가율을 보이고 있다.

앞에서 보았듯이 일본 내 전비조달의 한계는 1943년 이후 자금동원에 있어 조선 내 현지조달을 강화시켰다.[131] 이는 당시 조선 내 최대 금융기관이었던 조선식산은행을 통해 짐작해 볼 수 있는데, 식산은행의 주요 자금조달 통로는 채권발행과 예금으로 종래 식산은행 채권 인수는 거의 일본 금융시장에서 이루어져 일본 자본을 도입하는 주요 통로로 기능하였다. 그런데 전시기 들어서는 채권의 조선 내 인수 비중이 높아져, 채권 발행의 약 절반 정도는 조선 내에서 소화되고 있었다. 조선 내 채권소화 기관은 주로 조선금융조합연합회 및 조선금융단의 공동인수가 대부분을 차지하였는데, 이는 하위 금융기관에서 강제저축 된 자금이 채권 인수를 통해 식산은행에 집중되었던 것이다. 예금 부문에서도 식산은행은 은행 자체의 저축 증강책이나 저축조합 · 금융조합 · 일반은행과 같은 저축대행기관 또는 하위 금융기관의 도움을 받아 전시기 예금을 증대시켜 나갔다.[132] 위와 같이 채권이나 예금을 통한 자금의 현지조달이 가능했던 요인은 강제저축에 있었다. 당시 엄청난 인플레 속에서 행해진 강제저축은 조선민중에게는 경제적 행위가 아닌 식민지민으로 생존하기 위한 비용이었고, 일본을 위한 전쟁에 수탈된 조선의 자산이었다.[133]

131_조선 산업자금조달에 있어 조선 내 조달분의 비율은 49.4%(1942년), 48.6%(1943년), 38.4%(1944년), 65.6%(1945년 전망치)로 거의 절반가량을 조선 내에서 조달하고 있었음을 알 수 있다(吳斗煥, 앞의 논문, 1993, 202쪽 〈표 6-7〉 참조).

132_정병욱, 「일제말(1937~1945) 朝鮮殖産銀行의 광공업 금융」, 『한국민족운동사연구』 23, 1999, 437-448쪽.

133_문영주, 「1938~45년 '국민저축조성운동'의 전개와 금융조합 예금의 성격」, 『韓國史學報』 14, 2003, 407-410쪽. 당시 강제저축 실적은 목표액을 초과 달성하여 최고 34%까지 상회할 정도였다. 강제저축은 조세보다 훨씬 대규모의 민간자금 흡수 통로로 기능하였는데, 이러한 저축은 언젠가 찾을 수 있다는 허상만 수반된다면 조세 저항에서 나타나듯이 직접적 박탈감을 상

제2차 세계대전에서 미국은 전시재정의 약 50%는 조세로서 지원하고, 약 30%가 공채발행, 약 20%는 통화증발로 운용하였다.[134] 이에 반해 일본의 전시재정은 조세의 중과만으로는 운용할 수 없었고, 그 재원은 거의 전부 공채에서 구해졌다. 그러나 전쟁이 후기에 이르자 공채로서도 군사비 지출을 감당할 수 없게 되어, 중국을 시작으로 기타 점령지나 식민지에 전비를 전가하였다. 그것이 군표, 현지통화에 의한 차입금, 물자와 노동력의 징발 등 "전비의 현지조달"이었다. 즉 일본 재정이 이 전쟁을 감당할 수 없었다는 것을 분명하게 보여주었던 것이다.[135]

쇄시킨다는 점에서 훨씬 '효율적인' 수탈방식이었다(정태헌, 『일제의 경제정책과 조선사회』, 역사비평사, 1996, 414쪽).

134_原 郎, 「日本の戰時経済- 國際比較の視点から」, 『日本の戰時経済』, 東京大學出版會, 1995, 24쪽.

135_大藏省昭和財政史編纂室, 『昭和財政史 4 -臨時軍事費-』, 東洋經濟新報社, 1955, 2-3쪽.

〈부표 2-2〉 조선은행권 발행고 및 발행준비별 내용(단위: 천원)

연도	은행권 발행고	정화 준비				보증 준비				전년 대비 증가율 (배)	발행고 지수	전체 발행고에서 차지하는 비율(%)				전체 발행고에서 차지하는 비율(%)			
		금은지금	일은권	일은 예금	소계	상업 어음	국채	공사채	소계			금은 지금	일은권	일은 예금	정화 준비율	상업 어음	국채	공사채	보증 준비율
1910	20,164	2,022 (28.8)	5,003 (71.2)		7,025		7,616 (58.0)	5,521 (42.0)	13,138		100	10	24.8		34.8		37.8	27.4	65.2
1911	25,007	3,979 (45.0)	4,857 (55.0)		8,836	857 (5.3)	4,711 (29.1)	10,599 (65.6	16,169	1.24	124	1.0	19.4		35.3	3.4	18.8	42.4	64.7
1912	25,551	3,682 (42.0)	5,084 (58.0)		8,766	618 (3.7)	9,211 (54.9)	6,953 (41.4)	16,783	1.02	127	14.4	19.9		34.3	2.4	36.0	27.2	65.7
1913	25,694	3,437 (38.5)	5,485 (61.5)		8,922	2,966 (17.7)	7,500 (44.7)	6,304 (37.6)	16,770	1.01	127	13.4	21.3		34.7	11.5	29.2	24.5	65.3
1914	21,850	2,429 (32.6)	5,023 (67.4)		7,453	986 (6.8)	7,500 (52.1)	5,910 (41.1)	14,397	0.85	108	11.1	23.0		34.1	4.5	34.3	27.0	65.9
1915	34,387	2,238 (19.3)	9,362 (80.7)		11,600	6,774 (29.7)	7,500 (32.9)	8,512 (37.4)	22,786	1.57	171	6.5	27.2		33.7	19.7	21.8	24.8	66.3
1916	46,627	2,245 (13.5)	14,381 (86.5)		16,627	12,114 (40.4)	7,500 (25.0)	10,384 (34.6)	30,000	1.36	231	4.8	30.8		35.7	26.0	16.1	22.3	64.3
1917	67,364	4,237 (14.7)	24,549 (85.3)		28,787	16,031 (41.6)	7,500 (19.4)	15,045 (39.0)	38,577	1.44	334	6.3	36.4		42.7	23.8	11.1	22.3	57.3
1918	115,523	4,236 (8.8)	43,684 (91.2)		47,921	51,415 (76.1)	5,500 (8.1)	10,687 (15.8)	67,602	1.71	573	3.7	37.8		41.5	44.5	4.8	9.3	58.5
1919	163,600	26,226 (39.8)	39,642 (60.2)		65,869	80,636 (82.5)	5,500 (5.6)	11,594 (11.9)	97,730	1.42	811	16.0	24.2		40.3	49.3	3.4	7.1	59.7

연도	은행권 발행고	정화 준비				보증 준비				전년 대비 증가율 (배)	발행고 지수	전체 발행고에서 차지하는 비율(%)				전체 발행고에서 차지하는 비율(%)			
		금은지금	일은권	일은 예금	소계	상업 어음	국채	공사채	소계			금은 지금	일은권	일은 예금	정화 준비율	상업 어음	국채	공사채	보증 준비율
1920	114,034	25,309 (39.5)	38,792 (60.5)		64,102	33,754 (67.6)	5,500 (11.0)	10,678 (21.4)	49,932	0.70	566	22.2	34.0		56.2	29.6	4.8	9.4	43.8
1921	136,360	22,659 (46.6)	25,974 (53.4)		48,634	63,145 (72.0)	10,500 (12.0)	14,080 (16.0)	87,726	1.20	676	16.6	19.0		35.7	46.3	7.7	10.3	64.3
1922	100,544	14,269 (40.7)	20,811 (59.3)		35,081	59,814 (91.4)		5,649 (8.6)	65,464	0.74	499	14.2	20.7		34.9	59.5		5.6	65.1
1923	110,233	9,147 (24.9)	27,596 (75.1)		36,745	68,708 (93.5)		4,780 (6.5)	73,488	1.10	547	8.3	25.0		33.3	62.3		4.3	66.7
1924	129,117	7,421 (16.9)	36,416 (83.1)		43,840	81,190 (95.2)		4,089 (4.8)	85,279	1.17	640	5.7	28.2		34.0	62.9		3.2	66.0
1925	120,540	9,080 (21.8)	32,577 (78.2)		41,659	73,603 (93.3)		5,278 (6.7)	78,881	0.93	598	7.5	27.0		34.6	61.1		4.4	65.4
1926	110,936	10,071 (26.4)	28,062 (73.6)		38,135	70,146 (96.4)		2,655 (3.6)	72,801	0.92	550	9.1	25.3		34.4	63.2		2.4	65.6
1927	124,527	15,601 (27.2)	41,727 (72.8)		57,330	65,997 (98.2)		1,200 (1.8)	67,197	1.12	618	12.5	33.5		46.0	53.0		1.0	54.0
1928	132,444	9,307 (11.2)	73,200 (88.7)		82,506	49,938 (100)			49,938	1.06	657	7.0	55.3		62.3	37.7			37.7
1929	118,701	10,638 (17.4)	50,589 (82.6)		61,228	57,474 (100)			57,474	0.90	589	9.0	42.6		51.6	48.4			48.4

연도	은행권 발행고	정화 준비				보증 준비				전년 대비 증가율 (배)	발행고 지수	전체 발행고에서 차지하는 비율(%)				전체 발행고에서 차지하는 비율(%)			
		금은지금	일은권	일은 예금	소계	상업 어음	국채	공사채	소계			금은 지금	일은권	일은 예금	정화 준비율	상업 어음	국채	공사채	보증 준비율
1930	90,615	18,712 (45.5)	22,405 (54.5)		41,117	49,498 (100)			49,498	0.76	449	20.7	24.7		45.4	54.6			54.6
1931	100,909	15,662 (45.8)	18,521 (54.2)		34,183	66,727 (100)			66,727	1.11	500	15.5	18.4		33.9	66.1			66.1
1932	124,622	22,249 (29.7)	52,540 (70.3)		74,789	49,833 (100)			49,833	1.23	618	17.9	42.2		60.0	40.0			40.0
1933	148,175	24,424 (24.7)	74,330 (75.3)		98,754	49,942 (100)			49,942	1.19	735	16.5	50.2		66.6	33.7			33.7
1934	192,457	24,639 (21.7)	89,161 (78.3)		113,800	78,658 (100)			78,658	1.30	954	12.8	46.3		59.1	40.9			40.9
1935	220,776	13,833 (8.0)	158,685 (92.0)		172,519	48,259 (100)			48,259	1.15	1,095	6.3	71.9		78.1	21.9			21.9
1936	210,654	12,483 (10.1)	109,221 (88.6)		123,269	87,385 (100)			87,385	0.95	1,045	5.9	51.8		58.5	41.5			41.5

연도	은행권	정화 준비				보증 준비				전년 대비 증가율 (배)	발행고 지수	전체 발행고에서 차지하는 비율(%)				전체 발행고에서 차지하는 비율(%)			
	발행고	금은지금	일은권	일은 예금	소계	상업 어음	국채	공사채	소계			금은 지금	일은권	일은 예금	정화 준비율	상업 어음	국채	공사채	보증 준비율
1937	279,502	6,500 (3.8)	162,287 (96.1)		168,787	110,715 (100)			110,715	1.33	1,386	2.3	58.1		60.4	39.6			39.6
1938	321,978	4,492 (2.3)	195,807 (97.8)		200,298	121,679 (100)			121,679	1.15	1,597	1.4	60.8		62.2	37.8			37.8
1939	443,987	5,840 (2.5)	229,336 (97.5)		235,176	110,811 (53.1)	98,000 (46.9)		208,811	1.38	2,202	1.3	51.7		53.0	25.0	22.1		47.0
1940	580,534	11,689 (4.1)	278,711 (96.0)		290,400	192,134 (66.2)	98,000 (33.8)		290,134	1.31	2,879	2.0	48.0		50.0	33.1	16.9		50.0
1941	741,607	7,184 (2.9)	36,870 (14.4)	211,700 (82.8)	255,754	289,853 (59.7)	196,000 (40.3)		485,853	1.28	3,678	1.0	5.0	28.5	34.5	39.1	26.4		65.5
1942	908,646	5,197 (1.7)	51,381 (16.5)	254,500 (81.8)	311,078	154,633 (25.9)	343,000 (57.4)	99,935 (16.7)	597,568	1.23	4,506	0.6	5.7	28.0	34.2	17.0	37.7	11.0	65.8
1943.9.	995,955	…	…	…	258,925	…	…	…	737,030	1.10	4,939	…	…	…	26.0	…	…	…	74.0
1944.9.	2,256,058	…	…	…	51,950	…	…	…	2,204,108	2.27	11,189	…	…	…	2.3	…	…	…	97.7
1945.3.	3,574,418	1,754 (6.4)	25,746 (93.6)		27,500	1,126,918 (31.8)	2,303,000 (64.9)	117,000 (3.3)	3,546,918	1.58	17,727	0	0.7		0.8	31.5	64.4	3.3	99.2
1945.8.	4,839,316	4,036 (9.4)	38,964 (90.6)		43,000	786,149 (15.8)	4,067,000 (81.8)	117,000 (2.4)	4,970,149	1.35	24,000	0.1	0.8		0.9	16.2	84.0	2.4	102.7

자료: 朝鮮銀行史研究會 編,『朝鮮銀行史』, 東洋經濟新報社, 1987, 846-847쪽; 朝鮮銀行調査部,『朝鮮經濟年報』, 1948, Ⅲ-65쪽.
주: … 은 不明, 1945.8은 1945년 8월 14일, ()는 각 준비에서 차지하는 비율, 1945.8은 합계가 맞지 않음.

〈부표 2-3〉 중국 점령지에서의 일제 전비조달 방식

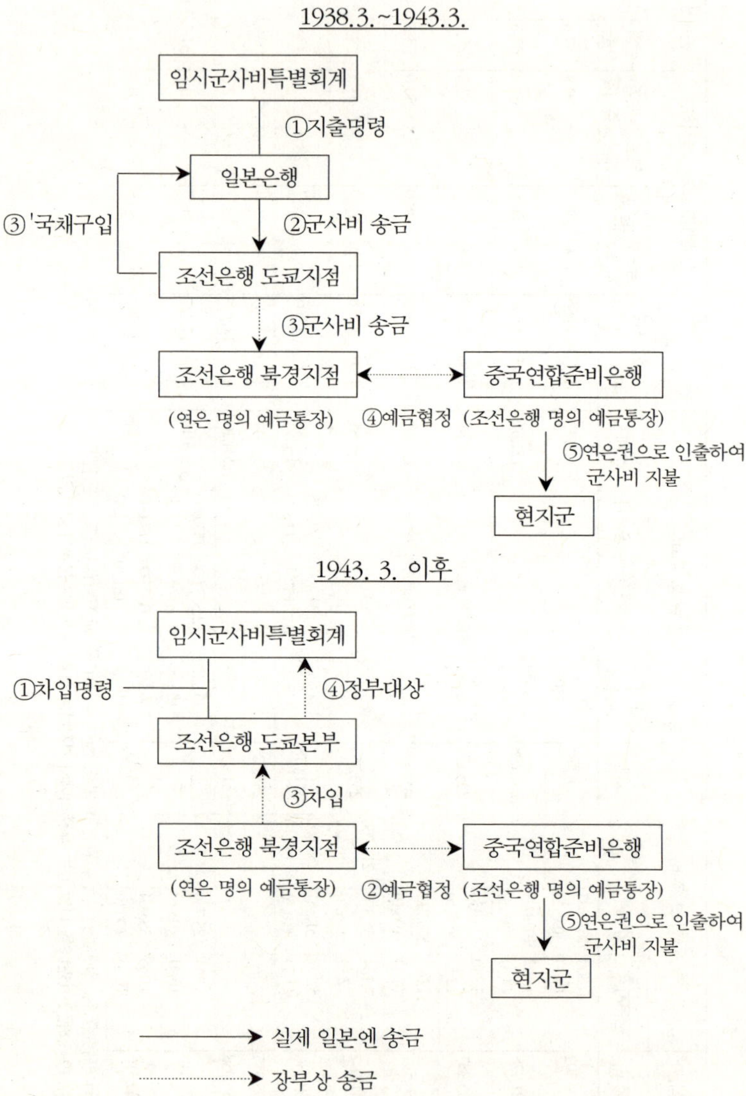

| 3부 |

조선은행의 국책 수행과 그 귀결

1장

1910년대 조선은행의 만주 진출과 '해외은행'으로서의 정체성 형성

1918년 조선은행 총재 미노베 슌키치美濃部俊吉는 1918년 2월 교토대학에서 「해외은행의 활동과 조선은행」이라는 제목으로 행한 연설에서 "조선은행은 조선 및 만주지역 금융의 중추기관"이기 때문에 "조선은행이라는 명칭"이 사실에 부합하지 않는다고 언급하였다.[1] 또한 1919년에 창립 10주년을 기념하여 출간한 조선은행 10년사의 제목은 『선만경제십년사鮮滿經濟十年史』였다. 조선은행 10년 역사의 무대는 조선만이 아니라 만주까지 포함해야 한다는 것이다. 이와 같이 조선은행이 설립된 지 채 10년도 안된 시점에서 '조선'이라는 지역명에 대한 부적절함이 내부에서 강하게 제기되고 있었다.[2] 왜 조선은행은 '조선'이란 명칭을 떼어내려고 했을까? 이 은행명이 어떤 점에서 악영향을 미친다고 생각했을까? 이는 식민지 조선의 '중

1_鈴木武雄, 『朝鮮金融論十講』, 帝國地方行政學會朝鮮本部, 1940, 255쪽.

2_은행명이 은행 활동의 본질에서 벗어난다는 문제 제기는 계속되고 있었다. 가령 1937년 중일전쟁이 발발한 후 조선은행이 본격적으로 중국에서 활동하자 은행을 살리는 의미에서 명칭을 변경해야 한다는 논의가 내부에서 재연되었고, 북경지점 지배인은 "조선이라는 명칭이 중국 측에 대해 매우 나쁜 영향을 초래하고 있다"고 보고하였다고 한다(朝鮮銀行史研究會 編, 『朝鮮銀行史』, 東洋經濟新報社, 1987, 666쪽).

앙은행'이란 제한된 의미를 가지고 있는 조선은행이란 명칭이 '해외은행'을 지향하고 있던 자신들의 정체성에 부합하지 않는다고 판단했기 때문이었다.

이 장에서는 조선은행이 자신들의 정체성을 어떻게 규정하고 있었는지를 1910년대를 중심으로 살펴볼 것이다. 조선의 '중앙은행'으로서가 아닌 '해외은행'으로서의 정체성은 1910년대 만주 진출 과정에서 그 원형이 완성되었기 때문이다. 기존 연구에서는 1910년대 만주 진출 과정에서 조선은행은 일본 정부의 정책에 순응하는 객체로 묘사되고 있다. 그러나 본문에서 확인되듯이 조선은행은 만주 진출에 있어 객체가 아닌 주체였다. 즉 조선은행 스스로가 만주 진출에 대한 강렬한 열망을 가지고 있었고, 이를 실현시키기 위해 여러 방면으로 노력을 기울였다는 사실에 대해서는 전혀 언급하고 있지 않다. 필자가 조선은행 내부에 게재된 적극적 의지를 찾으려고 하는 이유는 바로 이것이 조선은행 정체성을 분명하기 보여주기 때문이다.

본문에서는 1910년대 조선은행이 만주 진출을 위해 작성한 조사 자료를 분석할 것이다.[3] 내부 문건을 통해 왜 그토록 만주에 진출하고자 했으

3_① 朝鮮銀行意見書, 「朝鮮銀行ノ過去及將來」(1912. 12.): 이 문서의 원 소장처는 『勝田家文書』(대장성 은행국 소장)로서, 『朝鮮銀行史』「資料編」에 전문이 게재되어 있다(이하 '1912년 안'으로 약칭).

② 朝鮮銀行意見書 「滿洲金融機關ノ整備ニ關スル意見」(1915. 7. 3.): 헌정자료실 소장 자료로 일자도 서명도 없이 다만 비秘의 붉은 도장이 찍혀 있다. 그런데 『寺內文書』의 이 자료에는, 붉은 연필로서 데라우치 마사타케寺內正毅 총독의 사인과 「7월 3일 총재제출」의 표시가 있어 이치하라 모리히로市原盛宏 조선은행 총재가 비공식적으로 조선총독에게 제출한 것으로 여겨진다(朝鮮銀行史研究會 編, 앞의 책, 139쪽). 역시 『朝鮮銀行史』「資料編」에 전문이 게재되어 있다(이하 '1915년 안'으로 약칭).

③ 勝田主計, 「鮮銀擴張計劃」(1916. 5.): 이 문서는 쇼다 카즈에勝田主計 조선은행 총재가 데라우

며, 또 조선은행에게 만주란 어떤 존재인가를 규명하고자 한다. '조선'이라는 명칭 자체를 거부하고 싶을 정도로 조선을 홀대하는 기저에는 바로 만주가 있었기 때문이다. 또한 조선은행 관계자의 회고록이나 증언 등을 통해 스스로의 정체성을 어떻게 규정하고 있었는지를 살펴볼 것이다.[4]

Ⅰ. 조선은행의 탈脫조선 입入만주 구상

1. 제안: 조선은행의 만주 진출 당위성

1912년 12월에 조선은행이 작성한 「조선은행의 과거와 장래」[5]를 검토해보자. 서두에서는 조선 경제계에 대한 조선은행의 공헌 및 장래 활동방향을 기술하는 것이 목적임을 밝히고 있다. 1절에서는 창립 후 조선은행의 영업 실태를 주로 대출금 사용처를 중심으로 분석하고 있는데, 여기서 강조점은 조선은행이 조선총독부 재정에 지대한 공헌을 하였다는 것이다.

치 총독에게 올린 의견서에 첨부되어 있었는데, 당시 조선총독부 총무국장인 고다마 히데오兒玉秀雄의 도장이 찍혀 있다(朝鮮銀行史研究會 編, 앞의 책, 142쪽). 출처는 山本四郎, 『寺內正毅關係文書 首相以前』, 京都女子大學, 1984이다(이하 '쇼다안'으로 약칭).

4_회고록은 중역 출신의 개별 출간물과 은행원들의 증언을 묶은 『朝鮮銀行回顧錄』이 있다. 『朝鮮銀行回顧錄』은 1954년 편찬에 착수하여, 1956~59년까지 총 23책으로 간행되었다. 당시 일본에 생존해 있던 조선은행원들이 남긴 이 회고록은 전편前篇과 후편後篇으로 구성되어 있다. 전편은 『一般思出の記』라는 이름하에 주로 회고자가 조선은행 재직 중에 있었던 여러 일들을 회상하고 있음에 반해 후편은 『終戰當時の思出の記』로서 패전 후 각 지역별(경성 · 일본 · 만주 · 중국 북부 · 중국 중부 · 북한 · 남한) 철수 상황을 정리한 것이다. 회고록 목록은 『朝鮮銀行史』를 통해 확인할 수 있다(朝鮮銀行史研究會 編, 앞의 책, 981-983쪽).

5_朝鮮銀行史研究會 編, 앞의 책, 918-927쪽.

조선은행 대출금 중에서 공채 및 공공단체까지 포함한 넓은 의미의 정부 대상금으로 볼 수 있는 금액이 전체의 70%에 달한다는 것이다. 즉 조선은행이 "과거 3개년 간 미력하나마 그 자력資力을 경주하여 봉공의 성을 다하고자 한 것은" 다름 아닌 "정부에 대한 대상금"이었다고 역설하고 있다. 조선은행은 "특권인 은행권의 발행으로 획득한 자금의 대부분을 그대로 정부재정"에 제공한 것에서도 알 수 있듯이, 조선은행이 "전력을 다해서 정부재정을 위해서 몸과 마음을 다 바쳐 쓰러질 정도로 열심히" 한 것을 확인할 수 있을 것이라고 주장한다.[6] 여기에서 조선은행은 은행권 발행 특권을 자신의 영리 추구를 위해 사용할 수 있음에도 불구하고 조선총독부 재정을 위해 사용하였음을 강조하고 있다.

그렇다면 과연 조선은행의 표현대로 식민지 조선 재정에 큰 기여를 한 것일까? 조선은행 대출금 중 조선총독부 정부대상금의 높은 비중은 병합 초기라는 특수한 사정에서 비롯된 것이다. 조선은행은 화폐정리자금, 조선사업공채의 인수, 도장사금공채導掌賜金公債, 임시은사공채臨時恩賜公債 매입의 형태로 조선총독부 재정을 원조하였다.[7] 그러나 1915년 이후 조선은행의 조선총독부 재정원조는 이루어지지 않았고, 1918년 조선식산은행이 설립되자 조선총독부 재정에 대한 자금공급은 사실상 면제를 받게 되었다.[8] 또한 조선재정에서 공채는 세입의 부족분을 보전하기 위해 발행되는 소위 적자공채가 아니었다.[9] 원칙적으로 공채 발행은 특정 용도에 사용되

6_朝鮮銀行史研究會 編, 앞의 책, 917-918쪽.

7_조선은행의 정부대상금은 1909년 창립 시에 전체 대출액 중 40%를 차지하였는데, 강제병합 때 일본국고금으로 일부가 상각되어 1911년 상반기에 11.5%로 저하하였다가, 조선사업공채 인수로 인해 1912년 상반기에는 다시 40%까지 상승하였다. 공채 상환으로 1913년 말 전체 대출액의 20%정도로 저하하였다(朝鮮銀行史研究會 編, 앞의 책, 105쪽).

8_朝鮮銀行史研究會 編, 앞의 책, 191 · 318쪽.

어야 하는 사업공채에 한정되었다. 조선사업공채의 경우 발행 시기, 취급 기관, 방법(공모 혹은 일본은행 인수), 상환 시기, 상환해야 할 국채의 종류의 선택 등을 모두 대장성이 결정하여 실행하였다.[10] 조선은행은 1913년 이후로 조선사업공채를 전혀 인수하지 않고 있었다.[11] 즉 일제시기 전 기간을 통해 조선총독부 재정에 대한 조선은행의 원조는 초기에만 집중되었음을 알 수 있다. 조선은행은 조선총독부 대상금, 공채(도장 · 은사), 일본인 거류민단을 중심으로 한 공공단체에 대한 대출 등을 모두 끌어모아 재정 기여도를 과장하고 있었던 것이다.

이상의 정부대상금 이외에도 산업 진흥을 위한 대출 노력, 수이출 장려를 위한 수이출환 우대 조치, 환 결제, 금리 인하 등을 들어 조선은행이 조선 경제에 많은 노력을 기울였음을 강조하고 있다. 이와 같이 1절에서 조선은행은 조선 재정 및 경제계를 위해 큰 기여를 했고, 이는 자행의 이윤 추구 차원이 아니라 국책의 견지에서 그 임무를 충실히 수행한 것임을 강조하였다. 조선 내 '중앙은행'으로서 설립된 조선은행의 해외 진출은 본연의 임무에서 벗어난다는 비판이 당연히 제기될 수 있었다. 조선은행은 조선에서의 노력과 희생을 내세우면서 이러한 비판에 대응하고자 한 것이다.

9_조선총독부 재무국장을 역임했던 미즈타 나오마사水田直昌에 따르면 적자공채는 한 번도 발행되지 않았다고 한다. 또한 조선총독부 공채의 98%는 일본에서 소화되었다고 한다(水田直昌 · 土屋喬雄, 『財政 · 金融政策から見た朝鮮統治とその終局』, 財團法人友邦協會 朝鮮史料編纂會, 1962, 14쪽).

10_大藏省管理局, 『日本人の海外活動に關する歷史的調查: 朝鮮篇 第七分冊』, 1950, 192쪽.

11_ 〈표〉 1910년대 조선은행 정부대상금 내역 (단위: 천원)

연도	1909	1910	1911	1912	1913~1917	1918~1920
정부대상금	7,980	7,329	4,595	10,095	7,500	5,500

출전: 朝鮮銀行史研究會 編, 『朝鮮銀行史』, 東洋經濟新報社, 1987, 90 · 190쪽.
비고: 1913년 이후는 조선사업공채 인수분이다.

다음 2절에서는 조선은행의 향후 진로에 대해 서술하고 있는데, 첫머리에서 다음과 같이 밝히고 있다.

> 조선은행은 해외은행으로서 양면의 임무를 가지고 있다. 하나는 국내적 임무, 다른 하나는 국외적 임무이다. 국내적 임무를 둘로 나누면 첫째 소속 관청에 대한 재정상의 융통, 둘째 산업개발에 대한 방자放資이다. 국외적 임무는 국세國勢의 대외적 발전에 긴요한 금융상의 지원을 말하는 것으로 달리 하면 조선의 경제적 세력이 만주 방면에 북진함과 동시에 당행의 영업 범위를 이 지역에 확장하는 데 있다.[12]

조선은행은 크게 국내와 국외의 두 가지 임무를 수행해야 하는데, 국내의 경우 재정과 산업개발에 자금을 조달해야 한다는 것이다. 국외는 대륙 침략이라는 국책에 순응하여 만주 지역에서 경제적 원조자로서 기능해야 한다는 것이다.

그런데 조선에서 재정자금과 경제개발 자금을 공급하기 위해서는 우선 조선은행의 자금조달 능력을 강화시켜야만 한다. 그러나 당시 식민지 조선은 일본과의 무역에서 항상 수이입 초과를 기록, 만성적인 정화유출 구조를 지니고 있었다. 조선에서 정화(일본은행권)가 일본으로 빠져나간다는 것은, 그만큼 조선은행권의 발행 준비를 감소시켜 은행권 발행 여력이 줄어들게 되는 것을 의미한다. 그러나 당시 조선의 경제사정을 감안할 때, "조선이 수출 초과의 지역으로 되는 것은 가까운 장래에서는 도저히 이를 기대할 수 없기 때문에 조선의 수이입 초과 추세"[13]는 지속될 수밖에 없다

12_朝鮮銀行史研究會 編, 앞의 책, 924쪽.

13_朝鮮銀行史研究會 編, 앞의 책, 926쪽.

는 것이다.

조선에 요구되는 자금 수요를 해결하기 위한 방법으로 제시된 것이 조선은행의 만주 진출이었다. 즉 조선은행 지점을 "수출초과 지역에 확장함으로써 조선에서 잃은 정화"를 그 지역에서 보충해야 하는데, 당시 만주는 일본과의 무역에서 수출초과를 보이고 있었기 때문에 만주에서 조선은행권으로 일본은행권을 매입하면 "환결제자금의 안전을 기도"[14]할 수 있다는 것이다. 조선에서 빠져나간 일본은행권을 되찾을 수 있다는 점에서 만주는 조선은행이 조선에서 가질 수밖에 없는 구조적 한계를 극복할 수 있는 지역으로 환영받게 된 것이다.

한편 조선은행 발권력의 제약은 수익성을 악화시키는 결과를 가져온다. 즉 조선은행이 조선만을 대상으로 할 경우, 발권력이 신장될 여지가 없게 되는 것이다. 이 경우 정화를 보충하는 방법은 일본 단자시장에서 콜자금을 차입해서 해결하는 수밖에 없는데, 이는 이자를 지불해야 하기 때문에 수익을 보전하기 어렵다. 따라서 이 문제를 해결해 줄 수 있는 새로운 시장을 개척해야 한다. 이 점에서 일본과의 무역에서 수출 초과를 기록하여 일본은행권이 유입되는 지역인 만주가 적격이었던 것이다.

그런데 조선은행이 만주에 진출하기 위해서는 일제의 만주 금융정책이 전환되어야만 했다. 당시 만주에서는 요코하마정금은행橫濱正金銀行이 은행권[銀券]을 발행하고 있었는데, 이를 조선은행권[金券]으로 변경해야 하는 것이다. 조선은행은 만주 진출을 '선만鮮滿일체화'[15]라는 논리로 정당화시키려 했다. 조선은행이 만주에 진출하여 "만약 남만주의 경제계가 일반적

14_朝鮮銀行史硏究會 編, 앞의 책, 926쪽.

15_선만일체론의 형성 배경에 대해서는 송규진, 「일제하 '선만관계'와 '선만일여론'」, 『韓國史硏究』 146, 2009, 248-251쪽을 참조할 것.

으로 우리 은행권을 사용하기에 이르는 것은 우리 경제 세력의 남만주 정복을 의미하는 것, 즉 조선이 경제적으로 만주를 병합한 것이라고 할 수 있다"[16]는 '선만일체화' 논리를 내세웠다. 조선은행이 '조선은행권의 유통=만주 정복'이라는 등식으로 만주 진출을 정당화했음을 잘 보여준다. 일본 육군의 대륙정책 하에서 이해관계를 추구하는 조선은행의 만주 진출은 고도의 정치성을 가질 수밖에 없었다. 이와 같은 조선은행권의 군사적 성격은 1918년 시베리아 내전, 1937년 중일전쟁 등 일본 군부의 침략전쟁에서 빛을 발하게 된다. 일본 육군에게 조선은행권은 사실상 군표와 같은 기능을 수행하는 존재였다. 이처럼 조선은행의 탈脫조선-입入만주의 구도는 기본적으로 군사적 속성을 띠고 있었다. 조선은행은 제국주의의 침략 과정에서 성장을 모색했음을 알 수 있다.

여기서 조선은행이 서두에서 자신을 "해외은행"으로 지칭한 이유를 이해할 수 있을 것이다. 즉 일본 본국의 해외 임무를 수행하는 금융기관으로서, 특히 만주라는 조선과 접경한 지역이라는 지리적 조건 하에서 조선은행이 그 담당자가 되어야 한다는 것을 강조하기 위해서였다. 그 결과 조선은행은 스스로 "당행의 본질은 단순한 중추은행에 있지 않고 소위 해외은행의 일종으로 보아야"[17]한다고 규정한다. 즉 조선은행은 조선의 '중앙은행'이라기보다는 조선 및 만주에서 활동하는 해외은행이라는 것이다. 조선은행을 조선에 국한시키지 않겠다는 의지를 설립 초기부터 노골적으로 드러내고 있었던 것이다.

16_朝鮮銀行史硏究會 編, 앞의 책, 927쪽.
17_朝鮮銀行史硏究會 編, 앞의 책, 925쪽.

2. 독점: 만주 '중앙은행'화의 요구

1913년 들어 일본 정부에서는 만주 금융정책을 재검토한 결과 요코하마정금은행이 은권銀券 이외에 금권金券도 발행하는 것으로 결정되었다(勅令 제250호, 1913. 7. 2.). 동시에 금권 발행의 조건으로 만주 특별대부금의 한도를 증가시켜 만주 내 자금 수요에 적극 대응할 것을 요구하였다. 또한 조선은행은 만주 내 3개 지점을 설치(1913. 7. 15. 봉천, 8.20. 대련, 9.5. 장춘)하고 조선은행권의 만주 유통을 공인받음으로써 만주 진출의 교두보를 마련하였다. 그런데 1914년 제1차 세계대전 발발로 인해 일본의 대중국 정책은 큰 전환을 맞게 되었다. 일본은 1914년 8월 독일에 선전포고하여 참전하였고, 1915년 1월 중국에 이른바 「21개조 요구」를 제시하여 산둥성 독일 이권의 계승, 남만주 · 동부 내몽고의 이권 확충 등을 요구하였다. 그 결과 1915년 5월 25일 「일화日華신조약」을 체결함으로써 일본은 관동주 조차지 이외 남만주에서 토지상조권商租權과 농 · 상 · 공업의 영업 자유를 획득하여 남만주 경제 진출의 기반을 다졌다.[18] 이 중 토지상조권은 일본인의 장기적이고 안정적인 토지보유를 가능케 함으로써 토지를 담보로 하는 대부가 비로소 가능하게 되었다. 담보 능력의 증대는 다시 만주 특수은행 설립론을 대두시켰다. 이를 계기로 만주화폐제도를 조선은행 중심의 금본위로 통일하자는 주장이 조선총독부와 조선은행을 중심으로 제기되

18_당시 만주에서는 일본인이 토지 소유권과 거주권을 갖지 못했다는 점이 경제 활동의 주요 장애 요인이었던 점에서 보면, 이 조약은 만주의 일본인 경제에 있어 매우 중요한 의미를 가진다. 제2조에서는 남만주에서 토지상조권(30년까지의 장기로서 무조건 갱신할 수 있는 조차권을 포함한 권리이고, 소유권에 대신하는 것으로 간주됨)이 인정되었고, 제3조에서는 남만주에서 일본인의 거주 왕래와 상공업 등의 업무에 종사할 수 있는 권리를 얻었다(北岡伸一, 『日本陸軍と大陸政策, 1906~1918年』, 東京大學出版會, 1978, 247쪽).

고 있었는데, 당시 내각에서는 이와 반대로 별개의 만주 금융기관 신설을 추진하고 있었다.[19]

「만주금융기관의 정비에 관한 의견」(1915. 7.)[20]은 바로 이 시점에서 작성된 것이다. 조선은행은 만주금융기관 재편성의 과제를 척식은행과 발행은행이라는 두 개의 특수금융기관을 통해 해결할 것을 주문하였다. 전자는 농업, 광산, 철도 등 장기 사업자금을 공급할 기관이며, 후자는 화폐제도의 통일과 함께 단기 상업자금을 취급할 기관이다. 자금조달을 위해 척식은행에게는 채권 발행의 특권을 발행은행에게는 은행권 발행의 특권을 부여한다. 양자는 자금 조달과 운영 방식이 다르기 때문에 각각 별도의 금융기관이 담당하는 것이 바람직하다고 설명하고 있다.

만주를 일본 경제권에 포섭하기 위한 최우선과제로 양 지역 화폐제도의 통일을 강조하고 있다. 이를 위해서는 만주에 일본과 동일본위의 통화를 보급해야 되는데, 그 방법으로 다음 세 가지를 들고 있다. 첫째 만주에 신설 중앙은행을 설립하는 안, 둘째 요코하마정금은행이 담당하는 안, 셋째 조선은행이 담당하는 방안이 검토될 수 있다. 조선은행 측은 첫째와 두 번째 안에 대해서는 일제의 대만주 국책의 방향 및 금융기관의 특수성에서 볼 때 불가능한 안이라고 서술하고 있다. 첫 번째 안에 대해서는 "제국

19_1915년 7월 대장성에서는 「日支금융기관조사회」를 설치하여 중국에서 일본계 금융기관의 창설을 검토한 결과, 「만주은행법」, 「日支은행법」의 두 법안을 마련하였고, 1916년 1월 29일 각의결정을 거쳐, 제37제국의회에 상정하였다. 만주은행은 채권 발행 특권을 가진 장기개발자금을 담당하는 금융기관이며, 일지은행은 주로 중국에 차관 공여를 목적으로 한 것이었다. 양 은행은 주식을 중일 양국인에게서 공모하고, 정부는 주식에 대한 배당 보급 및 발행 채권에 대한 원리보증을 행해 민간 자금의 대중국 투자를 원조한다는 계획을 가지고 있었다(朝鮮銀行史研究會 編, 앞의 책, 147쪽).

20_朝鮮銀行史研究會 編, 앞의 책, 927-930쪽.

의 대륙경영은 우선 만몽에서의 세력 충실에 노력하여 마침내는 조선과 합체해야 할 경제지역을 만드는 것에 있고, 따라서 이 경영의 중심기관이어야 할 중앙은행 또한 동일공통이어야 함은 필연"이라는 관점에서 부당하다는 것이다. 즉 '선만일체화'의 관점에서 볼 때 조선은행이 진출하는 것이 당연하다는 논리이다. 두 번째 요코하마정금은행에 대해서는 당시 만주의 중앙은행 직무에 담당하고 있으나 그 본질이 외환은행에 있기 때문에 만주라는 특정 지역을 대상으로 한 개발 및 재만주 일본인의 세력 부식을 위한 사업 등에 대해서는 그 요구를 충족시켜 줄 수 없다는 것이다. 정금은행은 국내외 환의 조절이라는 별도의 중대한 임무를 가지고 있기 때문에 식민지 본위의 영업을 수행할 수 없는 한계를 가지고 있다는 것이다. 오히려 정금은행은 만주가 아니라 유럽 대륙이나 남미 등으로 그 영업 지역을 확장하는 것이 그 본질상 더 적합하다고 주장하고 있다

따라서 만주의 '중앙은행'으로 적합한 것은 조선은행이라는 결론을 내린다. 조선은행은 일단 조선에서 문란한 화폐제도를 정리한 경험이 있으며 재조일본인의 발전 및 이권 부식에 노력하고 있고, 식민지 은행으로서 신용을 가졌기 때문에 만주에서 비슷한 임무를 수행함에 가장 적합하다는 것이다. 그런데 조선은행이 만주 중앙은행으로 되는데 있어 걸림돌이 있는데 바로 조선의 '중앙은행'이라는 점이다. 이에 대해 "조선은행은 조선의 중앙은행으로서 특별히 설립된 것이라 해도 그 영업의 범위가 지극히 광범위하여 일면 발행은행임과 동시에 역시 식민은행으로서 국가적 임무"를 수행할 수 있는 조직이라고 주장한다. 즉 조선은행은 조선의 '중앙은행'으로만 국한시킬 수 없으며 해외에서 일제의 국책을 수행하는 기관임을 강조하고 있다. 여기서 주목할 것은 영업 지역의 광범위함을 강조한 것이다. 일반적으로 중앙은행은 주권국가의 경계선을 이탈하지 않으며 자국에 국

한된 '영토화폐'를 발행한다. 그러나 조선은행은 이 중앙은행의 본질에서 벗어나 있었는데, 이는 조선은행 스스로가 지향한 것이다. 조선은행의 "영업 지역이 주로 조선 내에 있는 것은 창립 시점에서 사정상 세력이 그러할 수밖에 없었기 때문"인데 "이미 창립 당시 안동현에 지점"이 있었다는 점을 보아도 "영업지역을 조선 내에 한정하"려는 의도는 아니라는 것이다. 따라서 앞으로 조선과 만주를 합쳐 동일한 경제지역으로 해야 하는데, 이를 실현할 수 있는 수단으로서 양 지역의 통화는 조선은행권으로 통일해야 한다는 것이다. 즉 선만일체화를 위해서는 조선은행을 "만선공통의 중앙은행이게 하는 것은 필수의 요건"이라고 역설한다. 이렇게 조선은행은 선만일체화라는 정책, 지리적 접근성, 화폐제도 정리의 경험 등을 들어 자신의 주장을 정당화시키고 있다. 앞의 문서에서 해외은행으로 규정한 것과 마찬가지로 여기에서 조선은행은 식민은행으로서의 정체성을 훨씬 더 강조하고 있음을 알 수 있다. 조선 내 '중앙은행'이란 본질을 감추어야지만 만주 진출의 정당성을 확보할 수 있기 때문이다.

특히 1915년안에서 두드러진 것 중 하나가 바로 요코하마정금은행에 대한 견제이다. 1912년안에서 한 번도 언급되지 않았던 정금은행에 대한 노골적인 비난은 만주 중추금융기관의 교체를 위해서는 정금은행의 한계를 강조할 필요가 있었기 때문이다. 조선은행 주장의 핵심은 정금은행은 본국에 그 중심을 두고 외국환의 조절에 몰두하기 때문에 식민지 금융에 적합하지 않다는 것이다. 만주에서 정금은행이 수행하고 있던 중앙은행 업무를 배제하고 이를 조선은행이 수행할 수 있도록 해 달라는 위 제안은 1917년에 가서 현실화된다. 조선은행의 요구가 수용될 수 있었던 배경에는 바로 쇼다의 조선은행 총재 취임이 있었다. 이를 다음 2절에서 살펴보겠다.

II. 쇼다 카즈에의 총재 취임과 조선은행의 만주 진출 실현

1. 이상: 해외은행으로서의 정체성 강화

조선은행 초대 총재였던 이치하라 모리히로市原盛宏가 1915년 10월 재임 중 사망하자, 12월에 제2대 총재로 대장성 차관 출신인 쇼다 카즈에勝田主計[21]가 임명되었다. 쇼다는 조선은행 총재로 부임하자마자 이사들에게 담당 업무에 대한 여러 문제를 내고, 이에 대한 해결책을 제시할 것을 주문하였다고 한다.[22] 조선은행 발전 방향에 대해 내부 인사들이 적극적으로 인식, 실행할 것을 요구하였던 것이다. 쇼다는 아예 자신의 이름으로 문건을 작성하여 데라우치 마사타케寺內正毅 조선총독에게 제출하였는데, 그것이 1916년 5월자의 「선은확장계획鮮銀擴張計劃」[23]이다.

쇼다가 보기에 제1차 세계대전으로 인한 호경기와 중국 정세의 변화는 조선은행에게 새로운 변화를 요구하고 있었다. 그는 조선은행이 "시세의

21_1869년 출생하여 1895년 도쿄제국대학을 졸업한 후 대장성에 들어갔다. 이재국장을 거쳐 1912년 대장차관이 되었고, 1914년 대장차관을 퇴직 후 귀족원의원을 역임하였다. 1915. 12. 14.~1916. 10. 9.까지 조선은행 총재를 역임하였고, 1916년 12월 대장대신에, 1924년 1월 다시 대장대신에 취임하였다. 1928년 문부대신에 취임하였으며 1948년에 사망하였다. 쇼다는 대장성 이재국장 시절에 조선은행 전신인 한국은행 설립위원을 역임하였고, 1916년 대장대신 때에 조선은행 만주 진출을 가능케 하여, 해외은행으로의 단초를 연 인물이었다. 또 1924년 대장대신 재임 시 조선은행 정리를 위해 독단적으로 대장성 예금부 자금을 지원하였을 정도로 조선은행과는 깊은 인연을 가진 인물이다.

22_이런 쇼다의 요구에 이사들은 매우 당황하였다고 한다. 일부 이사는 평소 오지도 않던 조사실에 와서 관련 자료를 챙겨가거나 통계를 조사하고 아예 조사실에서 작성한 답안을 내는 경우도 있었다고 한다(高久敏南, 「朝鮮銀行の思出」, 『朝鮮銀行回顧錄: 前篇 「一般思出の記」 明治大正の巻 第二集』, 1956, 45쪽).

23_山本四郎, 『寺內正毅關係文書 首相以前』, 京都女子大學, 1984, 440-452쪽.

진운"에 부응하여 종래의 영업형태, 즉 조선 내 '중앙은행'에만 머물 것이 아니라 새롭게 주어진 기회에 변화를 모색하여 "개량 발달"을 꾀할 수 있는 적기라고 판단하였다. 그렇다면 조선은행 개량 발전의 주안점은 어디에 있는가? 그는 조선에 국한된 "지방적 은행"에서 벗어난 "세계적 은행"으로의 발전에 두고 있었다. 조선은행이 "본래 조선 중앙금융기관으로서 설치"되었다 하더라도 일본의 국력이 대외적으로 매우 빠른 속도로 발전하고 있고 이에 따라 조선은행도 만주 및 블라디보스토크에까지 진출한 이상 이 추세에 따라야 한다는 것이다.[24] 즉 조선의 중앙은행 기능보다는 일제 대외국책 수행이 우선시되어야 한다는 점을 강조하고 있다. 조선은행 설립 이전에는 본인의 주도하에 요코하마정금은행이 이 역할을 수행토록 하였는데, 이제는 조선은행이 만주의 중추금융기관이 되어야 한다는 것이다.[25]

쇼다는 조선은행이 해외은행으로 발전하기 위해서는 다음 두 가지가 필요하다고 주장한다. 첫째 환업무의 전문성이다. 이는 당시 세계적인 대은행을 본보기로 삼은 것으로 이들은 모두 환업무에 정통하고 이를 통해 상당한 수익을 올리고 있는데 반해 조선은행은 이를 취급할 수 있는 행원이 거의 없기 때문에 전문성을 갖춘 인재 양성이 필요함을 강조하고 있다. 둘째 해외에 다수의 영업소를 적극적으로 설치해야 한다는 것이다. 먼저 러시아와 북만주에서의 국책 수행을 위해 하얼빈 지점이 조속이 설치되어야 함을 강조하고 있다. 남만주에 집중돼 있던 일본인의 진출을 북만주까지 확장하여 만주 전체로 그 영업 구역을 확장시킬 필요가 있다는 것이다.

24_山本四郎, 앞의 책, 441-442쪽.

25_요코하마정금은행은 앞으로는 구미나 남미, 남양으로 환업무를 확장해야 한다고 주장하였다.

그리고 원래 독일 조차지였던 산동반도에 진출함에 따라 여기와 밀접한 무역관계를 가진 고베에 지점을 설치할 필요가 있다는 것이다. 또한 상해는 동양무역의 중심지로서 중국의 환은 모두 상해를 거친다는 점을 고려하면 지점이 설치되어야 하고, 요하의 하구인 영구營口, 산동성의 중심인 청도靑島, 제남濟南 등 중국 본토에까지 적극적인 진출을 할 필요가 있다는 것이다. 그 이외에 세계 금융의 중심지인 런던 및 뉴욕에도 지점을 낼 것을 제안하고 있다.[26]

이를 실현하기 위해서 조선은행은 조선총독부보다 일본 정부와 더 밀접한 관계를 가져야 함을 강조하고 있다. 조선은행이 "해외은행으로서 발

26_쇼다의 해외 영업소 증설 요청은 상당 정도 실현되었다. 1910년대 중반 이래 만주(중국 포함) 및 러시아 지역에 지점이 급속히 증가하고 있었다.

〈표〉 연도별 조선은행 영업소 설립 추이(1909~1919년)

지역	연도별 영업소 설립 추이	영업소 총수
조선	1909년: 경성, 인천, 평양, 원산, 대구, 진남포, 목포, 군산, *마산, 개성, 함흥, 성진, 경성鏡城* 1910년: 부산, 나남, *신의주* 1912년: 회령	11
만주·중국	1909년: 안동현 1913년: 봉천, 대련, 장춘 1914년: 사평가 1915년: 개원 1916년: 하얼빈, 영구, 전가둔 1917년: 간도용정촌, 길림, 청도, 봉천신시가 1918년: 요양, 철령, 여순, 정가둔, 상해, 만주리, 천진, 제남, 치치하얼	22
일본	1910년: 오사카 1913년: 도쿄 1916년: 고베 1919년: 시모노세키	4
기타	1918년: 하바롭스크, *스바스카야,* 치타, 블라고베셴스크 1919년: 뉴욕, 블라디보스토크	5

출전: 朝鮮銀行史研究會 編, 『朝鮮銀行史』, 東洋經濟新報社, 1987, 1011-1013쪽.
비고: 이탤릭체로 표시된 지역은 1910년대에 폐지된 영업소로 개수에는 산정하지 않았음. 영업소는 지점, 출장소, 파출소를 모두 포함한 것임.

전하"기 위해서는 "역시 정부의 원조"가 없으면 불가능하기 때문이다. 당시 조선은행은 일본 내에서는 "겨우 당행의 존재를 인정"할 정도로 아주 미미한 존재에 지나지 않는데 이대로는 세계적 은행으로 발돋움하기 어렵다는 것이다. 따라서 러시아나 중국 등지에서 각종 차관이나 채권 인수업무에 적극적으로 참여할 것을 주문하고 있다. 더 나아가 일본 정부의 공채도 인수할 것을 요구하고 있다. 특히 전자의 경우 다른 국책은행과 신디케이트단을 조직하여 적극적으로 임할 것을 강조하고 있다. 이와 같이 조선과 관계 없는 대외채권을 인수하기 위해서는 조선총독부가 아닌 일본 정부와 직접 교섭에 나설 수밖에 없다. 이런 의미에서 조선은행은 조선총독부가 아닌 일본 정부의 지휘감독을 받는 것이 낫다는 것이 쇼다의 생각이었다. 또 일본 정부와의 교섭을 원활히 진행하기 위해서는 도쿄지점을 강화시킬 필요가 있고, 중역의 일부를 도쿄에 상주시켜 정부 및 일본 실업계와 접촉하는 길을 개척할 필요가 있다는 것이다.[27] 또한 조선과 상관이 없는 일본에서의 적극적인 대출 및 투자활동을 독려하였다. 즉 일본에서 이윤 추구를 위한 영업 활동을 전개할 것을 주문하고 있다.[28] 이상과 같이 쇼다는 조선은행의 조선 내 '중앙은행'으로서의 임무는 방기한 채 일본의 대외국책수행기관으로서의 사명을 강조하고, 또 적극적인 상업금융을 통한 이윤 추구를 지향하고 있다는 점에서 앞으로 조선은행이 추구해야 할 방향이 조선의 '중앙은행'이 아니라는 것을 분명히 밝히고 있다. 그러기 위해서는 일제의 국책에 순응해야 하고, 일본 정부의 강력한 지휘 통제 하에 들어가야 할 것을 주문하고 있다.

27_山本四郎, 앞의 책, 444-446쪽.

28_山本四郎, 앞의 책, 451-452쪽.

이와 같은 조선은행의 탈脫조선 지향에 대해 조선 내 관계자는 어떻게 보고 있었을까? 여기에 대해서는 당시 조선총독부 총무국장인 고다마 히데오兒玉秀雄[29]의 생각을 엿볼 수 있다. 쇼다가 입안한 위 문서에는 고다마의 메모가 첨부되어 있는데, 여기서 고다마는 쇼다의 견해에 대해서 자신의 의견을 피력하였다. 우선 그는 조선은행이 해외은행으로 발전해야 한다는 쇼다의 주장에 대해 "원래 조선은행은 조선에서의 중앙금융기관으로서 설치된 것"이며, 현재 조선에서 가장 필요한 것은 "금융기관의 정비활동에 있"음에도 불구하고 조선은행을 "본래의 목적을 떠나 오로지 해외에서만 발전케 하고자 하는 것은" 아직 때가 아니라고 지적하였다.[30] 또 조선은행이 조선 총독을 거치지 않고 일본 정부와 직접 협의해야 한다는 것에 대해서도 조선은행의 "조선에서의 금융에 관해서 총독은 제1차의 감독관"이기 때문에 "총독을 거쳐 중앙정부와의 관계를 밀접하게 하는 것은 가능하다 하여도, 정부의 원조를 얻기 위해 총독의 감독을 떠나서 스스로 나아가 중앙정부와 접촉하게 하는 것은" 잘못된 방식이라고 비판하고 있다.[31] 고다마는 조선은행이 조선 밖에서 활동할 때 조선에 미칠 수 있는 영향을 언급하고 있다는 점에서 주목할 필요가 있다. 또한 일본에서 각종 상업금융을 통해 이윤을 추구해야 한다는 견해에 대해서도 조선과 관련 없는 투자에 대해서는 당분간 실행하지 않는 것이 좋다는 견해를 밝히고 있다.[32] 이 문서는 쇼다가 조선총독인 데라우치에게 제출한 것임을 생각하면 이는

29_고다마는 이후 조선총독부 정무총감(1929. 6.~1931. 6.)을 역임한 인물로, 조선총독 데라우치의 사위이기도 하다.

30_山本四郎, 앞의 책, 441쪽.

31_山本四郎, 앞의 책, 445쪽.

32_山本四郎, 앞의 책, 452쪽.

데라우치에게 전달하는 조선총독부 내의 견해라고도 볼 수 있을 것이다. 즉 고다마는 조선은행이 국책금융기관인 이상 일제의 대외침략에 따른 금융활동을 수행하는 것에는 동의하지 않을 수 없으나 일본에서 일반은행처럼 활동하는 것에 대해서는 깊은 우려를 나타내고 있었다. 조선은행의 자금 운용을 최대한 조선에 집중시켜야 하는 조선총독부의 입장에서는 국책과 관련 없는 순전한 영리 활동에 대해서는 허용할 수 없다는 입장을 표명하고 있었음을 알 수 있다.

2. 실현: 조선은행 중심의 만주통화금융체제 실현

제2대 총재인 쇼다는 재임기간이 8개월에 불과했지만 조선은행에 남긴 영향은 누구보다도 컸던 인물이다. 그는 대장성 이재국장 및 대장차관을 역임한 경제관료 출신으로 조선총독 데라우치의 요청에 의해 조선은행 총재로 부임하였다.[33] 역대 조선은행 총재 이력에서 알 수 있듯이 대장성 차관 출신이 올 자리는 아니었다. 경제관료 출신의 경우 대체로 국장급이 오는 자리였다.[34] 쇼다는 취임 첫날 오랫동안 중앙의 관계에서 활약하고 있던 자신이 조선과 같은 변두리까지 오게 된 것은 평소의 포부를 실천하기 위해서라고 말하였다. 당시 은행 내부에서는 은행 실무 경험이 없는 관료 출신, 그것도 대장성 차관을 맞이하여 상당히 불안해하였다고 한다. 특히

33_쇼다의 총재 내정에 대해서는 "중앙재계에 중요한" 인물로서 본국에서 식민지를 소홀하기 쉬운 점을 보완할 수 있다는 점에서 "적재를 적소에 두는 것"이라는 평가가 있었다(「鮮銀, 總裁後任, 勝田主計氏로 決定說」, 『每日申報』 1915. 12. 12.).

34_조선은행 총재 중 관료출신인 경우 국장급을 역임한 후 다른 특수은행 중역이나 총재를 거친 후 부임하는 경우가 일반적이었다(본서 91쪽 〈부표 1-2〉 참조).

쇼다는 비서를 도쿄에서 직접 데려왔는데, 이 비서는 국장이나 과장, 지점장 등의 경우 아예 호칭조차 붙이지 않았고, 이사에게는 '군'이라고 부를 정도로 대단한 위세를 떨쳤다고 한다.[35] 여기서 쇼다가 평소의 포부를 펼치기 위해서 총재에 취임했다는 점에 주목할 필요가 있다.

쇼다가 조선은행 총재로 취임한 이유는 다름 아닌 만주 진출을 위해서였다. 여기서 조선은행 만주 중앙은행화의 주역인 데라우치-쇼다-니시하라 가메조西原龜三에 주목할 필요가 있다. 이 3인은 이른바 "조선조朝鮮組"[36]로 불리었는데, 데라우치는 초대 조선총독으로서 대장성 차관 출신(1913. 2.~1914. 4. 역임)인 쇼다를 조선은행 총재에 앉힌 인물이다. 쇼다를 데라우치에게 강력하게 추천한 인물이 니시하라로 이 세 사람은 일본 정계에 큰 물의를 일으킨 이른바 니시하라차관西原借款[37]의 주역이기도 하다. 당시 니

35_高久敏南, 앞의 책, 44쪽.

36_데라우치 내각은 조선의 국책회사인 조선은행과 동양척식주식회사를 중심으로 만주 금융기구를 개편하였기 때문에 '조선조朝鮮組' 내각이라 불렸다(安富 步, 『「滿洲國」の金融』, 創文社, 1997, 6쪽).

37_니시하라차관은 데라우치 내각이 중국 북경정부와 계약한 일련의 차관을 말한다. 제1차 세계대전으로 인해 서구세력이 일시적으로 중국에서 후퇴하였고, 중국 국내에서는 북경의 단기서段祺瑞정부에 대해 광동군정부를 중심으로 하는 남방세력이 대립하는 형세였다. 이 정세를 틈타 일본은 대중국정책을 강화, 1915년의 21개조 요구에 이어, 데라우치 내각은 1917~18년에 정치적 차관정책을 추진하여 단기서정권의 무력통일을 원조하고, 중국에 대한 일본의 지도적 지위를 확립하고자 하였다(원단援段정책). 차관총액은 2억 4천만 엔에 이르는데, 이 중 데라우치의 심복인 니시하라 가메조가 대장대신인 쇼다 카즈에와 결탁하여, 일본흥업은행 · 조선은행 · 대만은행 등에서 자금을 조달하여 다음의 8건 총액 1억 4,500만 엔의 차관을 제공하였다. 이를 니시하라 차관이라 부른다. 차관의 내용은 ①교통은행 제1차 차관-500만 엔 ②교통은행 제2차 차관-2천만 엔 ③유선전신차관-2천만 엔 ④길회吉會철도차관-1천만 엔 ⑤흑룡강 · 길림 양성 금광삼림차관-3천만 엔 ⑥만몽4철도차관-2천만 엔 ⑦산동2철도차관-2천만 엔 ⑧참전차관-2천만 엔이다. 이러한 차관은 대부분이 단기서정권의 정치자금으로 사용되었다. 이 차관은 확실한 담보도 없이 대부은행단에 대해서 대장성 예금부가 대신해서 떠맡아 국내의 비난을 받았다. 또한 8% 내외의 고금리로 인해 중국 측에서는 국치國恥차관이라고 불려졌다. 1919년 일

시하라는 데라우치에게 "조선은행의 사명이라는 것은 단순히 조선에서의 중앙은행만이 아니라, 조선 내 식산흥업의 원천이고, 또 만주, 중국에 대한 경제적 진출의 중추기관이 되어야 하기 때문에 그 총재가 될 인물은 은행 사무에 숙달한 것 이상으로 만주, 중국에 대한 정치성이 풍부한 사람이 아니면 안된다. 그런 의미에서 생각하면 나는 쇼다씨가 최적임"[38]이라고 진언하였다고 한다. 니시하라차관이 일본의 적극적 중국 진출을 보여주는 대표적 사례라는 점을 고려하면, 조선은행의 만주 진출이 무모한 일본 정부의 대륙침략정책의 일환으로서 이루어졌다는 것을 알 수 있을 것이다.[39]

데라우치가 조선총독, 쇼다가 조선은행 총재로 있던 1915년에 「일화신조약」의 체결로 만주에서 일본인의 경제 침투가 활발해지자 당시 오쿠마 시게노부大隈重信 내각에서는 만주에 새로운 금융기관 설립을 추진하고 있었다. 「만주은행법」이 1916년 1월 29일 각의결정을 거쳐, 제37제국의회에 상정되었는데,[40] 중의원 심의 과정에서 법안에 일람불어음 발행권한을 부여해야 한다는 부대 결의가 붙여져 통과되었다. 그 결과 만주은행은 채권 발행뿐만 아니라 은행권 발행 권한을 함께 가진 만주중앙은행으로서 설립될 가능성이 높아졌다. 이는 데라우치 및 쇼다의 조선은행의 만주 중앙은행화 구상과는 정면으로 배치되는 것이었다.[41]

본 · 미국 · 영국 · 프랑스의 신4개국 차관단의 성립과 워싱턴회의에 의해서 충분한 성과를 거두지 못하고 종료되었다. 자세한 내용은 鈴木武雄, 『西原借款資料研究』, 東京大學出版會, 1972 참조.

38_西原龜三 著, 北村敬直 編, 『夢の七十餘年』, 平凡社, 1965, 55쪽.

39_1917년 조선은행권 발행고가 6,700여만 원, 1918년은 1억 1,500여만 원임을 고려하면 당시 1억 4,500만 엔이 얼마나 거액인지 알 수 있을 것이다. 일본 측이 상환 받은 것은 교통은행 제1차 차관 500만 엔에 불과하고 나머지 1억 4천만 엔은 원리금 모두 돌려받지 못했다는 점에서 데라우치 내각의 대중국 정책이 얼마나 무모한 것이었는가를 알 수 있다.

40_이에 대해서는 본서 223쪽 각주 19) 참조.

따라서 데라우치 조선총독은 오쿠마 내각의 만주 금융기관 신설에 대해 강하게 반대하였다. 그가 만주의 독자적인 경제발전이 아닌 조선과 연계된 발전, 즉 선만일체화를 지향하였던 것을 생각하면 당연한 일이다. 그는 「만주은행법」과 기능면에서 동일한 「동양척식주식회사법」 개정안[42]을 각의에 제출함으로써 오쿠마 내각의 계획을 저지하려 하였다. 이렇게 동일한 기능을 가진 법안들이 의회에서 대립하고 있었기 때문에 의회 심의는 난항을 거듭하였는데, 당시 정부여당인 동지회는 다수의 힘으로 만주은행법안은 통과시킨 반면, 동척 개정법안은 표류되고 있었다.[43] 이에 데라우치는 귀족원 심의에 영향력을 행사하여 귀족원에서 양 법안을 부결시킴으로써 제37의회에 제출된 만주 장기자금 공급문제를 둘러싼 만주은행법안과 동척법 개정안은 모두 폐기되고 말았다.[44]

오쿠마 내각에 이어 1916년 10월 9일 데라우치 내각이 성립되었다. 데라우치 총리대신이 대장상을 겸임하고 조선은행 총재인 쇼다가 대장성 차

41_朝鮮銀行史硏究會 編, 앞의 책, 147-148쪽.

42_동양척식주식회사의 영업을 만주로 확대하고, 부동산저당 중심의 사업자금 공급을 수행하는 금융부 기능 확충을 주요 내용으로 하였다.

43_당시 대장대신 다케토미 토키토시武富時敏가 만주은행법안을 주도하였기에 동척법 개정안에 대해서는 냉담할 수밖에 없었다. 그는 만주은행과 경합할 수밖에 없는 동척의 만주로의 영업 확장은 인정할 수 없음을 분명히 하였고, 정부여당인 동지회에서도 동척의 사업 부진을 들어 반대하고 있었다(北岡伸一, 앞의 책, 264쪽).

44_당시 귀족원은 고토 신페이後藤新平, 쇼다 등 만주은행법안에 반대하던 인물들의 주장이 지배적이었다. 귀족원에서는 애초에 이 법안을 부결하지 않고, 동척법 개정안의 중의원 통과를 기다리고 있었다. 그런데 조선총독부가 동척 개정안에 대한 동지회의 타협안을 반대하면서 원안통과를 요구하자, 동지회는 27일 동법안의 묵살을 결정하였고, 이후 중의원에서 관련 위원회는 열리지 않았다. 여기에 대응하여 귀족원은 1916년 2월 27일 양 법안을 8 대 5로 부결시켰다. 이하 경과에 대해서는 北岡伸一, 앞의 책, 246-251쪽 참조. 또한 데라우치 조선총독 및 쇼다 조선은행 총재의 지시를 받아 상경한 니시하라는 만주·일지 양은행법안의 부결을 위해 연일 귀족원의원을 대상으로 공작을 행하였다고 한다(朝鮮銀行史硏究會 編, 앞의 책, 148쪽).

관에 취임하였다(1916년 12월 16일 대장대신으로 승진). 조선은행의 만주 진출 계획은 데라우치(조선총독)-쇼다(조선은행 총재)가 일본 내각총리대신과 대장대신으로 그대로 옮겨간 직후에 실현되었다. 데라우치 내각은 성립 한 달 만인 1916년 11월 17일 각의결정을 통해 조선은행의 만주진출을 막고 있던 오쿠마 내각의 만주은행 설립계획을 폐기시키고 만주로 조선은행 및 동양척식주식회사의 진출을 기도하였다.

우선 1917년 5월 31일자 내각에서 동척 개정법률안을 결정, 제38의회에서 원안 그대로 가결되었다(법률 제23호, 1917. 7. 21.).[45] 동척은 이 개정에 의해서 만주에서의 척식금융기능을 요코하마정금은행으로부터 이관받았다.[46] 계속해서 내각에서는 1917년 6월 「만주에서의 특수은행 기능의 통일에 관한 건」을 결정함으로써 조선은행의 만주중앙은행화 방침은 정부에 공인되었다. 조선은행의 영업 범위는 만주, 러시아령 시베리아, 산동성으로 확대되었고, 조선은행권은 만몽에서 강제통용력을 부여받아 요코하마정금은행의 금권을 인계하여 그 회수에 담당하도록 하였다.[47] 또한 1918

45_오쿠마 내각하에서 동척의 만주 진출을 반대하였던 동지회(당시에는 헌정회)는 선거 후 소수파로 전락한 상태였다.

46_개정법안의 요지는 다음과 같다.

① 영업범위를 조선, 만주 기타 해외로 확장할 것 ② 본점을 경성에서 도쿄로 옮기고, 지점을 경성, 봉천 기타 중요지에 둘 것 ③ 자금공급방법을 확대하고, 주로 부동산상의 권리를 담보로 하는 대부, 이민 기타 척식사업회사의 주식 또는 채권인수 및 주식 또는 채권을 담보로 하는 대부, 대리대부의 방식으로 이민회사를 통해 남미 기타 이민에 대해 대부를 행할 것 ④ 만몽에서 위탁에 의한 토지관리업의 영업 ⑤ 일본 내에서 발행한 동척채권에 1,000만 엔을 한도로 정부가 원리금을 보증할 것 ⑥ 정금은행의 만주특별대부금의 철수 ⑦ 정부 소유주에 대해 8년간 이익배당 면제 ⑧ 사업지역 확장에 따른 동척 감독에 대해서 일반의 것은 중앙정부, 조선 내 감독은 조선총독이 행할 것(朝鮮銀行史研究會 編, 앞의 책, 152쪽).

47_칙령 제217호

조선은행이 발행하는 은행권은 관동주 및 남만주철도 부속지에서 공사일체의 거래에 무제한년 1월부터 조선은행은 정금은행에 대신하여 관동주 및 만철부속지에서 국고금 취급은행으로 되었다. 오쿠마 내각의 만주은행 설립안이 의회에 협찬 과정에서 부결되었음에 반해, 데라우치 내각은 의회의 협찬을 거치지 않고 행정조치로서 실행하였다.[48] 즉 조선에서 조선은행의 만주 진출을 기도하던 주체들이 일본 내각을 장악하여 의회를 거치지 않은 채 결정한 것이다.

이와 같이 만주 금융기관 문제와 관련해서는 각 세력이 다양한 방안을 검토하고 있었고, 조선은행은 그 중 하나에 불과했다. 이에 조선은행은 '선만일체鮮滿一體'라는 구도 속에서 대륙 진출을 꾀하고 있던 육군 군벌에 적극적으로 편승하여 만주 진출의 기회를 노리고 있었다. 조선 총독과 조선은행 총재가 일본 내각과 대장성의 수장이 되자, 조선은행의 구상은 마침내 실현되었던 것이다.

이상에서 조선은행 만주 진출에 있어 쇼다의 역할이 얼마나 중요한지를 알 수 있다.[49] 당시 언론에서 "조선을 영업본거로 하던 조선은행을 단박에 대은행을 만들어 가지고 러시아 대륙으로 중국본부로 남양천지로 영업구역과 자본"을 늘린 것도 "전부 이 사람이 설계진행한 일"로서 "과대한 적극적 인물"[50]이라고 평하는데서 알 수 있듯이 해외은행으로서의 조선은행

으로 통용하는 것으로 한다.

부칙

본령은 1917년 12월 1일부터 이를 시행한다.

48_朝鮮銀行史研究會 編, 앞의 책, 151 · 154-155쪽.

49_조선은행은 만주에서의 무리한 영업확장으로 인해 1920년 들어 부실화되었다. 1922년부터 정리가 도모되었으나 일본 정부로부터 정리자금을 지원받은 것은 쇼다가 대장대신으로 있던 1924년 6월이었다. 특히 쇼다는 내각이 총사퇴하는 시기에 조선은행 정리를 위해 독단적으로 대장성 예금부 자금을 무리하게 지원함으로써 많은 의혹을 받고 있었다. 이에 대해서는 본서 261-262쪽을 참조할 것.

의 모습을 만든 이가 바로 쇼다라고 해도 과언이 아니다. 조선은행 부총재(1940. 1. 31.~1945. 1. 31.)를 역임했던 키미지마 이치로君島一郎에 따르면 쇼다는 자신을 방문한 조선은행 관계자에게 왜 본점이 아직도 경성에 있는가라고 반문하였다고 한다. 그는 본점이 당연히 만주의 신경新京에 있을 것이라고 생각했다는 것이다. 1910년대 조선은행의 만주 진출을 성사시킨 장본인인 그가 조선은행의 미래상을 어떻게 그렸는지를 잘 보여주는 일화라 할 수 있다. 소위 조선은행 내 3대 파벌 중 쇼다를 첫 번째로 들 정도로 그가 조선은행에 남긴 발자취는 지대하였다.[51]

III. 해외은행으로서의 정체성 형성과 그 함의

앞에서 검토한 세 문서를 통해 조선은행은 조선의 '중앙은행'에 머물 생각이 없음을 분명히 하고 있었다. 조선은행으로서는 조선의 '중앙은행'이란 규정이 만주 진출의 걸림돌로 작용하기 때문에 자신의 정체성을 해외은행에서 찾으려 한 것이다. 즉 조선은행의 만주 진출은 일본 국책에 따른 것이지만, 그 기저에는 조선은행의 적극적 의지가 강하게 내재되어 있음

50_「(經濟時論) 今後의 朝鮮銀行〈上〉」, 『東亞日報』 1924. 3. 1.

51_키미지마 이치로君島一郎에 따르면 조선은행에는 쇼다 카즈에, 기무라 유지木村雄次, 가토 케이자부로加藤敬三郎의 세 계보가 있다고 한다. 기무라는 제일은행 행원에서 시작하여 초대 조선은행 이사를 역임(1920년까지) 한 인물로서 행원들 사이에서 신망이 대단히 두터웠다고 한다. 또한 가토의 경우는 만 10년 동안 조선은행 총재를 역임했던 인물로 역대 최장수 총재이기도 하다. 그는 귀신이라 불릴 정도의 강력한 지도력으로 조선은행 정리와 성장을 이끌었던 인물이다. 한편 쇼다는 그의 사위인 히로세 도요사쿠廣瀨豊作 대장대신을 통해서 인사에 영향력을 행사하였다고 한다(君島一郎, 『私の銀行ライフ』, 日本銀行, 1974, 255-256쪽).

을 확인할 수 있었다. 설립 직후부터 만주에 진출하고자 했던 것에서 알 수 있듯이 조선은행의 탈조선 지향은 시종 일관된 정책이었다. 일제의 입장에서 조선은행은 여러 선택지 중의 하나에 불과한 것이었으나 군부의 대륙 침략에 적극 호응함으로써 만주에 진출할 수 있었던 것이다.

그렇다면 과연 만주는 조선은행에게 어떤 존재인가? 왜 식민지 '중앙은행'임을 부정하면서까지 만주에 진출하고자 했는가? 1910년대에 조선은행 조사실에 근무했던 한 행원에 따르면 당시 조사실에서 가장 중요하게 취급한 업무는 조선의 수이입초과에 따른 정화유출 문제였다고 한다.[52] 이 문제를 개선하기 위해서는 미곡의 산출량을 증가시켜 일본으로 이출을 증대시키는 것이 급선무였으나 이 방법이 실현되기에는 많은 시간이 소요되었다. 그 대안으로 고안된 것이 만주로의 진출이었다. 그런데 당시 중국은 은본위제로 조선은행권과 같이 금본위에 기반한 통화가 유통되기 위해서는 만주의 통화가 은이 아닌 금으로 변경되어야만 했다.[53] 따라서 조사실에서는 만주에 유통되고 있는 각종 통화를 조사하고, 금건 거래를 활성화시킬 수 있는 대책을 강구하였다고 한다. 조사실이 온통 이 문제에만 몰두하자 당시 은행 내에서는 "조사실은 수입초과로 밥을 먹고 산다"라는 비웃음을 받을 정도였다고 한다.

조선은행의 만주 진출은 기본적으로 정화유출이라는 구조적 문제에서

52_高久敏南, 앞의 책, 44-46쪽.

53_1920년대 문제가 되었던 대련금건화 문제 역시 은본위제인 중국에 금본위제를 무리하게 실현시키다가 벌어진 일이었다. 1920년대 만주거래소의 금건화 실패로 조선은행에게 엄청난 손실을 안겨준 인물은 대련 주재 이사였던 오타 타로太田三郎였다. 당시 그와 같이 근무했던 행원에 따르면 오타에게 만주의 금본위제는 신앙에 가까운 것이었다고 한다. 오타는 "만주는 금으로 정복"해야 한다는 강력한 신념 아래 조선은행권의 유통 및 금건화를 강력하게 추진하였다고 한다(小西春雄, 『朝鮮銀行回顧錄: 前篇「一般思出の記」明治大正の巻 第一集』, 1956, 41쪽).

비롯되었다. 따라서 조선은행은 조선의 '중앙은행'이 아닌 해외은행으로서의 정체성을 가질 수밖에 없게 된다. 그 결과 일반적인 중앙은행처럼 고유한 업무를 독점적으로 수행하는 것이 아니라 온갖 잡다한 업무를 수행하는 기관으로 되었다. 이는 조선은행 관계자를 통해서 확인할 수 있다. 조선은행에서 이사와 부총재를 역임했던 호시노 키요지星野喜代治는 조선은행을 두고서 일본의 '일본은행+일반은행+요코하마정금은행+일본흥업은행'의 역할을 모두 다하는 기관이라고 설명하고 있다.[54] 조선은행 부총재를 지냈던 키미지마 이치로君島一郎는 "조선은행은 일반적으로 해외은행이라 말하듯이, 외지 진출의 은행이다. 은행권 발행권을 조선과 관동주에 가지고 있었다. 동시에 일본 해외활동의 사업자금 및 상업자금의 대출도 가능하였다. 이는 선진국의 해외은행이 대개 그러하다"고 평가하였다.[55]

조선은행은 두 차례에 걸쳐 자신과 비슷한 기능과 역할을 수행하는 금융기관을 조사한 적이 있는데 이를 '해외은행'이라고 명명하고 있었다. 특히 이 조사에서 자신들의 성장 모델로 삼았던 은행이 있었는데, 바로 홍콩상하이은행[56]이었다. 1915년 조사에 따르면 홍콩상하이은행은 극동 지역의 영국 식민지에서 무역의 발달을 원조하였을 뿐만 아니라 대외정책의 선구로 되어 영국 세력을 크게 신장시켰다고 한다. 그 결과 "처음에는 미미한 무명"의 일개 지방은행에 불과했으나 지금은 "세계 유수의 일대 해외

54_星野喜代治,『回想錄』, 日本不動産銀行十年史編纂室, 1967, 75쪽.

55 君島一郎, 앞의 책, 252쪽.

56_홍콩상하이은행은 홍콩에서 동양 무역에 종사하고 있던 영국 출신의 무역상인들이 1865년에 설립하였다. 홍콩상하이은행은 동아시아와 동남아시아의 광역경제권에서 화교상인 · 화교경제 · 화교송금의 존재를 최대한으로 활용하고 그들과의 경합을 통해 활동범위를 확대시켜 나갔다. 동시에 홍콩상하이은행은 영국의 대중국 정책을 경제적으로 뒷받침해주는 핵심기관으로 중국에서의 차관 인수나 이권 획득 등에도 크게 기여하였다는 평가를 받고 있었다.

은행에 이르게" 되었다고 평가하고 있다.[57] 1936년도 조사에서도 "홍콩상하이은행은 영국의 대중국정책의 발전과 함께 해외은행으로서 영업범위를 확장하였는데, 그동안 타은행과의 합병 등에 의해 팽창한 것이 아니라 오로지 자력自力에 의해 그 경영의 적절함을 얻고, 그 기초를 견고하게 하여, 마침내 금일과 같이 세계적 대은행이 된 것은 주목할 만하다"고 평가하고 있었다.[58] 조선은행은 홍콩상하이은행을 해외은행의 대표적인 모델로 간주하여 매우 호의적인 평가를 내리고 있음을 알 수 있다.[59]

한편 조선은행의 만주 진출은 수익을 향상시킬 수 있는 절호의 기회였다. 상업금융을 겸영하였던 조선은행에게 발권력의 확장은 대출 여력의 확대와 직결되기 때문이다. 실제로 만주에 본격적으로 진출한 1910년대 후반 이후 조선은행의 대출은 급속도로 증가하였고, 그에 따른 수익도 크게 향상되었다.[60] 해외은행으로의 발전을 추동했던 쇼다는 총재로 취임하자마자 이사들에게 조선은행이 은행권 발행을 통해 얻을 수 있는 이익과 손실이 얼마인지를 계산하여 제출하라고 지시한 적이 있었다고 한다.[61] 쇼다는 조선은행의 발권 특권이 수익으로 직결되는 것을 정확히 파악하고 있었고, 중역들에게 이 점을 주지시키려고 했던 것이다.

은행권을 많이 발행하면 할수록 이윤이 증가하는 조선은행에게 가장

57_朝鮮銀行, 『海外銀行一班』, 1915, 327쪽.

58_朝鮮銀行, 『海外銀行現勢』, 1936, 9쪽.

59_필자는 조선은행의 정체성을 해외은행으로 규정하였는데, 여기서 해외란 일본을 제외한 모든 지역을 지칭하는 것이다. 즉 조선은행의 입장에서는 조선, 만주, 중국 등에서의 활동은 모두 일본이 아닌 지역에서 행해진다는 점에서 해외은행이라고 볼 수 있다. 또한 향후 영업지역을 확장시키고자 했던 조선은행으로서도 일본 이외의 지역을 모두 통칭할 수 있는 해외은행이란 개념이 적절했을 것으로 보인다.

60_본서 4부 1장 1절을 참조할 것.

61_高久敏南, 앞의 책, 45쪽.

좋은 발행방법은 보증준비발행 한도의 확장이다. 보증준비발행은 조선은행으로서는 무이자로서 대출할 수 있는 자금이기 때문에 수익 상 가장 바람직한 방식이다. 쇼다는 1918년 조선은행 보증준비발행 한도 확장의 필요성을 다음과 같이 밝히고 있었다.

> "(보증준비 확장보다는 정화준비의 확장 방식이 좋다는 의견에 대해) 현재의 조선은행은 정부의 대상금, 제일은행 업무의 계승, 만주에 있는 정금은행의 의무 승계에 따른 저리자금의 공급 등에서 적지 않은 희생을 치르는 중이므로 정화준비에 의하여 은행권 증발을 행케 함은 은행의 이익을 감쇄하겠고, 또 금회의 보증준비발행 확장은 은행의 이익을 증진하기 위함이기 보다 차라리 은행 활동력의 증가를 계기計企함에서 출出하고(…)"[62]

즉 조선은행 입장에서는 수익 상 보증준비한도 확장이 바람직하다는 것인데, 이 확장이 단지 은행의 이익만을 고려한 것이 아니라 만주 등지에서의 조선은행권 유통 확대에 기여할 것이라는 것이다. 보증준비의 확장이 곧바로 은행의 수익 향상과 직결되기 때문에 이에 대한 반대 의견이 제기될 수 있었고, 쇼다는 이를 차단하고자 한 것임을 알 수 있다. 이 한도 확장에 대해 조선은행 중역은 "조선은행의 이익은 막대히 증가"할 것이라고 기대하고 있었다. 왜냐하면 이 확장으로 인해 당시 제한외발행으로 발행된 금액이 모두 보증준비에 포함됨으로써 제한외발행세를 절약할 수 있기 때문이다.[63] 즉 조선은행 보증준비발행 한도 확장은 항상 조선은행의 수익 향상으로 이해되고 있었다.[64] 그러나 보증준비발행은 그 한도가 법령으로

62_「鮮銀法案 論戰」, 『每日申報』 1918. 3. 28.

63_「改正法 實施後의 朝鮮銀行」, 『每日申報』 1918. 4. 11.

정해져 있었고, 한도를 확장할 수 있는 권한은 일본 제국의회가 가지고 있었다. 조선은행 보증준비 한도는 1911년 3천만 원으로 정해진 후 5천만 원(1918년) → 1억 원(1937년) → 1억 6천만 원(1939년)으로 확장되었는데, 특히 5천만 원에서 1억 원으로 확장되는 데는 20년이나 걸렸다. 1918년의 확장은 조선은행권이 만주에서 법화로 공인받았던 시기이고, 1937년은 중일전쟁 때 군용통화로 사용되었기 때문에 확장된 것이다. 즉 보증준비발행 한도 확장은 국책 수행과 직결되지 않는 한 쉽게 이루어질 수 없음을 알 수 있다.[65]

이와 같이 국책에 따른 만주 진출은 조선은행의 발행 특권을 유지시켜 주는 강력한 근거로 작동하고 있었다. 조선은행에게 만주는 조선에서 얻을 수 없는 것을 충족시켜 주는 존재였다. 조선은행의 존재가치를 제고시키기 위해서도 조선이 아니라 만주라는 존재가 필요했을 것이다. 조선은행 개조론에서 드러나듯이 은행권 발행 특권은 언젠가는 박탈되어야 될 것이었고, 조선은행은 존재의 불안정성을 방어해야만 했던 것이다. 즉 만주를 조선은행의 근거지로 삼음으로써 쉽사리 그 특권을 빼앗길 수 없게 되는 것이다.[66] 동시에 조선은행은 만주를 동원하여 그들의 이익을 추구하고자 하였다. 이 점에서 왜 조선은행이 그토록 '조선'이라는 명칭을 던져버

64_1939년 보증준비발행한도의 6천만 원 증가에 대해 "이 결과 조선은행으로서는 정화준비 6천만 원만이 뜨게 되어 무이자 자원資源으로 그만큼 자금적 여유가 발생하게 되었다"고 평가하고 있었다(「保準擴張貧 公債等에 放資? 結果로 「떼플레」豫想」, 『東亞日報』 1939. 4. 12.).

65_조선은행의 보증준비 발행제도가 갖는 의미에 대해서는 본서 2부 1장을 참조할 것.

66_개조론에서도 보이듯이, 일본은행권에 의한 조선은행권 통일에서 항상 걸림돌로 작용하는 것은 만주의 화폐문제이다. 조선은행 측에서는 자신들의 발권 특권을 몰수한다면 만주에 일본은행권을 유통시킬 것인가라는 도저히 수용할 수 없는 반박 논리로 대응하고 있었다. 즉 만주에서 일본의 경제적 · 군사적 권익을 유지시켜주는 존재라는 조선은행의 역할을 무기로 활용하고 있었다. 이상 개조론에 대해서는 본서 4부 2장을 참조할 것.

리고자 했는지 이해할 수 있을 것이다.

그러나 만주가 일본 제국주의의 확실한 영역으로 되자, 조선은행은 만주에서 축출 당하게 된다. 즉 만주국이 성립되고 만주중앙은행이 창설되자, 조선은행은 만주국의 주권을 침해하는 존재로서 배제의 대상으로 전락하게 된 것이다. 이 상황에 대처하는 조선은행의 자세는 또 다른 만주의 발견, 즉 중국 화북지역으로의 진출이었다. 이처럼 조선은행은 조선 밖으로 끊임없이 유전流轉함으로서 그 존재를 인정받을 수 있는 존재였다.

2장

1920년대 조선은행 정리 과정 연구

1917년 조선은행은 숙원 사업이던 만주 진출에 성공하였고, 제1차 세계대전의 호황에 편승하여 1920년에는 창사 이래 최고의 수익을 올려 10%의 배당을 실시하는 등 최고의 전성기를 구가했다.[67] 그러나 조선은행이 호황의 정점을 찍었던 1920년은 전후 반동공황이 시작된 해이기도 하였다. 경기 불황 속에서 기존 대출액의 상당 부분이 고정화되었고, 이를 수습하기 위해 행한 구제융자 역시 대부분이 회수 불가능한 것으로 되어, 은행 경영은 급속히 악화되었다. 짧은 영광 뒤에는 긴 고난의 시간이 기다리고 있었으니 바로 본격적인 정리의 시작이었다. 장밋빛 미래를 열어줄 것이라고 기대되었던 만주 진출은 조선은행에게 정리은행이란 오명만을

67_1920년의 수익(3,557,421원)은 창립 이래 1940년까지 조선은행이 올린 수익 중 최고 액수였다. 대출액 추이를 보면, 개업 이래 완만하게 증가하고 있던 대출액은 1916년을 경계로 급증하였고, 1917년은 전년 대비 2배 이상 증가하였다. 대출액이 가장 많았던 1919년(3억 2,359만 원)을 조선은행이 개업한 1909년(376만 원)과 비교해 보면 약 86배나 증가되었음을 알 수 있다. 그리고 지점의 증설 상황을 보면, 1909년 14개점으로 출발하였던 조선은행 지점은 1919년 최대 41개점까지 확대되어 만10년 만에 3배 가까이 증가하였다. 특히 만주 지점은 설립 당시 1개 지점에서 1919년에는 20개 지점으로 비약적인 증가세를 보이고 있었다. 이에 관해서는 본서 4부 1장 1절을 참조할 것.

남겨 둔 채 실패로 끝이 났다. 1920년대에 조선은행은 일본 정부가 지원해 주는 구제자금에만 기댄 채 간신히 명맥만 유지하고 있었다.

이 장의 목적은 조선은행 정리[68] 자체가 아니라 그 과정을 검토하는 것에 있다. 조선은행 정리는 단순히 불량채권의 내용과 금액, 결손액의 상각 방법과 자금 원조에 국한된 문제만은 아니다.[69] 조선은행이 본격적인 정리로 이행하는 과정에는 단지 결과로만 설명할 수 없는 다양한 사실과 의미가 내포되어 있다. 일제의 대외 금융정책의 실패와 조선은행의 무리한 업무 확장, 그리고 이를 수습하는 과정에서 보여준 당사자들의 행태 등을 통해서 조선은행이 단순히 경기 불황의 여파로 인해 정리를 단행할 수밖에 없었다는 당사자들의 틀에 박힌 변명이 아니라 일제의 정책과 조선은행의 금융활동 속에 이미 파탄의 원인이 내재되어 있었음을 확인할 수 있을 것이다.

본문에서는 1920년대 정리 진행과정을 시계열적으로 구성할 것이다. 최초로 문제를 제기한 대련지역 주주들의 이유 있는 반발, 당사자인 조선은행 측의 대응 및 자체 정리 방식의 문제점, 일본 정부의 단계적 정리 과정에서 드러난 실태 등을 살펴볼 것이다. 정리로 이행하는 과정에는 관계자들의 다양한 이해관계가 복잡하게 얽혀 있었고, 이는 정리의 내용과 방식 및 시기와 밀접하게 연동되어 작동하고 있었다. 정리와 관련된 각 주체들의 인식 및 대응을 통해 조선은행 파탄의 근본적인 원인과 그 대처의 문

68_여기서 정리란 조선은행이 보유한 불량채권을 정리한다는 뜻이다. 당시에는 조선은행 정리로 통용되고 있었기 때문에 본 논문에서도 이 용어를 사용하기로 하겠다.

69_조선은행 정리에 대한 대체적인 내용은 朝鮮銀行史研究會 編, 『朝鮮銀行史』, 東洋經濟新報社, 1987에 상세히 언급되어 있다. 이 책에서는 제3장 1절(247-290쪽)의 대부분을 정리에 할애할 정도로 자세히 서술되어 있는데, 주로 불량채권의 내역 및 그 정리 방식에 집중되어 있다.

제점 등도 검토할 수 있을 것이다. 이 과정을 복원함으로써 조선은행 정리가 가진 특질을 이해할 수 있을 것으로 생각된다. 그리고 이를 통해서 궁극적으로는 조선은행이란 존재에 대한 질문을 던져볼 수 있을 것이다. 존재의 본질은 위기 속에서 보다 선명하게 드러난다. 문제의 원인과 해법을 모색하면서 위기에 대처하는 모습을 통해 그 실체에 가까이 접근할 수 있을 것이다.

Ⅰ. 폭로 : '선만일체화鮮滿一體化'에 따른 일제 대외 금융정책의 실패

조선은행 불량채권 문제가 본격적으로 제기된 것은 1922년 2월 16일 도쿄에서 열린 주주총회 자리에서였다. 주주 나카무라 야스하루中村泰治는 조선은행이 "8,200만 원에 달하는 고정대부"를 안고 있다며 총재 미노베 슌키치美濃部俊吉를 추궁하였다. 이에 미노베 총재는 공개석상에서는 말할 수는 없고 서면으로 대체하겠다고 하면서 주총 현장을 간신히 빠져나갔다고 한다.[70] 주총이 끝나자 조선은행 중역들은 불량채권 문제는 전혀 사실이 아니고, 이는 대련지역 측 주주들의 억측에 불과하다며 적극적으로 해명하고 나섰다. 가노 도쿠사부로嘉納德三郎 부총재는 "은행이 불능에 빠진 사실은 없"다고 반박하였고, 가케이 쇼지掛井生治 이사는 미노베 총재가 회수불능액이 3,500만 원이라고 말했다는 보도에 대해 이는 오보라고 부인하면서, "당행 대출에 대하여 회수불능의 것은 절대로 없"다고 강조하였

70_「鮮銀不當貸附問題, 株主의 追窮이 極甚」, 『東亞日報』 1922. 2. 18.

다. 대련지역 주주들이 총재를 배임 혐의로 고소하겠다고 하자 미노베는 문제가 있을 경우 자신이 책임지겠다고 응수하였다.[71]

이와 같이 주총 현장에서 막대한 액수에 달하는 불량채권의 폭로, 그리고 미노베 총재의 석연치 않은 태도 및 조선은행 중역의 전면 부인 등 이 문제를 둘러싸고는 명확한 사실이 밝혀지지 않은 채 온갖 추론만 난무하고 있었다.[72] 더 나아가 일본은행이 정리자금 3,000만 원을 연 2.5%로 융통할 것이라는 구체적인 내용까지 유포되고 있을 정도였다.[73] 어쨌든 2월의 주총을 통해 조선은행이 상당한 정도의 고정대출을 안고 있을 것이라는 의혹이 세간에 알려지게 되었다. 그렇다면 왜 이 문제를 대련 지역 주주들이 제기하고, 조선은행 측에서도 이를 대련 측 주주들의 조직된 행위로 규정하고 있었을까? 그 배경에는 대련거래소 금건화金建化[74] 문제를 둘러싼 갈등이 내재되어 있었다.

일제는 1913년에 관동도독부[75]의 관영거래소로 대련중요물산취인소大

71_「朝鮮銀行 固定貸附問題 擴大」, 『東亞日報』 1922. 2. 19.; 「鮮銀問題, 固定貸附의 辯明, 掛井鮮銀理事談」, 『東亞日報』 1922. 2. 21.

72_가장 문제시되었던 액수에 대해서도 "소위 고정대부금의 내용을 듣건대 그 액수가 혹은 8천여만 원이라 하며 혹은 3,500만 원이라 하며, 혹은 800여만 원이라" 할 정도로 정확하지 않은 내용들이 떠돌고 있었다(「(社說) 鮮銀의 放漫貸出, 中央銀行의 信用如何」, 『東亞日報』 1922. 2. 28.).

73_「鮮銀 資金融通, 美濃部總裁 辭職乎」, 『東亞日報』 1922. 5. 1.; 「鮮銀 整理問題, 日銀 援助了解」, 『東亞日報』 1922.6.4.; 「鮮銀 整理內容, 日銀 三千萬圓融通」, 『東亞日報』 1922. 7. 3.

74_금건화金建化는 금본위제에 입각한 금표시 화폐 거래를, 은건화銀建化는 은본위제에 입각한 은표시 화폐 거래를 말한다.

75_러일전쟁 후 일본의 조차지가 된 관동주의 통치기구로 1906년에 설립되었다. 책임자인 도독은 육군 대장(중장) 출신으로 군사권과 행정권을 행사하였다. 1919년 관동도독부를 폐지하고 관동청과 관동군으로 분리, 전자는 순연한 행정관청으로 하였다. 관동청의 책임자를 관동장관이라고 하였다.

連重要物産取引所(이하 '대련거래소')를 설립하였다. 대련은 만주 특산물의 수출 중심지로 대련거래소는 설립 당시부터 일본의 화폐제도와 동일한 금건으로 하고자 하였다. 그러나 중국은 은본위제를 강고하게 유지하고 있었고 만주 특산물 거래는 중국 측 상인에게 장악되어 있었기 때문에 기존의 은건銀建 거래 관행에 밀린 채 금건 거래는 성사되지 못하고 있었다. 1917년 12월 조선은행권은 관동주 및 만철부속지의 법화로 되었으나 요코하마정금은행橫濱正金銀行이 발행하는 은권銀券 역시 그대로 존속하고 있었다.[76] 당시 정금은행의 은권은 안정적인 가치를 유지하고 있었기 때문에 만주의 은계통화군 중에서도 특산대두 수출의 기준통화의 지위에 있었다.[77] 사실상 조선은행권은 법화의 지위를 같은 일본계 특수은행인 정금은행 은권에게 양도하고 있었던 것으로 이와 같은 금·은의 양 통화의 병용은 만주를 금본위제로 통일하고자 했던 일본 군부 및 조선은행의 계획과는 어긋나는 것이었다. 따라서 조선은행은 "만주의 거래소는 모두 금본위로 할 방침을 채택할 것"[78]이라고 천명하고 대련거래소의 금건화를 강력하게 주장하고 나섰다.[79]

76_정금은행권은 관동도독부의 거래소나 대련해관 수세收稅에도 그대로 이용되고 있었다(柴田善雅, 『占領地通貨金融政策の展開』, 日本經濟評論社, 1999, 26쪽).

77_金子文夫, 『近代日本における對滿州投資の研究』, 近藤出版社, 1991, 294쪽.

78_「滿洲ニ於ケル特殊銀行機能ノ統一ニ關スル件」(조선은행의 閣議提出資料, 1917. 6. 8.), 朝鮮銀行史研究會 編, 앞의 책, 932쪽.

79_당시 조선은행에서는 오타 사부로大田三郎 이사가 대련에 상주하고 있었는데, 대련지점에서 오타 이사의 비서로 근무하였던 쓰츠미 에이치에 따르면 그는 본점 조사국장 시대부터의 지론인 "만주 각지의 거래소의 건치建値는 금건으로 할 것"이라는 이상을 실현하기 위해 모든 노력을 기울이고 있었다고 한다. 쓰츠미가 비서로 재직하는 동안 취급한 문서의 대부분이 금건 실현에 관련된 것이었다고 한다(堤 永市, 「鮮銀の思い出」, 『朝鮮銀行回顧錄: 前篇「一般思出の記」明治大正の巻 第二集』, 1956, 12-13쪽).

여러 차례 검토에만 그치고 실행이 미루어지고 있었던 금건화 조치[80]는 1921년 4월 갑자기 관동청에서 대련거래소의 매매거래 기준을 1921년 10월 14일 이후의 수도受渡[81]거래부터는 금건으로 할 것을 고시하면서 강행되었다. 그러나 고시가 발표되자 중국 측 상인이 이 조치에 반대하여 거래를 정지시켰기 때문에, 거래소 기능은 마비되었다. 당시 대련경제계는 만철과 항만 관계를 제외하면 그나마 특산물거래와 유방업油房業 정도가 있을 뿐인데 이 시장이 마비됨으로써 큰 타격을 입을 수밖에 없었다.[82] 이에 대련지역 상공업자는 특산물거래 부진의 최대 원인을 금건화 실시로 보고, 은건화 복귀를 청원하였다.[83] 결국 1923년 9월 1일에 관동청고시가 개정되어 대련거래소 매매거래 기준을 12월 1일부터 금은金銀 두 가지로 시행하는 것으로 하여 일단락되었다. 이로써 대련거래소 금건화는 완전한 실패로 끝났다.[84]

80_대련거래소 금건화는 1913년 이래 몇 번이나 관동도독부에 의해서 결정되었으나 실시는 유보된 채 사실상 무기연기로 되어 있던 상태였다(北岡伸一, 『日本陸軍と大陸政策, 1906~1918年』, 東京大學出版會, 1978, 257쪽).

81 대금과 거래물의 상환 인도.

82_대련거래소의 특산대두 선물거래는 1920년의 118천차千車에서 1921년 54천차로 급락하였고 1922년에는 78천차에 그치고 있었다. 다만 1923년 9월 은건 복귀 후에도 거래는 저하경향에 있었는데, 거래가 감퇴된 이유를 전적으로 금건화에 의한 것만으로는 단정할 수 없다. 그러나 이 조치가 강한 타격을 입힌 것은 분명하다고 보아야 할 것이다(朝鮮銀行史研究會 編, 앞의 책, 321쪽). 당시 만주의 일반 상거래는 전후 공황의 영향으로 1920년 지수 100을 기준으로 1921년 57, 1922년 66으로 대폭 후퇴하였는데, 대련거래소 금건화 조치로 인한 중국인 상인의 이탈이 이 후퇴를 가속화시킨 것은 분명한 것으로 보인다(柴田善雅, 앞의 책, 27쪽).

83_1922년 3월에는 대상점을 위시한 60여 명의 연서로 귀족원, 중의원에 은건문제청원서를 제출하고, 또 대거래처 4사를 포함한 특산물 취급상이 1922년 8월 내각에 진정서를 제출하였다. 또 11월 26일에 열린 대련시민대회에서는 조선은행의 활동이 재만주 거류민에 대한 금융적 지원이라는 본래의 임무를 거스르고 있다고 비난하였다.

84_대련거래소 금건화는 일본 측 인사들 사이에서도 실패할 것이라는 견해가 상당수에 달했다.

조선은행은 대련거래소 금건화를 추진하면서 자행을 옹호할 세력을 지원, 육성하였고, 이에 협력하는 자들에게는 거액의 자금을 융자하는 등 많은 무리수를 두었다.[85] 특히 신용이 좋지 않은 기업들을 대상으로 무리한 대출을 하였는데, 이때의 자금 융자는 상당수가 고정화되어 큰 부담으로 남게 되었다.[86] 대련거래소 금건화 실패는 전후 반동공황의 여파로 부진하였던 조선은행의 영업실적을 더욱 악화시킨 계기가 되었다. 대련 측 주주들이 조선은행 불량채권 실태를 폭로하고, 이에 대한 책임 문제를 제기한 이유는 여기에 있다. 조선은행이 금건화를 강행함으로써 자신들에게 막대한 피해를 입혔을 뿐만 아니라, 전후 공황으로 인해 영업 성적이 부진에 빠진 시점에서 정략적 목적을 위한 대출을 실시함으로써 은행의 자산 내용을 더욱 악화시켰다는 것이다. 대련에 기반을 둔 상공업자로서 또 조선은행 주주로서 상당한 손실을 입었다는 점에서 이들의 공분을 사기에 충분했던 것이다. 대련 측 주주들의 폭로는 일제의 대만주 금융정책의 실패와

가령 봉천 총영사로 있던 아카쓰카 쇼스케赤塚正助는 금건화를 설득하러 온 오타 이사에게 "외국에 거주하고 있으면 외국의 관습을 존중하지 않으면 안 된다. 일본 형편에 좋다라고 사용한다는 것은 무리"라고 시종일관 반대하였다고 한다. 그는 오타를 두고서 마치 "그리스 신화에 있는 미다스처럼 테이블도 의자도 융단도 커텐도 모두 금색으로 보고자 하기 때문에" 문제가 된다면서 웃었다고 한다(堤 永市, 앞의 책, 30쪽).

85_은건파의 중심인 아이오이 요시타로相生由太郎 대련상업회의소 회장의 재선을 막으려 했다든가 만주일일신문, 요동신보 등 2대 유력지를 매수하여 유리한 여론 환경을 조성하려 했다고 한다(北岡伸一, 앞의 책, 258쪽).

86_다음 글은 금건화 반대를 주장하는 대련상공회의소가 일본은행 조회에 회답한 내용이다(1923년 2월 28일자). "일단 금건이 실행되자 동행[조선은행]은 금건 실시에 따른 재계 불황의 사실을 덮거나 혹은 주식 방면과 부동산에 자금을 융통하고, 또 특산물의 큰 거래처가 은건파임에 비추어, 3, 4류의 일본 및 중국 상인에게 융자하여 금건 거래가 왕성한 것처럼 포장하고 (…) 금건 거래를 하는 유방油房공장의 신설을 원조 (…) 작년 말 자기정리의 필요에 닥치자 (…) 오로지 상인을 향해서 급격한 회수를 행하는 등, 만주 재계는 건치建値문제로 인해 수차례 교란되었다"(朝鮮銀行史研究會 編, 앞의 책, 326쪽).

그 대리자인 조선은행의 정략적이고 무리한 금융활동으로 인해 교란된 경제적 혼란에서 촉발된 것이었다. 여기에는 엄청난 불량채권을 안고 있는 조선은행이 무슨 수로 만주 금융을 책임질 수 있느냐라는 힐난도 함께 섞여 있었다.

마지막으로 한 가지 흥미로운 점은 대련거래소 금건화의 주역들이 모두 초대 조선총독 데라우치 마사타케寺內正毅의 '선만鮮滿일체화' 정책과 관련이 깊은 인물이라는 것이다.[87] 당시 관동청 장관은 정무총감으로서 데라우치를 보좌한 야마가타 이사부로山縣伊三郎였고, 일본에서 금건 옹호론을 펼친 대표적 인물은 데라우치 내각 당시 쇼다 카즈에勝田主計 대장대신 밑에서 주중국 재무관으로 근무한 고바야시 우시사부로小林丑三郎였다.[88] 반면 1923년 9월, 대련거래소 금건을 중지하여, 혼란을 수습한 자는 일찍이 주중국 공사로서 데라우치의 '선만일체화'에 대해 비판적이었던 이쥬신 히코키치伊集院彦吉이었다. 1910년대 데라우치를 둘러싸고 전개되었던 '선만일체화' 정책의 여진이 1920년대에도 남아 있었던 것이다.[89]

87_선만일체화에 따른 조선은행의 만주 진출에 대해서는 본서 3부 1장을 참조할 것.

88_대련거래소 금건화는 당시 조선은행 이사로 대련에 주재하고 있었던 오타 이사와 코가 렌죠古賀廉造 척식국장관이 만주의 사정에 어두운 신임 야마가타 이사부로山縣伊三郎 관동장관을 설득하여 강행한 것이라고 한다(金子文夫, 앞의 책, 295쪽).

89_北岡伸一, 앞의 책, 258쪽.

II. 미봉 : 비현실적이고 무책임한 조선은행의 독자정리안

조선은행은 1922년 8월 정기주총에서 불량채권 정리안을 발표하였다. 이 정리안은 외부의 도움 없이 자체적인 해결을 기도한 것이었다. 정리 방법으로는 매기별每期別 배당에서 2%를 감축하고, 50만 원 이상의 경비 절약을 통해서 100만 원의 자금을 축적, 5년간에 걸쳐서 고정대출 1,000만 원을 상각한다는 내용이었다.[90] 미노베 총재는 정기주총 보고에서 조선은행의 불량채권이 "세상에 전하는 것과 같이 다액의 것이 아님은 감히 이에 명언明言하는 바"라고 강조하였다. 그러나 미노베 총재의 발언은 조선은행의 신용을 유지하기 위한 방편에 불과한 것으로 실제로는 고정대출의 액수가 커서 정리의 전망은 쉽지 않은 상태였다.[91]

여기서 가장 문제가 되는 것은 조선은행이 추산한 결손액 1천만 원이 과연 정확한 수치인가라는 점이다. 조선은행의 불량채권 문제가 세상에 처음 공개되었을 때 회수 불능 액수가 8,200만 원이라는 설이 있었다. 당시 조선은행 공칭자본금이 8천만 원, 납입자본금이 5천만 원임을 고려하면 이 결손액이 얼마나 큰 액수인지 알 수 있을 것이다. 현재로서는 이 시점에서 조선은행이 자체적으로 조사한 고정대출의 현황은 없다. 다만 약 1년 후인 1923년 6월 말 대장성이 추산한 불량채권 내역을 보면 고정대출은 1억 3,467만 원으로 이중 결손으로 예상되어 회수가 불가능한 액수를 9,608만 원으로 사정하고 있었다.[92] 시기적으로 약간 차이가 있지만 이미

90_大藏省 銀行局, 「第三 整理ノ經過」, 『朝鮮銀行ノ整理二關スル件』, 1925. 7. 11. (『昭和財政史資料』 第1號 第99冊 1, JACAR(アジア歷史資料センター) Ref. A08071703700).

91_朝鮮銀行史硏究會 編, 앞의 책, 248쪽.

92_大藏省 銀行局, 「第三 整理ノ經過」.

1922년 현재에도 결손 예상액이 상당액에 달하고 있었음을 짐작할 수 있다. 즉 조선은행 결손액이 8천만 원이 넘을 것이라는 것은 단지 세간의 소문만이 아닌 사실에 가까운 것이었다.

그러나 조선은행은 자체정리안에서 결손 예상액을 단 1천만 원으로 사정하고 있었다. 왜 실제 결손액에 비해 턱없이 적은 금액을 기준으로 정리안을 작성하였을까? 우선 조선은행의 결손액이 다액인 것으로 공표될 경우, 경제적으로 큰 동요가 발생할 것을 우려했을 가능성이 있다. 조선 및 만주에서 중추 금융기관으로서 역할을 해 온 조선은행이 부실화되는 사태는 여타의 금융기관과는 그 성격이 다를 수밖에 없다. 일단은 향후 상황을 낙관적으로 보고 고정대출의 경우 담보물의 처분을 통해서 보전할 수 있을 것으로 판단했을 가능성이 크다. 가령 조선총독부 이재과장인 야나베 에이지부로矢鍋永三郎도 조선은행의 불량채권 규모는 시중에 떠도는 것과 같이 거액이 아니고, 당장은 담보물의 가격 하락으로 회수의 곤란이 있겠지만, 향후 담보물 처분을 통해 손실을 줄일 수 있을 것이라고 언급하였다.[93] 즉 시간은 좀 걸리겠지만 조선은행 고정대출이 해결될 수 있으리라는 신뢰를 심어주는 것이 급선무라고 판단했던 것으로 보인다.

그러나 위 사정을 감안하더라도 조선은행의 자체정리안은 지나치게 낙관적인 것으로 비현실적이고 안일한 대응이었다. 이 정리안을 두고서 "극소한도로 1천만 원이라는 소액의 손실을 계상하여 그 정리책으로 배당을 제한하여서 그 손실을 충당하느니 경비를 절감하여서 상각하느니 혹은 고리의 단기자금 대출을 정지하여서 여기에서 얻을 수 있는 소극적 이익의 차액으로 보전한다는 등 그 강구하는 방법의 전부가 다 불철저하고 소극

93_「鮮銀 整理問題, 總督府 理財課長 矢鍋永三郎氏談」, 『每日申報』 1922. 8. 8.

적이며 고식적이"[94]라고 비난하는 기사에서도 확인할 수 있다. 조선은행에게 실제 정리의 의지가 있는지조차 의심스러울 정도였다.

이는 무엇보다 중역 인사에서 두드러지게 드러난다. 자체 정리에서는 은행 부실화와 관련된 책임자 처벌이 전혀 이루어지지 않고 있었다. 우선 책임을 져야 할 미노베 총재가 사직하지 않은 채 그의 주도로 정리가 행해지고 있었다. 미노베는 1916년 11월 총재에 취임하였는데, 조선은행 불량대부는 사실상 그가 재임하고 있던 시기에 진행되었다는 점에서 당연히 경질될 것으로 예상되었다. 따라서 1921년 11월에 임기 만료를 기회로 교체론이 대두되고 있었으나[95] 예상과는 반대로 중임되었다. 그러나 조선은행의 부실 실태가 세간에 점차 알려지게 되자, 1922년 가을부터 다시 경질설이 끊임없이 흘러나오고 있었다. 조선은행 총재 후임을 두고 조선총독부와 대장성의 교섭이 있었으며 일본 정부에서 후임자를 물색 중이라는 기사가 빈번하게 나오고 있었다.[96] 구체적인 후보자[97]까지 언급되고 있었음에도 불구하고 미노베 총재는 교체되지 않은 채 1924년 2월까지 현직에 있었다.

은행 부실화에 직접 책임을 져야 할 총재가 교체되지 않은 이유에 대해서는 당시 대장대신이었던 이치키 오토히코市来乙彦에 주목할 필요가 있다.

94_「(社說) 朝鮮銀行의 移管問題, 今後 朝鮮經濟界의 影響如何」, 『朝鮮日報』 1923. 12. 11.

95_「鮮銀總裁 辭職說」, 『東亞日報』 1921. 7. 7.; 「鮮銀總裁更迭說」, 『東亞日報』 1921. 10. 5.

96_「美濃部辭任, 近近實行乎」, 『東亞日報』 1922. 10. 25.; 「鮮銀總裁辭職 許可說」, 『東亞日報』 1922.10. 26.

97_후임자로는 당시 부총재인 스즈키 시즈카鈴木穆을 비롯하여 일본은행의 후카이 에이고深井英五 이사, 전前대장차관 카미노 가츠노스케神野勝之助 등이 거론되고 있었는데 특히 스미토모은행住友銀行 상무취체역인 가노 토모노스케加納友之介(농상무성 출신)는 내정설이 나돌 정도로 상당히 진척된 것으로 보였다(「鮮銀總裁後任, 加納 住友常務로 內定」, 『東亞日報』 1922. 11. 25.).

먼저 의회에서 밝힌 조선은행 불량채권에 대한 그의 견해를 들어보자.

> 상당한 호경기의 시대에 (…) 대부분의 은행은 역시 사업을 확장하는 사업가에 대해서 상당한 원조를 주고 있고, 이는 일반의 정세이기에 금일에서 생각하면 비상히 조심성을 잃은 것이라는 것도 틀리지 않으나 그 때는 모두가 호경기의 열熱에 들떠 있었던 시기 (…) 10의 8, 9는 일반적으로 정세에 들떠 있다고 생각 (…) 호경기가 생각지도 않은 중에 갑자기 변전하여 불경기의 시대로 들어갔기 때문에 이전의 사업을 능력 이상 확장한 사업가라는 자는 비상히 궁경窮境에 빠지는 것도 역시 어쩔 수 없는 사정이 있다고 생각됩니다. 그 경우에 많은 은행가도 따라서 경영이 어느 정도 곤란에 빠지게 되는 것도 어쩔 수 없는 일이라고 생각됩니다.[98]

조선은행의 불량채권 문제는 전시 호황이라는 특수한 상황 속에서는 충분히 일어날 수 있는 일이라는 것이다. 그러나 호황이 언제나 지속되지 않는다는 상식이 있다면, 더구나 전쟁으로 인해 일어난 경기는 전후 반동 공황으로 이어질 개연성이 매우 높다는 것을 감안한다면 위와 같은 인식은 사실상 이해가 되지 않는다. 이치키는 계속해서 "어쩔 수 없었다"라는 상황 논리 속에서 이 문제를 회피하고자 하는 인상을 강하게 주고 있었다.

이치키의 태도는 당시 조선은행에게 가해진 일반의 비난여론에 비하면 지나치게 관대한 것이었다. 당시 조선총독부 내에서도 미노베를 경질해야 한다는 견해가 매우 강했다고 한다. 사이토 마코토斎藤実 조선총독은 조선은행 총재를 경질하고 싶다는 의향을 당시 대장상에게 전달하였고, 총재 후보로는 스미토모은행住友銀行 이사인 가노 토모노스케加納友之介를 염두에

98_1923년 2월 3일 제46회 帝國議會衆議院 豫算委員第三分科(大藏省所管)會議錄(速記) 제1회

두고 있었다고 한다. 그러나 이치키 대장대신의 반대로 무산되자 정무총감인 아리요시 주이치有吉忠一는 사직까지 시사할 정도로 강하게 반발하였다고 한다.[99] 이치키의 이런 태도에는 그의 개인적 문제를 비롯해 여러 사정이 있었던 것으로 이해되고 있었다.[100]

책임 문제와 관련하여 또 하나 주목해야 할 인물은 오타 사부로大田三郎 이사이다. 오타는 일본 내 은행을 거친 뒤 1906년 제일은행에 입행한 후 주로 만주 지역에서 근무하였는데, 그는 행내에서 만주 지역 영업 확대를 가장 적극적으로 추진한 인물로 평가되고 있었다. 대련지점장으로 재임 중인 1917년에 이사에 취임한 후 그가 가장 역점을 기울였던 것은 앞에서 본 대련거래소 금건화 문제였다. 당시 재만주 일본 경제인들은 대부분이

99_李炯植, 『朝鮮總督府官僚の統治構想』, 吉川弘文館, 2013, 141-143쪽. 당시 조선총독부 정무총감 아리요시가 사이토 총독에게 보낸 편지가 소개되어 있어 저간의 사정을 이해할 수 있다. 1922년 말 조선은행 총재 취임을 제안 받은 가노는 아리요시와는 대학동기인데, 취임 전제조건으로 대장성의 지원이 없으면 불가하다는 입장을 전달하였다고 한다.

100_당시 조선총독부 서무부장인 모리야 사카오守屋榮夫는 1923년 1월 10일자로 사이토 총독에게 보낸 편지에서 이치키가 미노베 경질에 소극적인 이유를 다음과 같이 정리하였다. 첫째, 특수은행을 개조하게 되면 혼란을 야기할 우려가 있기 때문에 그 시기가 아니라는 재계의 강한 반대가 있었다. 둘째 이치키가 민간인의 신분에 있을 때 러 · 일 무역에 관여한 적이 있고, 차관 재직 시절에 니시하라차관西原借款을 제공하였기 때문에 조선은행의 정리를 실행하면 이면의 사정이 일반에 폭로되어 의회에서 문제가 될 가능성이 있었다. 셋째 여당이었던 정우회에는 미노베의 유임을 희망하는 자들이 있었다(李炯植, 앞의 책, 142쪽). 일본에서는 1922년 6월 가토 토모사부로加藤友三郎 내각(~1923년 9월)이 성립하였는데, 이 내각의 대장대신인 이치키 오토히코市來乙彦(1922. 6. 12.~1923. 9. 2. 대장대신, 1923. 9. 5.~1927. 5. 10. 일본은행 총재)와 조선은행 총재 미노베는 밀접한 관계였다고 한다. 당시 신문에서는 가토 내각이 들어선 후, 이 내각과 밀접한 관계를 가진 미노베의 지위가 견고해질 것으로 보아 유임될 것으로 전망하고 있을 정도였다. 즉 "미노베美濃部총재는 이치키市來장상 및 아라이荒井농상과 지극히 친밀한 관계가 있으므로 신내각이 성립된 이후로 그 지위는 견고하게 되었다"는 것이다(「鮮銀整理 其後, 海外信用失墜, 移管問題如何」, 『東亞日報』 1922. 7. 17.). 이 시기 정리와 인사 문제에 대해서는 본서 1부 2장 1절 2항을 참조할 것.

은건화를 주장하였고, 이를 뒷받침했던 금융기관이 요코하마정금은행이었는데, 오타는 이를 적극적으로 반박하면서 조선은행권을 중심으로 한 거래를 확립하려고 모든 노력을 다 기울였다고 한다.[101] 그러나 이 시도는 결국 실패로 끝나고 조선은행에게 막대한 피해를 안겨주었다. 따라서 그에 대한 문책성 인사가 단행될 것으로 예상되었다. 한편 조선은행 내에서도 정리와 관련하여 은행의 책임을 강하게 제기하고 나선 인물이 있었으니, 가타야마 시게오片山繁雄 이사[102]였다. 가타야마는 주주 배당의 대폭 감액 등을 주장하면서 철저한 정리를 주장하여 미노베 총재 측과 대립하였다고 한다. 이 문제를 자체정리안으로 미봉하려던 수뇌부와의 갈등 속에 1922년 6월의 주총을 앞두고 가타야마는 오타와 함께 사직서를 제출하였다. 그러나 만주에서 방만한 대출을 실시한 주역이자 대련거래소 금건화를 강행하여 비난을 한 몸에 받던 오타의 사직서는 반려됨에 반해, 가타야마의 사직은 수리되었다.[103] 즉 직접 책임이 있는 자는 살아남은 반면, 그

101_津村甚之助, 「朝鮮銀行大連出張所開設の事, 其他」, 『朝鮮銀行回顧錄: 前篇 「一般思出の記」 明治大正の巻 第二集』, 1956, 33쪽.

102_조선은행이 환업무를 강화하기 위해 미쓰이은행三井銀行에서 특별히 영입한 인물로 기존 조선은행 중역진과는 다른 경력을 가지고 있었다. 그는 주로 도쿄 지점에 근무하면서 환업무를 전담한 것으로 보인다.

103_"가타야마片山이사계와 총재에 반대하는 견해를 소지한 자를 경비절약이라는 명칭하에 도태함에 이르렀는데 이와 같이 片山씨 일파의 배당 대감액의 의견은 배척되"었다는 것이다(「鮮銀整理 其後, 海外信用失墜, 移管問題如何」, 『東亞日報』 1922. 7. 17.). 가타야마의 사직에 대해 당시 미노베 총재는 다음과 같이 말하고 있다. "조선은행은 조선에 있는 중앙은행일 뿐만 아니라 해외은행으로 일본인의 발전에 대하여 상당한 원조를 불석不惜하는 터인데 금번 각종의 문제가 야기되여 이 난국을 처치함에는 중역이 일치협력하여 매사에 당할 터인데 지금 가타야마이사가 사직하게 됨은 실로 유감천만이라고 금후 은행의 방침도 경비의 절약을 도圖할 작정이나 은행 자신의 사업 확장에는 진력하겠다 운운"(「鮮銀 片山繁雄, 太田 兩理事退職」, 『東亞日報』 1922. 7. 2.). 즉 가타야마가 총재를 중심으로 한 은행 수뇌부에 협력하지 않았다는 것을 밝히고 있다. 가타야마는 불량채권 문제를 미봉하려 한 총재를 비롯한 중역과는 의

렇지 않은 가타야마가 물러나는 기이한 상황이 연출된 것이다.[104] 이 어이없는 결과가 당시 조선은행 자체정리안의 결정판이라고 해도 과언이 아닐 것이다.

조선은행 자체정리안이 실패로 돌아간 이유는 후술하듯이 외부 사태가 악화된 요인이 크지만, 조선은행의 안일하고도 무책임한 태도에도 역시 상당한 책임을 물어야 한다. 가령 조선은행은 주주 배당에 있어서도 고배당을 주장하여 10%에서 8%로 감배함에 그쳤다. 당시 감독기관인 조선총독부는 6%를 주장하였으나 조선은행의 중역들은 주주 측의 불만을 이유로 8%안을 관철시켰다.[105] 은행의 부실화가 진행되고 있는 상태에서 이처럼 고배당을 주장하는 것 자체가 조선은행 내부에 도덕적 해이가 일어나고 있었음을 잘 보여준다.[106] 이렇듯 조선은행 측은 본격적인 정리를 행하지 않고 부실을 최대한 숨긴 채 미봉책으로 일관하고 있었다. 이는 정리의 책임을 져야 할 당사자들이 자체정리를 주도하고 있던 당시의 상황 속에

견이 달랐음을 알 수 있다.

104_당시 이러한 인사 조치에 대해 "대출의 실패한 오타大田 이사 및 그 관계자를 처분치 아니하고 (…) 한편으로 가타야마片山이사의 개혁안에 대하여는 일고一顧치 아니하고 금일의 궁상窮狀에 함陷케 함에 대하여는 특히 비난이 많은 바"라고 조선은행 측의 거꾸로 된 처사를 비판하고 있었다(「鮮銀 重役非難, 不營貸出問題로 總會後 辭職乎」, 『東亞日報』 1922. 7. 6.).

105_조선은행 배당을 둘러싸고 "동행으로서는 차제에 감배減配할 필요가 없으며 동행 중역은 주주의 이익을 옹호하고 또 조선은행의 처지로서 1할 배당을 주장하는 터이나 감독 관청인 총독부에서 미즈노水野 전 총감 등의 의향으로 차제 체대滯貸를 손실부에 계상하여 철저적으로 정리케 하고자 하여 감배를 주장하"여 조선은행과 조선총독부의 의견이 달랐다고 한다(「鮮銀 今期配當, 一・二分 減配乎」, 『東亞日報』 1922. 7. 6.).

106_고배당의 혜택은 주주에게 돌아간다는 점을 고려하면 이는 부적절한 표현으로 볼 수도 있다. 그런데 배당률은 영업 실적을 대외에 공표하는 의미를 지니는데 조선은행은 대외적으로 부실의 실태를 감추기 위해서 고배당을 주장한 것으로 보인다. 자체 정리를 진행하고 있음에도 불구하고 고배당을 유지하고자 했던 것은 은행 부실을 호도하려고 한 술책이었고, 그런 의미에서 도덕적 해이라고 표현한 것이다.

서는 이미 예견된 것이었다. 불량채권의 직접 책임자들이 버티면서 사실상 은행 부실을 심화시켜 가고 있었다. 그들의 안일하고 무책임한 행위 속에는 자신들의 책임을 회피하려는 의도가 명백하게 자리 잡고 있었던 것이다.[107]

III. 정리 : 일본 정부 주도의 정리 및 구제금융 실시

조선은행 자체정리안이 수립되었지만 경기는 호전되지 않은 채 불황은 심화되었고, 만주에서는 교육은행教育銀行의 파탄 등으로 금융계가 혼돈에 빠지는 등 주변 여건은 더욱 악화되고 있었다. 게다가 1923년 9월 관동대지진이 발생함으로써 불황의 골은 더욱더 깊어져만 갔다. 당연히 조선은행의 자산 내용은 더욱 불량하게 되었고, 향후 경기 호전을 예상하고서 설계된 자체정리안은 아예 쓸모가 없게 되었다. 일본 정부에게 구제자금을 요청하는 것 외에는 다른 방법이 없었다.

1924년 2월 1일에 신총재로 대장성 출신인 노나카 기요시野中清가 임명되자, 총재 명의로 대장대신에게 예금부자금 5천만 엔(연리 5%, 기한 10년)

107_조선은행원들 사이에서는 부실화의 주역인 오타가 매우 호의적으로 평가받고 있었다. 가령 한 행원은 오타의 만주 금건화 운동은 "지금에서는 일장의 꿈으로 되었"다 할지라도 매우 열성적으로 이에 임하였던 오타가 아니었다면 "가능하지 않았던 일"로 "누가 뭐라고 해도 조선은행사에는 빠트릴 수 없는 대사업이었다."고 회고하였다(高橋武夫, 앞의 책(1956), 10쪽). 여기서 조선은행이 해외 진출이라는 명목으로 사실상 일제의 대륙 침략을 적극 수행했던 사실에 대해 해당 구성원이 어떻게 평가하고 있는지를 확인할 수 있다. 당시 외부에서는 엄청난 비난을 받았던 행위들이 내부에서는 조선은행의 기개를 보여준 매우 의미가 있었던 사업으로 평가되고 있었던 것이다.

과 일본은행 총재 쪽에 1,500만 엔(조건 동일)의 업무개선 자금을 요청하였다.[108] 1924년 2월 12일자로 요청한 이 문서에서 조선은행은 전후 반동공황 및 관동대지진으로 인해 영업 성적이 부진해 짐에 따라 정부 원조가 필요하게 되었다고 이유를 설명하고 있다. 대장성은 조선은행으로부터 받은 관계 서류를 바탕으로 1923년 6월 말 기준 불량채권 2억 2,710만 원 중 고정대출은 1억 3,467만 원, 그 중 결손 예상액은 9,608만 원으로 결론을 내렸다. 결손예상액 중 5,192만 원은 대거래처 대출선으로 향후 "시세의 변천이나 재계의 추이 여하에 따라서는 혹은 다소의 부활을 예상할 수 있"다고 판단하여 유보하고, 최종 결손액을 4,417만 원으로 사정하였다.[109] 정리실행 방법으로는 일본 정부로부터 5천만 엔, 일본은행으로부터 1,500만 엔을 연리 5%로 융자를 받고, 조선은행 매기每期 담보처분액 50만 원을 더해서 연리 9%로 10년간 운용하면, 그 이익금 축적액이 4,684만 원으로 되어 결손액을 보전할 수 있다는 계획이었다.[110]

이 계획에 맞춰 조선은행은 우선 1924년 2월 정기주주총회에서 배당률을 2% 감축하여 6%의 배당을 실시하였다. 또한 조선은행의 직제 및 서무규정이 개정되어 5월부터 도쿄에 총재석을 설치하여 총재와 부총재는 도쿄에 상주하고, 도쿄 · 경성 · 대련에 각각의 정리부를 신설하여 고정대출 정리에 담당케 하였다. 또 3명의 이사를 도쿄 · 경성 · 대련에 배치, 영업구역을 3분하여 도쿄에서 일본점 및 만주를 제외한 해외점, 경성에서 조선

108_大藏省 銀行局, 「當行業務改善資金トシテ低利資金御貸下願」(『昭和財政史資料』 第2號 第70冊 13, JACAR(アジア歴史資料センター) Ref. A08071995800).

109_朝鮮銀行缺損調(1923년 上期末 현재)(大藏省 銀行局, 「第三 整理ノ經過」)

110_「朝鮮銀行業務改善案」(『昭和財政史資料』 第2號 第70冊 13, JACAR(アジア歴史資料センター) Ref. A08071995800).

점, 대련에서 만주점의 감독을 담당토록 하였다.[111]

조선은행이 요청한 자금은 1924년 4월, 5월, 6월 세 차례에 걸쳐 대장성 예금부에서, 7월에는 일본은행에서 지급되었다. 그런데 여기에 흥미로운 점을 한 가지 발견할 수 있다. 바로 이 시기 대장대신이 쇼다 카즈에勝田主計(재임 1924. 1. 7.~6. 11.)였다는 점이다. 그는 1910년대 조선은행 만주 진출의 주역이었다.[112] 대장성 예금부 자금은 4월 1일에 1천만 엔, 5월 17일에 1천만 엔, 그리고 6월 11일에 3천만 엔이 지급되었는데, 6월 11일은 쇼다의 임기가 끝나고 신내각이 성립되는 날이었다.[113] 당시 조선은행 감독권의 대장성 완전 이관을 위한 조선은행법 개정안이 1924년 2월 제48의회에 제출될 예정이었으나, 의회가 해산됨으로써 다음 회기로 연기되었다. 대장성 내에서는 법안 개정 후에 조선은행 정리에 착수하자는 의견이 주류였다고 한다. 그러나 대장대신 쇼다의 의지가 워낙 강해서 법안 개정 이전이라도 원조하기로 결정하였다고 한다. 이러한 쇼다의 독단적 운영에 대해서는 모종의 사정이 숨겨져 있다는 의심의 눈초리를 보내고 있을 정

111_朝鮮銀行史研究會 編, 앞의 책, 250-251쪽. 또한 조선은행은 만주에서 은권銀券 발행을 대장성에 요청하였다. 1924년 4월 18일자로 노나카 총재는 대장대신에게 만주에서 정금은행의 은권 발행을 정지시키고, 조선은행이 이를 대신할 수 있게 해달라는 신청서를 제출하였다(朝鮮銀行史研究會 編, 앞의 책, 336-337쪽). 그런데 이 요청은 조선은행이 줄곧 주장해 왔던 금본위제로서 만주를 통일한다는 기본 원칙과는 완전히 배치되는 것이었다. 이는 당시 자체 수익원을 찾기 힘들었던 조선은행이 만주에서 은권 발행을 통해 이를 해결하려고 했던 것이다. 금본위제에 의한 만주화폐제도 통일이 불가능하다는 것을 스스로 자인한 셈이다. 물론 이 요청은 받아들여지지 않았다.

112_쇼다와 조선은행 만주 진출에 관해서는 본서 3부 1장 2절을 참조할 것.

113_쇼다가 대장대신으로 있었던 기요우라 게이고清浦奎吾 내각(1924. 1. 7.~1924. 6. 11.)은 6월 7일자로 총리의 사표가 제출되었다. 후임 내각인 가토 다카아키加藤高明 내각(1924. 6. 11.~1925. 8. 2.)이 성립한 날짜가 6월 11일이다. 가토 내각의 대장대신은 하마구치 오사치浜口雄幸였다.

도였다.[114]

이 자금 지원은 제49회 제국의회에서도 논란이 되었는데, 이타노 토모조板野友造 의원은 신내각이 취임하는 날에 이전 내각의 대장대신이 대출을 결정한 것을 문제 삼았다. 이에 정부위원은 자금이 지급된 날짜가 6월 11일이고, 집행은 몇 일전에 결정된 사항이라고 답변하였다. 특히 마키야마 고조牧山耕藏 의원은 대장성 예금부 자금은 "국민의 예금"임에도 불구하고 마치 대장대신의 "지갑"에서 나가는 것처럼 자의적으로 운영되고 있었던 것은 잘못이라고 지적하였다. 그는 예금부 자금의 경우, 위원회를 설치하여 처리해야 한다고 주장하였다.[115] 결국 쇼다의 이런 행위는 예금부의 방만한 자금 운영과 대장대신의 독단적 운영을 방지하기 위한 대장성 예금부 개혁으로 이어져 1925년 4월자로 종래와 같이 대장대신 전결로 융자 조건을 변경할 수 없도록 개정되었다.[116]

그러나 1924년의 구제융자도 기대했던 효과를 거두지 못하게 되어 1년 만에 다시 새로운 정리계획이 입안되었다. 그 이유에 대해 대장성은 경제계 일반의 불황은 더욱 악화되어 불량채권은 증가되고, 또 이자 수입이나 고정대출 담보의 처분 등도 기대했던 대로 되지 않아 이대로 두게 되면 조선은행은 그 "존립 기초가 위태로울"뿐 아니라 경제계에 "어두운 그늘"이 되어 오히려 경기 회복에 지장을 초래하기 때문에 "철저적 정리"를 단행하

114_당시 조선에 새로 부임한 시모오카 쥬지下岡忠治 정무총감은 "특히 내각이 장도將倒하려는 그 순간에 대출된 3천만 원의 자금은 어디에 사용되었는지 단순히 과거의 미봉에 사용됨에 불과함이 아닌가"라고 문제를 제기하였다(「朝銀及東拓에 대하여」, 『朝鮮日報』 1924. 7. 21.).

115_1924년 7월 10일 第49回帝國議會 衆議院 朝鮮銀行法中改正法律案(政府提出)委員會議錄 제1회.

116_예금부 개조에 관해서는 大藏省昭和財政史編纂室編, 『昭和財政史 XII- 大藏省預金部・政府出資』, 東洋經濟新報社, 1962, 3-13쪽 참조.

게 되었다고 설명하고 있다.[117] 이미 1925년 초부터 조선은행 거래처를 둘러싸고 각종 문제가 대두되면서 1924년 원조에 의한 정리가 불투명하다는 논의가 각지에서 제기되고 있는 실정이었다.[118] 일본 정부는 새로운 정리안을 실행하기 앞서 1925년 7월 노나카 총재 및 스즈키 시즈카鈴木穆 부총재를 경질하고, 요코하마정금은행 출신의 스즈키 시마요시鈴木嶋吉를 총재에 취임시켰다. 만주 진출을 비롯하여 일제의 대외 금융정책에 있어 사사건건 대립한 양 은행의 역사를 돌이켜 볼 때, 총재 자리에 정금은행 출신이 기용된 것은 조선은행에게는 충격적이고 굴욕적인 사건이었다. 이 인사는 조선은행에 대한 일본 정부의 불신감과 함께 철저한 정리를 단행하기 위해 외부 인사를 내세워 내부를 단속하려고 한 사전 포석의 성격이 강하다고 볼 수 있다.[119]

1925년 정리에 있어 핵심은 감자減資와 무배당이었다. 특히 감자는 그것이 미치는 파장이 매우 크기 때문에 조선은행 측에서도 쉽게 수용할 수 있는 것은 아니었다. 감자를 반대하는 측은 그 이유로 크게 두 가지를 들고 있었는데 첫째는 특수은행인 조선은행이 감자하게 되면 대내외적으로 신용이 실추될 것이라는 점이다.[120] 만약 감자를 하게 되면 향후 사업 경

117_大藏省 銀行局, 「第三 整理ノ經過」.

118_당시 일본의 고전상회高田商會 파산이 도화선이 되어 조선은행 불량채권 실태에 대한 각종 의혹이 제기되었고, 신용도도 추락하고 있는 상태였다(「鮮銀 信用失墜와 改善說」, 『東亞日報』 1925. 3. 1.).

119_취임한 지 1년이 조금 넘은 노나카 총재를 전격 경질한 것은 주주에게 정부의 강력한 의지를 표명하기 위한 것이기도 하였다. 일본 정부가 "총재 경질을 단행하여 먼저 주주총회를 억압하고 만반을 배제하여 그 소정계획을 단행"하려는 의도라는 것이다(「鮮銀 新整理案 決定」, 『東亞日報』 1925. 7. 22.). 다른 기사에서는 당시 조선은행이 정부에 제출한 정리안을 둘러싸고 당국과 의견 차이가 있었고, 당국이 현 중역진으로는 정리를 할 수 없다고 판단하여 경질을 단행한 것이라고 보고 있었다(「鮮銀總裁 更迭은 如何한 理由」, 『朝鮮日報』 1925. 7. 19.).

영이 곤란해져 조선은행의 영업 내용이 더 악화됨으로써 결국 부실의 정도가 더 심화될 것이라는 것이다.[121] 앞으로 조선은행의 수익이 증가되면 고정대출을 정리할 수 있기 때문에 구태여 감자를 단행할 필요가 없다는 것이다.[122] 둘째는 조선은행의 부실은 감독을 게을리 한 정부 당국에게도 책임이 있는데, 이 손실을 주주에게만 전가하는 것은 부당하다는 것이다.[123] 주주 측으로서는 정·부총재를 모두 정부에서 임명하고, 감리관까지 파견했음에도 불구하고 손실이 발생한 것에 대해서 주주만 책임지라는 것은 억울하다는 것이다.[124] 이와 같이 대주주를 중심으로 한 조선은행 측은 감자라는 최악의 사태를 피하려고 하였으나,[125] 정부로서는 사실상 감

120_「鮮銀整理는 減資斷行이 必要, 同行 當局者는 熟考할 秩」, 『每日申報』 1925. 3. 11.

121_「鮮銀 根本的整理, 減資 無配當은 不當」, 『東亞日報』 1925. 6. 3.

122_「鮮銀整理는 一分減配, 減資는 實現되지 아니할 듯」, 『東亞日報』 1925. 6. 12.

123_조선은행 대주주 측에서는 "정부가 창립 당초 최저 6분 배당의 보증을 성명하였으나 정부의 실태失態가 선은을 이런 고경苦境에 빠지게 하고 그 책임을 주주에게 전가함은 전연 주주를 무시한다는 비난까지 있"다고 하면서 억울함을 호소하고 있었다(「鮮銀 整理案 決定, 從來要求는 否認」, 『東亞日報』 1925. 7. 29.).

124_「隱忍을 切望, 鈴木 鮮銀總裁談」, 『時代日報』 1925. 8. 9.

125_당시 언론에서는 조선은행 정리안과 관련된 기사가 빈번히 등장하고 있었는데, 대장성이 신 정리안을 입안하기 시작한 3월경에는 감자안이 언급되다가, 이후에는 대체로 완전한 무배당이 아닌 감배를 예측하면서 감자는 실행되지 않을 것이라는 낙관적인 관측이 나오고 있었다. 가령 7월 말에 발표된 기사에서도 대장성에서 배당의 경우 2% 인하한 4%로 하고, 감자는 아예 실시하지 않키로 결정했다는 내용이 실려 있다(「鮮銀 最後整理案, 大藏省에서 決定」, 『每日申報』 1925.7.25.). 물론 이는 명백한 오보로 정기주총이 열리는 8월 달로 들어서자 감자 및 무배당이 정리안의 핵심 내용임은 부정할 수 없는 사실로 인식되고 있었다. 감자와 무배당에 대한 대장성의 강력한 입장에도 불구하고 이를 부인하는 내용이 유포되는 과정은 조선 내에서 조선은행 정리 방식이 어떻게 받아들여지고 있는지를 잘 보여주고 있다. 애초 명확히 수립된 대장성의 정리안이 조선 내 언론을 통해서 오락가락하게 된 것은 주주를 위시한 조선은행 측의 기대가 반영되어 전달되는 과정에 다름 아니었다고 볼 수 있다. 즉 이들은 감자와 무배당이 아닌 감배 정도에 그치는 것을 희망하였던 것이고, 이것이 여러 경로를 통해서 언론에 유포되고 있었던 것이다. 또한 그 과정에서 조선은행 부실화의 책임을 정부도 일부 져야

자 이외에는 다른 방법이 없음을 강하게 주장하였고, 이것이 관철되었다.[126] 그 결과 1925년 8월 주주총회에서는 자본금의 50% 감자減資(공칭자본금 8,000만 원 → 4,000만 원 / 납입자본금 5,000만 원 → 2,500만 원), 적립금 1,071만 원의 소각을 결정하여 모두 결손액 상각에 사용하였다. 또한 결산에서 배당은 0%로 하는 등 조선은행은 말 그대로 철저한 정리를 당하게 되었다. 다음으로 대장성은 조선은행 지원 자금의 이율을 기존 5%에서 2%로 낮추고, 상환 기한도 1940년까지 연장하여 이자 및 상환 부담을 경감하는 조치를 취했다. 또 일본은행에서 신규정리자금 500만 엔(연 2%)을 추가로 지원해 주었다.[127]

이상과 같이 1925년의 정리안은 그 주체가 일본 정부라는 점에서 1924년 정리안과 동일하지만 그 내용에 있어서는 현격한 차이가 있다. 1924년의 경우 조선은행은 사실상 어떠한 책임도 지지 않은 채 정부로부터 자금원조만을 받았던 것에 반해, 1925년 정리에서는 감자 및 무배당을 단행하여 조선은행의 책임을 강하게 요구하고 있었다.[128] 1925년의 철저한 정리로 인해 조선은행 주식은 반토막이 났고, 6% 배당률 고수가 깨어진 채 무

한다고 강조함으로써, 감자라는 최악의 사태를 어떻게든 모면하려고 했던 것으로 보인다.

126_조선은행 측의 희생론에 대해 일본 정부는 주주 측만 희생하는 것이 아니라 자신들도 상당한 손해를 감수하고 있다고 역설하였다. 그 내용은 첫째 정부 지원 자금의 이율 인하, 둘째 은행권 발행세의 인하, 셋째 일본은행에서의 신자금 융통 등을 들면서 "국가가 다대한 희생"을 치르면서 조선은행에게 자금 지원을 하고 있음을 강조하고 있었다(「朝鮮銀行, 減資난 株主無苦痛」, 『每日申報』 1925. 8. 4.).

127_朝鮮銀行史研究會 編, 앞의 책, 266쪽.

128_1925년의 철저한 정리가 단행된 후 조선은행 중역진의 구성을 보면, 조선은행 출신들이 거의 배제되어 있음을 알 수 있다. 이는 인사를 통해 조선은행에게 불량채권의 책임을 직접 묻겠다는 것을 분명하게 보여주고 있었던 것이다. 정리기의 문책성 중역 인사에 대해서는 본서 1부 2장 1절 2항을 참조할 것.

배당을 감수해야 했고, 또한 창업 이래 최대 경쟁자였던 요코하마정금은행 출신을 총재로 맞이하는 치욕까지 감수해야만 했다.

그런데 1925년의 정리안이 실시되기 전, 대장성은 1925년 3월에 「조선은행법 폐지법률안」을 준비하고 있었다. 이 안에 따르면 1911년에 제정된 「조선은행법」은 폐지하고 조선은행권은 5년의 유예기간을 설정하여 일본은행권으로 교환하도록 되어 있다. 상호도 '동아은행東亞銀行'으로 고치고 본점을 도쿄에 두는 등 순연한 일반은행으로 개조한다는 것이다. 이 안은 발행권 박탈에 관한 보상이 전혀 제시되어 있지 않다는 점에서 보면 조선은행에게는 매우 가혹한 방법이었다.[129] 위 조선은행의 일반은행화는 철저한 정리 실시로 실현되지는 못했지만, 당시 대장성 내에서도 다양한 해결방법을 모색하고 있었음을 알 수 있다. 위 폐지안과 비교해보면 1925년의 정리는 오히려 조선은행에게는 훨씬 유리한 것이었다고도 볼 수 있다.

그러나 철저한 정리의 단행에도 불구하고 장기적인 불황 속에 거래선의 업적은 향상되지 못하여 불량채권의 회수는 좀처럼 진전되지 않고 있었다. 이에 1927년과 28년에 걸쳐 '일본은행보상법특별융통'[130]의 명목으

129_이 개조안에 대해서는 본서 4부 2장 1절 1항을 참조할 것.

130_1927년 1월 일본 내각은 '지진어음'의 최종 정리를 위한 법안을 의회에 제출하였다. '지진어음'이란 1923년 9월 관동대지진으로 인한 경제계 피해 대책의 일환으로 지진과 관련된 기업체의 어음을 일본은행에서 재할인한 것을 말한다. 그런데 '지진어음'의 거액 채무자들은 지진피해자라기보다는 제1차 세계대전 이후 투기적 경영으로 실패한 기업들이 대부분이었고 대만은행이나 조선은행 등이 이들 기업의 채권자였다. '지진어음'의 만기일이 다가오고 있었으나 다수의 채무자는 지불 불능상태에 빠질 가능성이 컸기 때문에, 금융시장의 불안 요인으로 되고 있었다. 당시 거액의 불량채권 문제는 재계의 암으로 불릴 정도로 큰 문제였다. 이에 내각은 어음 보유은행에게 공채를 교부하는 방식으로 채권을 정부가 인수하는 법안을 의회에 제출하였다(三和良一, 『概說 日本經濟史-近現代』, 東京大學出版會, 1993, 112쪽). 그런데 의회에서 '지진어음' 소유 은행의 실상이 문제시되었고, 이 과정에서 쇼와금융공황이 발생하게 되었다. 이 금융공황을 수습하기 위해 일본은행에서 긴급자금을 투여하였는데, 이를 '일본은행

로 총 5,800만 엔의 자금지원을 추가로 받음으로써 정부의 구제자금 융자는 일단락되었다. 이로써 조선은행은 대장성 예금부로부터 5,000만 엔, 일본은행에서 7,800만 엔 총 1억 2,800만 엔을 구제자금으로 받았다.[131] 엄밀히 말하면 1924~25년의 지원은 순전히 정리를 위한 자금이고, 1927~28년은 금융공황을 수습하기 위한 형식을 띠고 있으나 사실상 모두 조선은행 정리자금으로 사용되었기에 동일한 성격을 가진다고 보아도 무방하다.

IV. 역설 : 중앙은행에게 구제받는 '중앙은행'

> 조선의 금융은 이미 중앙기관인 조선은행의 방침과 영업 여하에 따라 공진共進·공퇴共退하며 일반의 경제 상태는 그에 따라 흥망성쇠를 같이하게 됨은 다시 말할 필요도 없거니와 (…) 일반은행을 구제할 바 임무를 가진 조선은행이 정부의 은시금恩施金으로 겨우 생명을 계속한다는 것은 너무나도 낯이 두꺼운 자들이

보상법특별융통'이라고 한다.

131_ 〈표〉조선은행 정리자금 지원 내역

연월	명칭	금액(천 엔)	이율(만기일)	지원주체
1924. 4-6	조선은행 업무개선 및 체대滯貸정리자금	50,000	5 → 2%(1940. 6.)	대장성 예금부
1924.7	조선은행 업무개선 및 체대滯貸정리자금(1차)	15,000	5 → 2%(1940. 6.)	일본은행
1925.8	조선은행 업무개선 및 체대滯貸정리자금(2차)	5,000	5 → 2%(1940. 6.)	
1927.5	일본은행특별융통 및 손실보상법(1차)	18,000	5.84 → 3 → 1.25%(1937. 5.)	
1928.5	일본은행특별융통 및 손실보상법(2차)	40,000	1.25%(1937. 5.)	
합계		128,000		

출전: 朝鮮銀行史硏究會 編,『朝鮮銀行史』, 東洋經濟新報社, 1987, 256쪽.

며 그럼에도 중앙은행의 명목을 지속한다는 것이 더욱 괴이하다.[132]

위 기사는 1924년 조선은행이 일본 정부로부터 제1차 정리자금을 받은 시점에 작성된 것이다. 식민지 조선에서 유일하게 법화를 발행할 수 있는 조선은행은 조선 내 금융 및 경제 전반에 있어 지배적인 위치에 있는 존재였다. 그런데 조선은행이 일본 정부의 자금 지원에만 기댄 채 간신히 버티고 있으면서 뻔뻔스러운 작태를 보이고 있는데도 불구하고 '중앙은행'이라는 이름을 계속 유지하는 현 사태를 이해할 수 없다고 비난한 것이다.

그런데 위 기사에서 한 가지 눈여겨 볼 점은 조선은행에게 다른 금융기관을 구제해야 할 임무가 있다는 것이다. 이를 최종대부자 기능(lender of last resort)이라고 하는데, 금융위기가 발생하여 경제 전체적으로 유동성이 부족할 때 충분한 유동성을 공급해 줌으로써 위기를 진정시키는 것을 말한다.[133] 가령 영란은행의 경우 영국에서 19세기 중반에 세 차례의 심각한 금융 위기가 발생했을 때, 화폐 발행 등을 통해 적절하게 대처함으로써 최종대부자로서의 기능을 갖추게 되었다.[134]

그러나 조선은행은 서구나 일본의 중앙은행과 달리 독점적 발권력은

132_「朝鮮銀行과 救濟資金」, 『時代日報』 1924. 4. 7.

133_오늘날 최종대부자는 중앙은행을 지칭하는 것으로 발권력을 독점하고 국민경제의 준비금을 관리하는 중앙은행만이 최종적으로 유동성을 공급하는 능력을 가지기 때문이다(鄭雲燦, 『中央銀行論』, 學現社, 1995, 39쪽).

134_금융 위기를 경험하면서 이를 사전에 예방할 필요성이 제기되었고, 그 결과 영란은행은 금융기관에 대한 지도감독, 금리조정 등 중앙은행으로서의 기능을 정립해 나갔다. 그런데 영란은행의 경우, 세 차례(1847 · 1857 · 1866년)의 금융 위기를 수습하면서 중앙은행으로서의 공공적 기능을 발전시켰는데, 이 과정에서 영란은행의 간부들은 상업은행으로서의 사적 이해관계에 집착하여 중앙은행으로서의 자신의 기능을 결코 인정하려 하지 않았고, 오히려 부정하기까지 하였다고 한다(鄭雲燦, 앞의 책, 85쪽).

부여받았으나 상업은행 활동을 허용케 함으로써 사적 영리추구의 가능성을 온존시켰다.[135] 즉 조선은행은 발권은행임과 동시에 민간을 상대로 대출 등의 업무를 할 수 있었기 때문에 일반은행과는 경쟁하는 관계에 있었다. 특히 조선은행은 일본 군부의 대륙 침략이라는 국책을 금융면에서 실현해가는 존재였고, 이는 동시에 조선은행에게 영리를 가져다주는 가장 강력한 기제로 작동하고 있었다.

그런데 조선은행의 국책 수행은 독점이 보장된 것이 아닌 경쟁하는 국책이었다. 만주만 하더라도 요코하마정금은행과 조선은행이 서로 대립·경쟁하고 있었다. 만주 진출 이전에 이미 정금은행이 활동하고 있었으나 조선총독부를 중심으로 한 군부세력은 '선만일체화'라는 기치 하에서 조선은행을 진출시킨 것이었다. 조선과 만주를 화폐금융면에서 통일해야 한다는 군부의 대의명분과 항상적인 정화부족에서 발생하는 발권력의 제약을 타개하기 위한 조선은행의 자구책이 결합된 결과였다. 그러나 이 국책 수행은 기대와는 달리 몇 년도 지나지 않아 조선은행을 거의 파탄지경으로 몰고 가게 된 직접적인 원인이 되었다. 1920년대 조선은행의 정리는 당시 만주에서 안정적으로 활동하던 정금은행과는 크게 비교되고 있었다.[136]

135_이상 중앙은행의 역사적 진화과정과 식민지에서의 변용에 대해서는 본서 서장을 참조할 것.

136_정금은행의 銀券은 1917년 만주에서 강제통용력을 상실한 후에도 안정적으로 유통되고 있었는데, 이는 만주가 전통적인 은본위계 사회였기 때문에 가능한 것이었다. 정금은행권은 대련·장춘의 특산거래소의 대두거래에서 기준통화로 기능하고 있었기 때문에 정금은행은 만주 특산물 거래 금융에서 우위를 차지할 수 있었다. 또 대련해관의 수세가 정금은행권으로 이루어지고 있었기에 무역금융에서도 유리한 지위에 있었다. 정금은행은 은행권의 가치 유지를 중요시 여겨 발행을 엄격히 제한하고 있었다. 그 결과 1920년대 전후 공황 와중에 만주에서 유일하게 이 여파를 피할 수 있었던 은행이 정금은행이었다. 정금은행은 부동산담보 대출의 비중이 20%로 낮고, 어느 정도의 고정대출을 포함하고 있었다 할지라도 단기 유통 신용에 특화한 경영 방침을 취했기 때문에 건전한 성과를 보이고 있었다. 또한 정금은행은 1918

1920년대의 정리의 원인을 조선은행 측은 단순히 경기 불황의 탓으로 돌리고 있었으나 아래 대장성의 진단은 달랐다.

> 조선은행의 대출은 1917년 이후 급격히 증가하여 이익도 역시 이에 따라서 다액을 얻을 수 있었고, 그 기간 상당한 비밀적립도 할 수 있는 상황이었음에도 불구하고 호황기에 온양醞釀하여 방만하고 무경륜한 경영을 하거나 또 외국부를 설치하여 왕성히 외국환에 손을 대고 혹은 채탄採炭, 유방油房 기타 기업에 막대한 자금을 공급하여 장래 필연적으로 다가올 변동에 대처할 방책을 조금도 강구하지 않은 채 시간의 흐름에만 맡기고 (…)[137]

조선은행은 제1차 세계대전으로 인한 호황을 기회로 상당한 성과를 거둘 수 있었는데, 이에 편승하여 방만한 대출을 자행하였고, 제대로 된 준비 없이 외국환 업무 등 새로운 영역에 진출하는 등 많은 문제가 있었다고 지적하고 있다.[138] 전시 특수경기로 인한 거품경제 덕분에 일시적으로 조선은행은 많은 수익을 거둘 수 있었는데, 이 수익 중 일부를 미래의 예측 불

년의 만주 금융 재편성을 통해 동양척식주식회사에게 부동산담보 대출 분야를 양도한 결과, 불량채권의 누적을 피할 수 있었다(朝鮮銀行史研究會 編, 앞의 책, 325 · 328쪽).

137_大藏省 銀行局, 1925.7.11, 「第一 營業ノ概況」, 『朝鮮銀行ノ整理ニ關スル件』(『昭和財政史資料』 第1號 第99冊 1, JACAR(アジア歴史資料センター) Ref. A08071703700).

138_조선은행 제2대 총재인 쇼다는 조선은행이 해외은행으로 발전하기 위한 첫 번째 조건으로 환업무의 강화를 들고 있었다. 당시 조선은행의 외국환 업무는 요코하마정금은행이나 대만은행의 도움을 받지 않으면 처리할 수 없는 상태였고, 환업무를 취급할 수 있는 행원은 1, 2명에 지나지 않았다고 한다. 쇼다는 조선은행이 대은행으로 발전하기 위해서는 반드시 외국환 업무를 취급해야 할 것을 강조하였다(勝田主計, 「鮮銀擴張計劃」(1916. 5.), 山本四郎 編, 『寺內正毅關係文書 首相以前』, 京都女子大學, 1984, 442쪽). 즉 만주 진출 당시 조선은행은 외국환에 대한 전문성이 전혀 없었다는 것을 알 수 있다. 외국환 업무를 위해 1918년에 외부에서 이사로 초빙한 인물이 정리 과정에서 조선은행의 책임을 제기하다가 경질된 가타야마 시게오片山繁雄였다.

가능한 사태에 대비하여 적립해야 했음에도 불구하고 오로지 업무 확장에만 주력하였고, 향후 경제 추이에 주의를 기울이지 않은 채 안이하게 대처했다는 것이다. 1917년 10월 장춘지점장에 취임한 쓰츠미 에이치에 따르면 당시에는 "상인은 누구라도 물건을 사기만 사면 이익이 남았기 때문에 기뻐서 어찌할 바를 모르는 상태"일 정도로 경기가 좋았다고 한다. 따라서 그는 "회수의 어려움이 없다"고 판단하여 적극적으로 대출을 실시하였는데 "특히 대두 담보의 대출은 요구가 있으면 바로 본점에 신청하였다"고 한다.[139]

물론 정리의 책임을 모두 조선은행에게만은 돌릴 수는 없을 것이다. 전후 반동공황과 특히 1923년의 관동대지진이라는 예측할 수 없었던 변수도 고려해야 할 것이다. 그러나 이는 실적 부진을 가속화시킨 것이지, 정리의 직접적인 원인은 아니다. 아래 사설은 이 점을 정확히 꼬집고 있었다.

> (조선은행 대출이) 회수불능 혹은 고정대부가 된 원인으로 논지하면 재계공황에 인한 것이고 그 외에 부정한 관계한 관계가 있어 그러한 것은 아니라 변명하는 모양이나, 그러나 동행이 과연 하등 정실에 구속되는 바 없이 조선 중앙은행인 체면과 책임을 잘 고찰하여 유루遺漏가 없기를 기하였는가 하면 이에 대하여는 누구를 막론하고 바로 긍정을 주기는 어려울지니 대련금건 문제에 대하여 동행이 너무 돌진에 지나친 것은 일반이 이미 인정하는 바이며 만주 방면에 업무 확장을 빙자하여 신중한 주의와 용심을 결한 것은 세간이 공인하는 사실이라. 이 점에 대하여 특히 그 후자에 대하여 오인은 불만이 적지 아니하나니 대개 조선은행은 만주의 발전을 그 본질로 할 것인가 이에 대한 심절한 각오가 있어야 할 것이니 만

139_堤永市, 앞의 책, 22쪽. 당시 본점에서는 각 지점의 대출이 증가하여 자금 조달에 어려움을 겪고 있었기 때문에 승인을 주저하고 있었고, 이에 쓰츠미 에이치는 본인이 직접 본점으로 가서 대두 담보 대출은 전혀 문제가 되지 않는다고 설득하였다고 한다.

일 조선은행이 일一 영리기관으로 보통은행과 별반 성질상 차이가 없다하면 오인은 이점에 대하여 심히 문책코자 하지 아니할 것이라.[140]

위 사설은 조선은행의 불량채권 문제가 폭로되었던 1922년 2월에 작성된 것으로 그 원인을 정확하게 파악하고 있음을 알 수 있다. 즉 만주 진출 이후 영업력을 확장하기 위해 신용이 불량했던 기업들을 대상으로 자금 운용을 하였고, 경기침체가 악화되고 있는 시점[141]에서 대련거래소 금건화[142]를 관철시키기 위해 여러 무리수를 두었던 것은 이미 언론을 통해서도 확인되고 있었다. 또한 위 사설에서는 그 지역이 조선이 아닌 만주라는 점에서 심히 유감을 표시하고 있으며, 조선은행이 마치 일반은행과 다를 바 없이 활동한 사실에 대해서도 비난을 가하고 있었다.[143] 더구나 동일한

140_「(社說) 鮮銀의 放漫貸出, 中央銀行의 信用如何」, 『東亞日報』 1922.2.28.

141_1920년 3월 봉천지점장으로 자리를 옮긴 쓰츠미 에이치는 당시 반동공황의 상황을 다음과 같이 묘사하고 있다. "이 시기는 전쟁 경기도 천정을 치고 급격한 반동이 일어났다. 물가의 하락은 그칠 줄을 모르고 상인이 수중에 지닌 물건은 매매가 전혀 없고, 그 가격은 매입 시세보다 훨씬 떨어지고, 판매 대금은 입금이 되지 않아 원래 자본력이 취약한 상태에서 오직 호경기의 물결에 뛰어들었던 것에 지나지 않은 재만주 일본인 상인은 갑자기 추락하기 시작하였다. 1920년 초두에 100만 엔의 실질자산으로 신용조서에 기재되고 있던 것이 1921년 말에는 부채초과 100만 엔으로 기재되기에 이르렀다(거래선의 신용조서를 잘 살펴보면, 이 양 시점에서의 각 상인의 신용상태는 불가사의하게도 이전 시점의 실질자산액이 이후 시점의 부채초과액과 일치하고 있다는 점에서 놀라운 것이었다). 대출 연체가 날이 지날수록 많아지고 있었다"(堤 永市, 앞의 책(1956), 24쪽). 이와 같은 상황 속에서 대련거래소의 금건화를 강행하였으니, 그 무모함을 능히 짐작하고도 남을 일이다.

142_이를 진두지휘했던 오타 사부로太田三郎 이사는 러일전쟁을 통해 일본인의 피로 획득한 만주를 일본의 경제권과 동일하게 하는 것은 의무라고 주장하였다고 한다(堤 永市, 앞의 책(1956), 30쪽). 이 주장에 경제적 논리가 반영될 여지는 전혀 없었다고 해도 과언이 아니다.

143_1920년대 조선은행 정리를 둘러싸고 조선 내에서는 상당한 비판 여론이 형성되어 있었는데, 핵심은 비非조선(인)적이며 비非중앙은행적이라는 것이다(본서 4부 1장 2절 참조). 만주에서도 조선은행이 '중앙은행'으로서는 부적격이라는 목소리가 높았는데, 그 이유로 다음 네 가지

일본계 특수은행으로서 만주에서 같이 활동하고 있던 요코하마정금은행은 위 불황의 여파에서 비교적 자유로웠던 것도 조선은행이 어떤 문제점을 가지고 있었는지를 잘 보여준다. 대장성의 지적대로 조선은행은 상업금융을 통해 획득할 수 있는 수익만을 고려하여 영업 확대에만 골몰한 채 전혀 미래를 대비하지 않았고, '선만일체화'라는 현실에 조응할 수 없는 정책을 무리하게 관철시키기 위해서 벌인 사업으로 인해 큰 손실을 입게 된 것이었다.[144]

이 점과 더불어 하나 더 살펴볼 것은 통제 주체의 문제이다. 조선은행 감독권은 일반적으로 1924년을 기점으로 조선총독부에서 대장성으로 이관된 것으로 설명하지만, 필자가 밝혔듯이 조선총독의 감독권은 처음부터 매우 제한적이었고, 또 잠정적인 것이었다.[145] 여기서 주목할 점은 후자, 바로 잠정적이라는 것을 정리 과정에서 확인할 수 있다. 조선총독부는 조선은행이 위기에 봉착했을 때 어떤 조치도 취할 수 없었다는 것을 통해 통제주체가 될 수 없음을 단적으로 보여주고 있었다. 조선은행법 제정 당시 예외적인 감독권을 주장했던 조선총독부는 정리 과정에서 무기력하게 이를 다시 환수당하는 모습을 고스란히 보여주고 있었다.

대장성이 감독권을 이관하는 방식 또한 정치적인 압박이 아니라 최종

를 들고 있다. 첫째 중앙은행으로서의 자각 결여(부동산담보 대부, 은행구제에 소극적, 자행본위의 대출 · 회수 등), 둘째 발권신축기능의 불완전성, 셋째 일반은행과의 경쟁, 넷째 만주경제계에 대한 영향력의 결여에 있다(金子文夫, 앞의 책, 293쪽).

144_일제의 금본위제에 입각한 만주 화폐제도 통일이라는 국책을 수행함으로써 조선은행이 큰 손실을 입게 되었다고 본다면 그 일차적인 책임은 일본 정부에 있다고 볼 수 있다. 그러나 다시 강조하지만 조선은행은 이 국책 수행의 단순한 대리자가 아니라 적극적인 주체였다. 궁극적으로 이 국책 수행을 통해서 영리를 추구할 수 있었기 때문이다. 따라서 국책 수행으로 인한 손실에서 조선은행이 자유로울 수 있는 것은 아니다.

145_이 점에 대해서는 본서 1부 1장 1절을 참조할 것.

대부자로서의 기능을 이용하는 것이었다. 당시 조선은행과 마찬가지로 불량채권 문제에 직면해 있던 대만은행은 "대장성의 소관이 된 고로 그 정리 수행에 편리를 주게" 되어 "예금부로부터 융통한 1,500만 원은 거치하기로 하고 새로이 3,500만 원을 대출하기로 되었"음에 반해 조선은행은 그 "소관이 같지 않아 대만은행과 같이 직접 은혜를 받기 불가능하여 정리에도 쉽게 진척치 못하는 경향이 있"다는 것이다. 따라서 대장성은 조선은행이 "자발적으로 이관문제를 제창하여 총독부의 의意를 옮기게 할 터인데 이같이 하면 항구의 현안인 이관문제는 자연히 해결되리"라고 전망하고 있었다.[146] 이와 같이 이관을 주장하는 측은 고정대출을 정리할 수 있는 수단을 매개로 조선총독부를 압박, 투항을 유도하고 있었다. 조선은행 정리라는 시급한 과제는 일본 정부만이 해결할 수 있었기 때문에 감독권 이관은 기정사실화되고 있었다. 정리 과정에서 조선총독부는 사실상 할 수 있는 일이 없었다. 정리 과정은 조선은행을 왜 일본 정부가 통제해야 하는지를 분명하게 보여주고 있었다.

조선은행이 '중앙은행'이라고 한다면 다른 금융기관을 구제해야 할 존재가 그 대상이 된다는 점에서 모순이다. 그렇다면 왜 이런 사태가 벌어졌는가? 이는 조선은행이 독점적인 발권력만을 부여받았을 뿐 공공기관인 중앙은행이 되지 못했기 때문이다. 이는 최종 대부자로서 조선은행을 구제할 수 있었던 일본은행과 비교되는 지점이기도 하다. 조선은행의 독점적 발권력은 중앙은행이 되기 위한 필요조건이지 충분조건은 아니다. 중앙은행은 그가 가진 은행권 발행 특권을 바탕으로 자국 내 금융시장을 통제하고 또 발전을 원조하는 본연의 임무를 가지고 있다는 점에서 조선은

146_「鮮銀移管問題, 自發的 提唱乎」, 『東亞日報』 1923.4.30.

행은 근본적인 결함이 있었던 것이다. 즉 조선은행은 '중앙은행'이란 이름을 붙일 수 있는 존재가 아님을 다시 한 번 확인할 수 있을 것이다.

3장

월경越境하는 화폐, 분열되는 제국

- 만주국폐의 조선 유입 실태를 중심으로 -

일제 대외금융정책의 기본원칙은 각 식민지와 점령지마다 별도의 발권은행을 수립하여 일본은행권이 아닌 각 지역 통화를 발행케 한 점에 있다. 이들 통화는 일본은행권과 등가等價로 연계되어 거대한 엔계円係통화권을 형성하고 있었다.[147] 일본 본토를 중심으로 한 제국의 동심원적 확장은 곧 엔계통화권의 확대 과정과 그 궤를 같이 한다. 또한 일제는 이 확대 과정에서 발생될 수 있는 위험이 일본 본토에 파급되는 것을 저지해야만 했다. 중일전쟁 이후 중국 점령지의 인플레이션이 엔계통화권을 통해 연쇄적으로 전이되고 있을 때, 조선·만주 국경선은 일본을 보호하기 위해 설치된 통화 방어선이었다. 전시기戰時期 조선의 인플레이션은 일본 본토 보호를 위해 조선이 최후 방어선이 됨으로써 심화되었다.[148]

이 장에서는 이러한 실태를 만주국폐滿洲國幣[149]의 조선 유입을 통해 확

147_일반적으로 엔계통화라고 함은 일본은행권을 중심으로 조선은행권, 대만은행권, 만주중앙은행권(만주국폐), 몽강은행권, 중국연합준비은행권, 중국저비은행권 등을 말한다.

148_이에 관한 자세한 내용은 본서 2부 2장 4절을 참조할 것.

149_1932년 만주중앙은행이 발행한 만주중앙은행권은 태환 규정이 없는 불환지폐로 출발하였

인하고자 한다. 만주국폐의 조선 유입에 대해서는 주로 조선은행권 증발 요인을 분석하는 과정에서 연구되어 왔다. 대표적으로 『朝鮮銀行史』를 들 수 있는데, 조선은행 조사 자료를 중심으로 만주국폐의 유입 현상과 이것이 조선 내 인플레이션에 결정적인 영향력을 미쳤음을 증명하였다. 위 연구에서는 주로 조선은행의 환換관계 분석을 통해 만주국폐의 조선 유입 현상을 설명하였다.[150] 반면 야스토미 아유무는 이 문제를 만주국의 시각에서 검토하였는데 조선은행권 증발 원인에는 만주국폐의 유입뿐만 아니라 조선 내 자금 수요도 주된 비중을 차지한다고 반박하였다. 그는 만주국폐 유입이 조선 내 인플레이션에 영향을 주었지만, 그 내용이 과대평가되어 있다는 만주국 측의 입장을 소개하여 조선과 만주국 사이의 서로 다른 견해를 제시하였다.[151] 그런데 야스토미는 분석 시기를 1942년 이후로 한정함으로써 1930년대 후반부터 문제시되고 있던 만주국폐의 유입 실태 및 조선 내 대처 등에 대해서는 전혀 다루지 않고 있다.

기존 연구의 가장 큰 문제는 조선은행과 조선총독부를 동일한 이해관계를 가진 존재로 보고 있는 점이다. 본문에서 확인하겠지만 양측은 만주국폐의 조선 유입에 대해 상반된 인식과 서로 다른 대응 양태를 보이고 있었다. 조선총독부는 초기부터 이를 심각하게 받아들이고 유입을 저지하고

다. 만주국이 발행한 화폐라는 의미에서 당시에는 만주국폐라고 불리었다. 이하 본문에서도 당시 통용되고 있던 만주국폐로 사용하겠다.

150_朝鮮銀行史研究會 編, 『朝鮮銀行史』, 東洋經濟新報社, 1987, 632-638쪽.

151_安富 步, 「滿洲中央銀行と朝鮮銀行-日中戰爭・アジア太平洋戰爭期を中心に-」, 『人文學報』 79, 京都大學 人文科學研究所, 1997, 52-56쪽. 전시기 조선의 인플레이션에 있어 만주국폐 책임론에 대한 조선 측과 만주국의 입장 차이는 상당히 흥미롭기에 검토해볼 여지가 크다고 하겠다. 양자 모두 만주국폐의 조선 유입이 심각하고, 은행권 증발에 상당한 영향을 미쳤다는 점에서는 동일하다. 다만 보다 주된 요인을 어디에서 찾느냐를 두고서는 서로 다른 견해를 제시하고 있었다.

자 한 반면, 조선은행은 그와 반대로 방임하는 태도로 일관하고 있었다.[152] 만주국폐 유입 문제를 두고서 보이는 양측의 균열지점에 주목할 필요가 있다. 물론 양자 모두 일제의 대륙 침략이라는 동일한 목적을 공유하고, 이를 적극적으로 수행한 기관임은 말할 나위도 없다. 다만 조선총독부는 조선이라는 관할지역 내에서 인플레이션을 억제해야 할 책무가 있었던 반면, 조선은행은 조선뿐만 아니라 중국 점령지 전비조달기관으로서 전체 엔계통화권의 유지가 우선시될 수밖에 없었던 것이다. 양자 모두 제국의 분열을 막으려고 했다는 점에서 동일할지라도 대처에서 차이가 나는 그 지점에 주목하고자 한다. 조선은행이 이 문제를 경시했다는 것이 아니라 존재 자체가 가지는 이해관계 속에서 나온 대처라는 점을 고려해야 할 것이다. 양자가 기본적으로는 동일한 속성을 지닐지라도 세부적인 부분에서 차이가 있을 수 있고, 이 균열이 발생할 수 지점에서 만주국폐의 조선 유입이 갖는 함의를 확인해 볼 수 있을 것이다.

본문에서는 양자의 대응을 분리, 조선총독부의 적극적 대처[153]와 조선은행의 방관이라는 구도 속에서 논지를 전개하고자 한다. 무엇보다 만주국폐의 조선 내 유입 실태부터 파악해야 한다. 중일전쟁 이후 식민지 및 점령지의 통화금융정책에 대해서는 전반적으로 연구가 진행되었으나, 이 정책이 정작 조선에 어떤 영향을 미쳤는지에 대해서는 제대로 밝혀지지

152_조선은행이 만주국폐 유입에 대해 1944년이 되어서야 조사를 실시했다는 것도 이 점을 방증한다. 만약 조선은행이 초기부터 이 문제를 심각하게 인식하고 대처하고자 했다면 이보다 더 빠른 시점에 조사가 진행되어야 하는 것이 정상이다.

153_본문에서 확인하겠지만 만주국폐의 조선 유입을 저지하고자 한 주체는 조선총독부였다. 그러나 한 가지 짚어둘 것은 그렇다고 해서 조선총독부의 견해가 수용되는 것은 아니다. 제국 전체의 이해가 우선이기 때문에 조선총독부의 대응이라는 것도 그 틀 내에서만 가능한 것이었다.

않았기 때문이다. 종래 연구가 조선총독부와 조선은행을 동일한 주체로 파악함으로써, 조선 측의 입장이 결여되었다면, 이 글에서는 식민지 조선의 시각에서 일제의 대외 통화금융정책이 어떤 의미를 가지고 있는지를 검토하고자 한다.

Ⅰ. 중일전쟁 이후 인플레이션에 따른 엔계円係통화권의 붕괴

1937년 7월 중일전쟁이 발발하자, 조선은행권은 화북지역에서 유통되고 있던 현실을 감안하여 군용통화로 지정되었다.[154] 이는 잠정적인 조치로써, 이미 개전 이전부터 화북지역의 발권중앙은행을 설립할 구상이 준비되고 있었기 때문에[155] 곧 일제는 중국 점령지마다 발권은행을 세우고 현지에서 은행권을 발행하여 전비를 조달하는 정책으로 전환하였다.[156] 그 일환으로 화북지역에서는 1938년 3월 10일자로 중국연합준비은행(이하 '연은')이 개업하고, 연합준비은행권(이하 '연은권')을 발행하였다.

그런데 당시 중국 경제는 장개석의 국민정부가 발행하는 법폐法幣가 견

154_朝鮮銀行史硏究會 編, 앞의 책, 545쪽.

155_柴田善雅, 『占領地通貨金融政策の展開』, 日本經濟評論社, 1999, 273쪽.

156_중국 점령지역의 주요 엔계통화권을 정리하면 다음과 같다.

	설립일	발행권 소재	가치
몽강은행권蒙疆銀行券	1937. 12. 1.	몽고연합자치정부	엔 등가
중국연합준비은행권 中國聯合準備銀行券	1938. 3. 10.	화북정무위원회	엔 등가
중앙저비은행권 中央儲備銀行券	1941. 1. 6.	국민정부	100원 대 18엔

출전: 日本銀行 調査局 編, 「戰時金融統制の展開」, 1943.4(日本銀行 調査局 編, 『日本金融史資料 27』, 大藏省印刷局, 1970) 459쪽.

고하게 뿌리를 내리고 있었다. 원래 중국은 전통적인 은본위제 국가로서 일제는 조선은행을 중심으로 만주 화폐제도를 금본위제로 통일하려고 수차례 시도하였으나 번번이 실패했을 정도로 강고한 지반을 갖고 있었다. 중국은 1935년 기존 은본위제를 포기하고, 관리통화정책으로 이행하여 국민정부계 은행의 지폐만을 유일한 법폐로 정하고, 모든 조세 납부와 공사 금액의 거래를 법폐로 한다는 「폐제개혁령幣制改革令」(1935. 11. 3.)을 공포하였다.[157]

일제는 중국 점령지마다 수립한 발권은행에서 발행한 엔계통화를 유통시켜 법폐를 축출하고자 하였다. 그러나 중일전쟁 초기부터 일제는 통화전에서 법폐에게 밀리고 있었다. 전쟁 발발 직후에 조선은행권을 군비로 사용할 때부터 이미 가치가 하락하기 시작하였는데,[158] 1938년 2월경에는 법폐 100원에 대해 일본엔 120엔의 시세가 형성되어 있었다.[159] 더구나 일

157_국민정부는 은화 유통을 금지하는 대신 은화와 태환된 중국 내 모든 현은現銀을 중앙에 집중하여 국유화하고, 중앙中央 · 중국中國 · 교통은행交通銀行 세 은행이 발행하는 불환지폐만을 법폐로 인정하였다(1936년 1월 중국농민은행권中國農民銀行券이 추가). 중국이 은본위제를 이탈하여 관리통화제로 이행하게 된 계기는 1935년 9월에 실시된 미국의 은매상 정책 때문이었다. 미국의 은매상 정책으로 인해 은 가격이 상승하여 중국에서 은 유출이 격심해지자 은본위제 유지가 불가능해졌다. 이에 국민정부는 영국에게 도움을 요청하였고, 영국은 리스로스(Leith Ross) 사절단을 파견하였다. 리스로스의 기본 입장은 중국이 은본위제를 포기하고 파운드와 연계된 관리통화제도를 채용해야 한다는 것이었다. 이상은 金正賢, 「中日戰爭期 通貨戰 硏究」, 연세대학교 박사학위논문, 1998, 29-44쪽을 참조.

158_1937년 9월에 법폐 100원에 조선은행권 107원의 시세를 보이고 있었다. 이를 두고 조선은행 당국은 과도기적인 현상으로 보고 조만간 법폐 가치가 하락할 것으로 예측하고 있었다(「平津地方 國幣高 朝鮮銀行側의 觀測」, 『東亞日報』 1937. 9. 15.).

159_1938년 2월 5일 「中國聯合準備銀行條例」가 공포되었는데, 그날 북지나방면군 사령관인 데라우치 히사이치寺內 寿一 대장은 중국 주둔 재무관으로 부임한 오노 류타大野龍太에게 일본엔 120엔이 법폐 100원으로 교환되는 현실을 지적하면서 이를 등가로 해야 한다고 주장하였다. 이에 오노는 이 요구가 무리한 것이라면서 난색을 표하고 있었다(朝鮮銀行史硏究會, 앞의 책,

본군이 점령한 지역은 대부분이 소비지이거나 물산의 집산지였지 생산지가 아니었다. 중국 화북지역 주민들이 엔계통화 사용을 거절함에 따라 일본군은 이를 법폐로 바꾸지 않으면 물자를 조달할 수 없는 형편이었다. 따라서 일본군은 필요한 물자를 구입하기 위해서는 법폐를 이용할 수밖에 없었다. 법폐를 몰아내기 위해 발행된 엔계통화가 법폐에 의존하여 유통되는 모순에 처하게 된 것이다. 그 결과 법폐에 대한 수요가 증가하게 되고, 엔계통화의 가치는 더욱 하락하게 되었다. 엔계통화의 가치 하락이 법폐의 신용을 강화시키고 있는 실정이었다.[160] 당시 조선은행 조사자료에서는 그 원인을 다음과 같이 설명하고 있다.

> 법폐는 종이를 가지고 윤전기에 의해서 만들어낸 지폐에 불과하지만 국민정부의 유일한 화폐라는 점에서 '지폐' 이상의 힘을 가지고 있다. …… 법폐가 '지폐' 이상이라는 것은 그것이 아직 의연히 구매력을 가지고 있기 때문이다. 그것은 법폐에 대한 민중 신인(信認)의 표시다.[161]

법폐는 일본계 통화를 능가하는 구매력을 가졌기 때문에 강한 생명력을 가질 수 있었는데, 이를 뒷받침하는 것은 다름 아닌 법폐에 대한 중국인들의 신뢰라는 것이다. 따라서 법폐는 단순히 국민정부가 발행한 지폐에 불과한 것이 아니라 "국민정부의 전쟁을 지탱할 수 있는 바로미터"이고 "국민정부의 생명선"이 된다. 일본으로서는 이 법폐를 몰아내지 않는다면 중국을 점령할 수 없게 된다는 것을 의미한다.[162]

539쪽).

160_金正賢, 앞의 논문, 56-57쪽

161_朝鮮銀行 調査課, 『法幣を繞る支那經濟の動向』, 1939, 1-2쪽.

162_이와 같이 일본계 통화가 법폐보다 낮게 평가되는 이유 중 하나는 외환 태환성이 없었기 때문

중국 경제에 강고하게 뿌리 내린 법폐를 배제하기 위해서는 일본에서 물자 공급이 강력하게 뒷받침되지 않으면 불가능한 것이었다. 즉 엔계통화의 가치 유지는 일본의 생산력에 달려 있었는데, 일제가 취한 방식은 현지에서의 물자조달이라는 정반대의 방법이었다. 따라서 통화 자체의 구매력이 저하되는 것을 피할 수 없었다. 물자의 보증을 받지 못한 엔계통화 가치를 유지하기 위한 유일한 방법인 유통량의 통제는 이런 상황 속에서는 전혀 실시될 수 없었다. 이와 같이 자체구매력을 갖지 못한 엔계통화에 의한 현지물자 조달은 그 통화가치를 저하시켰고, 그 결과 더욱더 통화남발에 의존할 수밖에 없는 악순환이 되풀이되고 있었다.[163]

엔계통화권은 일본은행권과 등가로 하여 각 엔계통화와 연계되어 있었다. 화북의 경우 대對 화중과의 결제는 연은권과 중앙저비은행권(이하 '저비권')의 직접 결제방식으로, 만주에서 대對 화북은 만주국폐와 연은권이 결제되는 방식으로 이루어지고 있었다.[164] 조선과 만주도 또한 동일한 결제 방식을 취하고 있었다. 즉 엔계통화는 저비권 → 연은권 → 만주국폐 → 조선은행권으로 이어지는 거대한 연쇄고리를 형성하고 있었다. 인접지역 간의

이다. 연은권은 정화 태환이나 외환 매도에 관한 규정이 없기 때문에 외환에 대해 대응할 수 없었다. 그 결과 연은권은 법폐를 통해 간접적으로 외환 업무가 이루어질 수밖에 없었는데, 이는 연은권이 법폐를 필요로 하는 통화이면서 동시에 법폐를 공격해야 하는 모순된 존재임을 의미하는 것이다. 따라서 연은권은 항상 "법폐의 하위에 서"게 될 수밖에 없었다고 한다(金正賢, 앞의 논문, 59쪽). 당시 조선은행은 "법폐는 물질적 기초를 가지고 있는데, 그것은 외화 태환에 다름 아니다. 오히려 법폐의 취약성을 지적하면서도 동시에 금일까지 명맥을 유지한 이유는 법폐로서 외국환을 살 수 있기"(朝鮮銀行 調査課, 앞의 책, 2쪽) 때문이라고 진단하였다.

163_日本銀行 調査局 特別調査室 編, 「滿洲事變以後の財政金融史」, 1948(日本銀行 調査局 編, 『日本金融史資料』 27, 1970), 160쪽.

164_日本銀行, 「大東亞各域間決濟方法一覽」, 1944(日本銀行 調査局 編, 『日本金融史資料』 30, 1971), 361-362쪽.

직접결제 방식은 결국 고물가 지역의 인플레이션이 저물가 지역으로 전가되는 통로가 되고 있었다.[165] 전쟁이 장기화 되자, 점령지별로 통화 가치는 심각히 괴리되고 있었는데, 이를 해결하는 방법은 환換시세의 변동뿐이나 군부 등의 반대로 인해 실행되지는 못했다.[166]

일본이 환시세의 조절을 포기하고 선택할 수 있는 방안은 점령지 · 식민지와 일본 본국의 단절뿐이었다. 전쟁 말기에 작성된 일본은행 조사 자료는 이를 잘 보여주고 있다.

> (인플레이션 문제의 초점은 두 가지로) 첫째 현재 외지에서 진행되고 있는 인플레의 영향을 내지의 인플레에 대해서 어떻게 단절하는가 (…) 둘째 내지와 외지를 총관總觀하여 이 인플레의 진행에 어떤 수단을 취할 것인가 (…) 내지와 외지를 일체로 하여 인플레 대책을 고려하는 것은 결국 일본의 부담을 증가시키는 것이기 때문에, 이것을 부담하는 일본의 실력을 확보하기 위해서 외지 인플레에서 단절을 고려하지 않으면 안 된다.[167]

즉 일본을 살리기 위해서는 본토와 식민지 · 점령지 엔계통화 간의 연계를 끊어버려야 한다는 것이다. 따라서 원래 일본은행권과 등가로 출발한 엔계통화의 원칙은 지켜질 수 없었다. 만약 엔계통화와 일본엔의 등가교환을 자유롭게 두게 되면, 방대한 엔계통화의 증발이 연쇄적으로 파급되어 일본의 인플레이션을 격화시킬 것은 불 보듯 뻔한 일이었기 때문이

165_당시 통화증발 상황과 인플레 수준이 화북에서 제일 높고, 만주, 조선, 일본의 순서였다. 이는 당시 엔계통화권으로 묶여 있던 지역에서의 인플레 파급이 화북→만주→조선→일본으로 이어지고 있음을 보여주는 것이었다(본서 199쪽 〈표 2-14〉 참조).

166_이에 관해서는 본서 198-200쪽을 참조할 것.

167_日本銀行, 「外地インフレと內地インフレとの關係如何」, 1944(日本銀行 調査局 編, 1971, 『日本金融史資料』 30), 360쪽.

다. 그 결과 일본은행권을 중심으로 한 엔계통화권은 붕괴될 수밖에 없었던 것이다.

II. 부분적 통제: 환전에 의한 만주국폐 흡수

만주국폐의 유입 현상에 앞서, 우선 그 발행 경위부터 살펴보자. 1932년 만주국이 수립된 후, 7월 1일자로 만주중앙은행(이하 '만주중은')이 개업하였다. 만주국의 통화제도는 1932년 6월에 제정된 「화폐법」에 규정되어 있는데, 애초에는 은본위제로 출발하였다.[168] 그런데 흥미로운 것은 제1조에서 "화폐의 제조 및 발행의 권權은 정부에 속하고 만주중은으로 하여금 이를 행하게 한다."라고 규정한 점이다. 즉 만주중은이 발행하는 지폐는 엄밀하게 말하면 은행권이 아니라 국가지폐, 즉 국폐國幣가 된다. 만주국폐라고 부르는 이유는 여기에서 연유한 것이다.[169]

조선은행은 만주국에서 은본위 통화지역의 금본위계 통화로서 유통을 허락받고, 종래와 같이 영업을 계속할 수 있었지만 이는 어디까지나 잠정적인 조치였다. 만주국이 금본위제로 이행하게 되면 만주국 내 조선은행

168_만주중앙은행권은 화폐법(1932. 6.) 제2조에서 "순은純銀 양목 23.91g을 가격의 단위로 하고 이를 원圓이라 칭한다"라고 규정하여 은본위제로 출발하였다. 만주국이 23.91g을 기준으로 삼은 것은 중국과 만주 각지에서 유통되고 있던 각종 현대양現代洋(엔은円銀)의 평균 순은 중량이었기 때문이다(朝鮮銀行史研究會 編, 앞의 책, 464쪽).

169_「화폐법」 제9조에서 "만주중앙은행은 지폐발행고에 대해 30% 이상에 상당하는 은괴, 금괴, 확실한 외국통화 또는 외국은행에 대한 금은예금을 보유할 것을 필요로 한다."라는 발행준비 규정을 두었으나 법령 어디에도 태환에 관한 규정이 없었다. 즉 만주국폐는 불환지폐로 출발한 것이다(安富 步, 『「滿洲國」の金融』, 創文社, 1997, 85쪽).

권의 유통은 당연히 정지될 것으로 예상되었다.[170] 1935년 들어 세계적인 은가격 상승과 중국 국민정부의 은본위제 포기로 인해 만주국 또한 기존 화폐제도를 유지할 수 없게 되었다. 이에 만주국폐는 일본엔과 등가연계로 변경하게 되어 제도적으로 금권金券과 등가관계로 되었고 조선은행권은 만주에서 철수하게 되었다.[171]

당시 만주국폐는 조선 · 만주 국경지역을 중심으로 활발하게 유통되고 있었는데, 그 실태를 다음 기사가 잘 보여주고 있다.

> (만주국폐는) 조선 내에 강제통용력을 가지지 않았고 또 이에 대한 아무런 법제나 조약도 없는 중이지만 두 지역 사이에 교통이 빈번해짐에 따라 만주국에서 조선 안으로 들어오는 손은 자연 만주국 지폐를 가진 채 들어오는 일이 많고 특히 북조선인 나진 · 청진 · 나남 등지에는 신의주 · 중강진 등 국경 일대와 같이 만주국 화폐가 여관 기타 일용품시장에 유통하기 시작하여 최근에는 상당한 지역에 달하여 당지 사람들은 사실상 여기에 통용력을 인정하기에 이르렀다. 북조선을 경유해가지고 일본으로 가는 승객이 적어도 1년에 200만 명에 가까우므로 그들이 한 사람 평균 2원씩만 떨어트리고 간다손 치더라도 4백만 원의 만주국 화폐가 넘치게 되어 이것이 점차로 흘러들어서 현재는 경성에까지 만주국 지폐가 흘러다니고 있는 중이다.[172]

170_朝鮮銀行史研究會 編, 앞의 책, 421쪽.

171_1935년 12월 6일에 만주중앙은행은 조선은행과 업무협정을 맺고, 조선은행권을 회수하게 되었다. 계속해서 조선은행은 1936년 12월 14일의 임시주주총회에서 재만주 20개 지점을 신설 만주흥업은행에게 이양할 것을 결의하였다. 같은 날, 일본 측 은행인 정륭正隆 · 만주은행滿洲銀行의 해산과 이것을 계승하는 형태로 만주흥업은행이 설립되어 1937년 1월 1일에 개업하였다. 만주흥업은행은 만주국 중공업 자금 공급을 담당하였다(安富 歩, 앞의 책, 58쪽).

172_「滿洲貨幣가 朝鮮에 汎濫, 國境에는 流通이 一般化, 京城에까지 侵入할 形勢, 惡幣의 潮水로 經濟界 影響至大」, 『東亞日報』 1939. 8. 4.

법적 근거를 갖지 않은 만주국폐가 어떻게 조선에서 통용될 수 있는지 그 이유를 들면 첫째, 조선 · 만주 국경 사이의 활발한 교류에서 기인한다. 육상으로 국경을 접하여 상호 왕래가 활발하기 때문에 이 과정에서 국폐가 유입될 여지가 많다는 것이다. 만주에서 오는 사람들은 대개 만주국폐를 가지고 와서 거래에 사용하는데 이것이 그 유통의 단서가 되고 있었다. 즉 "압록강 철교를 결합한 선만일여鮮滿一如를 문자 그대로 실현하고 있는 2대 국경도시 안동, 신의주"에서는 "만주국폐 1원은 똑같이 조선은행권 1원과 교환"되고 있었기 때문에 "상점, 시장, 노점 상인" 등을 중심으로 활발한 거래가 이루어지고 있었다. 그 결과 신의주부민의 "지갑 속에는 오히려 만주국폐가 많은 날이 있"을 정도였다. 당시 언론에서는 "만주국폐의 유통금지는 도저히 불가능한 것으로 보여진다."고 진단할 정도였다. 만주국폐가 조선에서 유통되는 현실의 이면에는 국경지대를 중심으로 살아가는 주민들의 편리함이 "암묵적으로 침윤한 것"이기 때문에 이를 금지하게 되면 생활의 불편뿐만 아니라 해당지역 "경제계에 혼란을 초래하는 것"으로 이어질 우려가 크다고 할 정도로 깊게 침투해 있었다.[173] 둘째, 만주에서 조선을 경유하여 일본으로 가는 사람들이 사용하는 만주국폐도 상당한 양에 달한다. 정상적이라면 만주국폐를 조선은행권으로 교환해야 하지만, 그렇게 하지 않은 채 조선 내에서 그대로 사용함으로써 이 유통을 더욱 부채질하고 있었던 것이다.

173_「貨幣の日滿一如に崇る鮮銀の後退, 夥しい滿洲國幣の進出を國境經濟界は如何に裁く」, 『京城日報』 1936. 11. 25. 당시 조선상업은행 신의주 지점 지배인에 따르면 "이 유통금지가 엄격하게 되면 안의安義(안동-신의주)의 사람들은 이것은 만주국폐, 이것은 일본 지폐이기에 2개의 지갑이 필요하게 되고, 안동에 갈 때에는 이 지갑, 신의주에서는 이것이라는 모양으로 매우 불리불편不利不便"하게 될 것이기 때문에 "국경의 경제거래 상에서도 원활을 결여하게" 될 것이라고 우려하고 있었다.

그런데 만주국폐의 조선 유입을 두고서 조선총독부와 조선은행 측은 상반된 견해를 보이고 있었다. 우선 조선총독부는 만주국폐의 유입문제가 발생하던 초기부터 이 문제를 심각하게 보고 있었다.

> (조선은행이 만주에서 철수한 후) 총독부의 의향은 외국 지폐가 유통되는 것은 외국위체관리법에도 저촉되고 또 체면상 불량不良하다고 하여 양국 지폐의 혼류를 금지하라는 의향으로 각 금융기관에 대하여 양국 화폐의 태환을 강제하라는 의향인데 이에 대하여 조선은행은 양국 화폐의 혼류는 실제상 지장이 없을 뿐 아니라 금융기관에 강제 태환케 하더라도 환전상이 족출하여 결국에는 환전상의 단속을 행하지 않으면 안 되는 사태를 발생케 될 것이다고 하여 양국 화폐의 자유 유통을 하등 차질 없다고 보므로 이 결말은 미해결문제로 주목된다.[174]

위 기사가 작성된 시점은 1936년 말로 조선은행의 만주 철수가 확정된 때인데, 조선총독부는 만주국폐를 '외국 지폐'라고 분명히 규정하면서 자신들이 통제할 수 없는 화폐가 조선에 유통되는 것은 불가하다는 입장이다. 이는 만주국이 '독립국'이란 이름하에 조선은행권의 만주국 유통을 반대했던 논리와 차이가 없다. 특히 체면상 좋지 못하다는 언급 속에서는 일종의 주권 침해로 받아들이고 있는 듯한 뉘앙스까지 풍겨진다.

반면 조선은행 측은 만주국폐의 조선 유입문제에 대해 "이대로 방치해도 하등 상관없다는 견해를 가지고 있"었다. 이미 1910년대 후반 조선은행이 만주에 진출한 후 법적으로는 "조선은행권의 유통범위는 관동주 및 만철부속지에 한정되었"으나 실제로는 "만주 일원에 걸쳐 상당히 광범위에 유통"되었는데, 이에 대해 당시 중국 정부가 어떤 대책도 세우지 않았던

174_「鮮滿貨幣의 混用, 本府當局은 不可視, 鮮銀側과 見解가 相異」, 『每日申報』 1936. 12. 5.

사실을 들고 있다. 그런데 여기에는 중요한 전제조건이 있다. 조선은행권과 만주국폐가 등가이기 때문에 "문제가 일어나지 않는다."는 것이다.[175] 즉 이 전제가 무너진다면 만주국폐의 조선 유입은 심각한 상황이 될 수 있는 것이다.

그런데 이미 조선에서는 등가관계가 훼손된 만주국폐가 유통되는 현실을 "그대로 방임"해서는 안 될 것이라는 경고가 나오고 있었다.[176] 가령 1939년 8월 당시 "조선 내에서 금 한 돈에 16원 50전 가량 가는 것이 만주국 내에는 이미 30원을 넘기어 매매되는 현상"이 나타나고 있었다. 등가는 커녕 거의 50% 가까이 평가 절하된 만주국폐와 조선은행권을 등가로 유지하는 종래의 정책을 지속하게 되면 결국 "악화는 양화를 구축하는 이론"이 그대로 적용되어 "값싼 화폐가 조선 내에 덤핑하는 셈"으로 될 것이고, 그 결과 조선에 만주국폐가 "범람되어 경제계에 일대 파동을 일으킬 것"이라고 우려하는 목소리가 높았다.[177] 조선 내 만주국폐 유통의 문제점은 여기에서 기인하고 있었다.

조선은행이 수수방관하는 가운데 조선총독부는 문제 해결을 위해 만주국과 직접 협의에 나섰다. 당시 기사에서는 현재의 화폐가치를 기준으로 하여 양국 간에 환전을 실시한다는 소식도 있었다.[178] 즉 실질가치로 평가절하된 만주국폐를 조선은행권과 교환한다는 것인데, 이렇게 되면 양 화폐의 등가원칙이 파괴되는 큰 문제가 발생한다. 그러나 등가원칙의 파

175_「朝鮮 滿洲 兩行券 國境地帶에 混用, 朝鮮銀行은 放置方針」, 『東亞日報』 1938. 3. 20.

176_「朝鮮銀行券과 換錢, 新義州 羅津等 支店서」, 『東亞日報』 1939. 8. 4.

177_「滿洲貨幣가 朝鮮에 汎濫, 國境에는 流通이 一般化, 京城에까지 侵入할 形勢, 惡幣의 潮水로 經濟界 影響至大」, 『東亞日報』 1939. 8. 4.

178_「現在도 折衝中, 理財課 岡村事務官談」, 『東亞日報』 1939. 8. 4.

괴는 전체 엔통화권의 붕괴로 이어질 수 있기 때문에 사실상 조선총독부가 독자적으로 실행할 수 있는 성질의 것이 아니었다. 따라서 대책을 수립하는 데 있어 기본전제는 조선은행권-만주국폐의 등가교환 원칙을 유지함에 있었다. 1939년 10월경 조선총독부 이재과장은 만주국으로 출장을 떠나 정부 관계자 및 만주중앙은행과 협의하였는데, 그 내용은 다음과 같다.

1. 만주국 측에서는 만주중앙은행의 지점을 강을 경계로 하여 만주국 측에 다수 설치하여 교환을 하게 하고
2. 조선 측에서도 역시 조선은행을 비롯하여 각 은행 지점, 금융조합 등에서 교환을 실시하게 하고
3. 따라서 무제한 교환제를 실시하는 동시에 조선 내 유통을 철저히 금지하기로 하여 단속을 엄하게 하기로 함.[179]

양측 합의의 골자는 환전을 통해 상대방의 통화를 최대한 흡수하겠다는 것이다. 이를 위해 국경지대에 다수의 금융기관을 설치하여 환전의 편의를 제공함으로써 국경을 넘나드는 사람들이 손쉽게 화폐를 교환할 수 있도록 하겠다는 것이다. 이 후속대책으로서 조선총독부는 1940년 1월부터 만주국폐의 조선 내 유통을 금지한다는 방침을 발표하였다. 다음은 조선총독부 재무국장이 발표한 담화의 일부이다.

조선과 만주와의 교역이 점차 왕성함에 따라서 교역상 수취감정의 지위에 있는 조선으로의 국폐 유입도 점차 증가하고 특히 최근에는 만주국의 물가 상승의 관계도 있어 그 유입은 일층 증가되어 조선 측 국경지대에서는 통화 총유통량의

179_「朝鮮侵入의 滿洲貨, 積極 沮止策 遂成立, 朝鮮銀行과 金融組合等에서 交換을 實行, 兩當局者 意見合致」, 『東亞日報』 1939. 11. 2.

> 대부분인 80~90%, 적어도 30~40%를 국폐로서 점하게 되는 상황이어서 장소에 따라서는 조선은행권의 그림자를 보지 못하는 곳도 상당히 있었다. 대체 국내에서 강제통용력을 갖지 아니한 외국 통화의 유통을 인정하는 것은 화폐 정책상 좋지 못할 뿐 아니라 통화의 위조 제조의 단속 기타 종종 곤란한 문제를 일으키므로 금회 1개월간(1939년 12월)의 유예기간을 두고서 1940년 1월 1일부터 국폐의 조선 내의 유통을 전면적으로 인정하지 아니함과 함께 조선 측 국경 강안지대의 약 30여개소의 금융조합으로 하여금 실비(교환금액의 2%)를 징수하여 국폐와 조선은행권과의 교환을 행하게 되었다. 즉 명년 1월 이후는 관공서, 금융기관 등 뿐 아니라 일반 시중에서는 국폐의 수수는 일체 인정하지 아니한다.[180]

국경 일부 지역에서 조선은행권은 그림자조차 찾아보지 못할 정도로 만주국폐가 아무 거리낌 없이 유통되고 있었는데, 조선총독부로서는 이런 현상을 그대로 방치할 경우 조선 내 통화금융 통제력이 크게 훼손당한다는 점에서 그냥 묵과할 수 없는 사안이라는 것이다. 따라서 1939년 12월 한 달 동안의 유예기간을 거친 후 1940년 1월 1일부터는 조선 내에서의 만주국폐 유통을 전면 금지하도록 하겠다는 것이다. 구체적인 실행 조치로 조선에 유입되는 만주국폐는 금융조합에서 교환금액의 2%를 수수료로 징수하여 교환토록 하였다. 이 조치가 제대로 시행된다면, 1940년 1월 이후부터는 만주국에서 조선으로 물건을 구입하려 할 경우, 조선 측 상인이 국폐로 대금을 받을 수 없기 때문에 조선의 금융조합 등에서 국폐를 조선은행권으로 교환하여 구입해야 하는 것으로 되었다.[181] 종래 관공서나 금융

180_「滿洲國幣 鮮內流通, 一月一日부터 禁止, 當分 無手數料 兩替」, 『每日新報』 1939. 11. 25.

181_금융조합에서 환전을 취급한 이유는 국경 지역에 조선은행 지점이 거의 없었기 때문이다. 당시 청진지점(1920년 3월 개설), 나진지점(1935년 8월), 신의주지점(1937년 2월), 함홍지점(1939년 9월), 웅기출장소(1933년 8월 개설, 1941년 9월 폐쇄)만으로는 제대로 된 환전을 실

기관 등에서 유통이 금지되었던 만주국폐는 1940년 1월을 기해 일반 거래에도 적용시켰다.

그러나 이 조치는 효과를 전혀 거두지 못했다. 1940년 8월경에는 "(환전을 통한 국폐 흡수도) 일시적 현상에 불과하고 그 후 국경에서의 국폐 유통은 의연 빈번히 되어 신의주로부터 정주에 이르는 일원 및 남양에서 북선 3항에 이르는 일원에서는 왕성히 유통을 하는 상태"라는 기사가 뜨고 있었다. 결국 만주국폐의 조선 내 유통을 금지하는 방법은 조선과 만주국 양자 사이의 "화폐정책의 근본적 재건 이외에는 없다"고 하여 보다 근본적인 조치의 강구가 필요함을 확인했을 뿐이다.[182]

조선총독부의 조치를 무력화시킨 것은 다름 아닌 양 지역의 물가 차이였다. 조선총독부 물가조정과장에 따르면 "신의주로서 제일 문제되는 것은 만주돈[만주국폐]이 신의주의 상가로 범람하고 있는데 압록강을 격하여 만주국 안동은 물건 값이 비싼 까닭에 전부 안동으로 물건이 흘러나"감으로써 "신의주는 물자가 부족한 형편"이라고 한다. 그런데 "신의주는 물건이 싸니까 안동서는 신의주로만 물건을 사러 오는 까닭에 신의주뿐만 아니라 삭주, 강계" 등지는 물자가 부족하게 되어 "물가통제와 통제경제를 문란케 하"고 있다는 것이다. 이와 같은 상황에서는 "만주 돈이 들어오는 것을 전혀 막을 수 없"을 뿐더러 조선은행권과의 교환시 2%의 수수료를 지불하므로 "자연 불편이 생기는 까닭에 그대로 유통이 되는 모양"이라고

시할 수 없었다. 따라서 전국적으로 가장 많은 지점망을 가지고 있던 금융조합에서 이를 대행한 것이다. 당시 조선은행은 조선에서 발권과 함께 상업금융도 겸영하였기 때문에 일반은행과 경쟁관계에 있었고, 따라서 이들의 반대로 인해 지점 증설이 여의치 않았다(「國幣流通問題, 鮮銀 中銀 折衝」, 『每日新報』 1939. 11. 16.).

182_「國境의 滿洲國幣 依然히 流通狀態」, 『每日新報』 1940. 8. 28.

그 실태를 전하고 있다.[183] 특히 신의주 경제는 안동의 구매력에 대한 의존도가 크기 때문에 이를 저지하는 것이 어려운 실정이었다.[184]

조선총독부 대책이 실패로 끝나자, 조선은행 측은 만주국폐의 유입이 사실 좋지 못한 현상이기는 하지만, 문제는 이를 전면 유통금지로 가게 되면 조선과 만주국 사이에 "상당히 델리킷한 마찰"이 일어날 우려가 크기 때문에 당분간은 "동향을 정관靜觀하는 외"의 다른 방법은 없다고 하여 여전히 방임하는 자세를 견지하고 있었다.[185]

III. 전면적 저지: 만주국폐 유통 금지

전쟁이 장기화됨에 따라 조선은행권이 증발되고 인플레이션은 가속화되었다. 당시 조선의 인플레이션을 일으키는 주된 요인은 무엇이었을까? 이 원인 중에서 '환換'관계가 차지하는 비중이 크다는 것은 대부분의 연구자들이 인정하는 바다. 조선은행에서 조사한 1942년도 은행권 발행 상황을 보면 환거래에 의한 발행 2억 576여만 원과 대출증가로 인한 증가액 1억 3,376여만 원에 예금증가로 인한 회수액 6,634여만 원과 기타 회수액 1,983여만 원을 빼면 약 2억 5,300여만 원의 증가로 된다. 조선은행 측은 은행권 증발의 직접적인 원인을 환거래 지불에 따른 것으로 파악하고 있었는데, 특히 만주국폐 교환을 위한 발행이 1억 6,118여만 원으로 조사되어 환거래 중에서 약 78%를 차지하고 있었다.[186] 당시 조선총독부 재무국

183_「國境의 頭痛꺼리, 흘너오는 滿洲國幣, 時急한 對策이 必要」, 『每日新報』 1941. 7. 16.

184_「國幣流入阻止, 鮮銀 調査課長談」, 『每日新報』 1941. 9. 19.

185_「滿銀券 鮮內流入, 鮮銀에선 靜觀方針」, 『每日新報』 1940. 9. 5.

장이었던 미즈타 나오마사水田直昌도 "조선이 일본에 비해 물가가 높다는 사실에 비상히 부심"하고 있었는데, "그 원인을 보면 조선은행 및 총독부 각각의 손에서 어쩔 수 없는 원인, 즉 조선 밖에서의 수취초과"에 있었다고 회고하고 있다.[187] 당시 조선은행이나 조선총독부에서는 은행권 증발을 자신들이 제어할 수 없는 것으로 판단하고 있었던 것이다. 그 중 만주국폐의 교환이 조선은행권 발행고에 어떤 영향을 미쳤는지 좀 더 자세히 살펴보자.

〈표 3-1〉 만주국폐 교환이 조선은행권 발행에서 차지하는 비율(단위: 천 원, %)

	만주국폐 교환고	조선은행권의 조선 내 발행고(비율)	전년대비 증가액(비율)
1940	73,103	486,146(15.0)	111,932(65.3)
1941	69,346	621,069(11.2)	134,923(51.4)
1942	118,516	771,412(15.4)	150,343(78.8)
1943	191,565	1,255,991(15.3)	484,579(39.5)

출전: 만주국폐 교환고는 近藤釼一 編, 『太平洋戰下の朝鮮(5)』, 友邦協會朝鮮史料編纂會, 1961, 116쪽; 조선은행권 발행고는 朝鮮銀行調査部, 『朝鮮經濟年鑑』, 1949, IV-74쪽

위 〈표 3-1〉을 보면 관동주 발행액을 제외한 조선 내 조선은행권 발행고에서 만주국폐 교환이 차지하는 비중이 최대 15%까지 달하고 있음을 알 수 있다. 만주국폐가 조선은행권 증발에 미친 영향을 더 정확히 파악하기 위해서 발행초과액에 대한 비율을 보면, 최대 78%, 최소 40%에 이름을 알 수 있다. 가장 심각했던 1942년의 경우 신규로 발행된 조선은행권 100원 중 80원은 만주국폐 교환을 위해서 발행된 것이다. 사실상 조선은행권 증

186_조선은행은 환관계로 인해 발행에 대해서는 "당행이 지배할 수 없"는 것이라고 밝히고 있었다(朝鮮銀行史研究會 編, 앞의 책, 688-689쪽).

187_水田直昌・土屋喬雄 編述, 『財政・金融政策から見た朝鮮統治とその終局』, 財團法人友邦協會朝鮮史料編纂會, 1962, 109쪽.

발에 악영향을 미쳤다고 할 정도로 매우 심각한 상황임을 알 수 있다.

1944년이 되어서야 조선은행은 뒤늦게 만주국폐의 조선 유입 실태를 전면적으로 조사하였다.[188] 이 조사에 따르면 1943년 8월 1일~1944년 7월 31일까지 1년간의 만주국폐 교환고는 2억 7,275여만 원으로 조선은행권 발행초과액 8억 5,855여만 원의 31.8%에 이르고 있었다.[189] 그 실태를 보면, 1944년의 경우 함북 회령, 상삼봉 지방은 약 70%, 남양 지방은 약 80%, 또 평북 국경지방에서도 대체로 70% 정도를 만주국폐가 차지하고 있었다.[190] 조선은행은 시간이 지날수록 만주국폐 유입이 증가하는 이유로 크게 세 가지 정도를 들고 있었다. 첫째는 아편을 중심으로 한 밀수, 둘째는 물자난과 양 화폐가치 차이에 기인한 물자의 유출, 셋째는 송금이다.[191] 당시 밀수출에서 아편이 3분의 2를 차지하고 있었는데 여전히 그 기세가 왕성하였고, 또 부녀자를 중심으로 소량의 물자를 휴대해서 반출하는 경우도 상당하였다고 한다. 지역별로는 남양의 경우, 면화 공출 장려책으로서 책임량의 공출을 끝낸 자에게는 잔여 면화에 대해서는 자유 처분을 인정하였는데, 이중 상당부분이 "만주로 흘러들어" 간 것으로 파악되고 있었다. 양 지역 간의 물가차를 노리고 조선 내에서는 가정용 소장품들이 상품으로 되어 만주로 유출되고 있었다. 그 밖에 만주의 대일본 송금제한을 우려하여 만주 내 소재 재산을 조선 내로 이전하는 자가 많았던 것도 역시 영향을 미치고 있었다.[192]

188_1944년 7월 18일부터 8월 11일까지 25일간 본점 및 청진지점에서 파견된 행원 3명이 국경 지방 및 만주 주요 도시를 실지 방문하고 조사하여 보고서를 작성하였다(朝鮮銀行 調査部, 「鮮滿國境地帶の國幣問題と滿洲國內における鮮銀券退藏事情」, 1944. 9.).

189_朝鮮銀行 調査部, 앞의 책, 46쪽.

190_朝鮮銀行 調査部, 앞의 책, 47-48쪽 .

191_朝鮮銀行 調査部, 앞의 책, 51-52쪽.

특히 밀수출은 당국자들에게 가장 큰 골칫거리였다. 함경북도와 평안북도의 각지 경찰서 관계자에 따르면 양 화폐의 교환보고서에 기재된 성명의 절반 이상이 가공인물이었다고 한다. 그리고 밀수출을 하는 주대상은 조선인 여성이었는데, 그 비율은 대체로 함북 국경지방에서 약 80%, 평북 지역에서는 약 50% 이상을 차지하고 있었다고 한다. 세관의 검거실적에서 보면 밀무역의 주된 물품은 아편과 섬유제품으로서 금액으로는 아편이 전 밀수의 70%를, 나머지 대부분을 섬유제품이 점하고, 건수에서는 섬유제품이 약 80%에 달하였다고 한다.[193]

이상과 같이 상황이 심각해지자 1944년에 들어서 조선총독부는 종래 만주국폐의 흡수책을 버리고 유입저지책으로 돌아섰다. 1944년 2월 8일자로 조선총독부 재무국에서 작성한 「만주국폐의 수출입 및 국폐의 단속에 관한 대책」에서는 국폐의 수입은 모두 허가를 받도록 하고 여행자의 휴대 이외에는 원칙적으로 허가하지 않도록 하였다. 원거리 여행자는 200원까지, 근거리 여행자는 50원까지로 한도를 설정하였다.[194] 이에 따라서 1944년 5월부터 총독부는 국경지대 금융조합의 만주국폐 교환고에 한도를 설정하여 환전을 제한함과 동시에 환전상의 교환허가 한도액도 종래의

192_만주국폐는 해방 이후에도 조선에서 조선은행권으로 교환되었던 것으로 보인다. 패전 직후 만주국 신경에서 철수하여 평북 선천宣川에 잠시 거주하였던 일본인의 회고에 따르면 우체국에서 만주은행권을 조선은행권으로 교환하였다고 한다. 당시 만주국폐는 조선은행권에 비해 절반 가치로 교환되었는데, 가령 만주국폐 100원은 조선은행권 50원으로 교환되었다고 한다. 당시 일본인 철수자들은 만주국폐를 모아 열흘에 한 번씩 조선은행권으로 교환하였다고 한다(藤原てい · 위귀정 譯, 『흐르는 별은 살아있다』, 청미래, 2003, 26 · 36쪽).

193_朝鮮銀行 調査部, 앞의 책, 59쪽.

194_만주국에서 조선으로 들어오는 여객에 대해서는 화폐 교환액을 "선천, 강계, 백암, 고무산 또는 아오지 이남의 여행자는 200원까지, 그 밖에 여행자는 50원까지"로 제한하였다(「國幣流入을 防止, 列車乘客 交換額制限」, 『每日新報』 1944. 5. 13.).

절반으로 줄였다. 계속해서 조선총독부는 「외국위체관리법실시규칙」 중 일부를 개정(府令 제251호, 1944. 6. 17.)하여 1944년 7월 1일 이후부터는 조선에서의 만주국폐 유통을 전면 금지시켰다. 다만 국경에서 2리 이내의 거주자에 한해서는 1회 20원, 1개월을 통틀어 300원 이하의 사용을 인정하고, 만주국폐의 조선 반입은 허가제로 하되 여행자의 경우 200원까지는 허용할 것 등을 결정하였다.[195] 1940년의 조치에 비해 훨씬 엄격해진 것은 종래 무제한으로 조선 내로 가지고 들어올 수 있었던 만주국폐를 허가제로 한 것이다. 동시에 "국폐의 조선 내 유통은 동일 이후는 관공서, 금융기관뿐만 아니라 일반 시중에서도 국폐로서 물품을 매매하는 것은 법령상 금지"[196]되었다. 이전 조치는 법적 강제력이 수반되지 않은 것임에 반해, 이번 조치는 법령으로서 발표되었다는 점에서 실질적인 만주국폐의 조선 내 유통금지라고 볼 수 있을 것이다.

이상과 같이 조선 내 만주국폐의 유통이 법적으로 금지된 것은 1944년이 지나서였다. 1938년경부터 상당히 심각하게 받아들여지고 있던 이 문제에 대한 실질적인 조치가 왜 이렇게 늦게 취해졌는가? 표면적으로는 양국경 간의 밀접한 경제적 관계를 고려할 수 있다. 즉 압록강 철교를 사이에 두고 동일한 경제 권역을 형성해 온 신의주·안동을 비롯한 조선·만주 국경지대에서 만주국폐의 유통은 대단히 자연스러운 현상이었다.

그러나 근본적인 이유는 조선은행권·만주국폐의 등가교환 원칙의 준수, 즉 엔계통화권의 유지를 위해 무리한 환정책을 강요했기 때문이다. 원래 엔계통화권의 정책 목표는 각 엔계통화가 엔과 등가로 연결되어 내국

195_朝鮮銀行史硏究會 編, 앞의 책, 634-635쪽.

196_「滿洲國幣 輸入制限强化, 爲替管理規則 改正, 七月一日 施行」, 『每日新報』 1944. 6. 18.

환과 같이 작동함으로써 '대동아공영권' 내의 국제수지가 일본의 국제수지와 일체화되는 것에 있었다. 그러나 실제로는 태환 규정을 가지지 않은 완전한 관리통화인 엔계통화와 엔의 등가교환을 자유롭게 하면, 대륙의 인플레이션이 일본에 파급될 우려가 매우 높았다. 따라서 일본으로의 송금을 엄격히 제한함으로써 엔계통화는 환換으로서의 기능은 거의 갖지 못하게 되었다.[197] 즉 이미 등가관계가 깨진 만주국폐를 조선과 등가로 묶어둘 수밖에 없었던 이유는 이른바 '대동아공영권'의 엔블록을 유지해야 한다는 정치적 고려 때문이었다. 이와 같은 사정 하에서 만주국폐의 조선 내 유통은 더욱더 심각한 상황을 초래하게 되었던 것이다.

엔계통화권 붕괴의 연장선상에서 당시 만주국에서도 연은권의 유입으로 인해 큰 곤란을 겪고 있었다.[198] 만주중은은 이 사정을 다음과 같이 전하고 있다.

> 북중국 물가의 이례적인 앙등은 만주산 잡곡, 아편 등의 접경 밀수를 자극하고, 이 때문에 다량의 연은권이 아국 내에 반입되어, 국경 지대에서의 통화 팽창을 초래하고 있다. 다른 한편 입만入滿 노동자의 북중국 송금, 통화 소지 귀환, 기타 여행자에 의한 원계통화圓系通貨 반입이 상당한 다액에 달해 연은권 팽창의 유인이 되고 있으므로 정부에서는 이러한 양국 통화의 교류가 통화정책은 물론 무역정책, 환 관리상 매우 큰 지장을 초래할 뿐 아니라 경제상 각종의 악영향을 미칠 두려움 때문에 (…) 이들 외국통화의 국내유통을 억제하는 조치를 취하기에 이르렀다.[199]

197_日本銀行 調査局 特別調査室 編, 앞의 책, 1948, 160쪽.

198_「滿州國의 聯銀券 流通禁止 실힐 터」, 『每日申報』 1940. 5. 17.

199_滿洲中央銀行, 『滿洲中央銀行十年史』, 1942, 180-181쪽.

북중국의 연은권이 만주로 유입되는 양상과 그 폐해가 만주국폐의 조선 내 유입 현상과 매우 비슷함을 알 수 있다. 이는 중국 점령지 인플레이션이 어떻게 연쇄적으로 조선에까지 파급되고 있었는지를 잘 보여주고 있다.

북중국의 인플레이션을 만주에서, 만주의 인플레이션을 조선에서 저지하려고 할 때, "조선 · 만주 국경은 중대한 대동아의 통화 바리케이드"라고 조선은행은 언급하고 있었다.[200] 즉 조선은 일본 본토를 보호하기 위한 방어선으로서 희생당해야 했음을 조선은행 스스로도 인정하고 있었다. 대륙 인플레이션의 방어선으로서 주어진 조선은행의 역할은 일본은행권과 대만은행권의 증가율과 비교해보면 더 명확하게 드러난다. 인플레이션이 최고조로 달했던 1944년도와 1945년도에서의 통화증발 추이를 비교해보면, 조선, 일본, 대만은 서로 다른 양상을 보이고 있었다. 조선은행권이 일본은행권이나 대만은행권에 비해 월등히 빠른 증가율을 보이고 있었는데, 일본은행권과 비교해보면, 최고 48%p, 최저 20%p, 평균 37%p의 증가율을 보이고 있으며, 같은 식민지 은행권인 대만은행권과 비교해도 역시 최고 49%p, 평균 25%p 정도 높은 증가율을 보이고 있다.[201] 조선은행권 증발 원인이 조선은행이나 조선총독부가 통제할 수 없었던 환관계에서 비롯되었고, 그 대부분을 만주국폐 유입이 차지하고 있다는 사실을 고려하면, 조선은 일본을 위해 인플레이션을 고스란히 감수하였다고 볼 수밖에 없다. 이는 일본이 점령지 · 식민지와 본국을 분리시킴으로서 점령지 · 식민지의 인플레이션 영향을 최대한 회피하고자 했던 것과는 매우 대조되는 것임을 확인할 수 있을 것이다.[202]

200_ 朝鮮銀行 調査部, 앞의 책(1944), 57쪽.

201_본서 205쪽 〈표 2-16〉.

202_보다 자세한 내용은 본서 197-201쪽을 참조할 것.

| 4부 |

조선은행을 둘러싼 담론의 형성과 전개

1장

1920~30년대 조선은행의 금융활동에 대한 조선 내 여론 동향

이 장에서는 조선에서 중앙은행을 어떻게 인식하고 있었으며, 조선은행 금융활동의 문제점을 어떻게 비판하고 있었는지를 살펴보고자 한다. 제국주의는 각종 제도들을 식민지에 이식시켰는데 동일한 제도라 하더라도 이식하는 주체의 의도와 식민지의 처지에 따라 변용되었고, 그 결과 식민 본국과 식민지에서 서로 다르게 작동되는 경우가 많았다. 제도의 시행 과정에서 식민 본국과 식민지의 차이는 현실화되었고, 이 차별에 대한 식민지민의 문제 제기는 정치 · 경제 · 사회 등 모든 측면에서 분출되고 있었다.

기존 조선은행 연구가 화폐금융을 대상으로 하였다면, 여기에서는 그 범위를 확장하여 조선은행이 식민지에서 어떻게 인식 · 평가받고 있었는지를 당대의 시각에서 재구성하고자 한다. 이는 식민지(민)만의 고유한 이해관계가 어떻게 표출되고 있는지를 살필 수 있는 소재이기도 하다. 동일한 제도가 식민 본국과 식민지에서 서로 다르게 운영될 때, 그 차이가 어떻게 현실화되었는지, 또 그것이 식민지에 미친 영향이 무엇인지 구체적인 사례를 통해 분석한다면, 보다 구체적인 식민지상을 얻을 수 있을 것이다.[1]

Ⅰ. 만주 및 일본에서의 방만한 자금운용에 따른 불량채권의 양산

1914년에 발발한 제1차 세계대전은 전쟁 경기를 진작시켜 일본 경제계에 큰 호황을 안겨주었다. 일본의 전쟁 특수는 조선은행에게도 큰 영향을 미쳤는데, 대출금의 증가 추이를 통해 살펴보자.

〈그림 4-1〉 1910년대 조선은행 대출액 증가 추이

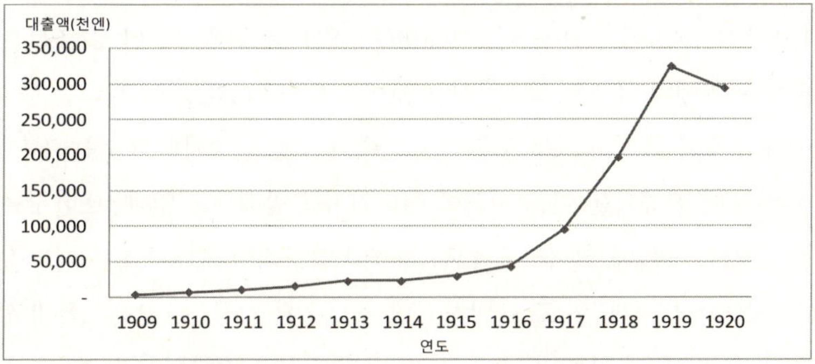

출전: 朝鮮銀行史研究會 編,『朝鮮銀行史』, 東洋經濟新報社, 1987, 90 · 190쪽

위의 〈그림 4-1〉을 보면, 개업 이래 완만한 증가 추이를 보이던 대출액은 1916년을 경계로 예년과 달리 급증하고 있음을 알 수 있다. 1917년은 전년 대비 2배 이상 증가하였고, 이런 증가 추세는 1919년까지 지속되었

1_1920~30년대로 한정한 것은 복수의 매체가 발간되던 시기를 대상으로 하였기 때문이다. 본문에서는 조선은행 정리를 기점으로 시기를 구분하였다. 조선은행에 대한 조선 내 인식은 정리 시기에는 자금 운용의 지역 및 대상의 측면에서 비난과 요구가 주를 이루었다면 정리 이후에는 중앙은행 본질에 대한 접근이 이루어지고 있었다는 점에서 정리를 전후하여 질적 전환이 이루어지고 있었기 때문이다.

다. 대출액이 가장 많았던 1919년(323,590천 원)을 조선은행이 개업한 1909년(3,756천 원)과 비교해 보면 약 86배나 증가되었음을 알 수 있다. 1916년 이후 조선은행 대출의 급격한 증가는 아래 〈표 4-1〉를 보면 만주 및 일본 지역이 주도하고 있음을 알 수 있다. 즉 전체 대출액의 증가율을 상회하는 지역을 보면 조선은 1919년에만 그렇고 나머지의 경우 만주 및 일본 지역이 항상 전체 증가율을 상회하고 있었다. 그 결과 지역별 점유율도 변화했는데, 1916년까지는 조선 내 비중이 가장 높았으나, 1917년 이후 일본 및 만주가 수위를 차지하였다. 전년대비 증가율에 있어서도 조선은 최고 1.99배(1919년)이나 만주 3.32배(1916년), 일본 4.48배(1917년)로 조선을 제외한 지역에서 급속한 증가양상을 보이고 있다. 1916년 이후 대출 증가율이나 점유율 등에서 모두 일본이나 만주가 조선을 능가하고 있는 것은, 조선은행 대출 증가를 이끈 지역이 어디인지를 말해주고 있다. 또한 조선은행 영업소 증설에 있어서도 만주 지역이 압도적인 증가세를 보이고 있었다.[2] 1909년 14개점으로 출발하였던 조선은행 지점은 1919년 최대 41개점까지 확대되어 만10년 만에 약 3배나 증가하는 비약적인 발전을 이루었다. 이 확장을 주도한 지역이 만주였고 전 영업소의 절반을 차지하고 있을 정도였다.[3]

2_만주에서는 러시아 세력의 후퇴를 틈타 북만주까지 일본 상품의 판매가 확대되었고, 중동철도의 부진으로 인해 만철의 대두 수송은 활황을 보이고 있었다. 그 결과 재만주 일본인 사회는 호황을 누리게 되었고, 곧 과열된 부동산 투기붐까지 일어날 정도였다(安富 歩, 『「滿洲國」の金融』, 創文社, 1997, 33-34쪽).

3_〈표〉 조선은행 지역별 영업소 추이

<table>
<tr><th></th><th>1909</th><th>1910</th><th>1913</th><th>1914</th><th>1915</th><th>1916</th><th>1917</th><th>1918</th><th>1919</th><th>1920</th></tr>
<tr><td>조선</td><td colspan="7">13</td><td colspan="3">11</td></tr>
<tr><td>일본</td><td></td><td>1</td><td colspan="3">2</td><td colspan="3">3</td><td colspan="2">4</td></tr>
<tr><td>만주</td><td colspan="2">1</td><td>4</td><td>5</td><td>6</td><td>9</td><td>13</td><td colspan="2">20</td><td>18</td></tr>
</table>

〈표 4-1〉 1910년대 조선은행 지역별 대출 내역

연도말	전체 대출에서 차지하는 비율(%)			전년대비 증가율(배)			
	조선	만주	일본	전체	조선	만주	일본
1909	96.6	3.4					
1910	73.7	1.8	24.5	1.94	1.48	1.06	
1911	90.5	1.3	8.3	1.39	1.71	0.95	0.47
1912	89.8	1.8	8.4	1.53	1.52	2.18	1.55
1913	78.0	10.9	11.1	1.52	1.32	9.21	2.01
1914	77.3	14.1	8.6	1.00	0.99	1.30	0.77
1915	57.3	12.4	30.3	1.26	0.94	1.11	4.44
1916	51.6	28.3	20.0	1.46	1.31	3.32	0.96
1917	35.1	22.7	40.9	2.20	1.49	1.76	4.48
1918	26.7	33.7	35.4	2.06	1.57	3.06	1.78
1919	32.1	34.5	26.4	1.66	1.99	1.70	1.23
1920	24.5(20.8)	24.8	47.0	1.24	1.17	1.06	1.47

출전: 朝鮮銀行史研究會 編, 『朝鮮銀行史』, 東洋經濟新報社, 1987, 90 · 190쪽.

비고: 조선분의 ()는 별도대출금을 제외했을 경우의 비율임. 별도대출금은 대중국차관 등 조선 내 대출과는 관련이 없는 것임.

이와 같이 제1차 세계대전의 전쟁 특수를 기회로 조선은행은 만주 및 일본에서 적극적으로 대출을 확대하였고, 1920년 하반기 결산에서는 3,557천 원의 수익을 올려 창업 이래 최고의 순이익을 거둘 수 있었다.[4] 그러나 1920년 반동공황[5]이 발생하자 조선은행은 막대한 불량채권을 안게

<table>
<tr><th></th><th>1909</th><th>1910</th><th>1913</th><th>1914</th><th>1915</th><th>1916</th><th>1917</th><th>1918</th><th>1919</th><th>1920</th></tr>
<tr><td>중국</td><td></td><td></td><td></td><td></td><td></td><td></td><td></td><td colspan="3">2</td></tr>
<tr><td>러시아</td><td></td><td></td><td></td><td></td><td></td><td></td><td></td><td colspan="2">4</td><td>3</td></tr>
<tr><td>합계</td><td>14</td><td>15</td><td>19</td><td>20</td><td>21</td><td>25</td><td>29</td><td>40</td><td>41</td><td>38</td></tr>
</table>

출전: 朝鮮銀行史研究會 編, 『朝鮮銀行史』, 東洋經濟新報社, 1987, 850-853쪽.

주: 영업소는 지점, 출장소, 파출소, 임시파출소를 모두 합한 것이다.

4_1920년의 수익은 창업 이후 1940년까지 조선은행이 올린 수익 중 최고였다(朝鮮銀行史研究會 編, 『朝鮮銀行史』, 東洋經濟新報社, 1987, 860-883쪽).

5_1918년 11월 제1차 세계대전은 종결되었으나, 일본의 전쟁 특수는 그대로 유지되고 있었다. 전후 유럽 교전국들의 경제 회복이 쉽지 않을 것으로 판명되었고, 미국에서의 호경기 지속과 중국 시장에 대한 수출 호조 등으로 인해 1919년 중반부터 전쟁 경기를 능가하는 호황이 찾아왔다.

되었다.[6] 아래 〈표 4-2〉는 조선은행의 고정대출액과 결손예상액을 지역별로 조사한 것이다.

〈표 4-2〉 조선은행 지역별 불량채권 내역표(1924년 12월 말) (단위: 천원, %)

지역	총대출액(A)	고정대출액(B)	결손예상액(C)	B/A	C/A	C/B
일본	175,303(38.8)	131,047(55.5)	79,559(59.0)	74.8	45.4	60.7
조선	81,021(17.9)	14,589(6.2)	6,336(4.7)	18.0	7.8	43.4
만주	125,368(27.7)	84,618(35.8)	46,266(34.3)	67.5	36.9	54.7
기타	70,332(15.5)	5,786(2.5)	2,702(2.0)	8.2	3.8	46.7
소계	452,123(100)	236,040(100)	134,864(100)	52.2	29.8	58.7

출전: 朝鮮銀行史硏究會 編, 『朝鮮銀行史』, 東洋經濟新報社, 1987, 256쪽.
비고: 기타에는 대중국 차관이 포함되어 있다.

위 〈표 4-2〉는 1924년 말 현재 조선은행 불량채권 내역을 일본 대장성에서 조사한 내용으로 원리금 상환이 연체되고 있는 불량채권은 전체 대출의 52.2%에 달하고, 특히 전체 대출 중에서 약 30%는 회수가 불가능한 것으로 예상되고 있었다. 1924년말 현재 고정대출 중에서 약 60%가 결손으로 처리되어야 했던 것이다. 지역별로 보면, 일본과 만주에 불량채권이

그 결과 일본에서는 면사포 · 생사 · 쌀 등의 상품투기, 토지 투기, 주식 투기 등이 횡행하였고, 통화 팽창이 투기 과열을 유도하였다. 이에 일본 정부는 투기적 물가 폭등을 억제하기 위해 금리 인상 등의 조치를 취했으나, 1920년 3월 15일 도쿄주식시장의 대폭락을 시작으로 주식 · 상품시장의 폭락, 예금인출 사태의 속출(1920년 4월~7월 사이에 169행에서 발생되었고, 이 중 21행이 휴업) 등에서 파생되는 전후 반동공황이 발생하였다. 이어 6월에는 유럽에서도 공황이 발생하였고, 그 여파로 인해 일본은 한층 더 심각한 불황의 늪에 빠졌다(三和良一, 『概說 日本經濟史-近現代』, 東京大學出版會, 1993, 92-94쪽).

6_일본에서 발생한 반동공황은 전쟁 특수를 틈타 대출을 크게 늘린 조선은행에게도 큰 타격을 줄 수 있는 상황이었다. 특히 1910년대 후반 크게 영업을 확장하였던 만주의 경우 현지 진출 기업들이 높은 투기적 성향을 띠고 있는데다가, 당시 은 가격의 대폭락에 따른 일본인 자산의 실질가치(일본 엔으로 환산하였을 경우)의 하락으로 인해, 재만주 일본인의 경제적 타격은 일본 본토를 상회할 정도로 심각하였다. 또한 전쟁 및 전후에 일시적으로 확대된 북만주에서의 일본인의 경제적 지위는 일본군의 시베리아 철수와 러시아혁명의 혼란이 수습됨에 따라 크게 후퇴되어 그 불황의 골을 더 깊게 만들었다(安富 步, 앞의 책, 34쪽).

집중되어 있는데, 총대출에서 고정대출이 차지하는 비율은 일본이 74.8%, 만주는 67.5%에 달하고 있다. 반면 조선은 18%로 위 지역들에 비해 양호한 상태이다. 회수가 불가능한 채권도 일본이 45.4%, 만주가 36.9%, 조선은 7.8%로 예측되고 있었다. 이와 같이 일본이나 만주의 경우 대출 중 약 40~50%는 전혀 돌려받을 가망성이 없을 정도로 매우 심각한 상태였다.[7] 원래 발권기관인 중앙은행이 일반 대출을 하는 경우, 자금 고정을 피하기 위해서 단기 상업자금만을 그 대상으로 하는 것이 일반적이다. 따라서 조선은행도 애초에는 단기의 무역 · 상업금융 위주였으나, 1918년 이후 장기의 사업 · 투자자금 융자에 편승하였고[8], 그 결과 대부분이 고정화되었다.

1922년 8월 조선은행은 자체 정리에 착수하였지만, 만주의 일본계 금융기관 파산과 1923년 9월 관동대지진의 발생 등으로 인해 자산 내용은 더욱 불량하게 되었다. 이에 조선은행은 자체 정리계획을 포기하고, 일본 정부에게 자금 원조를 요청하게 되었다. 일본 정부는 조선총독의 조선은행 감독권을 대장성에 이관할 것을 정리의 전제조건으로 하여 1924년 상반기에 6,500만 엔을 지원하였다. 그러나 이 자금만으로는 실효를 거두지 못할 것으로 판단한 대장성은 보다 철저한 정리를 단행하였다. 1925년 8월 주주총회에서 자본금의 50% 감자減資(공칭자본금 8,000만 원 → 4,000만 원/불입자본금 5,000만 원 → 2,500만 원), 적립금 10,711천 원을 소각하여 모두 결손액 상각에 사용하였고, 창립 이래 처음으로 무배당을 실시하였다. 그러나 이러한 철저한 정리 실행에도 불구하고 장기적인 불황 속에 거래처의

7_조선은행 불량채권 발생 원인의 핵심은 반동공황을 수습하는 과정에서 행해진 구제융자를 비롯한 각종 대출 증가에 있었다. 즉 반동공황 이후 행해진 신규대출이 불량채권의 주를 이루고 있다고 볼 수 있다(朝鮮銀行史研究會 編, 앞의 책, 260쪽).

8_1924년 말 기준으로 전대출의 40% 이상까지 확대되었다(朝鮮銀行史研究會 編, 앞의 책, 262쪽).

업적은 향상되지 못하여 불량채권 회수는 좀처럼 진전되지 않고 있었다. 이에 1927년에 발생한 금융공황을 수습하는 과정에서 다시 일본은행으로부터 두 차례에 걸쳐 자금을 지원받았다. 이로써 조선은행은 대장성 예금부로부터 5,000만 엔, 일본은행에서 2,000만 엔을 정리자금 명목으로 받은 것 외에 일본은행보상법특별융통으로 5,800만 엔을 받아 총 1억 2,800만 엔의 구제자금으로 정리는 일단락되었다.[9]

II. 1920년대 조선은행 정리에 따른 비난 여론의 비등과 조선(인) 본위의 해법 요구

1. 1920년대 정리에 따른 여론의 악화

조선 내 언론에서는 이미 1920년 말부터 조선은행 대출자금이 고정화되었다는 소문이 떠돌고 있었는데,[10] 불량채권 문제가 본격적으로 제기된 것은 1922년 2월 조선은행 정기주주총회에서였다. 여기서 조선은행 대출금 중 회수가 불가능한 액수가 8,200만 원에 달한다는 주장이 있었다.[11] 당시 조선은행 공칭자본금이 8천만 원, 불입자본금이 5천만 원임을 고려하면 이 결손액이 얼마나 큰 액수인지 알 수 있을 것이다.[12]

9_조선은행 정리의 자세한 내용에 대해서는 본서 3부 2장을 참조할 것.

10_「鮮銀 資金固定說과 其 眞相」, 『朝鮮日報』, 1920. 12. 2.

11_이 액수에 대한 조선은행 측은 오보라고 극력 부인하고 있었다(「鮮銀問題, 固定貸附의 辯明, 掛井鮮銀理事談」, 『東亞日報』, 1922. 2. 21.).

12_이 시점에서 조선은행이 자체적으로 조사한 고정대출의 현황은 없다. 다만 약 1년 후인 1923년 6월 말 대장성이 추산한 불량채권 내역을 보면 고정대출 134,672천원으로 이중 결손으로

조선은행 정리는 조선 내 '중앙은행'으로서의 기능, 특히 자금 운용을 크게 제약할 수밖에 없었다. 따라서 조선은행이 조선 금융계를 위해 원래 부여된 기능을 전혀 발휘하지 못하다는 불만이 곳곳에서 제기되고 있었다. 1920년대는 전후 공황과 관동대지진(1923년), 쇼와공황(1927년)으로 이어지는 전반적인 불황의 시기였기에 일반은행은 자금 운용에 있어 매우 힘든 시기였다. 따라서 일반은행은 중앙은행의 재할인에 대한 의존도가 높을 수밖에 없는데 당시 조선은행이 이런 요구에 대처할 수 없었다는 것이 문제였다. 즉 "소위 조선 중앙은행"이라는 조선은행은 정리에 급급한 까닭에 다른 곳을 돌아볼 여력이 없겠지만은 "동업자에 대한 금리"만큼은 인하해야 한다는 것이다. 고율의 조선은행 재할인율(연 10~11%)은 결국 일반은행의 높은 대출금리로 이어져, 경기 회복에 지장이 되고 있다는 것이다. 조선에서는 이와 같이 고금리로 대출에 소극적이면서 "만주나 기타 각지에 있는 개인에게 저리로 대부하여 실패를 당함은 여하한 심사인지 알 수 없다"는 비아냥까지 들을 정도였다. 특히 중앙은행의 고유한 기능인 최종대부자 기능[13]을 발휘하지 못하는 것에 대해서도 "일반은행을 구제"해야 할 조선은행이 정부의 지원에만 기대어 "겨우 생명을 계속하는 것은 너무도" 뻔뻔한 처사이며 그러고서도 "중앙은행의 명목을 지속"할 수 있겠냐는

예상되어 회수가 불가능한 액수를 96,086천원으로 사정하고 있었다. 시기적으로 약간 차이가 있지만 이미 1922년 현재에도 결손 예상액이 상당액에 달하고 있었음을 짐작할 수 있다. 즉 조선은행 결손액이 8천만 원이 넘을 것이라는 것은 단지 세간의 소문만이 아닌 사실이었던 것이다(朝鮮銀行史硏究會 編, 앞의 책, 249쪽).

13_최종대부자(lender of last resort) 기능은 금융위기가 발생하여 경제 전반에 유동성이 부족할 경우 충분한 자금을 공급해 줌으로써 금융제도의 위기를 진정시키는 것을 말한다. 오늘날 최종대부자는 중앙은행을 지칭하는 것으로 발권력을 독점하고 국민경제의 준비금을 관리하는 중앙은행만이 최종적으로 유동성을 공급하는 능력을 가지기 때문이다(鄭雲燦, 『中央銀行論』, 學現社, 1995, 39쪽).

비난을 받고 있었다.[14] 즉 일반은행이 유동성 위기에 처했을 때 이를 구제해야 할 임무를 가진 중앙은행이 반대로 구제를 받아야 할 대상으로 전락한 처지를 비판하고 있다. '중앙은행'으로서의 조선은행의 기능 마비는 당시 조선총독부 당국에서도 인정하고 있었는데, 1924년 시모오카 쥬지下岡忠治 정무총감은 조선은행 중역 등을 초청한 자리에서 조선은행이 "본래의 사명으로는 중앙은행의 영업을 하여야 할 것이"나 정리 과정에 있으므로 당장 그 실행은 어려우므로 "점차 중앙은행의 방침으로" 갈 수밖에 없다고 말하였다.[15] 당시 조선은행이 중앙은행의 기능을 수행할 수 없다는 것을 시인한 것이다.

이와 같이 조선은행이 '중앙은행'으로서 조선 내 금융기관에 대한 기본 임무를 방기하자 많은 불만이 터져 나오고 있었다. 조선은행이 "극단의 긴축방침을 취"함으로써 자금 공급이 두절되어 경제계에 "큰 타격을 주"고 있는데 특히 재할인 자금 긴축의 결과 일반은행이 피해를 입게 되었다고 한다. 그 결과 "조선금융계도 전연 중심을 잃은 바 이대로 방임하"게 되면 일본계 지점은행이 어부지리를 얻을 뿐이므로 조선은행과 당국에 대한 "비난은 일층 격심"해지고 있다는 것이다.[16] 창업 이래 업적을 보면 조선은

14_「朝鮮銀行과 救濟資金」, 『時代日報』, 1924. 4. 7.

15_「朝鮮銀行의 營業改善, 新政務總監의 意響」, 『東亞日報』, 1924. 7. 26. 또한 그는 조선은행 스즈키 시즈카鈴木穆 부총재에게 "조선은행은 조선의 중앙은행으로 조선의 경제계를 좌우하는 고로 금수에 일층 조선본위로 활동을 함이 좋다"는 말을 하였다고 한다(「鮮銀 整理問題와 合銀頭取人選에 關하여, 鈴木副總裁談」, 『每日申報』, 1924. 7. 27.).

16_「鮮銀의 非難 益益甚大, 再割引資金에도 緊縮?」, 『東亞日報』, 1925. 6. 20. 당시 어려움에 처해 있던 대동은행에 대해 조선은행이 "금일 궁상窮狀을 방임하는 이상 경제적 구제를 구할 필요가 없으니 정치적 구제를 주는 것 외에 다른 길이 없다"라고 하여 사실상 구제를 거부하였다. 대동은행이 "총독, 정무총감, 재무국장 등에 진정하여 조선은행 태도가 (겨우) 완화된 것으로 조선은행의 냉정한 태도는 조선 재계를 위하여 실로 중대"한 영향을 끼치고 있다고 할 정도였다.

행이 "조선의 중앙은행으로서 조선의 경제 발달에 공헌한 바 있었던가"라는 질문에 답한다면 "의문이라는 것보다는 부인하게" 되는데, "조선은행은 조선인 본위의 정책이 수립되지 못하는 조선의 중앙은행"이기 때문에 "동행의 업적이 조선인의 경제를 위하여 간접 손해를 끼치지 않는 자가 되었으면 다행"이라고 할 정도였다.[17] 또한 정무총감 시모오카는 조선은행은 조선에서는 유해무익한 존재라고 하면서 "현상으로는 조선에 대하여 하등의 이익이 되지 못"하며 "태환권 발행의 특권을 가지고 있음으로 도리어 조선에는 고맙지 않다"[18]고 할 정도였다. 이처럼 조선총독부 정무총감조차도 조선은행이 조선에 기여를 하기는커녕 손해만 끼치지 않아도 훌륭하다고 할 정도로 조선 내에서 평가는 극단적으로 부정적이었다.[19] 이와 같은 신랄한 비판은 당시 조선은행에 대한 여론의 움직임을 명확하게 보여주는 것이라 하겠다.

조선은행 정리로 인한 피해는 고스란히 조선에 전가되고 있었다. 당시 조선은행이 조선의 "경제 구제에 대하여 매우 냉담한 것은 현저한 사실"인데 그동안 "비교적 견실히 발달하고" 있던 조선에 대해, 더구나 불량대출의 비중이 가장 적은 조선에 대해서 "금일과 같이 고압적 방침을 취함은 조선으로서 인내키 어려운 바"라고 억울함을 토로하고 있었다. 그동안 "조선은행은 '조선'이라는 글자에 면목"이 없을 정도로 조선을 "망각"하였는데, 일본에서 행한 방만한 자금 운용의 "해독만은 조선에 남았으니" 조선

17_「金融體系 改善問題와 朝鮮銀行前途」, 『東亞日報』, 1927. 2. 23.

18_「東拓鮮銀은 朝鮮에 有害無益, 政務總監 談」, 『時代日報』, 1925. 8. 11.

19_당시에 조선은행을 두고서 "조선의 중앙은행으로 조선 재계의 최고 권위라는 것보다도 소위 만년萬年 정리은행이라는 창질瘡疾[매독], 임질한 점에서 유명할 만큼 되었다"는 원색적인 비난까지 들을 정도였다(「鮮銀總裁의 來京, 所謂 鮮銀의 朝鮮本位는 무엇?」, 『朝鮮日報』, 1925. 5. 31).

은행 정리로 인해 "조선의 중앙은행으로의 기능을 발휘치 못하는 동안에는 의연 조선 재계의 손실은 계속될 것이"[20]라고 전망하고 있었다. 즉 조선은행의 "방만한 대부가 일본 및 만주 방면에 행하고 조선은 그 은택을 입지 못"[21]한 채 반대로 조선 경제는 조선은행 정리로 인해 큰 고통을 받게 되었다는 것이다.[22] 요컨대 제1차 세계대전이라는 경제 호황의 혜택은 만주나 일본이 누렸으면서도 그 불황의 손실이 그대로 조선에 전가된 것은 매우 부당하다는 것을 역설하고 있었던 것이다.[23]

2. '조선인 본위' 대 '조선 본위'의 상이한 해법

당시 조선 내에서는 조선은행 부실화가 만주 및 일본 지역의 방만한 자금 운용에서 비롯되었다는 점에 대해서는 이견이 없었다. 따라서 조선은행 정리에 대한 조선 내 비판은 불량대부로 인한 조선은행의 파탄 그 자체보다는 그 자금 운용이 누구를 대상으로 한 것이었는가에 초점이 맞춰져 있었다. 그런데 매체에 따라 지역 및 민족별 차이를 두고 인식의 격차가

20_「鮮銀總裁의 來京, 所謂 鮮銀의 朝鮮本位는 무엇?」, 『朝鮮日報』, 1925. 5. 31.

21_「(社說) 鮮銀整理案과 新總裁」, 『每日申報』, 1925. 7. 25.

22_당시 조선은행 정리로 인해 "금융의 핍박이 극도에 달하여 물가가 점등하고 임금이 저락하여 일반 민중의 생활상 위기가 임박하였으나" 조선인은 아무런 대처도 할 수 없어 그냥 "그 악영향을 그대로 감수"할 뿐이라는 기사에서도 잘 드러난다(「(社說) 朝鮮銀行 職制改定에 對하야, 朝鮮人을 重要幹部로 하라」, 『東亞日報』, 1922. 8. 13.).

23_따라서 조선은행이 받는 구제자금이라도 조선을 위해서 사용하라는 의견도 있었다. 조선은행이 조금의 양심이라도 있다면 "금번 정리자금은 조선의 상업자금기관 자금으로 충용할 것"을 요구하였다. 만약 그렇게 할 수 없다면 차라리 "조선 중앙은행의 직명을 철폐"하는 것이 마땅하니 "다소간이나마 중앙은행의 책임을 행하라"고 다그치고 있었다(「朝鮮銀行과 救濟資金(續)」, 『時代日報』, 1924. 4. 9.).

드러났다. 우선 조선총독부 기관지인 『매일신보』는 지역적 차별만을 언급하고 있었는데, 조선은행의 "대구大口대부 중에는 1건도 조선에 있는 것"이 없다는 것은 "그만큼 조선"을 무심히 내버려둔 것이라고 하여 조선이 피해자임을 부각시키고 있다.[24]

반면 『동아일보』나 『조선일보』의 경우 『매일신보』와 달리 지역과 민족의 중첩된 차별을 언급하고 있다. 종래 조선은행이 "일본인을 본위로 하여 업무를 경영하여 온 것은 만인이 그것을 아는 실정이며 통계의 숫자가 확실히 증명하는 바"인데, 여기서 "백보 양보하여 동은행은 일본인을 본위하여서라도 조선의 산업개발을 그 경영 방침의 중추로 하였는가 하며 이에 대하여 역시 긍정을 주기는 어렵"다는 것이다.[25] 즉 일본인 위주의 경영뿐만 아니라 그 지역도 조선이 아니라는 점이다. 그런데 여기서 방점은 조선이 아니라 조선인에게 있다. 조선은행의 불량대출 관련자 중에 "조선인으로서 이에 관계된 자가 거의 없었던 것은 원래부터 동행과 조선인과의 관계가 거의 없었던 것을 여실히 증명"한다고 하면서 "원래부터 조선과 조선인을 위한 조선은행이 아니고 만주와 일본인을 위한 조선은행"이라고 그 정체성을 규정하고 있다.[26] 즉 조선은행은 "조선은 안중에 두지 아니하였던" 것은 물론이고 "안중에 둔 일이 있었다면 그것은 조선에 있는 일본인"[27]이었던 점에서 조선은행의 자금 운용 실태가 일본인 본위였음을 강조

24_「(社說) 鮮銀整理案과 新總裁」, 『每日申報』, 1925. 7. 25. 이 사설에서는 조선은행이 정치적 고려 속에서 만주에 진출하여 그로 인해 큰 손실을 입게 된 것은 당사자로서도 어쩔 수 없었음을 감안해야 한다고 언급하고 있다. 다만 조선 내 대출 중 불량채권이 적은 것은 그만큼 조선을 등한시 하였다는 점을 오히려 반증한다는 점에서 조선은행의 비조선적인 행태를 비난하고 있는 것이다.

25_「(社說) 朝鮮銀行의 營業方針, 更考할 必要가 無할가」, 『東亞日報』, 1922. 3. 1.

26_「(經濟時論) 今後의 朝鮮銀行 〈 下 〉」, 『東亞日報』, 1924. 3. 2.

하고 있다. 식민지라는 지역과 민족의 중첩된 차별구조 속에서 결국 최대 피해자는 조선인임을 강조하는 것이다. 요컨대 양자는 "조선은행은 만주의 발전을 그 본질로 할 것인가"[28]라는 조선은행의 조선소외론에 있어서 공유점을 가지고 있으나, 그 소외의 방점이 조선에 있는가 아니면 조선인에 있는가를 두고 명백한 차이점을 보이고 있었다.

이상과 같이 조선 경제계에 아무런 기여를 하지 못하는 조선은행은 정리과정을 거쳐서 앞으로 어떤 은행으로 거듭나야 할 것인가? 여기서는 조선은행 본연의 임무를 조선에서 어떻게 인식하고 있었는지를 살펴보기로 하자. 조선은행에 대한 비난이 불량대출 자체보다는 지역 및 민족 차별에 집중되어 있었다는 점을 고려해 보면, '조선(인) 본위'라는 해법이 쉽게 도출될 수 있다. 그런데 이 해법은 매체별로 조선인 본위와 조선 본위라는 두 가지로 분화된다. 즉 『동아일보』와 『조선일보』의 경우 조선인에 방점에 있다면, 『매일신보』는 조선에 찍혀져 있었다.

우선 조선은행의 조선 내 민족별 대출 실태를 살펴보자.

〈표 4-3〉 조선은행 조선 내 민족별 대출 비율 (단위: %)

연도	일본인	조선인	외국인	연도	일본인	조선인	외국인
1909	97.0	2.2	0.7	1924	88.0	11.7	0.3
1910	91.8	6.4	1.8	1925	87.7	11.7	0.6
1911	85.7	13.7	0.5	1926	85.2	14.3	0.5
1912	74.1	24.8	1.1	1927	85.8	13.7	0.6
1913	75.1	24.2	0.7	1928	78.6	19.2	2.2
1914	78.1	21.2	0.7	1929	92.6	5.2	2.1
1915	72.9	26.9	0.2	1930	88.5	7.7	3.8
1916	81.5	18.3	0.2	1931	89.3	10.1	0.6
1917	66.6	32.3	1.1	1932	91.2	8.5	0.3
1918	90.0	8.6	1.4	1933	93.7	5.9	0.5

27_「(社說) 朝鮮銀行의 整理」, 『朝鮮日報』, 1925. 8. 16.

28_「(社說) 鮮銀의 放漫貸出, 中央銀行의 信用如何」, 『東亞日報』, 1922. 2. 28.

연도	일본인	조선인	외국인	연도	일본인	조선인	외국인
1919	85.6	13.0	1.4	1934	90.9	7.9	1.3
1920	85.4	14.4	0.2	1935	89.7	9.4	0.9
1921	85.1	14.7	0.2	1936	90.1	9.1	0.8
1922	85.6	14.1	0.3	1937	93.3	6.6	0.1
1923	54.4	10.4	35.2	1938	95.6	4.3	0.1

출전: 朝鮮總督府財務局, 『朝鮮金融事項參考書』, 1939, 95-96쪽.

위 〈표 4-3〉에서 보이듯이 조선은행 대출액의 80~90%는 일본인에게 집중되고 있음을 알 수 있다. 1910년대 조선인 비중은 20%를 상회할 정도로 증가하고 있었으나 1920년대 정리 기간 중에는 이전보다 하락되어 10%대에 머물고 있었다. 이러한 대출 실태를 보면 조선인 본위의 금융활동 요구가 나오는 이유를 알 수 있다.

주지하듯이 1920년대에는 조선인 자본가와 언론을 중심으로 '조선인 본위'의 경제정책을 요구하는 목소리가 매우 높았다. 대표적인 조선인 기업인 경성방직의 경우, 중소기업으로 일본 대기업과의 경쟁에서 살아남기 위한 방편으로 『동아일보』를 통해 경제운동을 전개함으로써 난국을 타개하려 하였다. 이 운동은 두 가지 방향으로 전개되었는데, 하나는 일제의 경제정책에 대한 비판을 통해 지원을 얻어내려고 하는 것이며 다른 하나는 조선인들에게 민족산업 장려육성의 필요성을 호소함으로써 시장 판로를 확장하고자 하는데 있었다. 『동아일보』는 일제의 경제정책을 조선인 경제 도태정책이라고 비판하면서, 조선인 본위의 산업정책을 시행하여 조선인을 보호하는 정책을 취해야 한다고 강조하였다. 또한 일본인을 중심으로 한 경제체제에 대항할 수 있는 조선인 자본가를 중심으로 한 민족기업을 육성해야 한다는 것을 강조하였다.[29] 당시 일제 경제정책에 대한 조

29_金容燮, 「古阜 金氏家의 地主經營과 資本轉換」, 『韓國近現代農業史研究』, 一潮閣, 1992, 232-

선인 자본가층의 일관된 비판의 핵심은 '조선인 본위의 산업정책'이 아니라는 점에 집중되었다. 조선인 본위의 산업발달에 가장 필요한 것은 일제 당국의 보호 · 장려에 있다고 보고, 일본인 자본보다 재생산구조가 취약한 조선인 산업에 대해서 시장원리에 의거한 '공정한' 경쟁을 하도록 하는 것 자체가 불공정한 민족적 차별이라고 주장하며, 일제 당국의 조선인 산업에 대한 '차별적' 보호를 요구했던 것이다.[30]

따라서 조선은행에 대한 조선인 본위의 요구도 위와 같은 맥락 속에서 검토될 수 있다. 다음 사설은 향후 조선은행 개선 방향을 조선인 본위의 관점에서 서술한 것이다.

> 첫째 조선은행의 성질상으로 보아서 동행의 주요 간부를 조선인으로 하라 (…) 조선인 중에서 경제적 경험이 풍부하고 영업상 수완이 숙달된 인물을 추천하여 그 간부를 조직하고 일본인을 고문으로 하여 사회의 사정을 참작하여 인민의 정도를 고려하여 적극적으로 산업의 개발을 촉진하며 소극적으로는 금융의 민활을 기도하여 경제적 중앙기관이 되는 특색을 발휘할 것이며 둘째 영업방침을 절대적으로 조선인 본위로 하라 함이니 동행의 주식을 변경하되 각지에 산재한 조선인 은행의 주금株金을 인입引入하여 자본금을 적립하며 만주의 방자放資와 규슈九州의 자금을 일절 금지하고 혹은 조선인의 산업을 보호하며 신용을 확립케 할 것이라. 이제 다년 경제적 훈련이 숙달하고 자금상 조달이 풍부한 일본인과 아직 실제적 관념이 조잡하고 산업적 발전이 둔순한 조선인을 동일한 선로에서 경쟁케 하고 평균한 방법으로 취급한다 함은 소아와 거인을 경쟁케 하며 총명과 맹아를 비교한 셈이라 이는 대우의 차별이 심한 것이며 생활의 위협이 극한 것이라 하노라.[31]

248쪽.

30_오미일, 「제8장 1920년대 초의 산업정책론」, 『한국근대자본가연구』, 한울, 2002 참조.

위 사설에서는 다음 두 가지를 요구하고 있었는데 하나는 조선 사정에 정통한 조선인을 중역으로 등용시킬 것, 다른 하나는 조선 이외 지역의 대출을 금지하고 조선에 자금을 집중 투자하는데 특히 조선인 산업의 보호·육성에 주력하라는 것이다. 우선 조선인을 본위로 한 정책을 시행하기 위해서는 조선인이 그 은행 운영에 참여할 수 있어야 한다는 것이다. 조선인이 능력이 부족해서 중역으로 등용할 수 없다고 하는 항간의 평가에 대해, 그렇다면 일본은 메이지 초기에 영국인이나 미국인을 간부로 등용하였는가라고 반문하고 있다. 특히 이와 같은 조치는 "차별철폐를 주장하는 조선정치의 막대한 모순"이라고 지적하면서 "조선민중의 신뢰할만한 조선 인사로 그 간부를 조직케 하는 것이 지당한 일이라"고 주장하고 있다.[32] 두 번째로 조선은행의 자금 운용을 조선에 집중할 것은 말할 것도 없고, 특히 조선인에게 집중적으로 자금을 융통할 것을 요구하고 있다. 이미 큰 경제적 격차를 가진 조선인과 일본인을 동일하게 간주하여 자금을 운용하게 되면, 조선인에게 지원이 많이 갈 수 없음은 분명한 사실이다. 따라서 후진적 단계에 있는 조선인 경제를 성장시키기 위해서는 조선인에게 '차별적'인 보호 육성책을 써야 한다는 것이다. 예컨대 조선은행의 금리정책이 민족별 격차를 인정하지 않은 채 실시 될 경우, 조선인은 사실상 배제

31_「(社說) 鮮銀問題와 善後方策如何, 朝鮮人本位로 하라」, 『東亞日報』, 1922. 3. 11.

32_「(社說) 朝鮮銀行 職制改定에 對하야, 朝鮮人을 重要幹部로 하라」, 『東亞日報』, 1922. 8. 13. 시기적으로 이후의 의견이지만 일본인 중에서도 조선은행에 조선인 중역을 등용할 것을 건의하는 경우도 있었다. 경성상업회의소 회장인 와타나베 테이이치로渡邊定一郎는 조선은행 총재에게 조선은행은 "조선의 모母은행인 고로 조선인을 중역에 두어달라고 싶다. 이것이 일반의 여론이다. 조선에서 무엇을 하더라도 사상상의 융화가 필요하다. (…) 유력한 조선인을 중역에 입入하는 것은 당연하다"고 의견을 피력하였다(「鮮銀의 重役에 朝鮮人을 選任하라, 渡邊京城商議會頭 主張」, 『東亞日報』, 1927. 6. 7.).

될 수밖에 없음을 지적하고 있다. 즉 1925년 들어 4년 만에 조선은행이 재할인금리를 인하하자, 그 대상이 "수이출어음과 당좌대월에"만 한정되는데 당시 조선인 중에 대상자가 "몇 사람이나 되겠느냐"고 반문하면서 결국 금리 인하로 인해 이득을 볼 "사람은 조선인이 아니오 일본인이 될 것이"라고 전망하고 있었다. 금융이 경색된 상태에서 금리 인하는 기뻐할만한 일이지만 "조선인 본위의 금융정책"이 실시되지 않는 한 종전의 조선은행이 행했던 정책과 차이가 없다는 것이다.[33]

위에서 인용한 『동아일보』의 사설에 따르면 조선은행은 조선의 경제발전을 위해 설립된 금융기관이었다. 즉 "조선의 산업개발과 금융의 원활"[34]을 목표로 설립된 "조선의 중앙은행인 조선은행이 조선의 산업개발을 도모하지"[35] 않는다면 과연 누구에게 기대할 수 있겠냐라는 물음을 통해 당시 조선은행에게 어떤 역할을 기대하였는지 짐작할 수 있다. 그런데 이런 인식은 일반적인 중앙은행 기능과는 차이가 크다. 이것은 조선식산은행에게 요구되어야 할 내용이기도 하다. 이는 당시 조선 내 산업정책과 관련된 금융정책 문제에 있어 핵심적인 요구가 조선산업개발자금을 어떻게 조달할 것인가라는 점과 무관하지 않다.[36] 조선은행은 발권력이라는 강력한 무기를 가지고 있기 때문에 이를 조선인 산업개발을 위해 사용하라는 것이

33_「鮮銀의 利下」, 『東亞日報』, 1925. 5. 2.

34_「(社說) 朝鮮銀行의 營業方針, 更考할 必要가 無할가」, 『東亞日報』, 1922. 3. 1.

35_「(社說) 鮮銀의 放漫貸出, 中央銀行의 信用如何」, 『東亞日報』, 1922. 2. 28.

36_1921년 8월 유민회(1919년 고희준 등 직업적 친일인사들이 서울 경기지역의 자본가층을 포섭하여 결성한 단체)가 산업조사위원회에 제출한 의견서에서는 조선인 산업발달을 위한 특수금융기관의 설립을 제시하고 있었다. 조선식산은행이 조선인을 본위로 한 식산자금 공급을 외면한다고 비판하면서 농공자금의 장기대부 및 기타 일반은행 업무를 담당할 특수금융기관의 설립을 제안했다. 이 기관의 임원은 모두 조선인으로 하고, 자본금의 절반은 조선총독부에서 조달하고, 감독관은 총독부에서 임명하도록 하였다(오미일, 앞의 책, 423-425쪽).

다. 즉 중앙은행 고유의 논리보다는 산업자금을 어떻게 공급할 것인가에 집중되어 있음을 알 수 있다. 이는 『동아일보』에서 전개한 조선인 본위의 산업정책 요구의 연장선상에 있음을 알 수 있을 것이다.

반면 『매일신보』는 조선은행의 향후 정책에 있어 '조선 본위'를 요구했다는 점에서 앞의 『동아일보』의 '조선인 본위'와는 명확한 차이를 보이고 있다. 가령 제5대 총재로 취임한 스즈키 시마요시鈴木嶋吉에 대해서 "역대의 총재는 말로는 조선 본위를 창도하지만은 그 실은 만주 방면에 방만대부를 행한 결과 마침내 동행으로 하여금 대정리를 단행하게"했는데 스즈키도 "총재 취임 당시에 조선 본위로 할 것을 성언聲言하였"다고 하니 조선은행의 향후 정책도 이에 따를 것을 주문하고 있다.[37] 이와 같이 『매일신보』에서는 '조선인'이란 표현 대신 '조선'이란 표현만이 나타난다. 즉 조선의 문제를 조선인의 문제로 보는 시각과 일본제국주의의 식민지로 보는 시각의 차이점이 그대로 드러나고 있었다.

당시 『조선일보』에서는 조선총독부를 중심으로 제기된 조선 본위론을 강하게 비판하고 있었다. 1925년 조선은행 총재 노나카 키요시野中清가 조선 본위 방침을 천명하자, "위대한 만각晩覺"이라고 하면서 "근래 총독부 당국을 위시하여 창도되는 정치상 내지 경제상의 허다한 조선 본위라는 것이 조선인을 무시한 조선 본위되는 점에서"는 일치된다면서 조선 본위의 문제점을 지적하고 있다. 종래 조선인은 "조선에 있는 일본인처럼" 거액의 대출을 조선은행에게서 받은 적이 거의 없기 때문에 양자는 너무나도 멀리 떨어져 있는 관계였다고 한다. 지난날의 조선은행은 "일본인을 위한 선은이오 금일에 선은을 궁지에 빠지게 하여 조선 재계 전반에 불쾌한

37_「鈴大新鮮銀總裁에게 一言, 就任後 初次의 渡鮮에 際하야」, 『每日申報』, 1925. 10. 6.

영향을 미치게 하는 것도 일본인을 위하다가"그리된 것이기 때문에 조선 본위라는 그 이름은 지극히 아름답지만 조선인에게는 이전의 조선은행과 전혀 다르지 않는 존재라는 것이다.[38]

그런데 조선은행은 '조선'을 위해서 또 '조선인'을 위해서도 필요한 존재이기 때문에 일부에서 제기되고 있던 조선은행의 일반은행화에 대해서는 강하게 반대하였다.[39] 만약 중앙은행을 잃게 된다면 이는 "심장을 잃은 인체와" 다름없게 되기 때문이다. 조선은행을 대신해서 일본은행이 조선에서 중앙은행으로 기능하게 된다면 "조선의 경제계에 반드시 악영향을 미치지 않고 오히려 할인이율의 저하로 이익되는 점이 있을 것이라"고 찬성하는 자도 있으나 "조선 경제계는 후진인 것만큼 금융정책에 특수한" 것을 고려해야 한다는 것이다.[40] 즉 조선과 일본의 경제적 격차가 있는 만큼 독자적인 중앙은행의 존재는 반드시 필요하다는 것이다.

위와 같은 인식에 있어 공통적으로 보이는 문제점은 중앙은행 자체에 대한 탐색보다는 조선은행의 금융활동이 앞으로 조선(인) 본위로 되어야 한다는 당위론에 그치고 있다는 점이다. 즉 조선은행의 활동이 중앙은행이란 기본적 직능에 충실하지 못해서 일어난 것이라기보다는 현상적으로 조선(인)에게 집중하지 않았기 때문에 문제가 있다는 식이 주류를 이루고 있다. 특히 조선은행의 사명을 조선(인)을 위한 산업자금 공급으로 규정할 때, 이 자리에 조선식산은행을 대입하여도 그다지 무리가 없는 내용이 다수임을 알 수 있다.

38_「鮮銀總裁의 來京, 所謂 鮮銀의 朝鮮本位는 무엇?」, 『朝鮮日報』, 1925. 5. 31.

39_당시 일본 정계 일각에서는 조선은행의 '중앙은행' 기능을 박탈하고, 일반은행으로 개조하자는 논의가 있었는데, 자세한 내용은 본서 332-338쪽을 참조할 것.

40_「金融體系 改善問題와 朝鮮銀行前途」, 『東亞日報』, 1927. 2. 23.

그러나 이러한 지배적인 인식과는 달리 중앙은행의 본질에서 접근한 것이 있어 주목되는데 다음 『중외일보』 사설을 소개하고자 한다.

> 조선은행은 당연히 그 본래의 사명인 조선 중앙은행의 기능을 행하여야 할 것이다. 산업이 발달된 나라도 전국의 금융을 통제하는 중앙은행이 필요하거니와 더욱 조선은 산업혁명기에 있어서 신사업이 흥기하는 시대이므로 사업 자본금의 완급 경중을 고찰하여 그 발전을 도모함이라든가 또는 유치한 금융계에 완전한 체계를 두어 금융을 통제하는 여러 가지 중대임무 수행에는 신용과 능력 있는 독립 중앙은행의 존재가 필요한 바 이에 조선은행 외에 다시 없다. 또 **중앙은행이라 하면 보통은행과 같이 함부로 영리주의만을 목적으로 함이 아니다**. 평소에 금융의 완급을 조절하여 변태적 금리시장의 출현을 방지하는 외에 중앙은행의 그 정밀한 조사기관으로 일국의 재계의 전도는 물론 널리는 세계적 재정을 조사하여 일반은행가와 기업가에게 재정 경제의 미래 추세를 경고하여 실책이 없게 함도 또한 중앙은행의 일사명이다.(강조는 필자)[41]

이 사설에서는 조선은행이 나아갈 방향을 다음과 같이 정리하고 있다. 첫째 조선 내 산업발달에 필요한 적절한 자금을 공급해야 하고, 둘째 미발달된 조선의 금융계를 중앙은행으로서 통제해야 하고, 셋째 일반은행과 같이 영리를 추구하는 행위를 지양할 것을 강조하고 있다. 넷째 금융시장의 급격한 변동을 사전에 방지하기 위해 각종 금융조절책을 시행해야 하고, 다섯째 조사 업무를 충실히 수행함으로써 경제계에 유익한 정보를 제공해야 할 것을 향후 조선은행이 취해야 할 행동으로 지적하고 있다. 이 사설은 단순히 조선(인) 산업자금 조달이라는 기존 요구와 달리 중앙은행이 비영리 기관으로서 조선 내 금융계를 선도적으로 이끌어야 함을 강조

41_「(社說) 朝鮮銀行의 還元」, 『中外日報』, 1928. 8. 6.

한다는 점에서 진일보한 시각을 보이고 있다. 다음 장에서도 보게 되듯이 정리 이후 조선은행이 적극적인 영리 추구에 나섬으로써 오히려 조선 금융계를 교란시켰던 것을 고려한다면, 선구적 인식으로 평가할 수 있을 것이다.

III. 1928년 이후 조선 내 중앙은행 기능에서 벗어난 금융활동 비판

1. 정리 후 상업금융 강화를 통한 일반은행화 비판

1928년 일본은행으로부터 다시 자금 융통을 받고, 1924년 도쿄로 옮겼던 본부가 1928년 다시 경성으로 복귀함으로써 조선은행 정리를 위한 조치는 일단락되었다.[42] 본부의 조선 환원은 조선 내에서 줄기차게 요구되던 조선은행의 조선(인) 본위를 실현시켜 줄 것으로 여겨져 크게 환영받았다.

42_조선은행은 1924년 4월 29일 직제 및 서무규정을 개정하여 5월부터 도쿄에 총재석을 설치하고, 총재와 부총재는 도쿄에 상주하였다. 고정대출 정리를 위해 도쿄, 경성 및 대련에 각각의 정리부를 신설하고, 3명의 이사를 각 지역별로 배치하여 도쿄에서는 일본점 및 만주를 제외한 해외점, 경성은 조선점, 대련에서 만주점의 감독을 담당하게 되었다. 본부의 도쿄 이전은 두 가지 이유 때문에 단행되었는데 첫째 정리의 주대상 지역이 조선이 아니라는 점이다. 즉 불량대출 관련 거래처 대부분이 일본에 집중되어 있었기 때문에 경성 본부가 아니라 도쿄에서 통제하는 것이 효율적이었다. 둘째는 구제자금은 전부 일본 대장성이나 일본은행에서 지원받았고, 조선은행 정리는 대장성의 지휘 감독하에 진행되었기 때문에 각종 업무상 도쿄에 총재석을 두는 것이 더 유리하였던 것이다. 조선은행 정리에 있어 조선총독부는 사실상 아무런 힘도 발휘할 수 없었다. 정리가 일단락되자, 1928년 9월 다시 직제개정을 실시하여 도쿄, 경성, 대련에 분산 배치되었던 정리부를 경성총재석 정리과로 일체화하고, 총재도 도쿄에서 경성으로 옮겨왔다(朝鮮銀行史硏究會 編, 앞의 책, 205-251 · 285쪽).

사실 조선은행 본부가 도쿄에 있으면 기본적으로 "조선 사정에는 아무리 하여도 어두"운 한계가 있을 수밖에 없기 때문에, 조선 내에서의 활동은 그만큼 제약을 받을 수밖에 없었다.[43]

그러나 조선은행의 행보는 조선 내의 기대와는 크게 어긋났다. 조선은행이 상업금융에 적극적으로 진출하여 조선금융계를 교란시키고 있었는데, 그 이유는 이윤 추구에 있었다. 이미 1927년경부터 이런 경향이 하나 둘씩 보이고 있었는데, "조선은행은 종래 정책을 변경하여 적극적 태도를 출出하"여 평양이나 인천 등에서 "우량어음을 탈奪하므로" 지역 내 일반은행 중에는 "매우 곤란한 입장에 빠지게 된 은행도 있는 것 같다는데 조선은행의 적극적 방침은 전 조선에 걸칠 것 같다"고 전망하고 있었다.[44] 계속해서 조선은행이 우량 거래처를 목표로 하여 "영업권의 확대에 노력하고 금리도 극력 인하"를 하자, 이런 행위는 "주력은행으로서 소小은행을 몰각하는 것이니 발권은행은 자중하여 달라"는 요구가 은행들 사이에서 나오고 있었다고 한다.[45]

한편 1927년 12월 8일자로 조선은행 총재에 취임한 가토 케이자부로加藤敬三郎는 홋카이도척식은행北海道拓殖銀行 두취 출신으로, 이 은행의 정리를 단행한 경험이 있었다. 그가 세운 조선은행 정리 방침 중에는 고정대출 정리를 위해 영업 수익의 증가를 도모해야 한다는 항목이 있었다.[46] 사실 조

43_「(社說) 朝鮮銀行의 還元」, 『中外日報』, 1928. 8. 6. 본부 환원 이전에는 "서면상으로 도쿄에 앉아서 보아서는" 어떤 정확하고 정밀한 보고라 하더라도 "실정에 정통하기 어려운" 사정이 있었음에 반해 경성에 돌아옴에 따라 "실제 조선의 사정을 볼 수가 있고 또 조선의 기분으로써 취급"할 수 있기 때문에 조선에 있어서는 "비상히 유리하다"고 하여 그 차이점을 설명하고 있다(「朝鮮을 爲하야 非常히 有利, 鮮銀本部 京城에 移置」, 『東亞日報』, 1928. 8. 7.).

44_「各地에서 鮮銀 大飛躍, 仁川金融界 混亂」, 『朝鮮日報』, 1927. 3. 26.

45_「鮮銀 積極方針, 銀行家間에 不平」, 『朝鮮日報』, 1927. 4. 17.

선은행이 거액의 구제자금을 상환하기 위해서는 매년 일정 이상의 수익을 올려야만 했다. 즉 정리의 방식이 구조적으로 조선은행이 자체 수익을 통해서 하도록 되어 있기 때문에 노골적인 이윤 추구 경향은 거스를 수 없는 것이었다.[47]

이와 같은 조선은행의 적극적 영업 전략은 일반은행의 영업 기반을 침탈할 수밖에 없었다. 이런 경향은 1928년 들어서 더 노골화되었는데, 당시 조선에서는 본부의 경성 환원을 계기로 종래 일본에서 일반은행의 하나였던 "조선은행이 조선에 돌아와 조선의 중앙은행으로의 사명을 수행하게 된 것이 조선인의 금융에 얼마나한 효과를 초래할까 하"고 일반이 기대하고 있었다. 그런데 조선은행이 "조선의 부동산금융에 자금의 대출"을 하겠다는 의도를 내비치자, "만일 이것이 사실"이라면 "그는 중앙은행으로서의 사명을 망각한 금융책이라"고 비판하였다. 당시 조선에서 부동산담보 대출은 특수한 의미를 가지는데, "상공업의 발달정도가 유치한 조선에 있어서 대출의 안전을 기하려면 부동산 대출밖에 더 없"는 현실로 인해 조선의

46_朝鮮銀行史研究會, 『朝鮮銀行略史』, 1960, 40쪽. 가토가 천명한 정리방침은 다음과 같다. ① 금후 절대로 정부 및 일본은행에게 자금 원조를 기대지 않을 것을 신조로 할 것, ② 은행 경영의 주안점을 고정대출금의 정리 회수에 두는 동시에 **극력 영업수익의 증가를 도모할 것**, ③ 고정대출금의 정리방침-㉠ 재기 가능성이 예상되는 기업은 신규자금을 주입해서 고정대출금의 건전화를 기하며, 각 거래처별로 정리안을 수립하여 상환 방법을 확립할 것 ㉡ 담보에 대한 권리 보전 수속을 엄중히 함과 동시에 성의 없는 상대방에 대해서는 유예 없이 추궁할 것, ④ 영업수익을 올리기 위한 소극적 수단으로 인원을 더욱 정리하는 한편, 정기적 임금인상이나 기말상여금 등은 원칙적으로 일시 중지하여 인건비를 절약하고, 각종 경영비(엘리베이터의 운전, 겨울 난방장치, 주간의 점등, 집기류의 신규발주 등)의 대삭감을 단행할 것, ⑤ 검사는 적발주의 摘發主義를 채택하여 총재 자신이 검사원을 독려할 것(강조는 필자).

47_당시 조선은행 감리관의 의견에 따르면 "불량자산의 소각은 대부분 영업 이익금"으로 감당해야하기 때문에 결국 정리 완성의 가능 여부는 "장래 예상과 같이 수익을 발생하느냐 못하느냐의 점에 달린 것"이었다고 한다(朝鮮銀行史研究會 編, 앞의 책, 269쪽).

각 은행에게 부동산 담보가 많은 사정이 있었다. 이러한 조선은행의 노골적인 영리 추구 경향에 대해서 "은행권을 발행하는 중앙은행으로서 조선의 금융을 통제할 책임을 어깨에 걸머진 조선은행이 다른 어깨에는 민간은행이 하는 것과 같은 부동산 대출업을 걸머지고 과연 조선의 금융통제를" 수행할 수 있을지 "의문"이라고 문제를 제기하고 있었다.[48] 이런 실태에 대해 당시 대장성에서 파견한 조선은행 전임감리관은 조선은행은 "중앙은행이므로 은행권을 발행하여 이의 조절을 하고 재할에 응하면 고만이"지 "보통은행과 경쟁함은 본래의 사명이 아니다"[49]라고 언급할 정도였다. 조선은행의 적극적인 수익 추구로 인해 이전에는 그나마 일반은행에 대해서는 '중앙은행'으로서 역할을 하였는데, "갱생 후는 점차 중앙은행으로서 색채가 박薄하며 그 반면 상업은행화하는 경향이 현저하다"[50]는 평가를 받고 있었다. 즉 정리 후에 오히려 이전보다 '중앙은행'으로서의 기능이 훨씬 약화되었다는 것이다.

조선은행의 상업금융 확대는 1930년대 들어서 더 적극적으로 되었고, 일반은행 측의 반발도 더 심해질 수밖에 없었다. 당시 조선은행은 "연일 총재를 중심으로 중역회를 개최, 영업상 금후 집행해야 할 적극책에 대해 협의"한 결과 민간을 대상으로 한 대출 및 예금에 보다 자유로운 운용 방침을 취해 "산업 및 일반경제의 조장을 적극적으로 꾀하"도록 방침을 정하였다.[51] 이런 결정에 대해 조선의 "일반은행 중에는 상당한 위협을 주는 두

48_「朝鮮銀行의 不動産貸出」, 『中外日報』, 1928. 10. 8.

49_「鮮銀의 使命은 朝鮮 産業開發에, 産業資金 低利를 圖謀, 色部 鮮銀監理官 談」, 『朝鮮日報』, 1928. 11. 21.

50_「下關支店復活과 朝鮮銀行의 新目標, 鮮滿對內地의 決濟를 圓滑케 하고자, 日銀券 統一實施乎」, 『每日申報』, 1930. 3. 21.

51_「鮮銀の積極方針, 整理の一段落と共に睡眠狀態より脫す」, 『京城日報』, 1930. 1. 21.

려움이 있는 것으로 보이고, 적어도 발권은행"인 조선은행이 취할 길이 아니라고 하는 의견도 있는데, 특히 거래처 경쟁뿐만 아니라 "이로 인해 발생하는 금리 저하의 경향은 일반은행으로서는 상당히 고통"일 수밖에 없는 것이 사실이었다.[52] 이와 같이 조선은행이 일반은행 영업을 위축시키는 행위에 대해 본래의 사명인 자금 지원에 주력해야지 경쟁하는 것은 바람직하지 않다는 비판이 제기되고 있었다.[53]

이러한 비판에 대해 조선은행 측은 "지점은행 혹은 식산은행 측과는 다소 충돌될지 모르나 여타의 본점은행 영역은 결코 불침不侵할 방침"이라 하여 본점 일반은행 측에는 그 피해가 가지 않는다고 주장하였다.[54] 그러나 조선은행 재할인의 축소 경향으로 인해 "중앙은행 대對 일반은행의 관계는 표면뿐으로 점차 대립적 처지에 있게 될 경향이 농후하여졌다"[55]고 할 정도로 일반은행의 입지는 더욱 좁아져갔다. 식민지기 일반은행은 특수은행 및 일본계 지점은행과의 경쟁 속에서 영업 기반이 대단히 취약한 상태였다. 일본으로부터 안정적인 자금을 공급받을 수 있는 지점은행은 당시 일본의 저금리로 인해 자금을 "일본에 보내는 것보다 조선에서 소화함이 유리"하게 되어 더 많은 자금을 융통할 수 있었으며 조선은행도 "일본에서 저리자금을 가져올 수 있"었기에 조선은행과 지점은행이 대출경쟁을 벌이고 있을 정도였다.[56] 이와 같이 일본에서 저금리로 끌어온 자금으로 무장한 상대와 경쟁해야 하는 일반은행으로서는 큰 타격을 입을 수밖에 없었

52_「鮮銀の積極方針は普通銀に影響薄, 殖銀や内地銀行が却つて痛い」, 『京城日報』, 1930. 2. 4.

53_「轉換機に立つ鮮銀の營業方計, 不動産方面へも進出」, 『京城日報』, 1930. 5. 23.

54_「鮮銀의 新方針은 普通銀行 領域 不侵, 非難은 不當타고 辨明」, 『中外日報』, 1930. 5. 28.

55_「鮮銀의 商銀化? 普銀對立處地」, 『東亞日報』, 1930. 11. 29.

56_「金利低로 貸出競爭? 普通銀行 經營難 時代, 鮮銀과 支店銀行」, 『東亞日報』, 1931. 3. 17.

다. 또한 일반은행의 주자금원인 예금에 있어서도 금융조합이나 신탁 등과의 경쟁에서 불리할 수밖에 없었기에 그 취약성이 더욱 심해져만 갔다.

조선은행의 상업금융으로의 적극적 진출은 조선 내 최초의 대출 경쟁을 불러 일으켜 거래처 쟁탈전으로 비화되고 있을 정도였다.[57] 당시 조선은행에서 "본점지배인 대리를 시중 거래처에 상시로 보내어 여러 가지의 편의를 도모"한다는 비난이 있자, 조선은행 지배인은 그러한 세간의 비평에도 불구하고 "나는 절대로 이것을 중지치 않을 터이다"라고 말하면서 이는 "거래처와의 연락이 주이며, 금융과 거래상에 일반의 주의를 듣고 또 상대방의 영업, 기타 의논을 듣는 등 필요한 일"이라며 조선은행의 영업방침을 적극 옹호하였다.[58] 일반은행 측에서는 "최근 조선에 있어 중앙은행인 조선은행의 태도가 점점 일반은행의 거래처까지 손을 내밀어서" 거래은행을 옮겨감으로써 조선은행의 "일반은행화가 현저"케 되어 가는 실정이라고 언급할 정도였다.[59]

57_조선은행의 적극적 영업 방침의 결과 은행 간에는 우량 거래처를 두고서 경쟁이 벌어져 금리가 저하되는 결과를 낳았다고 한다. 이런 현상을 두고 "지금까지 조선 내에는 예금의 쟁탈은 행해지고 있었으나, 대출에 대한 은행 측의 경쟁적 활동이 개시되기에 이른 것은 금회가 최초"라고 할 정도였다(「鮮銀の積極的活動で鮮內金利低落, 支店銀行には脅威」, 『京城日報』, 1930. 6. 1.).

58_「朝鮮銀이 普銀의 域內侵入點 朝鮮支配人否認」, 『東亞日報』, 1932. 3. 3. 조선 경제계의 위축과 상거래의 부진으로 인해 우량 대출 물건은 격감하고 예금 증가는 둔화되어 은행간 거래선 쟁탈은 더욱 "노골화"됨에 따라 "종래 이 방면에는 체면상 소극적이던 선은, 식은도 최근은 환경의 악화와 함께 쌍방이 모두 거래원을 방문하고 시중금리는 예금 대출 모두 상당한 대구大口는 협정율을 무시하고 취급하는 모양이"(「預金爭奪戰 去益露骨化, 鮮銀 殖銀도 積極的」, 『每日申報』 1932. 3. 20.)라고 당시의 상황을 전하고 있다.

59_「三重四重壓迫으로 普通銀行 經營難, 最近 鮮銀 普銀化?」, 『東亞日報』, 1932. 2. 23. 이 기사에서 일반은행의 한 중역은 "중앙은행인 선은에서도 지금까지 돌아보지 않던 보은의 거래처에 손대인 것이 하나 둘이 아니라 점점 노골화하는 경향이 사실이다. 심지어 일반은행의 예금처에 사람을 보내어 끌어오는 일이 있고 또 휴일에 어음할인을 하여 준 일까지 있는 등 선은의 태도

이와 같이 조선은행의 정리가 일단락되면 조선의 '중앙은행'으로서 기능하리라는 기대는 완전히 깨져버렸다. 오히려 조선은행은 자행의 부동산담보 대출을 둘러싼 비난에 대해서는 상업금융을 위주로 하는 일반은행이 부동산금융을 취급하는 것도 본래의 취지에는 맞지 않는다고 반박하였다. 그러자 "나의 불능한 바를 타他에 구함은 너무나 무리한" 요구라고 하면서 조선은행이 일반은행에게 "정도"를 지키라고 하는 것은 예의가 아니라는 힐난을 받았다. 이러한 행태가 반복됨에 따라 "솔직히 말하면 조선은행이 중앙은행으로서의 권위를 실추하고 사명을 결여한 지" 이미 오래되었으며, 급한 것은 남의 잘못된 것을 바로잡는 것이 아니라 "먼저 근원의 정제에 유의함이 오히려 급무라"고 하여 조선은행이 본래 사명에 복귀할 것을 촉구하고 있었다.[60]

2. 만주 철수 후 조선 복귀에 대한 기대와 우려

1932년 만주중앙은행이 설립되어 독자적으로 만주국폐를 발행하게 되면서 만주에서 중앙은행으로 활동해 온 조선은행은 그 위상에 큰 변화가 초래되었다. 즉 당시 금권金券 통화로서 유통되고 있던 조선은행권은 언젠

가 전일과 달라진 것이 확실하다"며 조선은행의 영업 태도를 구체적으로 적시하고 있다. 이에 대해 마쓰바라 준이치松原純一 조선은행 이사는 "일반은행의 지반을 침입한 것"이 아니라 "다만 일반은행의 실력에 미치지 못하여 그 거래가 지점은행으로 가게 될 때에 선은에서 이것을 맡아 거래하는 일과 또 거래처의 희망에 의하여 혹은 보은의 거래처가 선은으로 옮겨오는 일이 있었을 뿐"이라고 해명하였다. 그리고 일반은행의 경영난은 조선은행이 아니라 "지점은행과 금조 또 식은에서 상업금융방면에도 주력하"기 때문에 피할 수 없는 일이라며 오히려 그는 일반은행이 이 경영난을 타개하기 위해서는 "경쟁이 심한 도시를 떠나서 경쟁이 없는 '지방'에 지점을 설치하여 나아가는 것"이 그 방법 중 하나가 될 것이라고 말하고 있다.

60_「(社說) 不動産金融과 鮮銀의 態度」, 『每日申報』, 1932. 9. 16.

가는 만주중앙은행에 회수되어야 할 존재로 그 시기만이 문제로 되었다. 마침내 만주국폐의 금권화에 따라 1917년부터 만철부속지를 비롯한 관동주, 만주 지역에서 법화로서 통용되던 조선은행권은 1935년 말로서 만주 내 유통이 전면적으로 금지되었다. 또 1936년 말 조선은행의 재만주 20개 지점이 1937년 1월 1일에 신설되는 만주흥업은행에게 이양됨으로써 만주에서 전면 철수하게 되었다. 만주라는 기득권을 상실한 조선은행이 고려할 수 있는 대안은 크게 두 가지였다. 단기적으로는 기존 영업지역, 특히 조선에서의 상업금융 강화책이고, 장기적으로는 만주를 대체할 새로운 지역으로의 진출이었다. 전자는 조선 내 금융기관의 업무조정이 선행되어야 가능하고, 후자는 일본 군부의 대륙 침략에 따라 결정될 문제였다.

먼저 첫 번째 문제를 보면, 조선은행의 만주 철수는 그동안 조선 내에서 강하게 주장하고 있었기 때문에 당연히 환영받을 수 있는 사안이었다. 조선은행을 "중앙은행으로서의 본래 사명에 환원케 하는 동시에 이것을 기회로 조선 내 금융기구의 개선을 기도할 적절 또 절호의 시기"[61]라면서 그동안의 숙원을 풀 수 있을 것으로 기대했다. 그러나 이런 희망보다는 오히려 우려의 목소리가 더 높았다. 앞으로 조선은행이 영업을 "조선 내에 주력하게 되면 식은의 상업금융과 조선의 상업금융에 각축이 없을 수 없겠고 이 중에 일반은행은 필연적으로 금일 이상의 고민"[62]이 될 것으로 예

61_「鮮銀을 目標로 한 金融機構의 改善, 鮮銀券 滿洲撤收에 刺戟되어, 一部에서 必要主唱」, 『每日申報』, 1935. 11. 21.

62_「朝銀券 滿洲撤退로 朝鮮內 金融戰激化? 普通銀行의 苦憫加重」, 『東亞日報』, 1935. 12. 18. 실제로 조선은행이 만주에서 철수하게 되자, "더욱 조선 내의 일반은행의 업무 분야에 침입하지 않으면 안 되게 되어 이에 諸금융기관과의 마찰은 다시 심각화 할 형세"가 도래할 것임을 예상하고 있었다(「特殊會社 解剖, 朝銀, 殖銀, 東拓, 鮮滿拓殖 等은 무엇들을 하고 잇는가, 金麟伊」, 『朝鮮日報』, 1937. 1. 1.).

상하고 있었다.[63] 즉 조선은행의 만주 철수로 인해 조선식산은행과의 상업금융을 둘러싼 경쟁은 더욱 격화될 것이고, 일반은행의 영업은 위축될 수밖에 없다는 것이다.[64]

다음으로 조선은행은 만주를 대체할 지역으로 북중국을 목표로 삼아 적극적으로 진출하고자 하였다. 조선은행으로서는 "다년 피와 땀으로서 개척하고 축조한 만주에서의 지반을 국책상 부득이라는 이유"로 포기하였기 때문에 "만일 북중 개발금융기관으로서 후보를 물색한다 할지면 마땅히"[65] 자행이 1순위가 될 수 있을 것으로 예상되었다. 그러나 만주 철수를 기회로 조선 내 중앙은행의 역할을 기대하고 있었던 상황에서 다시 중국으로 진출하는 것은 잘못되었다는 비판이 있었다. 『매일신보』는 사설에서 다음과 같이 말하고 있다.

> 종래 선은이 만주에 주력을 경주한 그것은 선은으로서는 일종 사도邪道를 밟은 것이어서 결코 선은 본래의 사명과 임무에 충실한 것 아니었다는 그 점이다.

63_1937년 조선은행은 영등포에 지점을 설치하는 문제를 두고서 일반은행 측과 대립하고 있었다. 조선은행 측은 "장차 영등포는 공장지대로서 지정되고 있는 관계상" 지점을 설치하는 것은 당연한데 이는 "타은행 지점을 압박하는 것과 같은 것이 아니"라고 하면서, 조선은행은 일본은행과 달리 "이미 일반의 상업금융을 행하고 있기에 지점을 설치하는 것은 당연한 조치"라고 지점 설치를 옹호하고 있었다. 이 문제는 신문의 언급대로 "단순히 1지점 설치의 가부를 떠나 선은이 선내에 적극적 업무확장을 행할까 아닐까의 분기점이 되는 것으로 중대시되고 있"었다고 한다(「鮮銀の永登浦支店問題と地元銀行の反對論, 鮮銀營業政策の分岐點設, 置か否か動向を注視」, 『京城日報』, 1937. 2. 27.). 조선은행 영등포지점은 결국 설치되지 않았다.

64_조선은행도 이런 사정을 잘 알고 있었다. "과년課年 이미 조선은행 및 조선 내 각 본점은행과의 사이에는 격렬한 쟁패전의 전개가 있어 만약 조선은행이 만주 영업 구역을 버리고 조선으로 환원할 때에는 서로 자위상으로 하여도 그 대립 관계는 일층 격화를 면할 수 없다"고 전망하였다(朝鮮銀行, 「東亞銀行(假稱)設立案綱要(1936. 6.)」(朝鮮銀行史硏究會 編, 앞의 책, 945쪽)).

65_「(社說) 鮮銀의 北中進出說」, 『每日申報』, 1936. 12. 19.

선은은 조선 중앙은행이다. 그 본래의 사명과 임무로서의 기능을 발휘함에 있는 바일 것이어서 만주 진출과 같은 것은 본래의 사명과 임무를 완전 수행한 후의 일일 것이다. 그러함에 불구하고 다만 만주진출에만 급급하여 마침내 **조선에서는 거의 일반은행에 차이가 없는 지위**에 전락치 아니치 못하게 된 것은 너무나 유감의 큰 것이라 말하지 아니치 못하게 되는 바일 것이다. 물론 금일에 이르러는 선은이 능히 쇠퇴하는 형세를 돌아서 조선 중앙은행으로서의 실을 갖춤은 지난사至難事에 속한 것일 것이다. 그러나 그가 여하히 지난사에 속한 것이라 할지라도 선은 자체로서는 마땅히 이에 매진하고 용왕하여야 할 바이다. 다만 만주에서의 지반 상실만을 통석하여 본래의 사명과 임무에 등한시 한다 할지면 너무나 방랑증의 심한 자라 말할 바 아닐 것일가.(강조는 필자)[66]

애초 조선은행이 만주에 진출한 것부터가 잘못된 선택이며, 만주는 조선에서 중앙은행의 기반을 다져놓은 다음에 진출했어야 한다는 것이다. 그 결과 조선은행은 조선에서 일반은행과 다를 바 없게 되었는데, 만주 철수를 계기로 조선 내에서 중앙은행 본연의 기능을 회복해야 하는 것이 급선무임에도 불구하고 오히려 다시 중국에 진출하려고 하는 것은 무슨 말이냐는 것이다. 앞으로 조선의 중앙은행 기능을 제대로 수행하려 한다 해도 많은 시간과 노력이 필요할 터인데, 하물며 중국에 나간다면 과연 그것이 가능하겠느냐는 것이다. 자꾸 조선을 벗어나려고 하는 조선은행에 대해 그만 떠돌아다니고 조선으로 돌아오라는 호소인 것이다.[67]

66_「(社說) 鮮銀의 北中進出說」, 『每日申報』, 1936. 12. 19.

67_조선은행의 중국 진출은 1918년 천진과 제남지점 설치에서 시작되었다. 한동안 지점이 신설되지 않다가 조선은행이 만주에서 철수한 직후인 1937년 1월에 천진 욱가旭街출장소, 북경지점을 설립하여 본격적인 중국 진출을 도모하였다. 중국 지점은 중일전쟁을 계기로 급속히 확대되었는데, 조선은행 전체 영업소 중 중국 지역이 37%를 차지하여 가장 높은 비중을 보이고 있었다(朝鮮銀行史研究會 編, 앞의 책, 850-853쪽).

위와 같이 조선은행이 1920년대 후반 이래, 특히 1930년대 들어서 상업금융에 적극적으로 진출하여 "일반은행화"[68]하고 있다는 평가가 일반화될 정도였다. 조선은행으로서는 1920년대 부진했던 영업실적을 만회하기 위해서 보다 적극적으로 수익을 올려야 하는 사정이 있었기 때문이다. 그런데 조선은행은 발권은행이라는 압도적으로 우월한 위치에서 일반은행과 경쟁하는 구도였기 때문에 일반은행은 열세에 놓일 수밖에 없었던 것이다. 즉 애초부터 경쟁 자체가 성립되기 힘든 구도였던 것이다.[69] 그 결과 중앙은행으로서의 본연의 기능을 요구하는 목소리는 더욱 높아질 수밖에 없었다. 이처럼 조선은행은 조선에서 일반은행의 영업을 원조, 발전시키는 중앙은행의 본질적 기능을 망각한 채 오히려 그것을 저지 방해하는 존재였던 것이다.

68_「朝鮮銀行 貸出이 膨脹, 普通銀行 領域을 侵入, 金融閑散과 反對」, 『東亞日報』, 1932. 9. 22.

69_조선은행권의 보증준비 발행한도의 확장은 단순히 은행권의 증발이 아니라 이 확장이 어디에 사용될 것인가가 중요한 문제로 될 수 있다. 즉 "보증준비확장은 (…) 조은이 이 금융경색시대에 처하여 중앙은행으로서의 충분한 기능을 발휘할 것인지 그렇지 않으면 일반은행 업무겸영의 입장에서 직접의 일반거래에 주력을 기울이는 것인지 주목되는 터"라는 기사에서 조선은행 발권력이 어떤 의미를 가지는지 이해할 수 있다(「金融梗塞緩和에 朝銀 努力要望, 殖銀 金組에 短期需資 快應토록 財務當局도 同一見解」, 『東亞日報』, 1937. 6. 18.).

2장

조선은행 개조 논쟁과 그 함의

- 제국의 이상과 식민지 현실의 길항 -

1920년대 이후부터 일본 정계를 중심으로 조선은행 개조론이 등장하고 있었는데, 개조론의 핵심은 은행권 발행특권의 폐지, 즉 중앙은행의 기능을 박탈하여 일반은행으로 전환하는데 있었다. 일본 정부가 적극적으로 추진한 개조론으로는 1925년에 입안한 '조선은행법 폐지법률안'과 1935년 대장대신 다카하시 고레키요高橋是清가 주장한 조선은행권의 일본은행권 통일 방침이라는 두 사례를 들 수 있다.

한편 개조론에 대한 반대론이 동시에 제기되고 있었는데, 이를 조선은행 측과 조선 내 반대 여론을 중심으로 살펴볼 것이다. 양자는 개조를 반대한다는 점에서는 의견이 일치하지만 각자의 입장에 따라 서로 다른 이유를 들어 반대하고 있다는 점에서 이를 구별할 필요가 있다. 조선은행 측은 자신의 영리추구 수단인 발행권 특권을 보호하기 위해 일본의 대외금융정책의 구조적 문제점을 활용하였다. 반면 조선 내 반대 여론은 식민지 조선 경제의 특수성을 들어서 이를 반대하고 있었음을 검토하고자 한다.

그런데 조선은행 개조론을 둘러싼 논의는 일제 식민통치정책과 긴밀한 연관을 가지고 진행되었다. 따라서 이 개조론을 통해 제국과 식민지 간의 관계를 확인할 수 있다. 이 개조론은 사실상 실현 불가능한 논의였다. 그러나 그 실현 가능성 여부는 차치하더라도 이 논의에는 단순히 조선은행 발행권을 어떻게 할 것인가라는 기능적인 논의뿐만 아니라 그 근저에는 제국-식민지 간의 관계를 어떻게 설정할 것인가라는 근본적인 질문이 내재되어 있음에 주목하고자 한다. 실현 불가능한 개조론이 그 정당성을 가지고 계속해서 제기될 수 있는 근저에는 바로 제국의 이상과 식민지의 현실이 서로 길항하고 있었기 때문이다.

Ⅰ. 조선은행 정리 및 이상론에 입각한 개조론

1. 조선은행 정리 수습책으로서의 개조론의 대두

조선은행 개조론이 본격적으로 제기된 것은 1920년대 정리 과정에서였다. 1910년대 후반 제1차 세계대전의 호황을 틈타 급격하게 대출을 늘렸던 조선은행은 종전 후 반동공황의 여파로 인해 막대한 불량채권을 안게 되었다.[70] 당시 조선은행이 보유한 불량채권의 내용과 금액, 향후 처리 방향을 두고 여러 의견들이 개진되었는데, 당사자인 조선은행에 대해서는 매우 격렬한 비난이 쏟아지고 있었다고 한다.[71] 이 과정에서 조선은행 개

70_여기에 대해서는 본서 301-305쪽을 참조할 것.

71_이하 일본 내 언론에서의 조선은행 개조 논의에 대해서는 波形昭一, 「植民地銀行政策の展開」, 澁谷隆一 編著, 『大正期日本金融制度政策史』, 早稲田大學出版部, 1987, 282-285쪽을 참조하였다.

조 문제가 언론에서 제기되고 있었는데, 이는 일본의 금융제도 개혁과 연동되어 진행되고 있었다. 금융제도 개혁론의 주요 내용은 첫째 기구개혁에 관한 의견, 둘째 방만한 영업영역의 시정에 관한 의견, 셋째 은행권 발행권의 시비是非에 관한 의견으로 구별할 수 있다. 조선은행과 관련된 내용만으로 한정해 보면, 우선 기구개혁에 있어 핵심 내용은 조선은행 감독권의 대장성 이관문제로 다른 특수은행과 동일하게 감독권의 대장성 통일을 요구한 의견이었다. 다음 조선은행의 특수은행으로서의 특권을 폐지하고 본래 영업구역인 조선으로 복귀해야 한다는 의견이 다수였다고 한다. 마지막으로 은행권 발행 특권을 몰수하여 일본은행권에 통일해야 한다는 의견이 압도적이었다고 한다.[72] 그렇다면 조선 및 대만은행의 은행권 발행 특권을 박탈할 경우, 향후 어떻게 개편할 것인가를 두고서는 양행을 합병하여 채권 발행권을 가진 식민지은행으로 하자는 의견과 각각 조선 및 대만에서의 순연한 일반은행으로 하자는 의견으로 나누어졌다고 한다.

이 논의는 정치권에서도 공식적으로 제기되었는데, 1923년 2월 5일 제46회 제국의회에서 스즈키 후지야鈴木富士彌 의원은 조선은행은 원래 본거지인 "조선에서보다 일본이나 만주에 더 많은 대출"을 실시하였는데, 이는 "식민지은행의 본질을 잃"은 것이라고 지적하였다. 이런 폐해는 식민지인 조선에 은행권 발행의 권리를 부여함으로써 발생된 것으로 아무리 방만한 대출을 한다 하더라도 지불불능에 빠질 염려가 없기 때문에 가능해진 것이라고 비판하였다. 또한 발행특권을 가진 채 일반은행 업무를 겸영하고 있기 때문에 조선에서는 다른 "보통은행이 비상한 압박"을 받고 있는 현실 등

72_조선은행 및 대만은행의 발행권 폐지는 일본 정부뿐만 아니라 당시 학계의 대세였다고 한다 (日本銀行百年史編纂委員會,『日本銀行百年史 3』, 1983, 309-310쪽).

을 들어 그 부당함을 지적하였다. 그는 지금이 조선은행의 발행권 특권을 몰수하여 일본은행에 통일해야 할 시기라고 하면서 이에 대한 정부의 답변을 요구하였다. 이에 대장대신인 이치키 오토히코市來乙彦는 조선은행권을 일본은행권으로 통일하는 것은 "이상적으로 말하면 동의"한다고 하면서도 아직은 실시 시기가 아니며 "시간이 지나면 자연히 이는 행해지게 될" 것이라고 하여 당장 실시할 의향이 없음을 분명히 하였다.[73]

그런데 당시 대장성에서는 1923년 조선은행 감독권을 조선총독부에서 대장성으로 이관[74]하는 법률 개정안 설명자료에서 조선은행권을 일본은행권으로 통일할 필요가 있음을 명기하고 있었다. 이 문건에서는 "은행권 통일이 필요한 것은 누구도 이론異論이 없는 것으로 오직 문제는 그 실행시기 여하에 있다"면서 만약 은행권을 통일하게 된다면 일본은행과 조선은행 간에 특권의 승계 및 보상 등으로 인해 "상당한 기간을 거치기 때문에" 이를 해결하기 위해서도 조선은행은 조선총독이 아닌 중앙정부에서 직접 간섭하는 것이 유효하고 또 편리할 것이라고 주장하였다. 이 문건은 원래 조선은행의 감독권을 일본 정부로 옮기는 것이 타당하다는 것을 주장하기 위해 만든 것으로서 조선은행은 요코하마정금은행橫濱正金銀行이나 일본흥업은행, 대만은행과 같이 "해외은행으로서 국제금융에 종사하고 특히 중국, 만몽 및 시베리아"에서 특수 활동을 하는 사실은 누구나 다 아는 바이기 때문에 하나의 지방을 "관할하는 관청에게 감독권을 행하게 하는 것"은 매우 불철저한 것이라고 하였다.[75]

이는 대장성에서 상반된 견해를 가지고 있다기보다는 조선은행 문제를

73_1923년 2월 5일 제46회 帝國議會衆議院 豫算委員會(제3분과: 대장성)會議錄.

74_조선은행 감독권 이관에 관련해서는 본서 55-60쪽을 참조할 것.

75_大藏省, 「(秘)朝鮮銀行ノ監督權ニ關シ閣議へ提出ノ件閣議案」, 『昭和財政史資料』, 1923, 2-70- 7.

여러 각도에서 검토하고 있었음을 보여주는 것이라 할 수 있다. 다음에 보듯이 대장성에서는 조선은행을 비롯한 국책 금융기관들을 어떻게 개조할 것인가를 두고 다양한 방법을 검토하고 있었던 것처럼 이도 그 중 하나라고 생각된다. 감독권 이관은 1924년에 실현되었는데, 어차피 장기적인 관점에서 보면 은행권 통일이라는 작업은 중앙에서 진행되어야 하기 때문에 이를 감독권 이관의 명분을 쌓는 작업으로 활용하고 있었던 것이다.

대장성은 다시 1925년에 조선은행 개조안을 정리하였는데, 그 방법은 다음과 같이 다양하게 구상되고 있었다.[76] 기본전제는 조선은행과 대만은행의 발행특권은 박탈하여, 일본은행권으로 통일한다는 것이다. 그럴 경우 다음 세 가지 문제를 해결해야 하는데, 첫째는 은행권을 발행할 수 없게 된 양행을 어떻게 개편할 것인가, 둘째 만주에서의 금융정책을 어떻게 재편할 것인가, 셋째 이로 인해 파생되는 문제, 즉 식민지를 비롯한 일본 대외금융체계의 근본적 개편문제까지 고려되어야 하는 것이다. 먼저 양행을

76_
- 조선, 대만 양행의 발행권을 일본은행에 통일시킬 것.
- 일본은행 보증준비의 확장, 납부금제도의 채용, 기타 동행의 조례 및 정관을 개정할 것.
- 조선, 대만 양행을 채권발행은행으로 할 것.
- 조선, 대만 양행을 보통은행으로 할 것.
- 조선, 대만 양행을 단독 또는 병합하여 소위 해외은행으로 할 것.
- 조선은행을 조선식산은행과 합병 또는 합병하지 않으면 조선에 한정된 은행으로 할 것.
- 대만은행을 요코하마정금은행에 합병하고 조선은행을 일본은행에 합병할 것.
- 만주를 조선은행의 영업구역으로 하는 동시에 동양척식주식회사를 사업겸영의 채권발행은행으로 하거나 또는 현상 그대로 주로 만주에서 활동케 할 것.
- 조선은행은 발행권 반환 후에도 만주에서는 현상을 유지케 할 것과 동척을 은행(당분 사업겸영)으로 하여 부동산금융의 중추기관으로 할 것.
- 만주에서의 각 은행 지점을 하나로 묶어 만주중앙은행을 신설할 것.
- 만주에서의 은권 발행도 조선은행에게 통일할 것 또는 조선은행에게도 허용할 것.
- 만주에서의 금권 발행권을 조선은행에게서 요코하마정금은행으로 옮길 것(朝鮮銀行史研究會 編, 『朝鮮銀行史』, 東洋經濟新報社, 1987, 306-307쪽).

채권발행 기능을 가진 특수은행으로 하거나 아니면 순연한 상업은행으로 전환할 수도 있다. 은행권 발행이라는 거대한 특권을 박탈하였기에 이에 대한 보상으로서 채권발행의 특권을 부여한다는 구상은 조선은행의 경우, 조선식산은행 업무와 중복될 수 있기 때문에 조정이 이루어져야 한다.[77] 다음으로 조선은행권은 조선뿐만 아니라 만주에서도 법화로서 유통되고 있었기 때문에, 조선과 달리 만주에서의 조선은행 업무를 어떻게 개편할 것인가는 매우 중요한 문제였다. 만주에서의 업무는 그대로 두자는 안과 아예 새로운 금융기구(만주중앙은행)를 신설하자는 안, 혹은 발행권을 요코하마정금은행에 넘기자는 안 등이 제시되고 있었다. 마지막으로 기존 조선은행과 대만은행을 중심으로 한 일본의 식민지 금융체계가 근본적으로 와해됨에 따라 일본의 식민지 금융체계의 정비도 함께 고려해야 할 대상이 되었다. 조선은행-대만은행 합병, 조선은행-조선식산은행 합병, 대만은행-요코하마정금은행의 합병 등 일본의 소위 국책은행 간의 합병 등을 통해 해외 식민지 금융체계를 재조정하는 안도 여러 각도에서 검토되어야 했던 것이다. 즉 조선은행의 개조는 조선은행 문제에만 그치는 것이 아니라 근본적으로 일본의 식민지 금융체계를 변혁하는 것이라는 점을 확인할 수 있을 것이다.

대장성은 위의 여러 안 가운데 일단 대만 · 조선 양행을 일반은행으로 전환시킬 것을 내용으로 하는 법률안을 1925년 3월에 마련하였다. 대장성

77_가령 일본권업은행이나 일본흥업은행처럼 모두 채권발행의 특권을 가지면서도 전자는 농업 및 부동산금융 중심으로, 후자는 공업 및 동산담보 금융기관으로 발전한 것처럼 서로 중복되지 않도록 조정할 수도 있다. 일본의 금융체계에서는 일본은행은 '상업의 중앙은행', 일본권업은행은 '농업의 중앙은행', 일본흥업은행은 '공업의 중앙은행'으로 기능하도록 분화된 것이다(後藤新一,『日本の金融統計』, 東洋經濟新報社, 1970, 235쪽).

에서 작성한 '조선은행법 폐지법률안'[78]에 따르면 1911년에 제정된 「조선은행법」은 폐지하고 제5조 및 제6조에서 조선은행권은 5년의 유예기간을 설정하여 일본은행권으로 교환하도록 되어 있다. 상호도 '동아은행東亞銀行'으로 고쳐 그 본점을 도쿄에 두고, 현 본점은 경성지점으로 하여 일반은행으로 개조한다는 것이 주요 내용이다.[79] 이 개조안은 발행권 박탈에 관한

78_'조선은행법 폐지법률안'

제1조 1911년 법률 제48호 조선은행법은 이를 폐지한다.

제2조 조선은행은 그 상호를 주식회사 동아은행東亞銀行으로 고쳐 본법 시행일로부터 은행조례에 의해 은행으로서 설립된 것으로 간주한다.

제3조 주식회사 동아은행은 그 본점을 도쿄시에 둔다.

조선은행의 본점은 주식회사 동아은행의 경성지점으로 한다.

제4조 조선은행의 총재, 이사 및 감사는 주식회사 동아은행의 두취, 취체역 및 감사역으로서 각각 취직한 것으로 간주한다.

제5조 조선은행이 발행한 은행권은 태환은행권조례에 의해 일본은행에서 발행한 태환은행권으로 간주하여 본법 시행의 날로부터 5년간 공사일체의 거래에 무제한으로 통용한다.

제6조 조선은행이 발행한 은행권은 전조의 기간 내에 일본은행이 발행한 태환은행권으로 교환할 것을 필요로 한다.

조선은행이 발행한 은행권으로 전조의 기간 경과 후 1년 이내에 교환을 마치지 못한 것은 일본은행에서 태환의 의무가 없는 것으로 하고, 이로 인한 손실은 그 소지인의 부담으로 한다.

제7조 조선은행이 발행한 은행권 교환에 관한 수속은 명령으로써 이를 정한다.

제8조 조선은행이 한 행위는 주식회사 동아은행이 한 것으로 간주한다.(…)

제9조 주식회사 동아은행은 아래의 사항에 대해 주무대신의 인가를 받아야 한다.

1. 정관의 작제作製 또는 변경
2. 취체역 및 두취의 선임
3. 이익금의 처분

제10조 주무대신은 주식회사 동아은행에 대해 감독상 필요한 명령을 할 수 있다.

부칙

제11조 본법은 1926년 7월 1일부터 이를 시행한다(朝鮮銀行史研究會 編, 앞의 책, 307-308쪽).

79_「(社說) 銀行券의 統一問題」, 『東亞日報』 1932. 7. 4.

보상이 전혀 제시되어 있지 않다는 점에서 조선은행에게는 매우 가혹한 방법이었다. 이 개조에 따라 「태환은행권조례」 개정안도 기안되고, 조선은행권은 일본은행권에 통합되어 5년을 한도로 회수될 예정으로 되었다. 당시 경영실태가 악화되고 있던 조선은행에게 강력한 업무 축소를 요구한 것으로서, 발권특권을 박탈하여 일반은행으로 전환하겠다는 매우 엄격한 개조안이었다.[80] 그러나 조선은행에 대한 감자減資·감배減配에 의한 정리 계획 수립과 일본 정부의 원조 방침이 결정되면서 이 개조안은 실행되지 못하였다.[81]

2. 일본의 관리통화제 도입과 만주 철수에 따른 개조론의 전개

1930년대 들어서 조선은행 개조론을 둘러싼 환경에 큰 변화가 발생한다. 우선 1931년 12월 국제금본위제를 다시 이탈한 일본은 1932년 7월 1일자로 일본은행권 보증발행 한도를 1억 2천만 엔에서 10억 엔으로 대거 확장하였고, 또 제한외발행세율을 5%에서 3%로 인하함으로써 실질적인 관리통화제도로 이행하였다. 따라서 일본은행권의 발행은 이전 정화준비의 제약에서 해방됨으로써 탄력적인 통화관리가 가능하게 되었고, 이는 일본 밖에서의 통화 공급의 증대 또한 용이하게 된 것을 의미한다. 조선은행 설립 당시에는 금본위제였기 때문에 "금준비 없이도 어느 정도까지 은행권을 마음대로 발행할 수 있게 하기 위하여 각지에 발권은행을 따로 두

80_대만은행의 경우도 「대만은행법」은 폐지되고, 은행명은 남양은행南洋銀行으로 고치는 등 조선은행과 동일한 취지의 개조 내용을 담은 법안이 입안되었다(朝鮮銀行史硏究會 編, 앞의 책, 308쪽).

81_조선은행 정리에 대해서는 본서 3부 2장을 참조할 것.

었던" 것인데, 1932년 금본위제 이탈로 인해 "일본은행권이 금의 구속"에서 벗어나게 되었기 때문에 "각지에 발권은행을 따로 둔 근본이유가 소멸" 되었다는 점에서 굳이 조선은행권을 별도로 유통시킬 필요가 없게 된 것이다.[82]

이를 계기로 대장성 및 일본은행을 중심으로 제기된 개조론[83]의 기본 입장은 '조선은행의 은행권 발행특권 회수 → 일본은행권 발행(조선에는 일본은행 지점 설치) → 일본 정부의 통화정책 통일 및 발권 통제력 강화'라는 구도였다. 개조론에서는 일본 제국 전체를 대상으로 하여 "일국 중앙은행으로서 일본은행이 마음대로 통화를 조절치 못한다는 것은 중앙은행의 실實을 다할 수 없다"[84]라는 점을 들어 발권통제를 통한 전체 금융통제력의 강화를 주장하고 있었다. 또한 은행권 발행특권을 가진 은행이 일반은행 업무를 겸영함으로써 발생하는 폐단 즉, "일반시중은행이 극도의 견제를 받아 민간금융기관의 발달이 현저히 저해되는 한편" 금리정책에 있어서도 조선의 금리를 일본보다 고율로 "유지케 하고 그로서 각종 산업의 건전한 발달에 장해를 주고 있다"[85]는 비판도 개조론을 지지하는 중요한 근거로 작용하였다. 요컨대 관리통화제의 실시로 인해 재량적인 통화정책이 가능해 질 수 있기 때문에 조선 등지의 식민지에도 일본은행권을 유통시킬 수

82 「(社說) 銀行券의 統一問題」, 『東亞日報』 1932. 7. 4.

83_당시 대장대신 다카하시 고레키요高橋是清와 일본은행 총재 히지카타 히사요시土方久徵 사이에는 합의되어 있었다고 한다. 특히 히지카타 총재는 조선, 대만 양행의 발행권 상실에 대한 보상으로서 "현행 보증준비 및 은행권 발행액에 상당한 일본은행태환권을 무이자로 대부하여 양행 발행권을 각기 회수케 하는 방법이 고려"되고 있다고 구체적인 회수방침까지 언급하고 있었다(「日銀 兌換券에 統一, 朝銀券은 廢止乎, 銀行券 統一이 得策이라는 日銀과 大藏省 意嚮」, 『朝鮮日報』 1932. 7. 4.).

84_「(社說)朝鮮銀行券의 日銀統一說, 實現되면 影響은 莫大」, 『朝鮮日報』 1935. 2. 27.

85_「(社說)鮮銀存廢問題, 充分考覈せよ」, 『京城日報』 1932. 7. 5.

있다는 것이다.

한편 1932년 만주중앙은행이 설립되어 만주국폐를 발행하게 되면서 만주에서 중앙은행으로서 활동해 온 조선은행의 위상에 큰 변화가 일어났다. 즉 당시 금권金券 통화로서 유통되고 있던 조선은행권은 언젠가는 만주중앙은행에 회수되어야 할 존재로 그 시기만이 문제시 되고 있었다.[86] 이와 같이 기존 조선은행권의 만주 유통 문제가 해결되면서 다시 개조론이 힘을 얻을 수 있는 여건이 조성되고 있었다. 이런 상황 속에서 당시 다카하시 재정이라 할 정도로 1930년대 전반기 일본 경제정책을 주도하고 있던 대장대신 다카하시 고레키요高橋是清가 조선은행권 폐지를 정면으로 주장하고 나섰다.

1935년 2월 의회에서는 조선은행법의 제한외발행세율을 5%에서 3%로 인하하는 법률 개정이 진행되고 있었다. 2월 22일 다카하시 대장대신은 답변 도중 갑자기 속기를 정지시킨 채 대만은행과 조선은행의 발행권을 회수하여 일본은행에 통일한다는 방침을 발표하였다. 이 발언은 상당히 큰 파장을 불러 일으켰는데[87], 다카하시가 발언한 내용은 다음과 같다고 전해진다.

86_만주국폐의 금권화에 따라 1917년부터 만철부속지를 비롯한 관동주, 만주 지역에서 법화로서 통용되던 조선은행권은 마침내 1935년 말로서 만주 내 유통이 전면 금지되었다. 또 1936년 말 조선은행의 재만주 20개 지점이 1937년 1월 1일에 신설되는 만주흥업은행에게 이양됨으로써 만주에서의 영업기반을 완전히 상실하게 되었다.

87_다음날인 23일에 각 신문은 이 내용을 1면 머리기사로 취급할 정도였는데, "22일 중의원 적자위원회에서 다카하시高橋 장상이 '장차 조선 대만 양은행의 태환권 발행권은 일본은행에 통일하겠다'는 성명을 한 것은 각 방면에 충동"을 주었다고 전하고 있다(「(社說)朝鮮銀行券의 日銀統一說, 實現되면 影響은 莫大」, 『朝鮮日報』 1935. 2. 27.).

금회의 개정[발행세 인하]은 당장의 필요에서 하는 것이고, 근본적으로는 대만은행, 조선은행 양행의 태환권발행권을 일본은행권에 통일하고 싶다. 대만은행은 대만을 하나의 경제구역으로 하여 보통은행과 동일하게 경영했어야 했다고 믿는다. 조선은행도 역시 마찬가지이다. 지금까지 종종 국가를 어지럽힌 주된 원인은 발행권이 있기 때문에 지나치게 돈이 자유롭게 된 점에 있다. 우리나라 전체로서도 통화발행권을 중앙은행에 통일해 두지 않으면 금융이나 자본의 통제를 할 수 없기 때문이다. 양행에게서 발행권을 몰수하는 방법으로는 이전 국립은행의 발행권을 몰수한 관례도 있으므로 양행을 위해 또 주주를 위해 어렵지 않을 방법이 나올 수 있다고 생각한다.[88]

다카하시의 발언은 다음 네 가지로 요약할 수 있다. 첫째 양 은행에게 발행권이 있기 때문에 이를 남용하여 국가에 피해를 주었다는 점이다. 둘째 일본뿐만 아니라 식민지까지 아울러서 통일적인 금융 · 자금 통제를 하기 위해서는 일본은행권을 단일 법화로 하여 식민지에 유통시켜야 한다는 것이다. 셋째 발행권이 몰수됨에 따라 받을 수 있는 피해에 대해서는 일본은행 설립시 국립은행에게 했던 방식을 고려하여 적당히 보상할 수 있으니 크게 문제가 되지 않을 것이다. 넷째 조선은행과 대만은행은 각각 조선과 대만만을 영업구역으로 하는 순연한 일반은행으로 개조한다. 다카하시 대장대신은 이 발언에 앞서 2월 9일의 중의원 예산분과회에서도 "장래에는 조선은행권도 대만은행권도 일괄하여 일본은행권에 통일할 필요가 있다"고 주장한 적이 있었다. 그러나 츠보가미 데이지坪上貞二 척무차관이 1주일 뒤 중의원에서 "조선의 산업개발의 필요상 조선은행의 태환권 발행권을 폐지하는 것은 현재 전혀 고려하고 있지 않다"라고 정면으로 부정하였다.[89]

88_朝鮮銀行史研究會 編, 앞의 책, 448쪽.

당시 조선에서도 다카하시 대장대신의 발언에 대해서는 "이상론으로서 진술한 것으로 보"이는데 "이상론으로서는 일반적으로 이론異論은 없"지만 현실적으로 "외지의 경제 특수사정은 어디까지든지 존중해야 될 것이"[90]다고 주장하는 등 대체로 실현 불가능할 것이라는 의견이 우세하였다.

그렇다면 사실상 실현 가능성이 매우 희박해 보이는 조선은행권 폐지를 대장대신이 직접 언급한 이유는 무엇일까? 우선 제기 주체인 다카하시[91]에 주목할 필요가 있다. 그는 대장대신을 일곱 번이나 역임했던 인물로, 특히 1931년 12월 13일 금수출 재금지, 즉 금본위제 이탈 이후부터 1936년 2월 '2·26사건'으로 암살될 때까지 3대에 걸친 내각에서 대장대신으로 재임하면서 일본 경제정책을 주도하였다. 다카하시는 시종일관 조선은행권의 만주 유통을 적극적으로 반대하고 더 나아가 조선은행권 폐지를 주장하던 인물이었다.[92] 일찍이 만주에서 조선은행과 요코하마정금은행이

89_朝鮮銀行史研究會 編, 앞의 책, 448쪽.

90_「鮮銀券 統一의 實行은 時期尙早, 外地의 特殊事情 尊重하라고, 今後 問題化豫想」, 『每日申報』 1935. 2. 24.

91_다카하시 고레키요高橋是清는 1854년 출생으로 1867~1869년 미국에 유학 후 귀국하여 관리가 되었다. 1892년 일본은행으로 옮겨 1899년 부총재, 1906년 요코하마정금은행 두취(겸임), 1911년 일본은행 총재가 되었다. 1905년 귀족원 의원에 칙선되었고, 러일전쟁 후 외채 모집의 공을 인정받아 1907년 남작(1920년 자작)에 서임되었다. 1913년 야마모토 곤베에山本權兵衛내각에서 대장대신에 취임하였고, 입헌정우회에 들어가 1921년 하라 다카시原敬가 암살되자 뒤를 이어 내각총리대신 겸 대장상, 정우회 총재를 역임하였다. 1924년 제2차 호헌운동으로 작위와 귀족원의원을 사직, 대의사에 당선, 호헌3파 내각에 입각하였고, 1925년 4월 정우회 총재에서 물러났다. 1927년 다나카 기이치田中義一내각의 대장대신으로 금융공황시 3주간의 지불유예긴급칙령을 공포하고, 또 거액의 손실보상을 실시하여 재계를 위기에서 구하였다. 1931년 이후 이누카이 쓰요시犬養毅, 사이토 마코토齊藤實, 오카다 케이스케岡田啓介 3대 내각의 대장대신으로서 금수출 재금지를 실시하고, 만주사변 하에서의 군부와 금융자본 쌍방의 요구를 조화시키기 위해 적자재정책을 시행하였다. 대장대신을 7회나 역임한 일본의 대표적 경제관료로 만주사변 이후 군부 확전에 반대하던 그는 1936년 2·26사건 때 암살당했다.

금건金建 대 은건銀建으로 대립하고 있었을 때, 다카하시는 바로 요코하마정금은행의 두취를 지낸 인물로서 만주의 폐제 문제에 대해서는 조선은행의 금권 유통을 반대한 "이른바 은파銀派의 중심인물"이었다. 그러나 다카하시의 조선은행권 폐지론을 단순히 요코하마정금은행과의 관계만으로 파악하는 것보다는 그가 군부와 밀접하게 연결된 조선은행권의 속성에 대해 깊이 우려하고 있었던 점에 주목해야 한다. 만주에서의 금권 유통을 반대했던 이유도 조선은행이 관동군과 합작하여 만주의 통화제도를 마음대로 지배하는 것을 막기 위한 것이었다. 만주사변 이후 내각의 방침과는 달리 대륙 침략정책을 계속 추구했던 일본 군부에게 조선은행권은 군표로서 기능하고 있었다. 시베리아 출병이나 만주사변에도 그러했듯이 이후 중국 침략에도 조선은행권은 언제나 일본군의 대륙 침략과 함께 있었다. 따라서 육군의 화북 진출을 어떻게 해서라도 저지하고 싶었던 다카하시로서는 군부 예산을 억제함과 함께 조선은행의 발행권을 회수하여 군용통화로서 사용되는 길을 막는 것을 검토했던 것이고, 이를 근본적으로 해결할 수 있는 방법은 조선은행 개조론밖에는 없었을 것이라고 생각했던 것이다.[93] 즉 다카하시로서는 군부의 확전을 막기 위해서는 그 행동부대의 역할을 하는 조선은행의 기능을 정지시킬 조치를 강구할 필요가 있었던 것이다. 이와 같이 다카하시의 조선은행 개조 문제에는 식민지 통화로서 조선은행권의 본질에 대한 우려가 깊이 자리 잡고 있었다. 중일전쟁 이후 일본의 중국 침략에 있어 첨병 역할을 적극적으로 수행했던 조선은행의 향후 행보를 생각하면, 다카하시의 이 우려가 현실화되었던 것을 확인할 수 있을 것이다.[94]

92_"조선 · 대만 양은행의 은행권 발행권을 폐지하고 이를 일본은행에서 통일해야 한다는 의향은, 고교장상이 다년의 지론"(「鮮銀券 統一問題」, 『朝鮮新聞』 1934. 12. 19.)이라는 것이다.

93_이상 다카하시의 입장에 대해서는 朝鮮銀行史研究會 編, 앞의 책, 453-456쪽을 참조하였다.

II. 식민지 현실론에 입각한 개조 반대론

1. 일본 대외정책의 구조적 문제에 입각한 개조 반대론

1절에서 살펴보았듯이 조선은행 개조론이 등장하게 된 근본 원인은 조선에 별도의 발권은행을 두었기 때문이다. 개조론에 대한 반대를 검토하기 전에 왜 식민지에 일본은행권을 유통할 수 없었는지에 대해 확인해야 할 것이다. 일본 정부는 조선은행법안의 제국의회 심의과정에서 그 이유를 분명히 밝히고 있었다.[95] 1911년 3월 의회에서는 1909년에 제정된 「한국은행조례」를 대신할 「조선은행법」을 심의하고 있었다.[96] 하마오카 코우테츠濱岡光哲 의원은 강제병합으로 인해 조선은 이미 "일본의 영토"가 되었음에도 불구하고 별도의 중앙은행을 설립하여 일본은행권을 발행하지 않는 것은 문제가 있다고 질의하였다. 한국에 중앙은행을 두고서 일본과 다른 은행권을 발행하는 것은 한국 정부가 존속하고 있을 때는 가능할지 모르나 병합이 된 이상 중앙은행은 일본은행 하나로 통일해야 한다는 것이다. 법안대로 한다면 한국은행은 조선은행으로 개칭된 채 그대로 유지되는데 마치 한국 정부가 여전히 존속하고 있는 것처럼 오해할 여지가 있다는 것이다. 그는 조선과 일본은 동일한 화폐제도가 시행되어야 한다고 강

94_중일전쟁 이후 조선은행권의 역할에 대해서는 본서 2부 2장 1절을 참조할 것.

95_1911년 3월 10일 제27회 帝國議會衆議院 朝鮮銀行法案委員會 會議錄.

96_「조선은행법」은 1909년에 제정된 「한국은행조례」(法律 제22호, 1909. 7. 26.)를 별 수정 없이 계승한 것이었다. 변경된 내용은 조선은행으로 명칭 변경, 은행권 보증준비 발행한도의 확장이었다. 그런데 양 법안의 계승 과정에서 가장 문제가 된 것은 감독권의 소재 여부, 즉 조선은행을 일본 대장성에서 감독할 것인가, 아니면 조선총독부에서 할 것인가였다. 이에 대해서는 본서 1부 1장 1절을 참조할 것.

조하였다.

정부위원으로 답변에 나선 이는 조선총독부 탁지부장관 아라이 겐타로 荒井賢太郎였다. 그는 우선 조선이 일본 영토에 병합되었음에도 불구하고 별도의 중앙은행을 설립한 이유로 양 지역 경제상태의 근본적 차이를 들고 있다. 금융면에서 보면 일본은 상업은행, 동산 및 부동산은행 등 각종 금융기관이 구비되어 있으므로 일본은행은 오로지 은행의 은행으로서의 역할만 하면 된다. 그러나 조선은 단지 몇 개의 상업은행만이 있을뿐더러 이마저도 열악한 경영실적으로 인해 정상적인 기능을 하고 있지 못하다는 것이다. 조선에 진출한 일본의 상업은행은 거류지나 개항장의 일본인만을 대상으로 하기 때문에 역시 제한적인 기능을 할 수밖에 없는 것이 현실이었다. 따라서 발권기능을 가진 조선은행이 상업금융 업무를 보완해주지 않으면 안 되기 때문에 순연한 중앙은행 제도는 도저히 조선에 적용할 수 없다는 것이다. 양 지역의 현격한 경제적 격차로 인해 일본식의 금융제도를 조선에는 그대로 도입할 수 없다는 것이다.

또한 일본과 조선의 지폐를 통일시켜야 한다는 주장에 대해서도 반대의 입장을 분명히 했다. 일본은행은 "일본의 금융기관의 중추로써 태환권의 기초를 정말이지 견고하게 하지 않으면 안"되기 때문에 "태환권의 기초에 동요를 가져올 수 있"는 것은 그 어떤 것이라도 항상 피해야 한다는 것을 "유념해"야 한다는 것이다. 그런데 조선은 아직 경제적으로 안정되지 못한 상태이고, 더구나 본토와 국경을 바로 접하고 있기 때문에 여기에 일본은행권을 유통시킨다면 유사시 조선 경제 상태의 동요로 인해 필시 태환권의 기초가 크게 위협받게 될 우려가 크다는 것이다. 따라서 "조선에는 특수의 은행을 설치하고 일본은행권 이외의 태환권을 발행케 해 두는 것이 전체적으로 안전"하기에 특별히 조선은행을 설립한 것이라고 답변하고 있다. 여기서 아라이가 가장 힘을 주어 강조한 것은 바로 일본 본토경제의 보호를 위해서는 본국의 화폐를 유통시킬 수 없다는 것이었다.

'일본 경제의 보호'라는 논리는 이후 개조 반대론의 가장 강력한 무기로 작동하였다. 특히 조선은행 측에서 적극 활용한 반대 논리였다. 개조론에 대한 조선은행 측의 기본입장은 다음과 같다. 조선은행권은 "일본 경제권 옹호를 위한 하나의 완충적 효과를 부여한 점에서 중요한 사명을 띠고 있"는데, "유사시 경제계에 어떤 이변"이 일어날지도 모르는 상황은 조선은행 설립 당시와 비교해 보아도 "조금도 변하지 않았"기 때문에 여전히 유효하다는 것이다.[97] 조선은행은 애초 조선에 일본은행 지점이 아닌 별도의 발권은행을 설립한 이유를 들어 개조론에 반대하고 있었다.

또 하나의 강력한 반대론의 근거는 만주중앙은행 수립 이전에 조선은행권이 만주에서 법화로서 유통되고 있던 현실이다. 당시 만주는 일본과 달리 강력한 은본위제 하에서 통일된 통화제도를 구축하지 못한 채 각종 통화가 난립하고 있던 상태였다. 그런데 이렇게 불안정한 지역인 만주에서 조선은행권을 대신하여 일본은행권을 법화로 인정하게 되면 과연 그 통제가 가능할 것인가라는 근본적인 문제가 발생하게 된다.[98] 일찍이 일본과 동일한 금본위제로 통일하여 안정된 화폐제도를 구축하였던 조선도 못 믿어서 별도의 화폐를 발행하고 있는 마당에 만주에 일본은행권을 유통시킨다는 것은 어불성설이라는 것이다. 따라서 "조선은행의 발행권 폐지는 단순한 조선만의 문제가 아니라, 만주국 통화제도의 문제이고, 일만경제 블록의 문제"[99]라는 지적은 개조론에 내재된 복잡성을 잘 보여주고 있다.

97_朝鮮銀行, 「朝鮮銀行券問題ニ關スル意見書」(1936. 6.)(朝鮮銀行史研究會 編, 앞의 책, 451쪽).
98_『朝日新聞』 1935. 2. 23.(朝鮮銀行史研究會 編, 앞의 책, 449쪽에서 재인용).
99_「鮮銀券 統一問題」, 『朝鮮新聞』 1934. 12. 19.

즉 조선은행 측은 개조론이 일본 대외정책상 큰 수정을 요하게 되어 사실상 실현불가능한 것임을 주장하면서 무력화시키고 있음을 알 수 있다.

조선은행 측 개조 반대론의 근저에는 조선은행의 존재 이유, 즉 이윤추구 경향이 자리잡고 있다. 조선은행은 은행권의 발행을 통해 값싼 비용으로 얻은 다액의 자금을 가지고 "식민지 개발을 위해 필요한 대부를 행하고, 이윤을 거두는 것을 주된 업무로 하고 있기" 때문에 만약 "발행권을 박탈" 당한다면 사실상 존속할 수 없다고 호소하였다.[100] 이와 같이 조선은행은 이윤의 원천인 발행권을 유지하기 위한 논리로서 일본 본토를 위해 희생하는 조선이라는 구도를 활용하고 있었던 것이다. 조선이 일본 경제를 보호해야 한다는 이른바 '완충론'은 시기에 관계없이 가장 강력한 반대론의 근거로 자리 잡고 있었다. 반면 만주 문제는 만주중앙은행이 설립되면서 새로운 국면에 들어서게 된다. 앞에서 보았듯이 다카하시가 이를 계기로 개조를 단행하려 했으나 실패로 돌아갔다. 만주의 상황은 변했다 하더라도 일본 본토 보호라는 원래의 사명은 변하지 않았기 때문이다.

2. 조선특수사정론에 입각한 개조반대론

조선은행과 달리 조선 측[101]에서는 조선특수사정론을 들어 반대하고 있었다. 일본과 근본적으로 다른 조선 경제의 특수성을 고려해야 한다는 것으로 조선총독부 이재과장인 미즈구치 류조水口隆三의 아래 발언은 이를 잘 보여준다.

100_朝鮮銀行史研究會 編, 앞의 책, 449쪽.

101_여기서 조선 측이라는 것은 개조론에 대한 조선 내 여론을 지칭한 것이다.

만약 조선은행권을 폐지하고 일본은행권을 통용케 한다하면 일본과 조선은 경제 관계가 부동不同한 고로 종종의 폐해가 있을 것은 물론이오 또 조선만으로서 말하면 금융경제계의 건전한 발달함에 있어 일본은행권을 사용한다 하면 조선 내에서 용이히 이를 완화케 하기 불능한 고로 또 영향의 미침이 단순히 경제계뿐 아니라 상업, 교육, 기타 일반에 대영향이 있을 터인 고로 금후년을 경經함에 경제력이 충실하여 일본과 조선이 전연 동일한 경제계의 현상이 되지 아니하면 조선은행권 폐지는 절대 불능한 바이라.[102]

한마디로 조선 경제는 후진적이어서 일본과 동일하게 볼 수 없다는 것이다. 당시 조선은행은 "태환은행, 환은행, 보통은행 3자 및 권업은행의 업무 일부까지 겸영하"고 있었는데, 만약 일본은행이 조선은행을 대신할 경우, "조선의 특수사정을" 감안한다 하더라도 "결국은 일본은행정관이 허락하는 정도 이내 또는 본점 방침이 허가하는 범위 이내에" 국한될 것이다. 그러나 "조선의 특수사정이 아직 조선 특수금융통제기관"을 필요로 하기 때문에 당국에서는 신중하게 고려할 것을 주문하고 있다.[103] 조선 경제의 특수성으로 인해 조선은행이 수행할 수 밖에 없는 다양한 기능이 있는데, 오로지 중앙은행 업무만 담당하는 일본은행이 이를 다 아우를 수 있느냐라는 것이다.

조금 더 구체적으로 접근해보면, 당장 문제가 되는 것은 조선은행이 사라진다면 조선 내 자금 수요에 어떻게 대처할 것인가이다. 본국과 달리 금융이 발달되지 못한 식민지에서 일본처럼 "자금을 예금에만 억제하는 보통은행"만으로는 "식민지 금융기관으로서의 사명을 달성하는 것이 충분"

102_「鮮銀券 廢止說無根, 鮮銀 臺銀合併說도 亦無根」, 『每日申報』 1922. 11. 23.
103_「(社說) 鮮銀發券制 廢止說」, 『每日申報』 1932. 7. 5.

하지 않기 때문에 만약 "발행권을 박탈한다면 이를 대신할 수 있는 자금 획득방법이 강구되지 않으면 안"된다는 것이다.[104] 조선은행보다 금리가 낮은 일본은행 지점이 설치되면 충분한 자금 공급이 이루어질 수 있다는 주장에 대해서는 조선의 경우 일본은행이 제시한 기준을 만족시킬 수 있는 어음이나 담보물이 거의 없기 때문에 오히려 자금 공급이 경색될 것이라고 주장하고 있다.[105] 즉 조선 내 일반은행의 경우 일본은행의 "거래은행이 될 자격이 있는 자는 거의 없"으며 또 "재할인을 받을 만한 상업수형도 지극히 적"은 형편이기 때문에 일본은행이 조선에 진출한다면 "중앙은행인 직능을 다할 수 없는 상태"가 될 것이라고 우려하였다. 만약 일본은행이 일본과 기준을 달리하여 "조선을 특별히 대접하여" 자격에 미달되는 "수형을 억지로 재할인"하게 된다면 그 피해가 일본은행에 돌아갈 위험성이 크기 때문에 "조선 진출은 조선의 현상으로는 불가능하"다고 단정하고 있다.[106] 또 만약 조선은행이 일반은행으로 된다면 조선 내 일반은행에게 심대한 타격을 주는 점을 들고 있다. 조선은행이 "태환권 발행권이란 권한이 있기 때문에 다른 보통은행과 같이 순전한 영리에만 급급치 않더라도 그만한 이익이 있"었는데, "만일 그 특권을 상실하면 부득이 다른 보통은행과 경쟁치 아니치 못할지니 나머지 군소은행은 이 대은행의 이기적 행동에 유린되기가 쉽다"는 것이다.[107]

104_『朝日新聞』 1935. 2. 23.(朝鮮銀行史研究會 編, 앞의 책, 449쪽에서 재인용). 다음의 신문 사설도 이와 같은 논리이다. "조선은행이 통화조절권을 상실한다 하면 일본은행이 아무리 조선의 경제를 잘 살피고, 조절책을 쓴다 할지라도 조선에 앉아서 조선 실정에 맞게 통화 정책을 쓰는 것과 같이 원활하지 못할 것이다"(「(社說)朝鮮銀行券의 日銀統一說, 實現되면 影響은 莫大」, 『朝鮮日報』, 1935. 2. 27.).

105_「日銀支店은 不當, 鮮銀改善이 得策」, 『東亞日報』 1925. 3. 13.

106_「鮮銀券의 日銀統一은 不能, 朝鮮의 現狀이 不許」, 『東亞日報』 1928. 8. 16.

이와 같이 조선 내 반대 여론에는 '조선특수사정론'이 자리 잡고 있다. 특히 일부 언론에서는 조선이라는 "1개 경제적 단위로서 금융체계의 중추기관인 중앙은행"을 상실한다는 것은 "심장을 잃은 인체"와 다름없게 되기 때문에 조선은행이 존치되어야 된다고 강하게 주장하고 있었다. 즉 "조선경제계는 후진인 것만큼 금융정책에 특수"성을 고려해야 한다는 것이다. 양 지역 간에 경제적 격차가 엄연히 존재하고 있는 상태에서 이를 하나로 묶는다면 어느 한 쪽은 피해를 감수할 수밖에 없을 것이고, 그 대상은 당연히 조선이 되기 쉽다는 것이다. 따라서 비록 매우 부족하기는 하나 발권기능을 가진 조선은행이 존재함으로써 "비로소 조선 화폐의 유통액을 조절할 것이며 지불결제를 용이히 하는 동시에 사용의 가능성이 있는 자본의 이용을 도"모할 수 있는 여지라도 남겨둘 수 있다는 것이다.[108] 즉 조선과 일본의 경제적 차이가 큰 만큼 독자적인 발권은행의 존재는 반드시 필요하다는 것이다. 조선은행권을 폐지하고 일본은행권을 조선에서 유통하려고 하는 것은 "조선인의 조선경제라는 것은 완전히 소멸시키고 온전한 일본의 경제 연장을 성취하자는 것"[109]이 된다고 생각했기 때문이다. 조선은행과 같이 '중앙은행'의 역할을 하는 기구는 '조선'을 위해서 또 '조선인'을 위해서도 필요한 존재이기 때문에 조선은행 개조에 대해 강하게 반대하고 있었던 것이다.

조선은행 개조 반대론은 크게 일본 대외정책의 구조적 문제를 배경으로 한 반대론과 조선특수사정론에 입각한 반대론이 제기되고 있음을 알 수 있다. 이 줄기는 1920~30년대에 걸쳐 거의 변화 없이 유지되고 있었다.

107_「(社說)朝鮮銀行券의 日銀統一說, 實現되면 影響은 莫大」, 『朝鮮日報』 1935. 2. 27.
108_「金融體系 改善問題와 朝鮮銀行前途」, 『東亞日報』 1927. 2. 23.
109_「(財經時話) 鮮銀券 폐지설을 駁함(上), 帝國主義 心理의 反映」, 『時代日報』 1924. 5.

다만 이 반대론에는 조선은행 측과 조선 내 여론에서 미묘한 차이를 발견할 수 있다. 조선은행 측은 일본 대외정책의 구조적 문제를 반대론의 근거로 삼고 있는데, 이 논리 속에서 조선은 부차적이고 종속적인 존재에 불과하며 철저하게 일본을 위한 것이라는 것을 강조하고 있음을 알 수 있다. 반면 조선 측은 조선 경제를 위해서 별도의 발권기능을 가지는 '중앙은행'이 필요함을 역설하고 있다. 즉 방점이 전혀 다른 곳에 찍혀 있었던 것이다. 1920년대 정리시에 조선은행에 대한 조선 내 여론은 극도로 악화되어 있었음에도 불구하고 개조 반대론을 주장한 이유는 비록 기능이 떨어지는 것이라 하더라도 조선에 중앙은행의 역할을 할 수 있는 기관이 반드시 필요하다는 것을 인식하고 있었기 때문이다.[110] 조선은행 측이 조선 금융계가 아닌 일본 대외정책의 입장에서 자신들의 기득권을 옹호하려고 한 점과는 크게 대비됨을 알 수 있다.

Ⅲ. 조선은행 개조론의 함의

조선은행의 은행권 발행 특권을 회수하여 일반은행으로 전환하고, 조선에는 일본은행권을 유통시켜야 한다는 개조론은 "계절적 현상"[111]이라고 할 정도로 일본 정계에서 주기적으로 대두되고 있었다. 식민지 조선의

110_그러나 현실적으로 조선은행은 조선 내에서 이런 기대에 전혀 부응하지 못하는 존재였다. 그렇기 때문에 더더욱 조선은행이 조선에서 제대로 된 중앙은행으로 기능하기를 요구하는 여론이 강렬할 수밖에 없었다. 이 점에 대해서는 본서 4부 1장을 참조할 것.

111_조선은행 조사과 카와이 아키다케川合彰武는 조선은행 개조론을 두고서 "의회 개회 때마다 제기되었기에 말하자면 계절적 현상으로 보여"진다고 말하고 있다(「兌換券の統一問題(上), 鮮銀券のレ-ゾン・デ-トル」, 『京城日報』 1938. 2. 5.).

중앙은행으로 일본은행 지점을 설치하자는 개조론도 내용은 거의 바뀌지 않은 채 1920~30년대에 걸쳐 반복되고 있었다. 그렇다면 실제로 불가능하고 제기 주체들 또한 그 실현 가능성을 의심하는 조선은행 개조론은 왜 계속해서 반복되고 있었는가?

기본적으로 조선은행 개조론 및 반대론은 이상론과 현실론의 대립 구도로 되어 있다. 즉 조선은행권 폐지라는 것은 그 자체로는 제국 일본이 궁극적으로 취해야 할 방침이지만 현실적으로는 실현 불가능한 것이라는 것이다. 여기에서는 왜 실현 불가능한 개조론이 계속 제기되고 있었는지, 그리고 개조론이 왜 실현될 수 없는 것이었는지를 일제의 식민통치정책 속에서 살펴보고자 한다. 개조론을 둘러싼 논의 과정에서 식민지 통치정책에 내재된 모순이 고스란히 드러나고 있었는데, 이는 개조론이 단순히 조선은행을 어떻게 바꿀 것인가에만 그치는 것이 아니라 제국과 식민지 간에 해결될 수 없는 근본적인 문제가 포함되어 있기 때문이다.

조선은행 개조론이 본격적으로 제기된 1920년대는 일본 정계에서는 이른바 '다이쇼 데모크라시'의 시대로 메이지유신 이래 정치를 장악하였던 번벌세력이 아닌 정당정치가 주도권을 장악하였던 시기였다. 1918년 정우회 총재인 하라 다카시原敬가 수상이 됨으로써 정당 내각의 시대가 탄생하였는데, 1919년 3·1운동으로 인해 일본 육군 번벌의 핵심 세력권인 조선총독에 해군출신인 사이토 마코토齋藤實가 임명되었다. 하라는 조선총독에 부임하는 사이토에게 조선통치에 대한 자신의 견해를 전달하였는데, 여기에서 그는 일본의 행정·사법·군사·경제재정·교육제도 등을 조선에도 동일하게 시행해야 한다고 주장하였다.[112] 즉 일본 인민을 통치하는 것과

112_原敬, 「朝鮮統治私見」, 『齋藤實文書』 13, 64-65쪽.

같은 주의와 방침을 조선 통치의 근본정책으로 삼아야 한다는 것이다. 하라는 일본과 조선에 동일한 제도를 적용함으로써 동일한 결과, 즉 식민지 조선의 문명화를 이룰 수 있다고 보았다.[113] 다만 조선과 일본의 문명화 차이 등으로 인해 당장 동일한 제도를 시행할 수 없다면 점진적으로 이를 시행해 나가는 것이 바람직하다고 밝히고 있다. 이른바 점진적 내지연장주의였다.[114]

1920년대에 전개된 조선은행 개조론은 이와 같이 식민지 통치정책의 전환과 긴밀한 연관 속에서 진행되고 있었다. 개조론이 정치권을 중심으로 활발하게 논의될 수 있었던 계기가 마련된 것이었다. 게다가 조선은행의 불량채권이 문제시되고 정리가 진행되면서 개조론은 급물살을 탈 수 있었던 것이다. 즉 조선은행 자체의 문제점과 식민통치정책의 전환을 모색하는 가운데 개조론은 활발하게 논의될 수 있었던 것이다. 1절에서 보았듯이 조선은행법 폐지법안까지 입안될 정도였다. 일본 군부의 후원 하에 만주에 진출하여 방만한 경영을 하였고, 그 결과 막대한 불량채권을 안게 됨으로써 정부의 원조로 정리를 진행할 수밖에 없었던 근본적인 배경에는

113_오구마 에이지에 따르면 하라는 「朝鮮統治私見」에서 문화적인 '일본화'보다도 제도적인 '문명화'를 의도하였는데, 이는 제도적 평등의 획득에 의해 국민으로서의 자각이 증가한다는 하라의 생각에서 비롯되었다고 한다(小熊英二, 『〈日本人〉の境界』, 新曜社, 1998, 246쪽).

114_하라의 점진적 내지연장주의는 그 이전부터 구상되고 있었다고 한다. 1911년 조선을 둘러보고 돌아온 하라는 일기에서 조선인의 동화를 실현하기 위해서는 교육제도 등 일본 본국과 똑같은 제도를 조선에 실시하는 것, 즉 내지연장주의가 전제조건이 되어야 한다고 쓰고 있었다. 1918년 9월 수상 취임 직후부터 총독부관제 개혁 등 식민지 지배체제 개혁에 착수했던 하라는 3·1운동을 계기로 이를 실현시켰는데 총독의 문무관병임 개정 및 헌병경찰제도의 보통경찰제도로의 개정 등에는 성공했지만 문관 총독 임명에는 실패했다. 그리하여 해군 출신인 사이토와 미즈노 렌타로水野錬太郎를 정무총감으로 임명시켜 '내지연장주의'를 실행케 할 구상을 가졌다(김동명, 『지배와 저항, 그리고 협력』, 경인문화사, 2006, 55·57-59쪽).

은행권 발행 특권이 있기 때문이기에 이를 회수하자는 것이 개조론이었고, 이를 통치정책 상에서 뒷받침한 것이 내지연장주의였다. 즉 화폐통화제도의 내지연장주의였다. 1920년대 조선은행 개조론을 지지했던 이 원칙은 이후에도 개조론을 지탱하는 가장 큰 축이었다.

그러나 1920년대의 내지연장주의는 실현될 수 없었다. 식민지에 본국과 동일한 제도를 적용하자는 이 논리는 결국 참정권 부여 문제로 귀결되었기 때문이다. 1920년대 식민지에서는 제국의회 진출론과 식민지의회 설치운동이 전개되었는데, 전자는 일본인(국민)으로서 참정권을 주장하여 자신들의 대표를 도쿄의 제국의회에 내보내겠다는 요구이고, 후자는 별도의 의회를 식민지에 설치하자는 것이다.[115] 전자는 동화론에 입각한 것이고, 후자는 그 반대로 민족동화불가론에 기반한 것이었다. 일본 정부의 방침은 조선의 자치는 허용하지 않으나 형식적이나마 지방자치는 인정하는 것으로 하였고, 장래 조선인을 제국의회의 의원으로 한다는 것이었다. 그렇다면 과연 그 '장래'가 언제가 될 것인가가 가장 중요한 논쟁거리였다. 이에 대해 참정권의 부여는 취학률이나 '국어'보급률이 상승하고 지방제도가 정비되어 조선인이 정치적 훈련을 거쳐 '민도'가 좋아진 이후가 될 것이라는 막연한 대답이었다. '점진'이라는 명목 하에 권리를 부여하지 않은 채 동화를 진행하는 구상 이외에는 존재할 수 없었던 것이다.[116] 이 과정에서 하라가 주장하였던 내지연장주의는 사실상 형해화된 채 식민지의 자치와 독립을 저지하기 위한 부정적 원리로만 기능하고 있었던 것이다.[117]

115_조선에서는 중의원의원선거법의 시행 청원이 1920년부터 18회에 걸쳐 진행되었고, 대만에서는 의회설치를 청원하는 운동이 1934년까지 15회 진행되었다(成田龍一, 『シリーズ日本近現代史④-大正デモクラシー』, 岩波書店, 2007, 151-152쪽).

116_小熊英二, 앞의 책, 262-277쪽 참조.

그런데 중일전쟁이 발발하자, 조선인의 전쟁 참여 문제 등 내지연장주의를 더욱 강력하게 주장할 수 있는 조건이 마련되었다. 즉 그 '장래'가 도래한 것이었는데, 이는 제국의회에서의 박춘금朴春琴[118]의 질의를 통해 알 수 있다. 1938년 2월 2일 일본 제국의회에서 박춘금은 조선과 일본의 화폐제도가 달라 "비상한 불편이 있"기 때문에 "조선은행의 지폐"를 없애고 일본은행권으로 대신 할 의사는 없는가라고 대장대신에게 질의하였다. 가령 "조선에서 일본에 돌아갈 때 부산에서는 조선은행이 발행한 조선의 지폐를 교환하지 않으면 일본에 돌아와서는 담배 하나도 사서 피우지 못"하는데, 이와 같은 현상은 결국 "일본인이면서도 조선에 거주하고 있으면 자신의 나라라고 여길 수 없"게 된다는 것이다. 즉 일본과 조선의 화폐가 다른 것이 일본인에게 조선은 전혀 "다른 나라라고 하는 기분"이 들게 하는 "하나의 도화선이 되고 있지는 않는가"라고 느끼게 한다는 것이다. 이에 대해 대장대신 카야 오키노리賀屋興宣는 박춘금의 지적은 결국 "조선은행권과 일본은행권의 통일이라는 문제"인데, 일본과 조선에 "동일한 은행권"을 "구별 없이" 유통하는 것이 "정말 훌륭하고 또 되도록 빠른 시기에 그렇게 되"어야 한다고 일본 정부에서도 생각하고 있다고 답변하였다. 그러나 카야 대장상은 조선은행권이 북중국에서 군사비로 지출되고 있는 사례 등을 들어 "아직 시기를 얻지 못했"고 "가능한 한 빠른 기회"에 실현되기를 바란다고 하면서 거부 의사를 분명히 표시하였다. 이에 박춘금은 다시 당장 실

117_고마고메 다케시 지음 · 오성철 · 이명실 · 권경희 옮김, 『식민지제국 일본의 문화통합』, 역사비평사, 2008, 446쪽.

118_박춘금(1891~1973)은 식민지기 조선인으로 중의원 의원을 지낸 유일한 인물이다. 1932년 8월 제18회 중의원 의회선거에 도쿄 제4구에서 입후보해 중의원 의원에 당선되었고, 1936년 2월 제19회 선거에서 낙선했으나 1937년 5월 다시 출마해 당선되었다.

행하기 힘든 여러 사정이 있다 하더라도 조선과 일본의 화폐제도가 다른 것은 일본 "정치의 결함"이기 때문에 이를 빨리 실현시켜야 한다고 주장하였다. 박춘금은 "동일한 국내는 동일한 정치가 행해"져야만 한다고 그 이유를 들고 있다.[119] 더 나아가 그는 내지연장주의를 철저하게 관철시키기 위해서는 "조선총독부는 없어져도 상관없다"고 할 정도였다.[120]

여기서 카야 대장대신의 답변이 1920년대와 거의 다르지 않다는 것을 알 수 있다. 즉 개조론의 논리와 개조 반대의 논리는 사실상 변하지 않고 계속 이어져오고 있음을 알 수 있다.[121] 결국 이 문제는 단순히 조선은행권을 없애고 일본은행권을 사용할 것인가에 국한되는 것이 아니라 제국과 식민지 간에 내재된 근본적인 문제를 보여주고 있음을 확인할 수 있다. 박춘금의 발언을 통해서도 알 수 있듯이 조선은행 개조론은 일본으로의 적극적인 동화 의지의 표명이었다. 개조론은 본국과 동일한 시스템을 요구하는 것으로서 이는 단지 중앙은행에만 그치는 것이 아니라 국민의 권리

119_1938년 2월 2일 제73회 帝國議會衆議院 豫算委員會會議錄.

120_중의원에 당선된 후 박춘금이 의회에서 주로 주장했던 내용은 조선에 참정권 부여, 병역의무 부여, 일본-조선 간 도항제한 철폐, 만주이민 촉진 등으로 친일조선인의 '일본인'으로서 권리 요구의 전형이었다. 가령 1935년 2월 6일 중의원 본회에서 박춘금은 자신의 요구를 묵살한 정부 측의 답변에 화가 나자 총리부, 척무성, 내무성, 대장성, 육군성, 해군성, 농림성, 외무성 등 거의 모든 관청을 지명하고 이제까지 그가 제창한 모든 요구를 한데 담아 장시간 질의 연설했다고 한다. 여기서 그는 "공식적으로는 차별은 하지 않습니다. 일시동인은 훌륭합니다. 이렇게 대답하면서 내부로 들어와서는 이미 차별합니다"고 발언하였다. 그러나 정부 측의 답변은 기존과 동일하였고, 박춘금은 계속해서 "나는 조선을 위해 말한 것이 아니라, 대일본제국의 견지에서 요구하는 것"이라며 끈질기게 물고 늘어졌다고 한다(小熊英二, 앞의 책, 385-387쪽).

121_박춘금의 요구에 대해서는 "조선은행권을 일본은행권에 통일하는 것은 무엇보다 희망하는 일인데, 어떻게 내선일체의 이상으로부터 하여도 확실히 현실적으로 즉응하지 않는 비약적 관념론이라는 것에 다름 아니다"고 반대하는 의견이 제기되기도 하였다(「(評論)鮮銀券統一論, 形式に走るな」, 『釜山日報』 1938. 2. 3.).

로서도 이해되고 있었다. 즉 의무만 있고 권리는 없는 국민은 더 이상 하지 않겠다는 것이다.

이와 같이 식민통치정책에 있어 가장 큰 걸림돌은 참정권의 부여 문제였다. 국가통합 차원에서 어떤 지역을 통합 대상으로 간주하는가의 여부는 단적으로 국가 운영체제에 참여하는 참정권을 그 지역주민에게 인정하는가의 여부로 나타난다. 조선 및 대만은 이 점에서 통합의 테두리 바깥, 즉 특별히 다른 법역인 '식민지'로 되었던 것이다.[122] 현실에서 제국과 식민지는 결코 동등해 질 수 없는 존재였던 것이다.[123]

그렇다면 왜 일본 정부는 조선은행권을 폐지할 수 없었는가? 궁극적으로는 폐지되어야 할 것이라고 하면서도 왜 식민지에 발권은행을 그대로 둘 수밖에 없었는가? 이는 중앙은행의 진화과정 속에서 그 해답을 구할 수 있다. 19세기 후반 이래 제국주의 팽창은 세계경제를 고도로 통합시켰고, 그 결과 자본의 이동성이 높아지는 가운데, 외부에서 주어진 변화나 영향으로부터 국가를 보호해야 한다는 필요성이 인식되었다. 제국주의 국가는 외부 팽창과 국내 보호라는 과제를 동시에 해결해야 했다. 가령 자본의 국제적 유입을 증가시키려는 금본위제의 도입과 동시에 단기유입을 규제하고 혼란을 막기 위한 금융정책 수단이 강구되어야 했다. 이 국제화된 금융

122_고마고메 다케시 지음 · 오성철 · 이명실 · 권경희 옮김, 앞의 책, 443쪽.

123_미야타 세스코에 따르면 "동화란 항상 두 발 · 세 발 앞서서 가는 일본인의 뒤를 감사하는 마음을 안고 순종하며 따라오는 조선 사람"을 의미한다고 한다. 설령 그 거리를 좁히는 일은 있어도 결코 어깨를 나란히 할 수 없는 차별이 내포된 것이다. 이러한 차별을 합리화하는 지배자의 논리가 바로 '민도의 차이'이다. 그런데 이 차별을 합리화하는 '민도의 차이'라는 가치 기준에 대한 결정은 완전히 그리고 일방적으로 지배자의 손에 쥐어져 있기 때문에 지배자의 형편에 따라 자유자재로 조작될 수 있었던 것이다(宮田節子 著 · 李熒娘 譯, 『朝鮮民衆과 「皇民化」政策』, 一潮閣, 1997, 175-176쪽).

현상의 국내 관리를 담당하는 기구가 중앙은행이었다. 또한 중앙은행은 금융공황과 금융위기 대처에도 중요한 역할을 하였다.[124] 일본의 경우, 자본 이동성의 증대에 따라 발생될 수 있는 부작용으로부터 자국경제를 보호하는 임무는 일본은행이 담당하고, 제국주의적 팽창은 여러 국책금융기관을 통해 해결하였다. 주지하듯이 조선에 일본은행을 진출시키지 않고, 조선은행을 설립한 이유는 일본을 보호하기 위해서였다. 대외 침략과정에서 발생할 수 있는 위험과 불확실성을 일본은행이 수행할 수 없었던 것이었고 이를 대리해서 실행해 줄 존재가 필요했던 것이다. 그것이 일제의 국책금융기관으로서 조선은행에게 부여된 사명이었다.

124_헤롤드 제임스 지음, 이헌대 · 이명휘 · 최상오 옮김, 『세계화의 종말』, 한울, 2002, 32-47쪽.

결론

1) 일제는 강제병합 후 「한국은행조례」(法律 제22호, 1909. 7. 26.)를 대신하여 「조선은행법」(法律 제48호, 1911. 3. 29.)을 제정하였다. 법안 제정 과정에서 조선총독부는 기존 한국 정부에 있던 은행 감독권을 모두 조선총독에게 귀속시키고자 하였고, 반대로 대장성은 이를 모두 일본 정부에 귀속시키고자 하였다. 조선총독부는 위임입법체제라는 조선통치의 특수성을 근거로 대장성의 주장에 강력하게 반발하였고, 이를 정부 원안에 그대로 관철시켰다. 그러나 제27회 제국의회 「조선은행법안위원회」에서 의원들은 조선총독부의 이해가 일방적으로 반영된 정부 원안에 대해 강력히 반발하였다. 그 결과 몇 개 항이 수정되어 공포되었는데, 우선 '정부는 조선은행의 업무를 감독한다'라고 하여 감독권의 주체가 일본 정부임을 분명히 하였다. 또한 일본 정부는 조선은행의 영업기한 및 자본금 등 기본적인 존립 근거에 대한 인가권을 획득하였다. 그럼에도 불구하고 법안에는 조선총독이 상당한 정도의 감독 · 통제를 행사할 수 있도록 되어 있기 때문에 일본 정부와 조선총독이 이원적인 감독체제를 형성했다고 여겨질 수 있다. 그러나 법안과는 별도로 대장성과 총독부 간에 「조선은행 감독에 관한 타협안」이 작성되었는데, 조선총독이 행사할 수 있는 권한 중 핵심적인 내용은 사전에 대장성과 협의해야 했기 때문에 사실상 조선총독

의 감독권은 매우 제한적인 것이었다.

조선총독에게 조선은행 감독권의 일부를 부여한 것은 일본 특수은행 일반론에서 벗어난 예외적인 것이었다. 이는 조선총독부가 주장하는 조선 통치의 특수성에서 비롯된 것이다. 조선총독은 제령制令을 통해 독자적으로 법률을 제정, 공포함으로써 일본 정부나 의회로부터 독립된 권한을 행사하였다. 조선총독에게 조선은행 감독권의 일부가 부여된 것은 권한의 행사 자체가 중요한 것이 아니라 총독정치의 독자성이 훼손되는 것을 방지하기 위한 조치의 일환으로 보는 것이 더 타당할 것이다. 즉 조선총독의 감독권은 당시 제령권의 옹호라는 정치 역학관계에서 나온 일시적인 조치에 불과한 것이었다.

대장성으로의 감독권 이관 논의는 1920년대 이후 조선은행 불량채권이 불거지면서부터 본격화되었다. 조선총독이 직접 감독할 수 없는 만주와 일본 지역이 부실화의 진원지로 지목되면서 대장성 이관의 정당성이 확인되었다. 특히 조선은행 고정대출 정리를 위한 구제자금 공급은 대장성만이 가능했기 때문에 조선은행도 이관에 찬성하는 입장일 수밖에 없었다. 당시 이관에 반대하는 조선총독부는 위임입법의 근거인 조선총독부관제에 어긋난다는 고식적인 방식으로 대응하였다. 이는 조선총독부가 조선은행 고정대출 정리에 아무런 역할을 할 수 없었던 근본적인 한계에서 비롯된 것이다. 1924년 조선은행법이 개정된 결과 감독권은 대장성에 이관되었고, 조선총독은 법령에서 그 자취를 감추게 되었다.

조선은행의 운영 주체가 일본 정부였다는 사실은 중역 인사를 통해서도 확인할 수 있다. 우선 조선은행의 중역 인사 실태는 시기별로 보면, 제1기인 설립 직후에는 업무의 연속성과 안정성을 위해 일본 제일은행 출신의 인사를 기용하는 동시에 본국의 이해관계를 관철시키기 위해 대장성 관료 출신을 적절히 배치하는 인사였다. 1910년대 중반 이후 조선은행이 만주 진출을 기도하자 이에 맞춰 수뇌부 및 중역 인사가 단행되었다. 그러나 조선 밖으로의 무리한 영업 확장의 결과, 1920년부터 은행 경영은 심각한 부실 상태에 빠지게 되었다. 결국 일본 정부에 의해 정리 절차를 밟게 된다. 제2기는 정리기로 조선은행 파탄의 책임을 묻는 전형적인 문책형 인사가 주를 이루었다. 수뇌부의 잦은 교체와 조선은행과 관련성이 적은 인물의 등용은 이를 단적으로 보여준다. 본국 정부의 조선은행에 대한 불만과 불신이 그대로 투영되고 있었던 것이다. 제3기는 정리로 인해 흐트러진 은행의 조직을 재정비하여 정리은행이라는 오명에서 벗어나고자 했던 시기이다. 총재를 중심으로 조직의 안정성을 중시하면서 내실을 강화해갔고, 업무 필요상 대장성 관료 출신의 인사들이 영입되어 적절히 활용되었다. 1930년대 중반 이후 이사진의 경우 조선은행 출신들이 차지하는 비중이 점차 증가하고 있었다. 이사진은 조선은행 출신들의 충원구조, 정·부총재는 명령 및 통제의 원활화를 위한 낙하산 인사의 실시라는 이원적 인사체계가 운용되고 있던 시기였다.

조선은행 중역진 구성에 있어 가장 큰 특징은 낙하산 인사, 즉 외부 영입형 인사가 절반 이상을 차지하고 있는 점이다. 낙하산 인사의 경우 대장성을 중심으로 한 경제관료 및 특수은행 출신이 대부분을 차지하고 있었다. 직급별로 보면 정·부총재의 경우 외부 영입이 압도적인 비율을 보이고 있는 반면 이사는 조선은행 내부 출신이 더 높은 비중을 보이고 있었다. 시간이 지날수록 조선은행 출신 이사 비중이 높아지는 것은 실무에 능통한 전문가가 필요했기 때문이다. 그러나 조선은행 출신 중 정·부총재에 오른 인물은 단 1인으로 사실상 행내 출신으로 가장 높은 자리에 오를 수 있는 자리는 이사였다. 이를 조선식산은행과 비교해보면 가장 큰 차이

점은 낙하산의 경우 조선식산은행은 조선총독부 출신이 다수를 차지하고 있는 것이다. 이는 양행의 운영 주체와 밀접한 관련성을 갖고 있음을 알 수 있다. 사실상 총독부는 조선은행 인사에 영향력을 미칠 수 없었고, 중역 인사권은 일본 정부, 즉 대장성이 행사하고 있었다. 이와 같이 감독권과 인사권을 통해 조선은행은 일본 정부의 일원적인 지휘 · 통제 하에 운영되었다.

일제시기 조선은행 금리는 일본은행 금리와 일정한 격차를 유지한 채 그대로 추수하고 있었다. 일본은행의 금리가 변동하면 자동적으로 조선은행의 금리도 따라서 변동하였다. 양 지역 간 경제 사정, 금융 환경 등에 큰 차이가 있음에도 불구하고 행해지는 조선은행의 무조건적 추수는 당연히 조선 경제를 위한 것은 아니었다. 일본과 식민지 조선은 서로 상이한 경제 발전 단계와 환경에 있었기 때문에 각 지역에 적합한 정책이 집행되어야 그 효과를 거둘 수 있었다. 그러나 일본의 이해관계가 우선시되는 구조 속에서는 조선(인) 본위의 정책은 기대할 수 없게 된다. 이를 공정이율 결정 과정에서도 확인할 수 있었다.

조선은행은 일반적으로 조선의 '중앙은행'으로 정의되고 있으며 조선총독부와 밀접한 관련을 맺고 있는 것으로 이해되고 있다. 그러나 조선은행은 조선뿐만 아니라 만주, 중국, 일본 지역으로 그 영역을 확장하였고, 실제 업무에 있어서도 조선의 비중은 크지 않았다. 조선은행은 통화 및 금융을 통해 식민지 조선 경제를 보호 · 육성하는 '중앙은행'이 아니라 일제의 국책 수행을 위해 운영되었던 기관으로 결국 조선이 아닌 제국의 견지에서 운영되어야 하는 기관이었던 것이다.

2) 조선은행권 발행제도는 비례준비제가 가미된 신축제한제도로서 정화준비+보증준비+제한외발행으로 구성되었다. 최소 1/3이상의 정화준비를 유지해야 한다는 점에서 비례준비제도이고, 제한외발행을 허용했다는 점에서는 신축제한제도이다. 조선은행권 발행제도의 핵심은 정화준비에 일본은행권을 포함시킨 것이다. 식민지기 조선은 대일 무역수지 적자로 인해 정화인 일본은행권이 유출되는 구조였고, 조선은행은 일본 단자시장의 콜이나 제한외발행을 통해 부족한 부분을 해결하고 있었다. 그러나 이 방식은 조달 비용이 지출되는 것이기에 조선은행에게는 고스란히 손실로 남게 되었다.

반면 보증준비 발행은 무이자자금으로 은행권을 발행할 수 있어 조선은행에게는 수익상 가장 선호되는 방식이었다. 그러나 보증준비 발행 한도는 일본 제국의회의 동의를 거쳐야만 했다. 총 네 차례에 걸친 한도 확장을 검토해 보면, 이는 발권준비 사정 및 발행고 추이와 상관없이 일제의 국책에 순응하기 위해 취해진 제도적 조치임을 알 수 있다.

조선은행 영리에 있어 가장 좋은 발행 방식은 보증준비 확장이기 때문에 정부 국책에 강력하게 순응해야지만 이를 획득할 수 있는 것이었다. 그런 의미에서 조선은행에게 있어 국책 수행은 단순히 부여된 임무가 아니라 적극적으로 수행해야 하는 사업이었던 것이다. 조선은행에게 있어 국책이란 영리를 보증해주는 가장 강력한 그리고 사실상 유일한 통로였던 것이다. 여러 여건과 배경 속에서 보증준비 한도가 확장되었지만, 시종일관 변하지 않은 것은 이 확장이 결국 조선은행에게 커다란 이익을 안겨주었다는 점이다. 중앙은행 진화과정에서 사적 영리기관으로 변용된 존재가 어떤 함의를 가지는지를 조선은행을 통해 확인할 수 있을 것이다.

한편 1930년대 일본은 불황을 타개하기 위한 경기진흥책과 만주사변

후의 군비 증강을 위해 적극적인 재정정책을 실시하였고, 이에 필요한 자금 공급을 위해 실질적인 관리통화제로 이행하였다. 1937년 중일전쟁 이후 종래 발행제도로서는 통화증발 압력에 대처할 수 없다고 판단한 일본은 1941년 최고발행액제한제도를 도입하였다. 이 제도 하에서는 정화 및 보증준비 구별 없이 대장대신이 매년 최고발행액을 정하게 되어 있는데, 입법 과정에서 가장 문제가 되었던 것은 발행한도의 산정 기준이었다. 정부정책 및 제반경제 상황 등을 종합적으로 고려하여 산정한다고 정부 측은 설명했으나 사실상 은행권 발행 추이만이 반영되어 결정되고 있었다.

1941년 발행한도 산정과정에서 대장성과 조선은행은 일반적인 인식과는 전혀 다른 태도를 보여주고 있었다. 최고발행액제한제도를 실시하면서 대장대신의 자의적 운용에 대해 강한 의구심이 있었으나, 오히려 조선은행 측이 발행 한도를 높여줄 것을 요구하고 있었다. 당시 통화량 증대가 필연적으로 예상되는 상황 속에서 실제 발행이 한도보다 훨씬 더 가파르게 증가할 수 있다는 점을 염두에 두고 양측은 발행한도 산정에 대처하고 있었다. 즉 중요한 것은 정확한 발행량을 예측하는 것에 있는 것이 아니라, 희망 발행량이었다. 대장성은 발행한도를 필요 이상 높게 산정하게 되면 시중에 인플레이션 심리가 조장될 것을 우려하였다. 전시경제로 인해 물자가 부족한 상태에서 통화량이 증가되면 극심한 인플레이션으로 이어질 것은 뻔한 사실이었다. 따라서 이런 우려를 최소한의 선에서 억제할 필요가 있었다는 점에서 발행한도는 사실상 최고발행한도가 아니라 최저발행선, 저지선으로 보는 것이 더 타당할 것이다. 평상시 최고발행한도는 그야말로 '최대한'의 발행한도이지만 전시에서는 '최소한'의 의미를 강하게 가지고 있었던 것이다. 반면 조선은행은 한도 산정에서 시종일관 제한외발행을 가장 중요한 기준으로 삼고 있었다. 제한외발행이 많이 발생될수록 조선은행이 부담해야 할 발행세는 증대하게 되고 이는 고스란히 손실의 증가로 이어지기 때문이다. 발행한도 산정 과정에서 보여준 조선은행의 태도는 한 지역에서 통화를 운영하는 기관으로서가 아니라 손실을 최소화하려는 민간기업과 다를 바가 없었다. 이는 '식민지 중앙은행'으로서의 조선은행의 한계라기보다는 식민지 발권은행으로 상업금융을 겸영하고 있었던 구조 속에서 이해해야 할 것이다.

1941년 발행제도 개정이 조선은행의 발권력을 확장시키고 수익의 증가로 이어질 것은 분명한 사실이었다. 이에 일본 정부는 납부금법 개정을 통해 그 이익의 일부를 환수하고자 하였다. 정부가 부여한 특권을 순전히 조선은행의 이윤 추구에만 사용해서는 안 된다는 것이 당국의 입장이었다. 납부금 개정 이후 조선은행은 배당금을 초과할 정도의 금액을 납입하였는데, 이는 조선은행이 커다란 수익을 올렸음을 반증해주는 것이다. 즉 조선은행은 국책기관으로서 부여된 특권인 발권을 통해 최대한의 영리를 창출하려 하였고, 대장성은 이를 정부로 환수하려고 했던 것이다. 조선은행에게 있어 은행권 발행은 영리와 불가분의 관계를 맺고 있음을 다시 한 번 확인할 수 있을 것이다.

또한 1941년의 조선은행권 발행제도의 전환은 일제의 중국 전비조달과 밀접한 관련 속에서 진행되었다. 첫째 1941년도 최고발행액제한제도의 시행은 보증발행 한도의 자유로운 확장을 통해 조선은행권 증발을 가능케 할 단서를 열었다. 조선은행이 기존에 보유하고 있던 일본은행권은 일본은행 예금이란 형태로 일본에 환수되었다. 또한 중국연합준비은행과의 '예금협정'을 통해 확보한 엔자금은 국채소화에 전용되어 다시 일본 정부에 환류되었다. 그 결과 일본은 인플레를 최대한 억제시키는 방향으로 나아갔으나 조선은행이 인수한 국채는 이후 보증준비로 이월되어 한도 확장을 통한 조선은행권 남발을 가능케 할 조건이 되었다.

둘째 1943년도 이후 정화준비의 포기는 곧 기존 식민지 통화제도의 원칙인 일본은행권과 조선은행권의 등가를 붕괴시켰다. 그 결과 국채를 중심으로 한 전액보증준비로의 이행은 은행권의 무분별한 남발로 되어 점령지 및 식민지 현지 전비조달을 뒷받침하였다. 일본은 점령지 · 식민지와 본국을 분리시킴으로써 대륙에서 밀려오고 있던 인플레 영향을 회피할 수 있었고, 이는 고스란히 점령지 · 식민지 민중의 고통으로 전가되었다.

요컨대 일본은 이러한 메커니즘을 통해 일본은행권 절약을 통한 인플레 억제, 조선은행권 증발을 통한 전비조달, 중국 점령지에서의 전비조달이라는 성과를 거둘 수 있었다. 조선은행권을 매개로 하여 전개된 이 과정에서 조선은행은 조선 내의 상황 및 요구에 의해 움직이기보다는, 전체 엔블록 내에서의 조선은행의 역할에 좌우되어야만 했다. 조선은행을 통한 일본으로의 일본엔의 환류나 아니면 아예 일본엔의 일본 밖으로의 진출을 억제하든지 어느 것이든 조선은행권은 증발되는 구조를 가지게 되었다. 일본 경제를 자기 재생산의 매개로 삼았던 조선으로서는 일본의 일방적인 단절에 따라 기존 경제구조가 붕괴될 수밖에 없었다. 이렇게 엔을 최소한으로 유지하면서 운영한 식민지 · 점령지 통화제도는 처음부터 일본 본토와 식민지를 철저하게 구분하였고, 이는 1941년의 발권제도 전환과 이후 변화과정에서 극명하게 드러났다. '대동아공영권', '내선일체' 등 전시기 일본이 식민지 민중에게 내세운 화려한 언술은 패전이 짙어짐에 따라 대동아공영이 아닌 대동아를 방패로 한 일본만의 독자생존권으로, 조선을 희생하여 일본 본토를 살리려고 한 기만으로 귀결되고 말았다.

3) 조선은행은 식민지 조선의 '중앙은행'이란 명목으로 설립되었지만 얼마 지나지 않아 스스로 이를 부정하기에 이른다. 조선은행은 1910년대 만주 진출을 기도하면서 '해외은행'으로서의 정체성을 형성하였다. 1912년 조선은행은 만주 진출을 정부에 제안하였는데 그 이유는 무역수지 적자로 인해 조선에서 유출된 정화를 만주에서 보충하기 위해서였다. 조선은행은 '선만일체화鮮滿一體化'라는 정책 하에서는 자행이 만주 국책금융의 가장 적합한 담당자임을 역설하고 있었다.

1915년 일본 내에서 만주 금융기관 재편성의 필요성이 대두되자 조선은행은 다시 만주 진출의 정당성을 주장하고 나섰다. 조선은행은 일본 경제권이 만주로 확장되기 위해서는 만주의 화폐제도를 일본과 동일하게 해야 한다고 주장하면서 이미 조선에서 금본위제를 성공적으로 수행한 경험이 있는 자행이 적격이라고 강조하였다. 당시 만주에서 국책 금융기관으로 활동하고 있던 요코하마정금은행橫濱正金銀行은 은본위제에 기반한 환업무 중심은행이라는 이유를 들어 배제할 것을 요구하면서 조선은행이 만주 국책금융을 독점할 것을 주문하였다.

1915년 말 대장성 차관 출신인 쇼다 카즈에勝田主計가 총재로 취임하자 조선은행의 만주 진출은 급물살을 타게 된다. 그는 조선은행이 조선 내 '중앙은행'에 머물러서는 안되고 해외로 적극적으로 진출할 것을 주문하였다. 제1차 세계대전으로 인한 중국 침략과 전쟁특수 경기에 따른 호황은 조선은행의 만주 및 중국 진출을 더욱 부채질하게 되었고, 쇼다는 이를 추진해 나갔던 것이다. 이런 쇼다의 탈脫조선 입장에 대해 조선총독부 내에서 조선은행의 업무는 어디까지나 조선을 중심으로 해야 한다는 반대가 나올 정도였다. 오쿠마 시게노부大隈重信 내각에서 진행된 만주 금융기관 신설안을 부결시킨 후 조선총독 출신인 데라우치 마사타케寺內正毅수상과 조선은행 총재 출신인 쇼다 대장대신은 마침내 조선은행의 만주 중앙은행화를 실현시켰다.

조선은행은 만주 진출의 당위성을 제안하고 이를 실현시켜 가는 과정 속에서 해외은행으로서의 정체성을 형성, 강화해가고 있었다. 조선은행의 특권인 독점적 발권력은 일제 국책 수행을 위해 부여된 것이었다. 동시에 상업금융을 겸영하고 있던 조선은행에게 은행권 발행 특권은 이윤 창출의 원천이기도 하였다. 조선은행이 만주에 진출하여 일제 국책 수행의 범위가 확대될수록 발권력의 확장에 따른 자금 운용력은 신장될 수 있었다. 이는 일본 군부의 대륙 침략이라는 국책의 체현기관이 됨으로써 실현될 수 있는 것이었다. 따라서 조선은행이 조선의 '중앙은행'에만 국한된다면 이는 실현 불가능한 것이 된다. 그 결과 조선은행은 식민지 조선의 '중앙은행'이 아니라 '해외은행'으로서의 정체성을 더욱 강하게 가질 수밖에 없었던 것이다.

1917년 말 만주 진출의 실현과 더불어 제1차 세계대전의 호황을 기회로 대출을 급증시켰던 조선은행은 창업 이래 최고의 순이익을 기록할 정도로 큰 수익을 올렸다. 그러나 전후 반동공황이 내습하자 불량채권이 양산됨으로써 조선은행 경영은 심각하게 악화되었다. 조선은행에게 가장 참혹했던 시절인 정리은행의 서막을 열었던 것은 다름 아닌 만주 진출이었다.

조선은행 불량채권의 실태를 대련 지역 주주들이 폭로한 것은 만주 진출의 실패를 확인시켜 주는 과정이었다. 중국 현지의 경제적 여건을 무시한 채 강행된 '선만일체화'라는 정책은 조선은행뿐만 아니라 당시 만주에서 활동하고 있던 일본인에게도 막대한 피해를 안겨주었던 것이다. 만주에서 중추적 금융기관으로 활동해야 할 조선은행이 오히려 경제계를 교란시킴으로써 사태를 더 악화시켰던 것에 대한 분노의 표출이었다.

조선은행은 이 사태를 정리하기 위해 자체적인 계획을 입안하였으나, 이는 무책임하고 실현 가능성이 희박한 것이었다. 우선 불량채권의 금액을 터무니없이 낮게 산정하여 세간의 의혹을 회피하고자 하였다. 향후 경기가 호전될 것이라는 근거 없는 낙관 속에서 어쨌든 현 사태를 모면하려고만 하였다. 무엇보다 더 중요한 것은 부실의 책임을 져야 할 당사자들이 그대로 그 자리를 유지한 채 정리를 주도했다는 점이다. 손실을 기록하고 있는 와중에서도 고배당을 실시하는 등 부실을 최대한 숨긴 채 미봉책으로 일관하고 있었다. 방만 대출의 주역들이 정리의 주체가 됨으로써 실효를 거둘 수 없었던 것이다. 이 안일하고 무책임한 대처는 결국 조선은행 측이 그 책임을 회피하려는 의도 속에서 이루어지고 있었다.

결국 조선은행 정리는 일본 정부에 의해 진행될 수밖에 없었다. 1924년 감독권의 완전 이관과 함께 대장성 주도의 정리 계획이 입안, 실시되었다. 조선은행 만주 진출의 주역이었던 전총재 쇼다가 대장대신으로 있던 1924년의 정리는 일본 정부의 자금지원만 실시되었을 뿐, 조선은행에게 그 책임을 묻지 않았다. 그러나 1925년에 새롭게 입안된 정리계획에서는 자본금 50% 감자減資, 무배당 실시, 인원 감축 등 철저한 정리를 실시하여 조선은행에게도 그 책임을 지게 하였다. 계속되는 재계 불황 등으로 인해 정리는 진척되지 못한 채 다시 1927~28년의 일본은행 특별융통을 통해 일단락을 지을 수 있었다.

정리 과정은 조선은행이란 존재를 재확인하는 과정이기도 하였다. 일반적으로 식민지 조선의 '중앙은행'으로 이해되고 있지만 정리 과정을 통해서 조선은행은 이에 합당하지 않은 존재라는 것이 입증되었다. 금융 위기시 발권력을 동원하여 구제금융을 실시해야 할 중앙은행이 오히려 그 구제를 받는다는 역설은 여전히 영리를 추구하는 사적 금융기관으로 변용된 식민지 발권은행의 모습을 적나라하게 보여주고 있었다. 실질적인 정리 주체인 대장성과 일본은행은 결국 조선은행을 통제하는 주체가 누구인지를 확인시켜 주고 있었다.

조선과 만주 국경 지역을 중심으로 만주국폐는 활발히 유통되고 있었는데, 만주와 경제적으로 밀접한 연관성을 가지고 있었기 때문이었다. 그러나 만주국폐의 실질가치가 조선은행권보다 저하됨에 따라 이 유입 현상은 심각한 문제로 대두되었다. 양 지역의 물가 차액을 노리고 만주국폐가 유입됨으로써 국경지대를 중심으로 조선은행권은 퇴장되는 반면, 만주국폐가 유통의 대부분을 차지하는 사태가 벌어졌다. 조선총독부는 자신들이 통제할 수 없는 화폐의 유통을 더 이상 방관할 수 없어 만주국과 협의하여 교환을 통해 만주국폐를 최대한 흡수하겠다는 대책을 수립하였다. 그러나 이 조치는 실패로 끝났는데, 실질가치가 괴리된 양 화폐를 등가로 억지로 묶어둠으로써 실효를 거둘 수 없었던 것이다. 반면 조선은행은 만주국폐의 조선 유입이 그리 문제될 것이 없다고 하면서 수수방관하고 있었다. 엔계통화권의 등가원칙을 유지해야 하는 한 이를 그대로 둘 수밖에 없다는 것이 조선은행의 입장이었다.

그런데 전쟁이 장기화될수록 중국 점령지에서의 인플레이션은 격화되었고, 이는 엔계통화권을 통해 연쇄적으로 파급되었다. 그 결과 만주국폐 교환이 조선은행권 증발에 절대적인 영향을 미칠 정도로 매우 심각한 상황이 되자 1944년에 들어서 종래 만주국폐의 흡수책을 버리고 유입저지책으로 전환하게 되었다. 특히 만주와 조선의 물가 차액을 노리고 기승을 부리던 밀수출은 당시 전시통제경제에 악영향을 끼치고 있었다. 동일한 물건이면 조선보다 만주에서 더 높은 가격을 받을 수 있기 때문에 밀무역을 통해서 물자가 조선 밖으로 유출되고 있었고, 그 결과 조선 내 물자난이 더욱 가중되고 있었다. 조선총독부로서는 이를 그대로 두고 볼 수만은 없는 일이었다. 이처럼 이미 등가관계가 깨진 만주국폐를 조선은행권과 등가로 묶어둘 수밖에 없었던 이유는 이른바 '대동아공영권'의 엔블록을 유지해야 한다는 정치적 고려에서 비롯된 것이었다. 이러한 사정 하에서 만주국폐의 조선 내 유통은 더욱더 심각한 상황을 초래할 수밖에 없었던 것이다.

4) 1920년대 들어 조선은행은 대장성의 구제금융을 받아 정리를 하게 되었다. 이런 사태를 바라보는 조선 내 여론은 정리 자체보다는 경제호황 속에서 자금 대출이 만주나 일본에 있는 일본인 기업을 주대상으로 하였다는 점에 비난이 집중되고 있었다. 호황의 이익은 만주나 일본 지역이 차지한 반면, 불황의 고통은 모두 조선에 전가되었다는 것이다. 이처럼 조선은행 정리를 초래한 원인에 대해서는 합의된 인식을 보이고 있었으나, 향후 해법에 대해서는 차이점을 보이고 있었다. 『동아일보』나 『조선일보』에서는 조선인 산업개발을 위한 자금 공급이 필요함을 역설하여 그 대상을 조선인으로 분명히 한 반면, 『매일신보』는 그 대상을 조선으로 하여 민족별 차이를 두지 않았다. 전자에서는 조선특수사정론에 입각하여 조선과 일본의 경제적 격차를 인정한 위에서 '차별적 보호정책'을 요구한 것으로, 1920년대 조선인 산업개발론과 그 맥락을 같이 하고 있었다. 즉 1920년대 조선은행에 대한 비판의 핵심은 정리 자체보다는 일본이나 만주에 투자된 돈이 조선에 투자되어야 한다는 것이었다. 여기서는 중앙은행 본질에 대한 인식보다는 조선(인)에게 필요한 개발금융기관의 필요성을 제기한 것이라고 볼 수 있다.

'중앙은행'으로서 조선은행의 정체성에 대한 본격적인 탐구가 이루어지게 된 것은 1920년대 후반 조선은행이 상업금융에 경쟁적으로 뛰어들면서부터였다. 정리가 일단락되자 조선은행은 영리 추구를 위해 일반은행의 영업기반을 잠식하고 있었다. 발권력을 가진 중앙은행이 자금력이 취약한 일반은행과 경쟁한다는 것 자체가 불합리하다는 점이 명백해졌고, 그 과정에서 자연스럽게 중앙은행의 공공성에 대한 인식이 심화될 수 있었다. 즉 중앙은행이 해서는 안 될 내용이 무엇인지에 대한 인식이 보다 분명하게 정립될 수 있게 된 것이다.

1930년대 중반 조선은행의 만주 철수를 계기로 중앙은행으로서의 기능을 제약하고 있던 두 가지 조건, 즉 해외은행으로서의 역할과 상업금융 겸영이라는 한계를 벗어날 수 있는 기회로 생각되었으나, 조선은행은 북중국으로의 진출 및 조선 내 상업금융 강화라는 정반대의 정책을 취하였다. 이는 조선은행 스스로가 조선의 '중앙은행'이라는 인식이 매우 희박하였으며, 그들의 정체성이 궁극적으로는 이윤 추구에 있다는 것을 명백히 보여준 것이다.

1920년대 조선은행의 정리로 인해 일본에서는 조선은행 개조론이 등장하고 있었다. 개조론의 핵심은 발행특권의 폐지, 즉 중앙은행의 기능 박탈에 있었다. 조선은행 경영 실패에 따른 정리의 진행과 내지연장주의라는 식민통치정책의 전개가 맞물려 진행된 이 과정에서 대장성은 1925년 '조선은행법 폐지법률안'을 입안하기에 이르렀다. 비록 실현되지는 못했지만 이후 조선은행 개조론은 반복해서 대두되고 있었다.

그런데 1930년대 들어서 일본의 관리통화제 이행과 만주에서 만주국폐가 발행됨으로써 조선은행 개조론을 둘러싼 환경에 큰 변화가 발생하였다. 이를 기회로 1935년 2월 대장대신 다카하시 고레키요高橋是清가 조선은행권 폐지를 정면으로 주장하고 나섰다. 그는 조선은행이 발권력을 남용하여 국가에 막대한 피해를 입혔기 때문에 발행 특권을 회수하여 조선만을 영업구역으로 하는 순연한 일반은행으로 개조해야 한다고 주장하였다. 그렇다면 사실상 실현 가능성이 매우 희박해 보이는 조선은행권 폐지를 대장대신이 직접 언급한 이유는 무엇일까? 그는 군부와 밀접하게 연결된 조선은행권의 속성에 대해 깊이 우려하고 있었다. 즉 육군의 중국 화북 진출을 어떻게 해서라도 저지하고 싶었던 다카하시로서는 군부 예산을 억제함과 함께 조선은행의 발행권을 회수하여 군용통화로서 사용되는 길을 막는 것을 검토하였던 것이다.

한편 개조론에 대한 반대의견도 있었는데, 당사자인 조선은행 측과 조선 측에서 제기되고 있었다. 조선은행 측의 가장 강력한 반대무기는 일본 본토를 보호한다는 '완충론'이고, 또 조선은행권이 만주에서 법화로서 유통되고 있던 현실을 기반으로 한 것이었다. 조선은행권을 대신하여 일본은행권을 유통시킬 수 없는 현실을 토대로 무력화시키고 있었다. 반면 조선 측에서는 일본보다 후진적인 조선 경제를 위해서는 독자적인 중앙은행이 필요하다는 논리로 반대하고 있었다.

조선은행 개조론은 사실상 실현 불가능한 논의였다. 그러나 이 논의 속에는 제국-식민지의 관계에 관한 본질이 함축되어 있다. 즉 개조론은 실현될 수 없는 제국의 이상을 표상하고 있다. 마치 시계추처럼 되풀이되는 개조론의 의미 없는 반복 과정을 통해 사실상 본국과 식민지는 다르다는 것을 끊임없이 확인시켜주고 있었다. 조선 내 여론에서 보면 조선은행은 '중앙은행'으로서 대단히 결여된 존재이지만, 그래도 이를 없애는 것보다 남겨두는 것이 낫다고 생각한 것은 식민지가 본국과 동일선상에서 운위될 수 없는 존재라는 것을 누구보다 잘 알았기 때문일 것이다.

| 참고문헌 |

1. 자료

『東亞日報』, 『朝鮮日報』, 『毎日申報』, 『京城日報』, 『中外日報』, 『時代日報』, 『釜山日報』

朝鮮總督府 度支部司計局, 『朝鮮銀行法制定關係書類』, 1911
朝鮮總督府, 『朝鮮總督府統計年報』
朝鮮總督府財務局, 『朝鮮金融事項參考書』, 1939
朝鮮銀行, 『海外銀行一班』, 1915
_____, 『朝鮮銀行五年誌』, 1915
_____, 『鮮滿經濟十年史』, 1919
_____, 『朝鮮銀行二十五年史』, 1934
朝鮮銀行 調査課, 『支那の幣制改革に就て』, 1936.
_____, 『海外銀行現勢』, 1936
_____, 『法幣を繞る支那經濟の動向』, 1939
_____, 「鮮滿國境地帶の國幣問題と滿洲國内における鮮銀券退藏事情」, 1944.9
_____, 『朝鮮經濟年報』, 1948.
_____, 『經濟年鑑』, 1949.
滿鐵總務部調查課編, 『各國植民地銀行制度』, 南滿洲鐵道株式會社, 1930
大藏省, 「(秘)朝鮮銀行ノ監督權二關シ閣議へ提出ノ件閣議案」, 『昭和財政史資料』, 1923
大藏省 編纂, 『明治大正財政史 16- 銀行 (下)』, 財政經濟學會, 1936
大藏省 銀行局, 「第三 整理ノ經過」, 『朝鮮銀行ノ整理二關スル件』, 1925
_____, 『朝鮮銀行券,台湾銀行券発行制度改正ノ件』(『中央儲備朝鮮台湾銀行関係資料』 제5권), 1941.
大藏省 理財局, 『金融事項參考書』
大藏省 編, 『日本人の海外活動に關する歷史的調査: 朝鮮篇』
大藏省昭和財政史編纂室, 『昭和財政史 4- 臨時軍事費-』, 東洋經濟新報社, 1955
_____, 『昭和財政史 9- 通貨・物價-』, 東洋經濟新報社, 1956
_____, 『昭和財政史 12- 大藏省預金部・政府出資』, 東洋經濟新報社, 1962
高等法院 檢事局, 『朝鮮檢察要報』 6, 1944
近藤釼一 編, 『太平洋戰下の朝鮮 (5)』, 友邦協會 朝鮮史料編纂會, 1961
水田直昌・土屋喬雄 編述, 『財政・金融政策から見た朝鮮統治とその終局』, 財團法人友邦

協會 朝鮮史料編纂會, 1962
日本銀行調査局 編,『日本金融史資料』27, 1970
_____,『日本金融史資料』30, 1971
山本四郎 編,『寺內正毅關係文書 首相以前』, 京都女子大學, 1984
滿洲中央銀行,『滿洲中央銀行十年史』, 滿洲中央銀行, 1942
臺灣銀行史編纂室,『臺灣銀行史』, 1964
日本國立國會圖書館,『帝國議會會議錄檢索システム』(http://teikokugikai-i.ndl.go.jp)
日本銀行史料調査室,『日本銀行八十年史』, 日本銀行史料調査室, 1962
日本銀行百年史編纂委員會,『日本銀行百年史 1』, 日本銀行, 1982
_____,『日本銀行百年史 2』, 日本銀行, 1983
_____,『日本銀行百年史 3』, 日本銀行, 1983
_____,『日本銀行百年史 4』, 日本銀行, 1984
朝鮮銀行史研究會,『朝鮮銀行略史』, 1960
_____,『朝鮮銀行史』, 東洋經濟新報社, 1987

2. 저서 및 논문

高橋龜吉,『現代朝鮮經濟論』, 東京千倉書房, 1935
高久敏南,「朝鮮銀行の思出」,『朝鮮銀行回顧錄: 前篇「一般思出の記」明治大正の巻 第二集』, 1956
高橋武夫,「GOOD OLD DAYS」,『朝鮮銀行回顧錄: 前篇「一般思出の記」明治大正の巻 第三集』, 1956
고병권,『화폐, 마법의 사중주』, 그린비, 2005
駒込武 著 · 오성철 · 이명실 · 권경희 옮김,『식민지제국 일본의 문화통합』, 역사비평사, 2008
君島一郎,『私の銀行ライフ』, 日本銀行, 1974
宮田節子 著 · 李熒娘 譯,『朝鮮民衆과「皇民化」政策』, 一潮閣, 1997
権上康男,『フランス帝國主義とアジア: インドシナ銀行史研究』, 東京大學出版會, 1985
吉野俊彦,『日本銀行制度改革史』, 東京大學出版會, 1962
金子文夫, 「第1次大戰期における植民地銀行體系の再編成－朝鮮銀行の「滿洲」進出を中心に」,『土地制度史學』82, 1979
_____,『近代日本における對滿洲投資の研究』, 近藤出版社, 1991
_____,「植民地 · 占領地支配」,『日本帝國主義史 3』, 東京大學出版會, 1994
김동명,『지배와 저항, 그리고 협력』, 경인문화사, 2006
金容燮,『韓國近現代農業史研究』, 一潮閣, 1992
金雲泰,『改訂版 日本帝國主義의 韓國統治』, 博英社, 1998

金正賢, 「中日戰爭期 通貨戰 硏究」, 연세대 박사학위논문, 1998
吉野俊彦, 『日本銀行制度改革史』, 東京大學出版會, 1962
多田井喜生, 『朝鮮銀行』, PHP研究所, 2002
大谷 正, 「滿洲金融機關問題と朝鮮総督府」, 『日本史研究』 186, 1978
島崎久彌, 『円の侵略史』, 日本經濟評論社, 1989
문영주, 「1938~45년 '국민저축조성운동'의 전개와 금융조합 예금의 성격」, 『韓國史學報』 14, 2003
明石照男, 鈴木憲久 共著, 『日本金融史 3; 昭和編』, 東洋經濟新報社, 1958
裵永穆, 「日帝下 植民地貨幣制度의 形成과 展開」, 『經濟史學』 11, 1987
_____, 『韓國金融史(1876~1959)』, 개신, 2002
벤자민 J. 코헨 지음 · 박영철 옮김, 『화폐와 권력』, 시유시, 1999
北岡伸一, 『日本陸軍と大陸政策, 1906~1918年』, 東京大學出版會, 1978
山崎丹照, 『外地統治機構の研究』, 高山書院, 1943
山本有造, 『日本植民地經濟史研究』, 名古屋大學出版會, 1992
_____, 「「大東亞金融圈」論」, 『人文學報』 79, 京都大學人文科學研究所, 1997
三和良一, 『概說 日本經濟史-近現代』, 東京大學出版會, 1993
西原龜三 著; 北村敬直 編, 『夢の七十餘年』, 平凡社, 1965
石濱知行, 『特殊金融機關史論』, 育生社, 1937
星野喜代治, 『回想錄』, 日本不動産銀行十年史編纂室, 1967
成田龍一, 『シリーズ日本近現代史④-大正デモクラシー』, 岩波書店, 2007
小熊英二, 『〈日本人〉の境界』, 新曜社, 1998
小西春雄, 『朝鮮銀行回顧錄: 前篇「一般思出の記」明治大正の巻 第一集』, 1956
송규진, 「일제하 '선만관계'와 '선만일여론'」, 『韓國史硏究』 146, 2009
松田利彦, 「일본 육군의 중국 대륙침략정책과 조선(1910~1915)」, 『한국 근대사회와 문화 II』, 서울대학교출판부, 2005
柴田善雅, 「日本の對『滿州』通貨金融政策の形成とその機能の實態」, 『社會經濟史學』 43-2, 1977
_____, 『占領地通貨金融政策の展開』, 日本經濟評論社, 1999
_____, 『戰時日本の特別會計』, 日本經濟評論社, 2002
矢內原忠雄, 『植民及植民政策』, 有斐閣, 1926
安藤良雄, 『近代日本經濟史要覽[第2版]』, 東京大學出版會, 1979
安富 步, 「滿洲中央銀行と朝鮮銀行-日中戰爭 · アジア太平洋戰爭期を中心に-」, 『人文學報』 79, 京都大學人文科學研究所, 1997
_____, 『「滿洲國」の金融』, 創文社, 1997
에릭 헬라이너 지음 · 정재환 옮김, 『누가 금융세계화를 만들었나』, 후마니타스, 2010

鈴木武雄,『朝鮮金融論十講』, 帝國地方行政學會朝鮮本部, 1940
_____,『円』, 岩波書店, 1963
_____,『西原借款資料研究』, 東京大學出版會, 1972
吳斗煥,『韓國近代貨幣史』, 韓國研究院, 1991
_____,「戰時下 朝鮮의 通貨增發에 대하여」,『研究論文集』5, 仁荷大學校 産業經濟研究所, 1991
_____,「조선은행의 발권과 산업금융」,『국사관논총』36, 1992
_____,「戰時工業化와 金融」, 安秉直 · 中村 哲 共編著,『近代朝鮮工業化의 研究』, 一潮閣, 1993
_____,「滿洲에서의 朝鮮銀行의 역할」,『經濟史學』25, 1998
_____,「植民地時代 초기의 朝鮮의 通貨와 金融」,『經商論集』12-2, 仁荷大學校 産業經濟研究, 1998
_____,「통화금융제도의 발전」,『韓國經濟成長史』, 서울대학교출판부, 2001
오미일,『한국근대자본가연구』, 한울, 2002
羽鳥敬彦,「戰時下(一九三七～四五年)朝鮮における通貨とインフレ-ション」, 姜在彦 · 飯沼二浪 編,『植民地期朝鮮の社會と抵抗』, 未來社, 1982
尹錫範 · 洪性讚 · 禹大亨 · 金東昱,『韓國近代金融史研究』, 世經社, 1996
이형식,「야마나시총독(山梨總督)시대의 조선총독부」, 고려대학교 일본사연구회 편,『동아시아 속의 한일관계사』(下), 제이앤씨(J&C), 2010
_____,「중간내각 시기(1922.6～1924.7)의 조선총독부」,『東洋史學研究』113, 2010
_____,『朝鮮總督府官僚の統治構想』, 吉川弘文館, 2013
장하준 저 · 이종태 · 황해선 역,『국가의 역할』, 부키, 2006
全燦旭,「寺內正毅의 총독정치와 제27회 제국의회의 논의」, 서울시립대 석사학위논문, 2010
田中金司,『中央銀行 · 日本銀行論』, 改造社, 1936
정병욱,「일제말(1937~1945) 朝鮮殖産銀行의 광공업 금융」,『한국민족운동사연구』23, 1999
_____,『한국근대금융연구』, 역사비평사, 2004
鄭雲燦,『中央銀行論』, 學現社, 1995
정태헌,『일제의 경제정책과 조선사회』, 역사비평사, 1996
_____,『한국의 식민지적 근대 성찰』, 선인, 2007
_____,「경제성장론 역사상의 연원과 모순된 근현대사 인식」,『일본의 식민지 지배와 식민지적 근대』, 동북아역사재단, 2009
조명근,「1937～45년 일제의 戰費調達과 朝鮮銀行券 發行制度 전환」,『韓國史研究』127, 2004
_____,「해방 후 한국중앙은행제도 개편 논의-조선은행안과 재무부안을 중심으로-」『한국사학보』28, 2007

_____, 「조선은행법에 내재된 식민지 중앙은행제도의 모순-감독권의 소재를 둘러싼 논의를 중심으로-」, 『한국사학보』 34, 2009
_____, 「1920~30년대 조선은행의 금융활동에 대한 조선 내 여론 동향」, 『大東文化硏究』75, 2011
_____, 「1910년대 조선은행의 만주 진출과 '해외은행'으로서의 정체성 형성」, 『아세아연구』 150, 2012
_____, 「일제시기 조선은행 개조 논쟁과 그 함의 -제국의 이상과 식민지 현실의 길항-」, 『한국사학보』 51, 2013
_____, 「조선은행 중역 인사의 실태와 중역진 구성의 특징」, 『한국근현대사연구』 66, 2013
_____, 「조선은행권 발행제도에 있어서 보증준비의 함의 –국책과 영리의 관계를 중심으로-」 『민족문화연구』 61, 2013
_____, 「조선은행 정리 과정 연구」 『사학연구』 112, 2013
_____, 「越境하는 화폐, 분열되는 제국- 滿洲國幣의 조선 유입 실태를 중심으로- 」, 『동북아역사논총』 42, 2013
_____, 「1941년 조선은행권 발행제도 개정 연구- 최고발행한도액 산정과 납부금제도를 중심으로- 」, 『사총』 83, 2014
_____, 「일제시기 조선은행 공정이율 결정 방식과 조선에서의 비판 」, 『한국사학보』 63, 2016
堤 永市, 「鮮銀の思い出」, 『朝鮮銀行回顧錄: 前篇 「一般思出の記」 明治大正の巻 第二集』, 1956
眞藤素一, 『管理通貨制度の理論』, 有斐閣, 1967
津村甚之助, 「朝鮮銀行大連出張所開設の事, 其他」 『朝鮮銀行回顧錄: 前篇 「一般思出の記」 明治大正の巻 第二集』, 1956
찰즈 굿하트 저 · 김홍범 역, 『중앙은행의 진화』, 比峰出版社, 1997
川合彰武, 「朝鮮金融界の針路とその特性」, 鈴木武雄, 『朝鮮金融論十講』, 帝國地方行政學會朝鮮本部, 1940
春山明哲, 「近代日本の植民地統治と原敬」, 春山明哲 · 若林正丈, 『日本植民地主義の政治的展開 1895 ~1938』, アジア財經學會, 1980
波形昭一, 『日本植民地金融政策史の研究』, 早稲田大出版部, 1985
_____, 「植民地銀行政策の展開」, 澁谷隆一 編著, 『大正期日本金融制度政策』, 早稲田大學出版部, 1987
平井廣一, 「舊植民地のインフレ-ション」, 長岡新吉 · 西川博史 編著, 『日本經濟と東アジア -戰時と戰後の經濟史-』, ミネルヴァ書房, 1995
韓國銀行發券部, 『通貨制度의 史的考察(下)』, 韓國銀行, 1954
한국은행 조사부, 『主要國의 中央銀行制度 形成 및 發展過程』, 한국은행, 1993
헤롤드 제임스 지음 · 이헌대 · 이명휘 · 최상오 옮김, 『세계화의 종말』, 한울, 2002

後藤新一,『日本の金融統計』, 東洋經濟新報社, 1970

Although the Bank of Joseon did perform duties of the central bank such as banknote issuance and treasury management, it also engaged in commercial financing such as savings and loan services for civilians. In addition, it expanded overseas beyond Joseon; it made capital investments other than its general banking service and provided political loans to fund the invasion operations of the Empire of Japan. Its Joseon branch accounted for only 22% of the total operation of the Bank of Joseon.

Because of its absolute authority to issue banknotes, it is commonly understood that the Bank of Joseon served as a "colonial central bank." However, it is important to note that exclusive power to issue banknotes is not a sufficient but rather a necessary condition of the central bank. In the history of the evolution of central banks, the state has granted an exclusive and singular authority for banknote issuance to the central bank, while imposing the responsibility on the bank as a non-competitive and not-for-profit public organization. In other words, it was the absolute authority for banknote issuance that allowed central banks to evolve into public institutions beyond profit seeking in the private sector. In this sense, the Bank of Joseon is fundamentally distinguished from general central banks, as it sought profits through the power to issue banknotes. Therefore, to understand the Bank of Joseon from the general point of view of central banks is much too risky an approach.

The Bank of Joseon may be given many different names such as "special bank," "central bank of Joseon," "colonial bank," "overseas bank," "foreign bank," and "policy bank," but referring to it by any one of these titles would fail to define it completely. The broad range of complex functions granted to the Bank of Joseon can only be explained within the context of Joseon as a colony. Unlike the general definition of central bank, the Bank of Joseon was transformed into an organization that would perform various functions in a colony. What the Japanese Empire needed was not a "central bank" for colonial Joseon, but an organization in charge of national financial policy that could fulfill a range of functions required for Imperial Japan's external financial policy.

To understand the Bank of Joseon, all three elements – policy implementation of Imperial Japan, the prestigious power to issue banknotes to support the policy implementation, and profit seeking through the power of banknote issuance – should be taken into account. Existing studies failed to emphasize that the Bank of Joseon was a for-profit organization that sought to increase profits by consolidating the power of banknote issuance. Not a single study discusses this point, describing it only as a passive institution that conformed to Imperial Japan's national policy. However, the Bank of Joseon actively engaged in, and pioneered, national policy making and implementation. This is evidenced by the fact that the Bank of Joseon was able to expand its money-issuing power only through national policy, and the expanded power to issue banknotes led to increased profits. Therefore, executing national policy was the mighty and solid foundation that ensured profits to the Bank of Joseon.

The Bank of Joseon was not a "central bank" to protect and foster the economy of colonial Joseon through its currency intervention and banking services, but an imperial organization whose function was to execute the national policy of the Empire of Japan. After all, it was an organization that was run on behalf of the Japanese Empire, not of Joseon.

ARI Monograph Series 35

A Study of the Bank of Joseon under Japanese Imperialism
- Colonial Transfiguration of the Central Banking System

First Published 2019
by The Asiatic Research Institute at Korea University
145 Anam-ro, Seongbuk-gu, Seoul 136-701, Korea
www.asiaticresearch.org

아연동북아총서 35

일제하 조선은행 연구-중앙은행 제도의 식민지적 변용

1판1쇄 | 2019년 4월 22일

지은이 | 조명근
펴낸이 | 이종화
펴낸 곳 | 아연출판부
등록 | 2000년 5월 24일 제6-376호
주소 | 서울시 성북구 안암로 145 고려대학교 아세아문제연구소(136-701)
전화 | 02-3290-1600 팩스 | 02-923-4661
홈페이지 | www.asiaticresearch.org

값 17,000원

ISBN 978-11-89273-09-5 94300
ISBN 978-89-90769-29-9 (세트)

이 도서의 국립중앙도서관 출판시도서목록(CIP)은 e-CIP 홈페이지(http://www.nl.go.kr/ecip)에서
이용하실 수 있습니다(CIP제어번호: CIP2019012918)